꿈꾸는 것 같았도다

지용수 지음

Q 쿰란출판사

머리말

목회자의 설교는 한 나라 대통령의 설교보다 더 위대하고 중요합니다. 대통령의 연설을 듣고 구원받는 이는 없어도 목회자의 설교를 들으면 수많은 사람들이 하나님의 독생자 예수 그리스도를 구세주로 믿고 구원받게 되며 이미 믿은 사람들은 새 은혜와 새 힘을 얻게 되기 때문입니다.

또한 설교는 단순히 설교자의 작품만은 아닙니다. 왜냐하면 설교자와 그를 통해 하나님의 음성을 듣는 뭇 성도들의 기도의 응답으로 오늘 이 시대를 살아가는 우리에게 주시는 살아 계시는 하나님의 말씀이기 때문입니다. 그러기에 설교를 듣는 모든 성도들이 설교를 설교자의 말로 듣지 않고 하나님의 말씀으로 받게 되며 시간시간 놀라운 은혜를 체험하게 되는 것입니다.

설교자인 저 자신도 설교를 준비하면서 가슴이 뜨거워짐을 수없이 경험하며, 강단에서 설교를 하는 시간에도 한없는 하나님의 사랑과 능력과 은총을 느끼게 됩니다. 뿐만 아니라 때때로 자신의 설교를 방송이나 설교집을 통하여 다시 접하게 될 때에도 '아니, 나같이 부족한 사람이 어떻게 이런 귀하고도 오묘한 진리의 말씀을 전할 수 있었지?' 하며 깜짝깜짝 놀라기도 합니다. 그때마다 '아하! 설교는 나의 말이 아니지. 오직 성령의 감동으로 주신 하나님의 말씀이지' 라고 깨닫고는 감격하여 주님께 감사와 영광을 올려드리곤 합니다.

 이번에 내어놓게 되는 말씀도 이미 양곡교회 강단에서 증거되었고 국내외의 여러 TV와 라디오, 인터넷 방송을 통해 전파된 말씀입니다. 또한 카세트 테이프와 소책자를 통해 지금도 전해지고 있는 말씀입니다. 아무쪼록 이 말씀을 접하는 모든 분들에게 하나님께서 성령으로 역사하시어 구원 얻는 믿음과 세상을 이기는 능력과 은혜를 풍성히 내려 주시기를 기도드립니다.

2009년 9월 10일
지 용 수

차 례

머리말 • 2

1부 | 꿈꾸는 것 같았도다

가장 귀한 칭찬 (요 5:41) • 8

꿈꾸는 것 같았도다 (시 126:1-6) • 23

네 손에 있는 것이 무엇이냐? (출 4:1-8) • 43

다윗의 장점 (삼하 24:18-19) • 61

뜻을 지니고 사는 사람 (단 1:8-17) • 85

무엇으로 보답할꼬 (시 116:12-15) • 103

복된 입 (마 7:1-5) • 125

부요를 영영히 누리는 길 (신 28:47-48) • 143

부요하게 되는 길 (잠 10:22) • 161

사랑의 마크 (요 3:14-17) • 181

상을 받는 자 (고전 9:24-27) • 198

2부 | 심장에 새겨진 사람

심장에 새겨진 사람(막 14:1-9) • 216

오늘의 가치(눅 19:1-10) • 233

용사보다 더 나은 자(잠 16:32) • 247

이기게 하시니라(대상 18:3-13) • 261

주께 청하였던 한 가지 일(시 27:1-4) • 277

주님의 일과 우리의 일(수 1:1-9) • 294

죽으면 죽으리다(에 4:1-3, 13-17) • 310

천국의 열쇠(마 16:13-19) • 329

축복의 단비(렘 3:1-5) • 346

풀어 놓아 다니게 하라(요 11:17-27, 39-44) • 366

하나님의 손(렘 18:1-12) • 391

CONTENTS

1부

꿈꾸는 것 같았도다

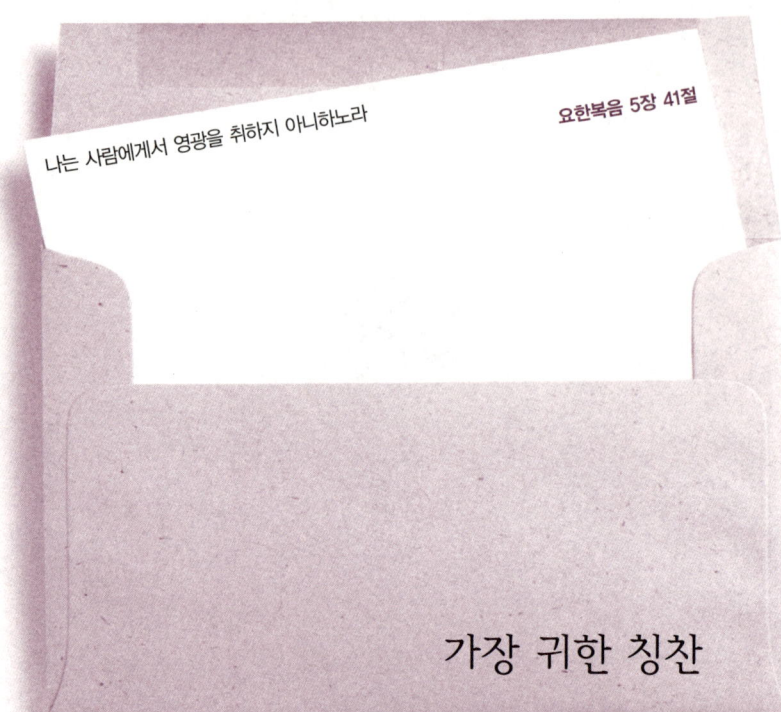

나는 사람에게서 영광을 취하지 아니하노라

요한복음 5장 41절

가장 귀한 칭찬

아기 때부터 천재였던 에이미는 언제나 최고 점수를 받았고 모든 과목이 A학점이었습니다. 그런데 15세가 되던 해 성적표를 받아보니, 그중 한 과목이 B학점이었습니다. 그의 부모님이 그를 호되게 꾸짖었습니다.

"한 과목의 실패도 실패다. 정신을 어디에 두고 공부했기에 B학점을 받았니?"

그날 밤 에이미는 부모님에게 "시험에 실패했으면 인생에 실패한 것입니다. 실패한 저는 이제 살 의미가 없습니다"라는 유서를 써 놓고 스스로 목숨을 끊었습니다.

입의 말에 칼이 달린 것도 아니고 입의 말에서 총탄이 쏟아지는 것도 아닙니다. 하지만 심한 말, 꾸중, 호통, 책망은 사람에게 깊은 상처를 줍니다. 심지어 사람을 죽이기도 합니다.

미국의 감옥에 있는 재소자들에게 설문 조사를 해보았더니, 그들의 90% 이상이 어릴 때부터 부모님에게 "나쁜 놈! 안 될 놈! 감옥에서 썩을 놈!"이라는 말을 들었다고 합니다. 그들은 들은 말대로 감옥에서 사는 것입니다.

에베소서 4장 29절에 "무릇 더러운 말은 너희 입 밖에도 내지 말고 오직 덕을 세우는 데 소용되는 대로 선한 말을 하여 듣는 자들에게 은혜를 끼치게 하라"고 말씀합니다.

은혜는 기쁨입니다. 은혜를 끼치라는 말씀은 '듣는 사람에게 기쁨이 되고 힘이 되는 선한 말을 하라' 는 것입니다.

잠언 16장 24절에는 "선한 말은 꿀송이 같아서 마음에 달고 뼈에 양약이 되느니라"라고 말씀합니다.

선한 말로 칭찬해 주고 격려해 주면 마음도 살고, 정신도 살고, 몸도 살게 됩니다. 언제 어디에서나 귀한 말을 하는 여러분과 제가 될 수 있기를 바랍니다.

라이온이라는 소년은 IQ가 43으로 병원에서 저능아 판정을 받았습니다. 유치원 시절부터 비웃음과 놀림과 조롱만 받고 항상 왕따를 당했습니다. 그러나 그의 아버지 캔은 언제나 아들 라이온에게 자신감을 불어넣어 주었습니다.

"너는 할 수 있다. 남보다 두 배, 세 배, 네 배 노력하면 너를 비웃는 아이들이 나중에 너를 부러워하게 될 것이다."

그리고 퇴근해서 아들의 공부를 도와주었습니다. 라이온도 아버지의 칭찬과 격려에 힘을 얻어 열심히 노력했습니다. 마침내 그가 고등학교 때는 전 과목에 A학점을 받았습니다. 그리고 명문 플로리다 애틀랜틱 대학교에 들어가 수학을 전공했는데, 2000년 8월에 4년제 대학을 3년 만에 수석으로 졸업했습니다.

이렇듯 칭찬은 중합니다. "칭찬은 고래도 춤을 추게 한다"라는 말이 있습니다. "바보를 칭찬해 보라. 훌륭한 인재가 될 것이다"라는 영국 격언도 있습니다.

응원이 무엇입니까? 운동장에서 경기하는 선수들을 칭찬하는 것이 응원입니다.

"잘한다! 잘한다! 양곡 선수 잘한다!"라는 응원을 들으면 힘이 납니다. 만일 경기하는 선수들이 잘못하면 뭐라고 합니까? "잘못한다. 잘못한다"라고 합니까? 그러면 선수들이 기가 죽어 더 못하게 됩니다. 그럴 때는 "괜찮다! 괜찮다! 괜찮다! 괜찮다!"라고 합니다. 그러면 선수들이 힘을 얻는 것입니다. 응원해 주는 소리를 들으면 초능력이 나오게 됩니다.

여러분도 저도 칭찬하는 사람이 될 수 있기를 바랍니다. 특별히 아내는 남편을 칭찬해야 합니다. 많은 아내들이 '내 직업은 남편에게 잔소리하는 것이다' 라고 착각하고 사는 것 같은데, 아닙니다. 늘 아내의 잔소리를 듣는 남편이 잘되기는 어렵습니다. 잔소리를 들으면 오히려 스트레스가 되어 병이 날 뿐입니다.

남편이 아내의 잔소리를 얼마나 싫어하는지, 아일랜드 격언에 "잔소리 듣기 싫으면 결혼하지 마라. 칭찬을 듣고 싶거든 죽어라"라는 말이 있습니다. 얼마나 잔소리가 듣기 싫었으면, 또 얼마나 아내가 남편을 칭찬해 주지 않았으면 이런 말이 생겼겠습니까? 지혜로운 여인은 집을 세웁니다. 칭찬으로 집을 세웁니다.

또한 남편도 아내를 칭찬해 주어야 합니다.

제가 목사 안수를 받은 날 아내가 저에게 말했습니다.

"여보! 제가 그동안 훌륭한 목사님들의 설교를 많이 들어봤는데, 그중에서 당신의 설교가 최고예요. 당신 설교를 들으면 힘이 나요. 당신은 큰 목회를 할 거예요."

우리 교회에 부임하는 날에는 이런 말을 했습니다.

"당신은 양곡교회만 목회하는 것이 아니에요. 이 지역 전체를 목회하고, 더 넓은 지역을, 세계를 목회하게 될 거예요."

아내의 칭찬을 받으니 눈이 번쩍 뜨이고, 힘이 솟아나고, '정말 그렇게 될 수도 있어' 하는 마음이 들었습니다. 그런 마음으로 목회하다 보니, 이렇게 세계를 교구로 삼고 목회하게 된 줄로 믿습니다. 칭찬이 이렇게 중합니다.

칭찬하려면 어떻게 해야 합니까?

여러분 가운데 "목사님, 남편을 칭찬하고 싶어도 칭찬할 구석이 있어야 하지요" 하는 분들이 많을 것입니다. 그래서 "찾으라 그리하면 찾아낼 것이요"(마 7:7; 눅 11:9)라는 말씀을 주신 줄로 믿습니다.

"찾으라 그리하면 찾아낼 것이요(Seek and you will find)."

칭찬할 점을 찾으면 누구에게나 칭찬거리가 있습니다.

넬슨 만델라는 44세에 감옥에 들어가 71세가 되도록 27년간 감옥에 있었습니다. 처음에는 자기를 찾아오는 변호사를 볼 때마다

"여기는 지옥이야! 여기는 지옥이야!" 하며 발악했습니다. 세월이 흘렀습니다. 아무리 발악해도 지옥 같은 환경이 바뀌지 않는 것을 깨달은 그는 마음을 바꾸었습니다.

비록 감옥에 있어도 건강하니 감사하고, 보잘것없는 빵이지만 매끼마다 먹을 수 있으니 감사하고, 캄캄한 감옥에 있지만 작은 창으로 하늘을 볼 수 있으니 감사하고, 강제 노동 현장에 가서 푸른 농작물을 볼 수 있으니 감사했습니다. 또 아침저녁으로 운동할 수 있음을 감사했습니다.

그후 그를 찾아온 변호사는 그의 얼굴이 달라진 것을 보고 물었습니다.

"요즘 어떤가요?"

"천국이오."

"뭐가 바뀌었나요?"

"음, 환경은 바뀐 것이 없지만 내 마음이 바뀌었소."

내 마음을 좋은 쪽으로 바꾸면 세상도 다 좋은 것입니다.

한 남편은 아내가 잠을 너무 많이 자서 늘 속이 상했습니다. 아침에도 자고, 낮에도 자고, 저녁에도 자고, 밥을 먹다가도 자는 잠보 아내를 데리고 사니 불평이 많았습니다. 그러다 어느 날에는 그 불평이 감사로 변했습니다.

병원 응급차가 사이렌 소리를 울리며 급히 오더니 자기 앞집의 부인을 싣고 갔습니다. 무슨 일인지 물으니, 불면증으로 쓰러졌다는 것입니다. 그때 그 남편이 '불면증으로 병원에 실려 가는 것보다는 잠을 자고 건강한 것이 낫지' 하며 감사하게 되었다는 것입니다.

영국의 총리 윌슨은 수많은 사람들이 모인 광장에서 연설할 때 갑자기 계란 세례를 받은 적이 있습니다. 경호원들이 인파 속으로 뛰어들어가 범인을 잡고 보니, 어린 꼬마였습니다. 총리가 그 아이의 이름과 주소, 전화번호, 그리고 부모의 이름을 기록하라고 했습니다. 사람들은 '총리께서 저 아이의 집에 큰 벌을 내리겠구나' 라고 생각했습니다.

그런데 총리가 이렇게 말했습니다.

"내가 그 아이의 이름을 기록하게 한 것은 영국의 큰 인재를 찾았기 때문입니다. 그 아이가 내게 계란을 던진 것은 예의에는 어긋납니다. 하지만 저 멀리서 계란을 던져 내게 명중시킨 솜씨를 보면 앞으로 큰 야구선수가 될 자질이 있는 아이입니다. 그래서 집중 훈련시키려고 이름을 기록하라고 한 것입니다."

감동을 받은 국민들이 총리에게 우레와 같은 박수를 보냈습니다. 계란을 던져 나를 어렵게 한 아이에게서도 칭찬거리를 찾으면 칭찬거리가 있는 것입니다.

교회에서나 어디에서나 칭찬하면 칭찬대로 이루어집니다.

제가 하나님 앞에 늘 감사하는 것은, 하나님께서 제게 칭찬하는 마음을 주신 것입니다. 저는 25년이 넘게 여러분을 섬기면서 단 한 번도 여러분을 험담한 적이 없습니다. 유럽에 가서나 미국에 가서나, 국내에서나 친구 모임에서나, 그 어디에서도 우리 장로님이나 집사님, 성도님, 청년들을 험담한 적이 없습니다.

"우리 장로님들이 천사 같고, 우리 교우들이 말씀대로 사니 오히려 제 고개가 숙여집니다. 우리 교우들은 너무 귀합니다."

이렇게 칭찬만 하니, 제 입의 칭찬대로 하나님께서 우리 교회에 복을 주시는 줄로 믿습니다.

우리는 칭찬하는 사람이 되어야 하지만, 동시에 우리가 칭찬받는 사람이 되어야 합니다

빌립보서 4장 8절에 "끝으로 형제들아……무엇에든지 칭찬받을 만하며"라고 말씀합니다.

"끝으로"라는 말이 성경에 때때로 나오는데, 이것은 '마지막'이라는 뜻인 동시에 "잘 들어라. 마음 써서 들어라(Attention, please)"라는 뜻입니다.

"끝으로 형제들아 무엇에든지 칭찬받을 만하며."

따라 합시다.

"칭찬받을 만하며."

우리 성도는 칭찬받아야 합니다. 내 아들딸이 사람들에게 손가락질을 받으면 내 마음이 아프고, 내 아들딸이 칭찬받으면 내가 기쁜 것처럼, 우리가 칭찬받을 때 우리 아버지 하나님께서 기뻐하시는 것입니다. 그러니 언제 어디서나 칭찬받을 사람이 되어야 합니다.

남편이라면 아내에게 칭찬을 받아야 하고, 아내라면 남편에게 칭찬을 받아야 하고, 부모라면 자녀에게 칭찬과 존경을 받아야 하고, 자식이라면 부모에게 칭찬받아야 합니다. 또 회사원이라면 경영주의 칭찬을 받아야 하고, 경영주라면 사원들에게 칭찬과 존경을 받는 경영주가 되어야 합니다.

사도행전 6장 3절에 "너희 가운데서 성령과 지혜가 충만하여 칭찬받는 사람 일곱을 택하라"고 말씀합니다.

초대 교회에서 처음으로 교회 집사님을 세울 때 칭찬받는 사람을 세웠습니다. 목사는 교인들의 칭찬을 받아야 하고, 교인은 목사님의 칭찬을 받아야 하는 것입니다.

그러나 이보다 더 귀하고 중한 칭찬, 가장 귀한 칭찬(The best praise)은 사람에게 받는 칭찬이 아니라, 하나님께 받는 칭찬입니다

오늘 본문에 예수님께서 말씀하셨습니다.
"나는 사람에게 영광을 구하지 않는다.(I do not accept praise from man.)"
이는 예수께서 우리의 예배와 우리의 영광과 우리의 찬송을 받지 않겠다는 말씀이 아닙니다.
이사야 42장 8절에 "나는 여호와이니 이는 내 이름이라 나는 내 영광을 다른 자에게, 내 찬송을 우상에게 주지 아니하리라"고 말씀합니다.
영광은 하나님께서 차지하시는 것입니다. 예수님은 만왕의 왕으로, 온 세상 만민과 하늘의 천군 천사들의 찬송과 영광을 세세 무궁토록 받으시기에 합당한 분이십니다.
그 예수님께서 "나는 사람의 영광을 구하지 않는다"라고 말씀하신 것은 "예배를 받지 않겠다. 사람의 찬송을 받지 않겠다"는 뜻이 아니라, "나는 사람들에게 칭찬받으려고 눈치를 보지 않겠다. 오직 하나님께 인정받고 칭찬받도록 살겠다"는 뜻입니다. 할렐루야!
이것이 최고의 삶의 자세입니다.
제가 여러분에게 칭찬받는 목사가 되려 한다면 여러분 앞에서는 충성하고, 여러분이 보지 않을 때는 딴 짓을 할 수 있습니다. 두

얼굴의 사람이 될 수가 있고, 아첨꾼이 될 수도 있고, 간사한 인간이 될 수도 있습니다. 그러나 하나님께 인정받고 하나님의 칭찬을 받으려고 마음을 정하면, 사람이 보든 보지 아니하든 귀하게 살고 충성하게 되는 것입니다.

저뿐 아니라 누구나 마찬가지입니다. 사람에게 맞추고 사람에게 인사 받으려 하면 비굴해지고 이중적인 사람이 될 수 있어도, 하나님께 맞추어 살면 주님처럼 귀하게 되고 사람에게도 칭찬받게 되는 것입니다. 일거양득이란 말이 있습니다. 이처럼 하나님만 섬기면 하나님께도 사랑받고 사람에게도 칭찬받게 됩니다.

로마서 14장 18절에 "그리스도를 섬기는 자는 하나님을 기쁘시게 하며 사람에게도 칭찬을 받느니라"고 말씀합니다. 할렐루야!

잠언 31장 30절에는 "고운 것도 거짓되고 아름다운 것도 헛되나 오직 여호와를 경외하는 여자는 칭찬을 받을 것이라"고 말씀합니다.

아무리 곱게 보이려고 성형 수술을 해도 늙으면 똑같고, 아무리 아름답게 화장을 해도 세수하면 본래의 얼굴이 다 드러나게 됩니다. 아무리 아름다워지려고 노력해도 그것은 다 거짓되고 헛된 것입니다. 하지만 화장을 하든 하지 않든, 곱든 곱지 않든, 하나님을 경외하는 여인은 칭찬을 받습니다.

사람에게 맞추지 말고, 언제나 하나님께 맞추어 사시기를 바랍니다.

학생이 칭찬을 받으려면 공부를 잘해야 합니다. 말씀드리기 죄송하지만, 제가 공부를 조금 잘했습니다. 제가 초등학교 때의 일입니다. 어느 해질 무렵, 교장 선생님께서 자전거를 타고 지나가시다 마을 저수지 둑에서 책을 보고 있는 저를 보셨나 봅니다. 자전거를 세우고 제가 있는 곳까지 올라오셔서 제 머리를 쓰다듬으며 "용수야! 너는 우리 학교의 자랑이고 희망이다"라고 하셨습니다.

저는 아직도 그때 일을 기억합니다. 교장 선생님의 성함은 기억하지 못하지만, 교장 선생님의 얼굴과 그 칭찬은 아직도 기억합니다. 공부를 잘하면 선생님께 칭찬을 받습니다. 요리사가 칭찬을 받으려면 음식이 맛있고 깔끔해야 됩니다.

어떤 사람이 하나님의 칭찬을 받습니까?

첫째, 한결같고 신실한 사람이 칭찬을 받습니다.
요한복음 1장 47절을 보면 예수님께서 나다나엘을 칭찬하십니다.
"보라 이는 참으로 이스라엘 사람이라 그 속에 간사한 것이 없도다."

하나님은 우리의 중심을 보십니다. 여기에 가서 이 말 하고, 저기에 가서 저 말 하는 사람은 주님께 칭찬받지 못합니다. 언제 어디서나 한결같고 신실하고 진실한 사람이 주님의 칭찬을 받는 것입니다.

둘째, 믿음이 큰 사람이 칭찬을 받습니다.
마태복음 8장 5-13절을 보면, 백부장이 중풍병에 걸린 자기 부하를 위해 예수님께 와서 호소합니다.
"주여, 내 하인이 중풍병으로 집에 누워 몹시 괴로워하나이다."
"그래, 내가 가서 고쳐 주리라."
"아닙니다, 주님! 주께서 제 집에 오심을 감당치 못하겠나이다. 제 위에도 사람이 있고 제 아래에도 사람이 있는데, 이더러 가라

하면 가고, 오라 하면 오나이다. 주께서 여기에서 말씀만 하셔도 제 부하가 나을 줄 믿나이다."

예수님은 기뻐하시며 "내가 이스라엘 중 이만한 믿음을 이때까지 만나보지 못했다. 가라. 네 믿은 대로 될지어다"라고 말씀하셨습니다. 그리고 그 즉시 하인이 나았습니다.

자기 실력으로 살고, 계산으로 사는 사람은 주님의 칭찬을 받지 못합니다.

히브리서 11장 6절에 "믿음이 없이는 하나님을 기쁘시게 하지 못하나니(without faith it is impossible to please God)"라고 말씀합니다.

큰 믿음의 사람이 되시기 바랍니다.

이번 금요일 오후에 비가 많이 쏟아졌습니다.

'오늘밤 연합 집회 때 어떻게 하나? 서른한 개 교회가 모이는데, 멀리에서도 오는데, 어떻게 하나?'

그래서 제가 기도했습니다.

"하나님! 모내기철도 아닌데 비가 너무 많이 옵니다. 오늘밤 성회는 마지막 성회로 아주 중요한데, 이렇게 비가 오면 어떻게 합니까? 주님! 비를 주시되 6시가 되면 멈추게 해주세요."

그리고 아내에게 "여보! 오늘 오후 6시가 되면 비가 그칠 거요"라고 말했습니다. 6시가 되었을 때 아내가 "여보, 당신이 말한 대로 비가 그쳤어요"라고 했습니다.

할렐루야! 이것이 믿음으로 사는 것입니다. 하나님은 이렇게 믿음으로 사는 자를 기뻐하십니다.

셋째, 하나님께 유익을 많이 돌려드리는 사람이 칭찬을 받습니다.

마태복음 25장 14-30절을 보면, 다섯 달란트 받은 자가 다섯 달란트를 남겨서 열 개를 갖고 왔을 때 그 주인이 "착하고 충성된 종아, 네가 작은 일에 충성하였으니 네게 많은 것을 맡기겠다. 네 주인의 즐거움에 참여할지어다"라고 말합니다.

또 두 달란트 받은 자가 두 달란트를 남겨서 네 개를 갖고 왔을 때도 "착하고 충성된 종아, 네가 작은 일에 충성했으니 큰일을 네게 맡기겠다. 네 주인의 즐거움에 참여하라"고 말합니다.

그런데 한 달란트 받은 자가 "주인께서는 심지 않은 데서 거두시는 분인 줄 알고 그냥 두었다가 한 달란트만 갖고 왔습니다"라고 하자, 그 주인이 "이 악하고 게으른 종아, 네게 맡기는 것보다 차라리 은행에 맡겼으면 이자라도 받았겠다. 이놈에게서 한 달란트를 빼앗아 열 달란트 가진 자에게 주라. 이 무익한 종을 바깥 어두운 데로 던져라. 거기서 슬피 울며 이를 갊이 있으리라"고 합니다.

이 말씀은 오늘 여러분과 제게 하시는 말씀입니다. 한평생 예수님을 믿어도 한 영혼도 구원하지 못하고 자기 혼자만 왔다갔다하는 사람들에게 오늘 예수님은 저를 통해 말씀하십니다.

"이 무익한 종아! 이 무익한 종아! 언제까지 그렇게 무익하겠느냐?"

에베소서 1장 11절에 "모든 일을 그의 뜻의 결정대로 일하시는 이의 계획을 따라 우리가 예정을 입어 그 안에서 기업이 되었으니"라고 말씀합니다.

따라 합시다.

"나는 하나님의 기업이다."

하나님께 이익을 많이 돌려드려야 됩니다. 열매를 많이 맺어

드려야 됩니다. 그 나무는 열매로 알 수 있습니다. 교사, 성가대원, 구역장, 차량 안내위원, 릴레이 기도의 열매도 많이 맺어야 합니다.

그러나 가장 귀한 열매는 생명의 열매인 줄 믿습니다. 한 사람의 생명이 천하보다 귀합니다. 그러니 전도 열매가 최고인 줄 믿습니다. 한평생 예수님을 믿어도 전도와 상관없는 사람, '전도는 전씨들이 하면 된다'고 생각하는 사람은 "이 악하고 게으른 종아, 이 무익한 종을 바깥 어두운 데로 던져라"는 책망을 들을 수 있습니다.

요한복음 15장 8절에 "너희가 열매를 많이 맺으면 내 아버지께서 영광을 받으실 것이요 너희는 내 제자가 되리라"고 말씀합니다. 잠언 14장 28절에는 "백성이 많은 것은 왕의 영광이요"라고 말씀합니다.

교회가 부흥되어 성도의 수가 백 명, 천 명, 만 명 이렇게 늘어나면 하나님께 영광이 됩니다. 교회에 사람들이 많이 와서 구원받으면 왕 중의 왕 예수 그리스도, 하나님께 영광이 되는 것입니다.

그래서 누가복음 14장 23절에 "사람을 강권하여 데려다가 내 집을 채우라"고 말씀합니다. '강권하여 데려다가 내 집을 채우라'는 말씀은 '끌고 와서 내 집을 채우라'는 것입니다. 전도는 강권해서 끌어다가 집을 채우는 것입니다. 그것이 힘들어도 해야 되는 것입니다.

눈보라치는 몹시 추운 겨울, 선다 싱이 전도하러 산을 넘어가고 있었습니다. 도중에 한 나그네를 만나서 함께 길을 가다가, 눈 위에 쓰러져 죽어가고 있는 한 사람을 발견했습니다. 선다 싱이 말했습니다.

"여보시오, 우리 두 사람이 힘을 합해 이 사람을 데리고 갑시다."

그러자 그 나그네는 "싫소, 나 혼자 가기도 어렵소. 나라도 살아야 되오" 하고는 혼자 가버렸습니다.

선다 싱은 얼어 죽어가는 사람을 자기 등에 업고 끙끙거리며 산을 올라갔습니다. 혼자 올라가기도 어려운데 사람을 짊어졌으니 얼마나 힘들었겠습니까? 땀이 줄줄 흐르고 등이 불붙은 것처럼 뜨거워졌습니다. 그 열기에 그 사람이 살아났습니다. 그래서 두 사람이 손을 잡고 걸었습니다.

그런데 한참 가다 보니 앞서 혼자 갔던 그 나그네가 눈 속에 얼어 죽어 있었습니다. 자기 혼자 살려고 했던 사람은 죽고, 힘들어도 남을 살리려 했던 선다 싱은 산 것입니다.

이처럼 힘이 들어도 전도하면 내가 살고 그가 삽니다.

야고보서 5장 20절에 "죄인을 미혹된 길에서 돌아서게 하는 자가 그의 영혼을 사망에서 구원할 것이며 허다한 죄를 덮을 것임이라"고 말씀합니다.

그리고 전도하면 상이 얼마나 큰지 모릅니다.

전도받은 사람만 구원받는 것이 아닙니다. 전도자의 잘못과 허물도 쉽게 용서받습니다. 소매치기가 지갑을 훔쳤는데 거기에 주민등록증이 일곱 개나 들어 있었습니다. 수상해서 신고했더니 그 사람은 간첩이었습니다. 그러면 경찰서에서 그 소매치기를 감옥에 넣을까요, 상을 줄까요? 상을 줍니다.

다니엘서 12장 3절에도 "지혜 있는 자는 궁창의 빛과 같이 빛날 것이요 많은 사람을 옳은 데로 돌아오게 한 자는 별과 같이 영원토록 빛나리라"라고 말씀합니다.

주님은 전도하는 가문을 높이 들어 빛나게 해주십니다. 어디서

나 귀하고 신실하게 살고, 믿음으로 살고, 전도하며 살아서, 우리 주님의 칭찬을 받는 복 있는 성도들이 되시기를 축원합니다.

여호와께서 시온의 포로를 돌려 보내실 때에 우리는 꿈꾸는 것 같았도다 그 때에 우리 입에는 웃음이 가득하고 우리 혀에는 찬양이 찼었도다 그 때에 뭇 나라 가운데에서 말하기를 여호와께서 그들을 위하여 큰 일을 행하셨다 하였도다 여호와께서 우리를 위하여 큰 일을 행하셨으니 우리는 기쁘도다 여호와여 우리의 포로를 남방 시내들 같이 돌려 보내소서 눈물을 흘리며 씨를 뿌리는 자는 기쁨으로 거두리로다 울며 씨를 뿌리러 나가는 자는 반드시 기쁨으로 그 곡식 단을 가지고 돌아오리로다

시편 126편 1-6절

꿈꾸는 것 같았도다

세상에 태어나서 오늘까지 사는 동안 꿈을 한 번도 꾸어 보지 않은 사람은 없을 것입니다. 사람은 누구나 꿈을 꿉니다.

그런데 그 꿈은 현실과 비슷한 것도 있지만, 현실과 동떨어진 것도 있습니다. 꿈에서는 거지 소년이 왕자가 되기도 하고, 길거리의 거지가 대부호가 되기도 하고, 공중을 날아다니기도 하는데, 그

런 꿈에서 깨어나면 '꿈에서 깨어나지 않았다면……' 하는 마음이 듭니다. 또 이 세상에 없는 괴물이나 맹수를 만나 애먹는 꿈을 꾸기도 하는데, 그런 꿈에서는 빨리 깨어나는 것이 좋습니다.

제가 청년 때 한 아가씨를 만났는데, 얼마나 아름답던지 제 가슴에 꽉 박혀 눈을 떠도 감아도 그 사람만 보였습니다. 그런데 그의 집안과 저희 집안은 너무나 차이가 났습니다. 저의 아버지는 가난한 농부였고, 그 아가씨의 아버지는 유명 인사였습니다. 그 집은 가정부가 몇 명이나 있는 큰 부자였습니다. 그러니 제가 어떻게 그 아가씨와 사귈 수 있겠습니까?

그러던 어느 날 제가 꿈을 꾸었습니다. 큰 대회가 열린다는 벽보가 붙어 있어 읽어보니, 그 대회에서 챔피언이 되면 벽보 속에 있는 사진의 여인과 결혼할 수 있다는 것이었습니다. 그런데 그 여인이 제 가슴에 박혀 있던 바로 그 아가씨였습니다.

그 귀한 여자, 공주 같은 여자를 차지하기 위해 수많은 사람이 자가용을 타고 오기도 하고 말을 타고 오기도 했습니다. 그들 중에는 저희 마을의 부잣집 아들도 있었습니다. 그런데 저는 털털이 자전거를 타고 출전했습니다. 많은 사람들이 달리기, 씨름, 창던지기, 노래부르기, 웅변 등 모든 종목에 다 참여했습니다.

저는 경기를 하면서도 "주여, 제가 챔피언이 되어 저 여인과 결혼할 수 있게 해주세요"라고 눈물 흘리며 기도했습니다. 종합 결과를 발표할 때 얼마나 긴장했는지 모릅니다. "주여! 주여!" 하고 있는데, 제 귀에 "오늘의 챔피언, 지 용 수!" 하는 소리가 들렸습니다. 그 순간 제가 깨어났는데, 실제로 제 눈에서 눈물이 흐르고 있었습니다. 좋다가 말았습니다.

'꿈에서 깨어나지 않았다면……. 오! 하나님, 이 꿈을 이루어 주

세요.'

　그 꿈을 꾼 지 얼마 지나지 않아 편지 한 통을 받았는데, 바로 그 아가씨에게서 온 것이었습니다. 그도 저를 사랑한다는 내용의 편지였습니다. 그 아가씨가 바로 김영숙입니다. 제 꿈이 이루어져 얼마나 좋았는지 모릅니다.

　또한 꿈에는 우리가 마음으로, 생각으로 꾸는 꿈이 있습니다.

　모든 중고등학생은 명문 대학에 가기를 꿈꿉니다. 한 목사님의 아들은 중학생 때부터 벽에 서울대학교 배지를 그려서 붙여 놓고 "엄마, 이게 제가 다닐 학교예요"라고 했답니다. 그러면서도 공부는 하지 않고 놀기만 하는 것이었습니다. 어찌나 속이 상하던지 하루는 사모님이 매를 들고 호되게 야단을 쳤더니 "때리려면 죽도록 때리세요. 죽으면 엄마 아들이 죽지 내 아들이 죽나?"라고 하더랍니다. 그래서 더 이상 때리지 못했다는 이야기를 들었습니다.

　또 고시 준비생들은 고시에 합격하기를 꿈꿉니다. 국회의원 입후보자들은 국회의원에 당선되기를 꿈꿉니다. 하지만 그 꿈대로 되는 것이 아닙니다. 꿈이 다 이루어지면 얼마나 좋겠습니까만 꿈을 이루는 사람은 몇 사람뿐입니다.

　어떤 꿈은 노력하면 이루어집니다.

　커널 샌더스라는 사람은 65세에 빈털터리가 되었습니다. 하지만 그는 그대로 주저앉지 않고 기막히게 맛있는 닭 요리법을 개발하여 식당마다 찾아다니며 사업을 제의했습니다. 그러나 가는 곳마다 문전박대를 당했습니다. 천아홉 번까지 거절을 당했습니다. 그래도 그는 포기하지 않고 또 다른 식당을 찾아갔는데, 그 식당에서 그를 받아들여 주었습니다.

　그런데 그 닭고기가 얼마나 맛있는지 그것을 한 번 맛본 사람은 그것만 찾았습니다. 그 닭고기가 바로 세계를 정복하게 된 KFC입니다. KFC 가게 앞에는 흰 양복을 입은 노인이 지팡이를 들고 있는 모습의 큰 인형이 있는데, 그것은 그가 늘 흰 양복을 입고 지팡이를 들고 다녔기 때문입니다. 그가 그렇게 성공한 것은 포기하지 않았기 때문입니다. 천아홉 번을 실패했지만, 포기하지 않고 또 도전하여 천열 번째에 성공한 것입니다.

오늘날 많은 가정이 이혼하는 것은 포기하기 때문입니다. '포기하라'는 마음은 마귀가 주는 것입니다. 하나님은 언제나 "포기하지 말라"고 말씀하십니다. 부부 생활이 뜻대로 되지 않아도 행복해질 것이라는 꿈을 갖고 포기하지 않고 나아가면 언젠가는 행복하게 됩니다. 그러나 포기하면 마귀의 밥이 되고 마는 것입니다.

초등학교밖에 다니지 못한 가난한 한 크리스천 청년이 토스트 장사를 시작했습니다. 허름한 청바지에 모자를 눌러 쓰고 토스트를 구워서 팔았는데, 장사가 잘 되지 않았습니다. 그런데 어느 날 반짝 아이디어가 떠올랐습니다.

그는 일류 호텔 주방장들이 입는 청결하고 고급스러운 흰 가운을 입고 주방장 모자를 쓰고 아침마다 '나는 기뻐, 나는 바빠, 나는 예뻐'라는 '3뻐' 다짐을 했습니다. 똑같은 토스트인데도 고급 가운을 입고 빵을 구워 파니 사람들이 모여들기 시작했습니다.

또 그는 손님을 신뢰하는 이미지, 깨끗한 이미지를 위해 자신이 직접 돈을 받지 않고 손님들이 돈을 내고 스스로 거스름돈을 가져가도록 준비해 놓았습니다. 그 후부터 토스트가 불티나게 팔렸습니다. 똑같은 것을 파는데도 생각을 바꾸고 옷을 바꾸니 그렇게 성공한 것입니다.

이처럼 노력하면 되는 일이 있습니다. 그러나 아무리 노력해도 사람의 힘으로는 이룰 수 없는 꿈들이 이 세상에는 많습니다.

아무리 노력해도 사람의 힘으로 이룰 수 없는 꿈을 하나님은 이루어 주십니다

따라 합시다.
"꿈을 이루어 주시는 나의 하나님! 나의 주님!"
얼마나 감사합니까? 이 말씀을 준비하는데 제 가슴이 막 뛰었습니다. 설레였습니다. 벅찼습니다. 하나님께서 오늘 이 말씀을 듣는 여러분의 가슴에도 뛰고 벅차고 설레는 은혜 주시기를 축원합니다.

오늘 본문 말씀의 배경은 역대하 36장과 에스라 1-2장에 잘 나와 있습니다.

이스라엘 백성이 하나님을 등지고 악을 거듭거듭 행하니, 하나님께서 선지자를 보내어 외치게 하십니다. 그래도 이스라엘 백성이 하나님 말씀을 듣지 않으니, 하나님께서 진노하셔서 바벨론 왕 느부갓네살을 근질근질하게 만드시어 이스라엘을 침공하게 하십니다.

그래서 바벨론을 통해 이스라엘을 쑥대밭으로 만드시고, 노인이든 어린이든 긍휼히 여기지 않고 죽이십니다. 성전마저 불태워 버리십니다. 이스라엘 백성이 성전을 지어 놓고는 예배도 드리지 않고 하나님을 사랑하지도 않으니, 성전을 불태워 버리신 것입니다. 그리고 성전의 금은 등 모든 기구를 바벨론이 가져가게 하시고, 살아남은 사람들은 끌어다 바벨론의 포로가 되게 하십니다.

나라를 잃어버리고 남의 나라, 남의 땅에서 사는 서러움이 얼마

나 큰지 아십니까? 미국에 있는 우리 교포들이 미국 시민권자라도 얼마나 조심스럽게 사는지 아십니까? 우리나라에서 반미 촛불 시위가 있을 때 미국 교포들의 마음이 얼마나 불편했겠습니까? 또 일본에 사는 교포들은 독도 문제가 거론될 때마다 얼마나 난치하겠습니까? 내 나라, 내 땅에서 사는 것이 가장 자유롭고 평안하다는 것을 깨달으시기 바랍니다.

시민권을 가지고 살아도 남의 나라에서 살면 조심해야 할 일이 많은데, 남의 나라에 전쟁 포로로, 노예로 끌려가서 살면 그 서러움이 얼마나 크겠습니까? 그리고 무슨 희망이 있겠습니까?

우리는 아들딸을 낳으면 '이 아이가 대통령이 되겠나? 장관이 되겠나? 학자가 되겠나? 주의 종이 되겠나?' 하며 꿈을 갖게 되는데, 노예는 그런 꿈도 가질 수 없습니다. 노예의 자식은 아무리 잘나도, 아무리 IQ가 좋아도 희망이 없습니다. 우리 모두 희망을 갖고 자녀들을 키우는 것에 감사해야 합니다.

노예의 자녀들은 노예로 끝나니 희망이 없는 것입니다. 예전에 아프리카 사람들이 백인의 노예로 끌려와 채찍을 맞으며 살 때, 그들이 하나님 앞에서 울며 부르던 노래가 있습니다.

> 그 누가 나의 괴롬 알며 또 나의 슬픔 알까
> 주밖에 누가 알아주랴 영광 할렐루야
> 나 자주 넘어집니다 오 주여
> 나 자주 실패합니다 오 주여
> 그 누가 나의 괴롬 알며 또 나의 슬픔 알까
> 주밖에 누가 알아주랴 영광 할렐루야.

태어나면 농장이나 탄광에서 채찍에 맞으며 험한 일을 하는 노예가 될 수밖에 없다면, 무슨 희망이 있고 무슨 꿈이 있겠습니까?

그런데 이스라엘 백성들이 바벨론으로 끌려가 노예 생활을 하게 되었습니다. 그들에게 무슨 희망이 있을 수 있습니까? 아들도 손자도 다 막막합니다.

그들의 '꿈에도 소원'은 그리운 고국 예루살렘으로 돌아가 자유롭게 사는 것입니다. 고국으로 돌아가 하나님을 자유롭게 섬기며 찬양하고, 자유롭게 농사를 짓는 것이 그들의 소원이지만 그것은 오로지 꿈일 뿐입니다. 현실이 될 길은 하나도 없습니다.

꿈이 현실로 되려면 이스라엘 백성이 힘을 길러 바벨론을 쳐서 이겨야 됩니다. 나라도 없어졌는데 어떻게 그 큰 나라 바벨론을 쳐서 이기겠습니까? 그 꿈이 이루어질 확률은 전혀 없습니다.

그런데도 예레미야와 하나님의 사람들이 울며 하나님 앞에 부르짖습니다. 눈물로 회개하며 부르짖습니다. 하나님은 그 눈물의 기도를 들으셨습니다. 그래서 바사(페르시아) 왕 고레스를 강하게 하시어, 고레스가 바벨론을 정복하게 하십니다. 그리고 고레스에게 깨달음을 주시니 고레스가 명을 내립니다.

"하늘의 신 여호와께서 내게 세상 만국을 주셨고 예루살렘에 성전을 건축하라 하셨도다. 이스라엘의 하나님은 참 신이시라. 그 백성 된 자들은 다 예루살렘으로 올라가서 하나님의 성전을 건축하라. 그리고 이 땅의 모든 백성은 유다 백성에게 금과 은과 기타 모든 물건, 짐승까지 예물로 주어서 하나님의 성전을 잘 짓게 하라."

왕의 명령이 내려지자 이스라엘 백성은 하루아침에 자유의 몸이 되어 많은 보물을 가지고 고국으로 돌아가게 됩니다.

에스라 2장을 보면, 유다와 예루살렘으로 돌아간 사람들의 수가 기록되어 있는데, 이스라엘 백성의 수가 42,360명입니다. 그리고 노비가 7,337명이고, 노래하는 남녀가 200명입니다. 말이 736마리, 노새가 245마리, 약대가 435마리, 나귀가 6,720마리입니다. 이것은 B.C. 539년에 있었던 역사적 사건으로, 짐승의 수까지 세밀하게 기록되어 있습니다.

43,000여 명의 사람이 노예 생활을 끝내고, 더구나 금과 은과 기타 보배를 짐승의 등에 바리바리 싣고 고국으로 돌아갈 때 그들은 마치 꿈꾸는 것 같았을 것입니다. 그래서 그들은 "여호와께서 시온의 포로를 돌리실 때에 우리가 꿈꾸는 것 같았도다 그때에 우리 입에는 웃음이 가득하고 우리 혀에는 찬양이 찼었도다"라고 찬양하며 기쁨으로 올라갑니다.

그리고 그들은 "여호와여 우리의 포로를 남방 시내들같이 돌리소서"라고 기도합니다. 이는 우기 때의 남방 시내처럼 예루살렘을 가득 채워 달라는 것입니다. 건조기에는 물이 없는 남방 시내라도 비가 쏟아지는 우기 때에는 물이 넘치듯이, 황폐하고 비어 있는 예루살렘에 우기 때의 복을 주셔서 사람으로 넘치게 해달라는 것입니다. 남방 시내가 넘치듯이 그들에게 넘치는 복을 달라는 것입니다.

하나님께서 여러분의 집에 남방 시내처럼 복 줄기를 내려주시기를 축원합니다. 우리 양곡교회에 남방 시내처럼 영혼을 가득 채워 주시기를 축원합니다. 우리나라에도 남방 시내 같은 은혜를 주시기 바랍니다.

또 그들은 "눈물을 흘리며 씨를 뿌리는 자는 기쁨으로 거두리로다 울며 씨를 뿌리러 나가는 자는 정녕 기쁨으로 그 단을 가지고 돌아오리로다"라고 고백합니다.

예레미야와 뜻있는 사람들이 울며 기도한 대로 하나님께서 이루어 주셨기 때문입니다.

오늘 여러분이 울 수밖에 없는 환경에 있을지라도 눈물 흘리며 기도하면, 하나님께서 반드시 단을 거두게 하심을 믿으시기 바랍니다. 여러분이 울어야 할 일이 있어도 출근하면서, 가게 문을 열면서, 학교에 가면서 기도하면, 반드시 하나님께서 기쁨으로 그 단을 거두게 하시는 것입니다.

앞으로 울 일이 있는 사람들에게, 1-2년 뒤를 생각해도 울 일이 많고 답답한 일이 많은 사람들에게도 하나님께서 오늘 본문을 통해 말씀하십니다.

"울며 씨를 뿌리러 나가는 자는 반드시 기쁨으로 그 곡식 단을 가지고 돌아오리로다"(시 126:6).

하나님 앞에서 우는 것, 하나님 앞에 씨를 뿌리는 것은 결코, 결코, 결코, 결코 헛되지 않습니다. 반드시 그 단을 거두게 됩니다. 하나님께서 이스라엘 백성에게 꿈 같은 일도 이루어 주셨습니다.

우리 양곡교회도 마찬가지입니다. 오늘 1부 예배를 드리기 전에도 저는 수십 년 전 우리 교회의 사진을 보았습니다. 슬레이트 지붕의 작고 초라한 교회와 지금의 우리 교회를 비교해 보면 꿈꾸는 것 같습니다.

지금 우리 교회가 얼마나 아름답습니까? 밤에 보면 더 아름답고 멋집니다. 신촌 쪽에서 한번 보십시오. 옆으로는 대로가 있고, 뒤에는 동산이 있고, 하늘에는 달이 두둥실 떠 있고, 봄이면 벚꽃이 만발하여 얼마나 아름다운지 모릅니다.

그리고 이렇게 아름다운 우리 교회에 사람들이 가득하니 얼마나 감사합니까? 요즘에는 자리가 없어 서서 예배를 드리는 사람들도 있습니다. 옛날 슬레이트 지붕의 우리 교회를 생각하면 정말 꿈꾸는 것 같습니다. 할렐루야!

그러나 얼마 후면 지금 이 교회도 작은 교회가 되고, 십만 명이 모여서 하나님을 찬양하며 예배드리는, 꿈 같은 날이 올 것입니다.

하나님은 우리에게 꿈을 꾸게 하시고 그 꿈을 성취시켜 주십니다

하나님께서는 우리에게 자꾸 꿈을 꾸게 하십니다. 소원을 일으켜 주십니다. 그리고 때가 되면 그 꿈과 소원을 이루어 주십니다. 우리에게 꿈을 꾸게 하시고 그 꿈을 성취시켜 주심을 믿으시기 바랍니다.

하나님께서 요셉에게 꿈을 꾸게 하셨습니다. 어린 나이에 큰 인물이 되는 꿈을 꾸게 하셨습니다. 그러나 현실의 요셉은 남의 집 종이 되고 감옥에 갑니다. 그런데 감옥에 있던 그가 왕의 꿈을 해몽해 주고 삼십의 그 젊은 나이로 하루아침에 대제국의 총리가 됩니다. 그때 그는 꿈꾸는 것 같았을 것입니다. 80년간 총리 일을 하면서도 그는 "꿈꾸는 것 같았도다"라고 했을 것입니다.

저는 초등학교 5학년 때 하나님의 은혜를 체험하고, 중학교 때 목사님이 되기로 서약했습니다. 그리고 교회학교 교사로 봉사했는데, 공과 공부의 내용이 부족하게 느껴질 때가 있어 제가 따로 더 준비하여 아이들을 가르쳤습니다.

기도하면서 성경 말씀을 준비하고, 또 말씀을 전하기 전에 산에 가서 1시간 동안 기도한 다음, 거기에 있는 수천 그루의 소나무를 아이들이라 생각하고 설교 연습을 했습니다. 지금 생각하니 그때의 꿈이 이루어졌습니다. 제가 지금 수천 명 앞에서 설교하고 있지 않습니까?

하나님은 요셉에게 꿈을 꾸게 하시고, 그 꿈을 이루어 주셨습니다. 저 지용수에게 꿈을 꾸게 하시고, 그 꿈을 이루어 주셨습니다. 여러분에게도 꿈을 꾸게 하시고, 꿈을 이루어 주시는 하나님이십니다.

꿈이 없는 사람은 좋은 크리스천이 아닙니다. 왜입니까?

빌립보서 1장 21절에 "내게 사는 것이 그리스도니(For to me, to live is Christ)"라고 말씀합니다. 빌립보서 2장 13절에는 "너희 안에 행하시는 이는 하나님이시니 자기의 기쁘신 뜻을 위하여 너희로 소원을 두고 행하게 하시나니"라고 말씀합니다.

예수님을 믿으면 나는 뒤로 물러가고, 나는 'nothing'이 되고 예수님께서, 하나님께서 우리 안에 사시는 것입니다. 그리고 하나님은 자기의 기쁘신 뜻을 위하여 우리로 소원을 두고 행하게 하십니다. 그러니 꿈이 없는 사람은 좋은 크리스천이 아닙니다.

따라 합시다.

"내게 소원을 주시사 행하게 하신다."

우리가 자신을 양보하고 주님께 맡기면 하나님께서 꿈을 주십니다. 비전을 주십니다. 꿈이 없이 되는 대로 그냥 사는 사람에게 오늘 하나님께서 꿈을 일으켜 주시길 원합니다. 소망을 일으켜 주시길 바랍니다.

항상 소망을 갖고 살면 하나님이 그 소망을 속히 이루어 주실 줄로 믿습니다.

우리 모두에게는 '나는 귀한 성도가 되어야지. 전도를 몇 명 이상 해야지' 라는 꿈이 있어야 합니다. 또한 교인이라면 '우리 교회는 나 때문에 부흥된다' 라는 확신이 있어야 합니다.

그리고 우리 하나님은 교회 부흥이나 교회에 관계된 꿈만 꾸게 하시는 것이 아닙니다. 훌륭한 남편, 훌륭한 아내, 훌륭한 자녀, 훌륭한 국민, 훌륭한 경영주, 훌륭한 사원이 되는 꿈도 꾸게 하십니다.

저는 노사 분규가 있을 때마다 마음이 아픕니다. '목사님은 경영주 편인가, 노조 편인가? 여당 편인가, 야당 편인가?' 궁금해 하는 분들이 계실지 모르겠는데, 저는 어느 편에도 속해 있지 않습니다. 여당과 야당을 품고, 경영주와 노조를 품고 기도하는 하나님의 종일 뿐입니다.

제가 혹 어느 한 쪽에 치우치는 말을 해도 그 편이 아니라, 단지 나라를 위해서 그렇게 말하는 것입니다. 저는 우리나라, 우리 민족이 잘 살기를 원합니다. 이제 우리나라 경제가 조금 빛을 발하려 하는데 노사 분규로 공장이 가동되지 않으면 어떻게 하겠습니까? 그러니 모든 경영주들은 하나님께 지혜를 얻어 사원들의 입장을 이해하고, 사원들은 나라를 사랑하는 마음과 경영주의 입장에서 회사일을 하여 회사도 살리고, 자신도 커가고, 노사간에 협력이 잘되기를 원합니다. 그렇게 되도록 우리 모두 기도해야 합니다.

'5, 3, 2' 라는 말이 있는데, 이것은 "오해도 세 번 깊이 생각하면 이해가 된다" 라는 뜻이랍니다. 경영주는 근로자의 입장에서 세 번 생각하고, 근로자는 경영주의 입장에서 세 번 생각하여, 서로 이해하여 화목하고 평화로운 일터, 나라가 되기를 바랍니다. 내가 회사원이라면 '나 때문에 회사가 산다' 는 마음으로 살아야 합니다. 그래야 참 크리스천입니다.

'나는 귀한 크리스천이 되어야지', '나는 귀한 경영주가 되어야지', '나는 귀한 사원이 되어야지', '나는 귀한 교사가 되어야지', '나는 귀한 학생이 되어야지' 하는 꿈을 꾸시기를 바랍니다.

그리고 오늘 남편이 나를 너무 힘들게 해도 "남편이 왜 나를 이렇게 괴롭히나? 뭐, 이런 남편이 있나?" 하며 남편만 보지 말고, 귀하게 변화된 남편의 모습을 꿈꾸며 부르짖어 기도해야 합니다. 그러면 언젠가는 남편이 그렇게 될 줄 믿습니다.

남편들은 아내의 잔소리를 들으면 살맛이 나지 않습니다. 남자는 칭찬을 먹고 사는 존재인데, 아내가 늘 잔소리만 하면 얼마나 괴롭겠습니까? 그러나 그런 아내라도 언젠가는 귀한 아내가 될 것이라고 꿈꾸며 기도하면 그렇게 변화될 줄 믿습니다.

자식이 아무리 힘들게 해도 "저것을 낳고 자식이라고 내가 미역국을 먹었나? 저 웬수!"라고 하면 안 됩니다. 그러면 마귀만 좋아합니다. '저 아이가 지금은 저래도 하나님의 은혜로 귀하게 되고 크게 될 거야'라는 희망을 갖고 기도하면 그렇게 되는 것입니다.

부산의 어느 학교에 교목으로 계시는 목사님이 있었습니다. 그 목사님의 둘째 아들이 아주아주 지독한 농땡이 짓을 했습니다. 하루는 목사님이 그 아들을 혼내서 고치려고 마음을 단단히 먹고 몽둥이를 준비했습니다. 아들의 방에 들어가서 문을 닫아 건 다음, 눈에 힘을 주고 아들을 쳐다보았습니다.

그런데 그 아들이 "목사님, 목사님이 몽둥이를 들고 설치면 은혜가 됩니까? 몽둥이를 내려놓으세요"라고 했습니다. 그 말에 목사님이 몽둥이를 내려놓았습니다.

그러자 아들이 또 말했습니다.

"목사님! 그러지 말고 앉으세요."

또 아들의 말대로 목사님이 방바닥에 앉으니 아들이 따지기 시작했습니다.

"아무리 목사님이지만 그래도 내 아버지인데, 아버지로서 나와 함께 시간을 보낸 적이 얼마나 됩니까? 아버지로서 나와 함께 외식한 적이 몇 번이나 있었습니까?"

"그때 해운대에 가서 사준 적 있잖아."

"그것 한 번뿐이잖아요. 아버지는 나와 여행을 몇 번이나 했습니까? 아버지로서 내게 해준 일이 뭐 있다고 몽둥이를 들고 오셨습니까?"

그때 목사님이 아들에게 이렇게 말하였다고 합니다.

"내가 목사로서는 충성했는지 몰라도 아버지로서는 잘못했구나."

교회에서 부장 일만 잘하고 장로 일만 잘한다고 충성이라 생각하지 마십시오. 집에서 남편 노릇 잘하고, 아내 노릇 잘하고, 엄마 아빠 노릇 잘하는 것도 충성입니다.

그후 목사님의 그 농땡이 치던 아들이 변하여 아주 귀한 인물이 되었습니다.

여러분, 오늘 안 되는 자식, 안 되는 가게, 안 되는 직장이라도 그것만 생각하지 말고 꿈을 꾸시기 바랍니다.

'하나님께서 하나님의 영광을 위해 잘되게 하시리라'고 꿈꾸며 기도하시기 바랍니다. 가게 문을 열 때 눈물밖에 나오지 않아도, 손님 앞에서 눈물을 감추기 위해 애써야 될 일이 있어도, 하나님께 기도하면서 꿈을 꾸며 나아가면 정녕 기쁨의 단을 거두게 되는 것입니다.

하나님은 이 세상 모든 사람들이 예수 믿고 영원히 살기를 원하십니다

사람들의 가장 큰 소원이 무엇입니까? 그것은 사는 것입니다. 오래 사는 것입니다.

20년 전에 제가 "어머니, 백수 하셔야지요"라고 말씀드리면 어머니께서 아주 좋아하셨습니다. 그런데 연세가 80이 넘으신 후에는 "백수 하셔야지요"라고 하면, "무슨 그런 말을 하냐? 백이십은 살아야지"라고 하십니다.

저의 어머니께서 백이십이 되셨을 때, "어머니, 실컷 사셨으니 만족하시지요? 이제 천국에 가셔야지요"라고 하면 기뻐하시겠습니까? "실컷 살았다니? 무슨 말이냐? 이백 년은 살아야지"라고 하실지 모릅니다.

오늘 1부 예배 설교 때 "한오백년"이라는 노래가 생각났습니다.

아무렴 그렇지 그렇고말고
한오백년 살자는데 웬 성화냐.

사람이 오백 년을 살면 얼마나 오래 살았습니까? 그런데 만일 오백 년을 산 사람이 있어서 그 사람에게 "당신은 충분히 살았지요? 지겹도록 살았지요?"라고 묻는다면 뭐라 대답하겠습니까? "무슨 소리요? 천 년은 살아야지"라고 대답할지 모릅니다.

사람의 살고 싶은 욕망은 끝이 없습니다. 그런데 사람이 아무리

노력해도 끝까지 살지 못합니다. 아무리 운동을 하고 아무리 좋은 것을 먹어도 죽습니다. 그러나 하나님은 영원히 살게 하십니다.

> "하나님이 세상을 이처럼 사랑하사 독생자를 주셨으니 이는 그를 믿는 자마다 멸망하지 않고 영생을 얻게 하려 하심이라"(요 3:16).
> "내 말을 듣고 또 나 보내신 이를 믿는 자는 영생을 얻었고"(요 5:24).

우리에게 영생을 주신 하나님께 박수를 올려드립시다. 주님, 감사합니다. 할렐루야! 할렐루야!

우리는 영원히 삽니다. 우리 안에 계시는 성령님처럼 영원히 삽니다. 하나님께서 그렇게 해주시는 것입니다. 우리에게 영생까지 주신 하나님, 외아들 예수님까지 주신 하나님께서 우리에게 무엇을 아끼시겠습니까?

우리 교회의 한 집사님은 처갓집이 굉장한 부자입니다. 수년 전에 그 집사님이 처갓집에 가서 장인어른께 세배를 드렸더니 세뱃돈을 주시더랍니다. 그런데 그 세뱃돈이 일억 원이었습니다. 여러분도 잘되어서 사위에게 세뱃돈을 몇 억씩 줄 수 있기를 바랍니다. 그런 부자가 우리 교회에서 많이 나오기를 바랍니다.

부자 장인어른이 사위에게 세뱃돈으로 큰 금덩어리를 주었다고 합시다. 그런데 사위가 "장인어른, 감사합니다. 그런데 이것을 그냥 가지고 가면 강도가 따라와서 빼앗아 갈지 모르니, 이것을 싸가지고 갈 신문지나 넣어가지고 갈 가방을 하나 주시지요"라고 했다고 합시다.

그럴 때 장인어른이 "이 사람아, 신문지와 가방은 아까워서 못 주겠네. 금덩어리를 그냥 가지고 가게"라고 하겠습니까? 금덩어리를 준 장인어른이 신문지나 가방을 사위에게 주는 것을 아까워하겠습니까?

정금 같은 예수님을 주신 하나님께서 우리에게 무엇을 아끼시겠습니까? 그러니 그 어떤 일을 만나도 낙심하지 말고 기도하시길 바랍니다. 눈물로 기도하고 나아가면 때가 될 때 하나님께서 이루어 주시는 것입니다.

그러면 우리를 구원해 주시고, 우리에게 꿈을 주시며, 그 꿈을 이루어 주시는 하나님께서 우리만 그렇게 살기를 원하십니까?

우리만 잘살라고 우리를 구원해 주신 것이 아닙니다. 우리는 이 세상을 밝게 비추는 빛이고, 이 세상을 썩지 않게 하는 소금입니다. 그러므로 우리로 인하여 이 세상이 밝고 복된 곳이 되게 해야 합니다.

그런데 그것이 우리의 힘으로는 되지 않습니다. 그렇게 되게 하기 위해서는 전도하는 길밖에 없습니다.

어느 목사님과 이발사가 빈민가를 지나가다가, 빈민가 사람들을 보며 이발사가 말했습니다.

"목사님, 목사님이 그렇게 열심히 설교하셔도 저 모양입니다. 저 사람들 꼴 좀 보세요. 목사님이 아무리 설교해도 아무런 변화가 없지 않습니까?"

그때 마침 그들 옆으로 머리를 귀신같이 풀어헤친 히피 청년이 지나가자 목사님이 말했습니다.

"당신이 그렇게 열심히 이발해도 저 청년은 저 모양이네요. 저 머리 좀 보세요."

"아, 그건 저 청년이 내게 오지 않아서 그렇지요. 내 이발소에 오면 멋쟁이로 만들어 줄 텐데……."

"마찬가지입니다. 저들이 하나님 앞에 나오면 하나님께서 저들도 멋쟁이로 만들어 주십니다."

사람이 사람답게 되는 길은 교회에 나오는 길뿐입니다. 세상 사람들은 술을 마시면 재미있을까 봐 술을 마시고, 또 2차, 3차까지 갑니다. 심지어는 누가 술이 더 센지 내기하기도 합니다. 제 친구 아버지는 교감 선생님이었는데 술마시기 내기를 하다가 돌아가셨습니다.

사는 재미가 없으니 술을 마시기도 하고, 마약을 하기도 하는 것입니다. 그래도 재미가 없으니 아내와 남편을 바꾸어 보기도 합니다.

얼마나 불쌍한 사람들입니까? 예수님이 없으면 참 기쁨이 없기 때문에 별짓을 다하는 것입니다. 그 불쌍한 죄인들을 그냥 죽게 내버려 두면 안 됩니다. 그들에게도 복음을 전해서 우리처럼 생명의 주님을 믿도록 해야 합니다. 그래서 우리처럼 설레는 가슴을 품고 희망차게 살아가게 해야 합니다.

한 무신론자가 대로에서 소리쳤습니다.

"하나님은 없어! 만일 하나님이 계신다면 5분 내로 나를 죽여 보세요."

5분이 지나자 그 사람이 다시 소리쳤습니다.

"보세요. 내가 이렇게 멀쩡하게 살아 있습니다. 하나님은 없습니다."

그때 신앙 깊은 한 할머니가 그에게 말했습니다.

"여보시오, 당신에게도 아들이 있지요? 당신 아들이 당신에게 '아버지, 나를 죽여주세요. 5분 안에 죽여주세요'라고 하면 당신 아들을 죽이나요? 죽이지 못하지요. 당신이 하나님을 등져도 하나님은 당신을 죽이지 못하세요. 당신이 하나님은 없다고 아무리 소리쳐도 하나님은 당신을 사랑하시기 때문에 당신을 죽이지 못하는 거예요."

그 말에 무신론자와 거기에 있던 많은 사람들이 감동을 받았다고 합니다.

하나님은 세상에서 막 사는 사람들도 사랑하십니다.

그들을 위하여 예수님이 이 세상에 오셔서 피 흘리고 죽으셨습니다.

따라 합시다.

"이 성에 하나님 백성이 많이 있다."

우리가 그들 한 사람, 한 사람을 위해 기도하고 그들에게 가서 전해야 합니다.

"형님, 아주머니, 과장님, 부장님, 미스터 리, 선생님! 하나님은 살아 계십니다. 예수님은 살아 계십니다. 예수님을 믿고 교회 생활을 하는 것이 가장 행복하고, 영원히 사는 길입니다."

우리는 항상 이런 마음을 품고 한 사람, 한 사람을 전도해야 합니다. 그래야 이 세상이 밝은 세상이 되는 것입니다.

이제 말씀을 맺습니다.

하나님은 살아 계십니다. 우리 안에 계십니다. 지금 여기에 계십니다.

하나님께서 우리에게 꿈을 주십니다. 그리고 그 꿈을 이루어 주십니다.

그런데 이 위대하신 하나님을 모르는 사람들이 있습니다. 그들 한 사람, 한 사람에게 하나님을 전합시다.

그래서 온 겨레가 하나님께 나아와 부푼 꿈을 꾸며 희망차게 살다가 저 천국으로 이사 가는 복을 우리 모두 누릴 수 있기를 바랍니다.

모세가 대답하여 이르되 그러나 그들이 나를 믿지 아니하며 내 말을 듣지 아니하고 이르기를 여호와께서 네게 나타나지 아니하셨다 하리이다 여호와께서 그에게 이르시되 네 손에 있는 것이 무엇이냐 그가 이르되 지팡이이다 여호와께서 이르시되 그것을 땅에 던지라 하시매 곧 땅에 던지니 그것이 뱀이 된지라 모세가 뱀 앞에서 피하매 여호와께서 모세에게 이르시되 네 손을 내밀어 그 꼬리를 잡으라 그가 손을 내밀어 그것을 잡으니 그의 손에서 지팡이가 된지라 이는 그들에게 그들의 조상의 하나님 곧 아브라함의 하나님, 이삭의 하나님, 야곱의 하나님 여호와가 네게 나타난 줄을 믿게 하려 함이라 하시고 여호와께서 또 그에게 이르시되 네 손을 품에 넣으라 하시매 그가 손을 품에 넣었다가 내어보니 그의 손에 나병이 생겨 눈 같이 된지라 이르시되 네 손을 다시 품에 넣으라 하시매 그가 다시 손을 품에 넣었다가 내어보니 그의 손이 본래의 살로 되돌아왔더라 여호와께서 이르시되 만일 그들이 너를 믿지 아니하며 그 처음 표적의 표징을 받지 아니하여도 나중 표적의 표징은 믿으리라

출애굽기 4장 1-8절

네 손에 있는 것이 무엇이냐?

지금 세계 각지에 한국 사람들 700만 명이 흩어져 살고 있습니다. 남한과 북한의 인구를 합하면 7천만 명이니 그 10분의 1이 세계에 흩어져 있는, 디아스포라 코리언입니다. 그들이 그곳에서 노예나 종살이를 하는 것이 아니라 자유롭게, 자유 경쟁 속에서 열심히 살아가고 있습니다.

감사하게도 우리 한국 사람은 어떤 풍토에도 잘 적응하고, 어떤

음식도 잘 먹습니다. 그리고 사업을 하든, 공부를 하든, 운동을 하든, 예술을 하든, 열심히 하기 때문에 다른 이민 국민들에 비해 빨리 자리를 잡고 성공적인 삶을 살고 있습니다. 세계 유수의 대학에서 수석을 차지하는 아이들이 많이 나오고, 빛을 발하는 교민들이 많으니 자랑스럽습니다.

신앙인에게 국경은 없어도 조국은 있습니다. 예수님을 믿는 우리는 전 세계를 품고 사랑해야 하지만 그래도 내 나라, 내 민족을 아끼는 마음이 특심해야 합니다. 우리 한 사람이 잘 해도 온 민족이 기뻐하고, 한 사람이 잘못되어도 온 민족이 아파하는 것은 동족이기 때문입니다. 동족에게는 같은 피가 흐르는 것입니다.

저는 미국에 갈 때 비행기 삯을 조금이라도 아끼려고 직항 비행기를 이용하지 않고 일본을 경유할 때가 많습니다. 그럴 때는 일본에서 4시간 정도를 기다려야 합니다.

한번은 일본 나리타 공항에서 우리 한국 할머니 한 분이 무거운 가방 두 개를 양손에 들고 또 하나는 어깨에 메고 내리시는 것을 보았습니다. 그 비행기에는 한국인이 별로 없어서 그분을 뵈니 제 어머니 같은 마음이 들어 도와드리려고 달려갔습니다.

"그 가방, 제게 주세요. 제가 들어드리지요."

그런데 할머니께서 "안 됩니다. 내가 듭니다"라며 단호히 거절하셔서 제가 당황했습니다. 그래도 "제가 잘 들어드릴게요"라고 했더니, "걱정하지 말아요. 내가 들고 갈 수 있어요"라고 싸우듯이 말씀하셨습니다.

제가 사기꾼처럼 보였거나 남에게 가방을 맡겼다 잃어버린 적이 있었나 봅니다. '내가 사기꾼같이 생겼나?' 하며 쓴웃음을 지었지만, 어쨌든 제가 그 할머니를 보는 순간 어머니처럼 느꼈던 것은 동족이기 때문입니다.

모세는 이스라엘 백성을 사랑하는 애국자입니다. 그러니 200만의 자기 동족이 애굽 땅에서 갖은 학대를 받고 채찍을 맞으며 사람대접도 제대로 못 받고 사는 것이 얼마나 마음 아팠겠습니까?

궁궐에서 살던 그가 자기 동족을 치는 애굽 사람을 쳐 죽인 탓에 광야에 묻혀 사는 신세가 되었지만, 그래도 그는 평화롭고 자유롭게 사는데, 자기 동족들은 갖은 학대 속에서 삽니다. 그것을 생각할 때 동족을 사랑하는 그의 마음이 얼마나 아팠겠습니까?

하루는 그가 호렙 산 쪽으로 양떼를 몰고 가다 이상한 광경을 보게 됩니다. 떨기나무에 불이 타오르는데 나무가 타지 않습니다. 그 불은 성령의 불이기 때문입니다.

오늘도 우리 교회에 성령의 불이 타오르고 있습니다. 성령의 불이 우리 몸을 태울 때 우리는 죽지 않고 나쁜 것만 타버립니다.

신비로운 불을 본 모세가 "야! 신비롭다. 이 놀라운 광경을 가까이 가서 보자"라며, 가까이 접근하는데 하늘에서 음성이 들려옵니다.

"모세야! 모세야!"

그는 하늘에서 음성이 들려오자 두려워하여 "제가 여기 있나이다"라고 합니다.

"나는 네 조상의 하나님이니 아브라함의 하나님, 이삭의 하나님, 야곱의 하나님이니라."

모세는 무서워 고개를 숙이고 얼굴을 가립니다. 하나님께서 계속해서 말씀하십니다.

"내가 너를 애굽에 보내어 내 백성 이스라엘을 애굽에서 구원하여 젖과 꿀이 흐르는 가나안 땅에 살게 하리라. 모세야, 가라!"

애굽에서 40년간 살았던 모세는 애굽의 군사력이 얼마나 강한지 알기 때문에 "하나님, 저는 못 가요. 저는 못 갑니다"라며 거절하지만, 하나님의 명령으로 결국 그는 애굽으로 가게 됩니다. 하지만 모세가 하나님께 이렇게 여쭙니다.

"하나님, 제가 하나님 말씀에 순종해서 애굽으로 가지만, 제 동족들이 저를 믿지 않고, 하나님께서 제게 나타나셔서 저를 보내신 것을 믿지 않으면 어떻게 합니까?"

"모세야! 네 손에 있는 것이 무엇이냐(What is that in your hand?)"

"지팡이입니다."

"그 지팡이를 땅에 던져라."

모세가 지팡이를 땅에 던지니 지팡이가 뱀이 됩니다. "십계" 영화를 보면, 작은 뱀이 아니라 크고 무서운 독사가 되어 모세를 해치려 하니 모세가 그 뱀을 피해 도망 다닙니다. 그런데 하나님께서 "모세야! 네 손을 내밀어 그 뱀의 꼬리를 잡으라"고 말씀하십니다.

모세는 '전지전능하셔서 모르시는 것이 없는 하나님께서 뱀에 대해서는 무식하시군요. 뱀은 머리를 잡아야지 꼬리를 잡으면 물려 죽는데……' 라고 생각했겠지만, 하나님의 말씀을 거역할 수 없어서 꼬리를 잡습니다. 아마 꼬리를 잡으면서 '이제 나는 죽었구나' 하고 눈을 감았을지도 모릅니다. 그런데 놀랍게도 그 뱀이 변하여 지팡이가 됩니다.

"모세야! 네가 이것을 행한 것은, 내가 너를 파송한 것을 백성들이 믿게 하려 함이라. 네 손을 품에 넣어라."

모세가 손을 품에 넣었다 내어 보니 이번에는 나병환자의 손이 되었습니다.

"네 손을 다시 품에 넣어라."

그가 다시 손을 품에 넣었다 빼니 손이 회복되었습니다.

"모세야! 그들이 너를 믿지 않고 처음 표징은 받지 않을지라도, 이 두 번째 표징은 받고 믿으리라."

이것이 오늘 본문의 내용입니다.

여기에서 깨닫게 되는 하나님의 교훈이 많지만 몇 가지만 말씀 드립니다.

"모세야! 네 손에 있는 것이 무엇이냐?"

이 말씀에서 우리가 깨닫게 되는 것은 '하나님은 내게 있는 것을 쓰신다. 내 모습 그대로 쓰신다' 는 것입니다.

하나님께서 모세에게 200만 이스라엘 백성을 대제국 애굽에서 해방시키는 위대한 일을 행하게 하시니, 하늘에서 금 지휘봉이나 다이아몬드 지휘봉이나 번쩍번쩍하는 전자 봉 같은 지휘봉을 내려주실 수 있습니다. 하지만 하나님은 모세에게 "네 손에 있는 지팡이를 가지고 가라"고 말씀하십니다. 그리고 젊은 청년을 보내지 않고, 나이가 80이나 된 노인을 보내십니다.

모세는 노구를 이끌고, 그 마른 막대기를 가지고 가서 200만 명을 능히 구원해 냅니다. 할렐루야!

여러분, 연세가 80이 넘고 90이 넘어도 사명이 있다는 것을 아시기 바랍니다. 하나님은 90이 넘은 여러분도 쓰기를 원하십니다.

저는 이 말씀을 읽을 때마다 '맞아! 성경대로 해야지. 사람이 정한 법대로 하면 안 돼. 모세는 80에 시작했는데 어떻게 70에 은퇴를 하나?'라고 생각합니다.

따라 합시다.

"성경대로 하자."

90세가 되든, 100세가 되든, 하나님께서 우리를 쓰시면 우리는 위대한 일을 할 수 있습니다. 금 지팡이, 은 지팡이, 다이아몬드 지팡이가 아니더라도, 마른 막대기 같아도 하나님께서 쓰시면 기적을 행할 수 있습니다.

민수기 17장 8절을 보면, 하나님께서 은혜를 주시니 하룻밤 사이에 그 바싹 마른 아론의 지팡이에 움이 돋고, 싹이 트고, 꽃이 피고, 살구 열매가 맺힙니다.

하나님은 우리 모습 이대로 쓰십니다. 우리가 교회를 지을 때 하나님께서 하늘에서 시멘트와 철근과 대리석을 내려주실 수 있지만, 그렇게 하지 않으시고 우리에게 있는 것을 쓰십니다.

5천 명을 먹이실 때도 하늘에서 떡을 내려주실 수도 있고, 돌로 떡을 만드실 수도 있지만, 그들이 가진 떡 다섯 개와 물고기 두 마리를 통하여 5천 명을 먹이십니다.

열왕기하 4장을 보면, 선지자 생도는 죽고 빚만 안게 된 그 부인에게 사채업자들이 와서 "○○까지 빚을 갚지 않으면 당신의 두 아들을 종으로 끌고 갈 거요"라고 합니다. 그 어려운 때도 하나님은 금덩어리를 주지 않으시고 그 집에 있는 기름병에 은혜를 주십니다. 아무리 부어도 기름이 계속 철철 나오게 하는 기름병이 되게 하십니다. 그릇마다 채워진 그 기름을 팔아 빚을 갚게 하십니다.

하나님은 오늘 내게 있는 것을 사용하십니다.

내가 하버드 대학과 옥스퍼드 대학과 케임브리지 대학에서 박사 학위를 세 개나 받았어도 하나님이 나를 쓰시지 않으면, 나는 아무것도 할 수 없습니다. 하지만 내가 초등학교밖에 다니지 않았어도 하나님이 나를 쓰시면, 나는 200만, 2천만, 2억도 구원할 수 있는 것입니다. 여러분이 이 세상을 살아갈 때도 하나님은 여러분에게 있는 것으로 복을 주십니다.

이승복이라는 소년은 여덟 살 때 미국으로 이민을 갔습니다. 체조에 재능이 있는 그는 체조 금메달리스트의 꿈을 품고 체조를 열심히 해서, 고 3때는 미국을 석권하고 "세계에서 이승복보다 체조를 더 잘하는 사람이 보이지 않는다"라고 인정받을 정도가 되었습니다.

그런데 1984년 올림픽을 눈앞에 두고 있던 1983년 7월 5일, 그는 코치가 없는 데서 혼자 연습을 하다 떨어져 척추가 부러지고 신경이 마비되어, 평생 휠체어에서 일어날 수 없는 처지가 되고 말았습니다. 그는 올림픽 금메달 획득의 꿈이 사라진 것을 알게 되었을 때 절망하고 분노했습니다.

'하나님을 믿는 내게 어찌 이런 일이 일어날 수 있는가?'

그러나 하나님의 뜻은 달랐습니다. 기도하던 중 '의사가 되어라'는 감동을 받은 그는, 걷지도 못해 휠체어에 의지할 수밖에 없는 몸이었지만 열심히 공부하여 뉴욕 대학과 컬럼비아 대학 석사 과정을 수석으로 졸업하고, 미국의 유명한 의과대학인 다트머스 의대에 들어가서 본격적인 의학 공부를 했습니다. 그리고 하버드 의대에서 인턴 과정을 수석으로 졸업하고, 지금은 세계가 인정하는 존스홉킨스 병원의 재활 의학 수석 전문의가 되었습니다.

'슈퍼맨 닥터 리'로 불리는 그는 탁월한 인술로 환자들을 치료해 줄 뿐 아니라, 환자들에게 힘과 희망을 불어넣어 주고 복음을 전하는 위대한 그릇이 된 것입니다.

하나님이 함께하시면 여러분의 약한 것이 강하게 됩니다. 여러분의 약점이 강점이 됩니다. 하나님은 우리에게 있는 것을 사용하십니다.

25년 전 철거 지역에 있던, 창고 같은 우리 양곡교회가 세계에 빛을 밝히는 교회가 될 줄 그 누가 알았겠습니까? 초라하지만 하나님을 의지하고 최선을 다하는 우리 교회를 하나님이 이렇게 세워주셨습니다. 하나님의 계획이 있으니 우리 교회가 이렇게 빛을 발하고 있는 것입니다.

이번에 세계목회자대회에 강의하러 갔다가 제가 놀랐습니다. 거기에 참석하신 많은 목사님들이 우리 교회 말씀을 받고 있었기 때문입니다. 하나님은 사람들이 관심도 두지 않는, 보잘것없는 사람도 사용하십니다. 할렐루야!

미국 사우스 캘리포니아 마리브 해협의 한 언덕에 큰 바윗돌이 박혀 있었습니다. 한 유력자가 그 마을에 이사 와서 마을 사람들을 설득하여 그 바위를 옮겨 달라고 주정부에 요청했습니다. 만일 그 바위가 굴러 떨어지면 수많은 사람들이 다치게 될 것이기 때문입니다. 주정부에서 그 청을 받아들여, 며칠간 헬리콥터와 불도저를 동원하여 2천 톤이나 되는 바위를 파내어 그 언덕 너머 길로 굴렸습니다.

그런데 그 작업을 보고 있던 리빙스턴 스트롱이라는 젊은 조각가가 그 돌을 100달러에 사 가지고 갔습니다. 그리고 그 돌에 미국의 유명한 배우 존 웨인을 조각하여 100만 달러에 팔았습니다. 마을 사람들이 쓸모없다고 버린 돌이지만, 조각가의 손이 가니 10

억짜리 작품이 된 것입니다.

 이새 집안의 버린 돌 같은 다윗을 하나님이 들어 쓰시니 그가 빛나는 왕이 되었습니다.

 오늘 여러분이 어떤 모습이든 하나님은 그 모습 그대로 사용하십니다. 나이가 90이 되어도 사용하시고, 아무리 약해도 사용하십니다. 걷지 못하는 사람도 사용하십니다.

 하나님께 쓰임 받는 여러분과 제가 될 수 있기를 축원합니다.

"모세야! 네 손을 내밀어 뱀의 꼬리를 잡으라"

 이 말씀에서 깨닫게 되는 교훈은 무엇입니까?

 자기 생각이나 자기 경험대로 사는 것이 아니라, 하나님 말씀에 순종해야 된다는 것입니다. 모세가 자기 생각대로 뱀의 머리를 잡았다면 죽었을 것입니다. 하나님 말씀대로 꼬리를 잡으니 산 것입니다.

 하나님 말씀은 그대로 이루어집니다. 내 생각에 '맞아!' 싶은 말씀도 그대로 되고, '아닌데' 라고 생각되는 말씀도 그대로 이루어집니다.

 하나님께서 아브라함에게 말씀하셨습니다.

 "아브라함아, 네 아들 이삭을 내게 바쳐라."

 하나뿐인 아들 이삭을 바치면 집이 망하는데도 아브라함은 이삭을 바칩니다. 그러니 이삭도 살고 그의 집도 더 잘되었습니다. 할렐루야!

 하나님 말씀에는 가감하면 안 됩니다. 그대로 순종해야 합니다. 성경은 수천 년의 인류 역사를 통해 검증된 책입니다. 성경 말씀대로 주일을 지킨 나라는 문명국이 되고 행복한 나라가 되었습니다. 말씀대로 십일조를 하니 부유한 나라, 부유한 가정이 되었습니다. 그러니 우리는 아무 걱정 없이 말씀대로 순종할 수 있습니다.

대학을 나오고, 국회의원이 되고, 장관이 되어도, 점쟁이 말을 듣고 망하는 사람들이 있는데, 참 불쌍한 사람들입니다.

서울의 한 남자는 황금돼지가 '꿀꿀꿀꿀꿀' 하며 자기 앞으로 걸어오는 꿈을 꾸었습니다. 그는 그 꿈이 분명 복꿈이라 생각하고, 그 복을 놓치지 않으려고 점쟁이를 찾아갔습니다. 꿈 이야기를 들은 점쟁이가 말했습니다.

"길몽이오, 길몽. 즉시 로또 복권을 사시오. 열 장을 사면 당첨될 것이오. 그런데 그 꿈을 이루기 위해서는 지켜야 할 것 두 가지가 있소."

"그것이 무엇입니까?"

"첫째는 비싼 부적을 사서 몸에 지니고 다녀야 하는 것이오. 둘째는 복권이 당첨되는 날까지 그 누구와도 말하지 않아야 되는 것이오. 아무하고도 인사하지 말고 아무리 답답해도 말하면 안 되오. 말이 하고 싶어서 미칠 것 같을 때는 '꿀꿀꿀꿀' 하고 돼지 소리만 내시오."

그는 회사에 가면 말을 해야 되니 출근도 하지 않았습니다. 그의 아내가 물었습니다.

"여보, 왜 출근 안 하세요?"

그는 대답하지 않고 고개만 흔들었습니다.

"여보, 왜 출근 안 해요?"

"……."

"당신, 미쳤어요? 왜 출근도 안 하고 말도 안 해요?"

그는 답답해서 "꿀꿀꿀꿀꿀!" 하고 소리쳤습니다. 충격을 받은 아내가 유명하다고 소문난 무당을 찾아갔습니다. 무당이 말했습니다.

"큰일 났소. 조상귀신들이 내렸소. 할아버지 귀신, 증조할아버지 귀신, 고조할아버지 귀신 등등 많은 귀신들이 내렸으니 큰 굿판을 벌여야겠소."

그래서 1천만 원짜리 굿판을 벌였습니다. 그는 아내가 자기 때문에 1천만 원짜리 굿판을 벌인 것을 알고 너무 속이 상했지만 말을 하면 안 되니 "꿀꿀꿀꿀꿀! 꿀꿀꿀꿀꿀!" 하고 소리쳤습니다.

그러니 무당이 "조상귀신들이 삐쳐도 이만저만 삐친 것이 아니니 더 큰 굿을 벌여야 된다"고 해서 다시 2천만 원짜리 굿을 했습니다. 그 다음날 복권을 추첨했는데, 당첨은 고사하고 등수에 들지도 않았습니다.

마귀가 가룟 유다에게 들어가서 예수님을 팔아 부자가 되라고 꾀었습니다. 마귀의 말대로 예수님을 판 가룟 유다는 부자가 되기는커녕 배가 터져 죽었습니다.

마귀가 하와에게 선악과를 먹고 하나님처럼 되라고 했습니다. 그러나 마귀의 말대로 선악과를 먹은 하와는 에덴동산에서 쫓겨났습니다.

마귀의 말은 아무리 달콤해도 그대로 받으면 망합니다.

하지만 하나님의 말씀은 그대로 받으면 다 그대로 됩니다. 내 남편이 아무리 무능해도 남편을 예수님처럼 순종하고 받들면, 우리 집이 복을 받고 행복하게 되는 것입니다. 자신의 감정과 뜻을 버리고 하나님 말씀에 순종하면 안 될 집이 없는 것입니다.

"이렇게 함은 내 백성이 믿게 하려 함이라"

하나님께서 지팡이를 뱀이 되게 하시고, 뱀을 지팡이가 되게 하신 것은 심심해서 그냥 놀이로 해보신 것이 아닙니다. 모세의 손을 나병환자의 손이 되게 하셨다가 낫게 하신 것도 그냥 해보신 것이 아닙니다.

"이렇게 함은 내 백성이 믿게 하려 함이라." 할렐루야!

결국 모세를 보내신 목적도, 기적을 행하신 목적도, 이스라엘 백성이 하나님을 믿고 구원받게 하시기 위함이었습니다.

우리가 열심히 사는 것도 중요하고, 시간을 아끼며 사는 것도 중하고, 크게 성공하는 것도 중요하지만, 그보다 더 중요한 것은 방향이 잘 되어야 하는 것입니다. 선수가 운동장에서 아무리 빨리 달려도 거꾸로 달리면 안 됩니다. 그 코스와 방향대로 달려야 합니다.

그런데 안타깝게도 오늘날 많은 사람들이 방향 없이 살고 있습니다.

한 암 전문의가 쓴 글을 읽어 보았습니다. 암 환자들이 입원해 있는 병동에는 2개월, 4개월, 6개월 내에 죽을 사람들이 대부분인데, 그들이 모여서 화투를 친답니다. 그러고는 "나는 오늘 3만 원 땄다!" "나는 5만 원 땄다!"라며 좋아한답니다. 몇 달 후에 죽을 사람이 몇만 원 땄다고 좋아하는 것을 보면 서글퍼진다는 내용의 글이었습니다.

그런데 더 나아가 생각해 보면, 예수님 없이 사는 이 세상의 모든 사람들은 그 환자들과 똑같습니다. 자식이 좋은 대학에 들어갔다고, 사업이 잘된다고 좋아하지만, 우리는 내일 일을 알 수 없습니다.

잠언 27장 1절에 "너는 내일 일을 자랑하지 말라 하루 동안에 무슨 일이 일어날는지 네가 알 수 없음이니라"고 말씀합니다.

제 아들 동아리의 한 여자 선배는 하룻밤에 아버지와 어머니를 다 여의었답니다. 그의 어머니께서 주무시다가 옆에 누워 계신 아버지의 몸이 너무 차가워 일어나 보니 아버지께서 심장마비로 돌아가셨습니다. 그 충격으로 어머니도 바로 세상을 떠나고 말았습니다. 그러니 재벌의 딸로 아무 걱정 없이 지내던 그 여자 선배가 하늘을 쳐다보며 하염없이 울더랍니다. 이것이 인생입니다.

야고보서 4장 13-14절은 말씀합니다.

"들으라 너희 중에 말하기를 오늘이나 내일이나 우리가 어떤 도시에 가서 거기서 일 년을 머물며 장사하여 이익을 보리라 하는 자들아 내일 일을 너희가 알지 못하는도다 너희 생명이 무엇이냐 너희는 잠깐 보이다가 없어지는 안개니라."

아침에 안개가 자욱할 때는 앞이 보이지 않아 운전하기 어렵지만, 조금만 지나면 그 안개를 아무리 찾아도 찾을 수가 없습니다. 20년, 30년도 순식간에 지나갑니다.

어젯밤에 아내가 "여보, 우리 은퇴하기 전에 금혼식 합시다"라고 했습니다. 금혼식은 결혼 50주년 때 하는 것 아닙니까? 그런데 금혼식을 하자니 제가 놀라서 물었습니다.

"우리 금혼식은 아직 멀었는데?"

"은퇴한 후에 하면 주책 같으니 지금 합시다."

저희가 은혼식을 할 때 제 아내가 재미를 보았는지 금혼식을 하자는 것입니다.

"그래도 햇수가 안 되는데 어떻게 해요?"
"우리가 사랑하기 시작한 때부터 계산하면 되잖아요."

저희는 초등학교 때부터 사랑했습니다. 제가 6학년 때 학생회장을 해서 학예회 때 사회를 보았는데, 그때 김영숙이 독창을 했습니다. '와! 얼마나 예쁘고 노래를 잘하는지', 제가 김영숙에게 반해서 김영숙을 늘 기억하고 있었습니다.

제가 그 김영숙과 결혼을 했습니다. 그때부터 계산하면 금혼식을 해도 되는 것입니다. 그 말을 하면서 아내가 "여보, 인생은 잠깐이에요"라고 했습니다. 정말 인생은 잠깐입니다. 잘살아 보려고 애쓰지만 다 끝나고 마는 것입니다.

모세를 크게 세우시고 모세에게 능력을 행하게 하신 것은 모세만 잘되라는 것이 아닙니다. 이스라엘 백성을 구원하시기 위함입니다. 하나님께서 여러분을 밀어주고, 도와주고, 복 주시는 것은 여러분을 잘되게 하시려는 뜻도 있지만, 여러분 때문에 세상이 구원받게 하시기 위함입니다.

사도행전 18장을 보면, 성령께서 바울에게 이렇게 말씀합니다.
"잠잠하지 말고 말하라. 이 성에 내 백성이 많음이라."
그래서 바울이 거기서 1년 6개월 동안 복음을 전하여 고린도교회가 세워진 것입니다.

따라 합시다.
"우리나라에 하나님께서 택하신 백성이 많다. 지구촌에 하나님의 백성이 많다."

내가 사장이면 사장의 힘을 다하여 사람들을 구원할 책임이 내게 있는 것입니다. 내가 회장이면, 내가 병원장이면, 내가 대학 교수이면, 내가 초등학교 교사이면 그 자리에서 힘을 다해 사람들을 구원할 책임이 내게 있는 것입니다. 하나님께서 모세를 보내신 것처럼 여러분과 저를 보내셨습니다.

예수님은 요한복음 20장 21절에 말씀합니다.

> "아버지께서 나를 보내신 것같이 나도 너희를 보내노라(As the Father has sent me, I am sending you)."

"하나님께서 세상을 구원하라고 나를 보내신 것처럼 나도 세상을 구원하라고 너를 보낸다." 할렐루야!

그러니 우리는 직장생활을 하든, 사업을 하든, 예술을 하든, 무엇을 하든 '나 때문에 사람들이 구원을 받아야지'라는 마음으로 살아야 합니다. 그래서 사람들이 예수님을 믿도록 해야 합니다.

요한복음 20장 30-31절에 말씀합니다.

> "예수께서 제자들 앞에서 이 책에 기록되지 아니한 다른 표적도 많이 행하셨으나 오직 이것을 기록함은 너희로 예수께서 하나님의 아들 그리스도이심을 믿게 하려 함이요."

결국 이 세상에서 아무리 잘살아도 예수님을 믿지 않으면 영원히 멸망하고, 예수님을 믿으면 영생을 얻기 때문에 우리의 목적은 사람들이 영생을 얻게 하는 것이어야 합니다.

《탈무드》에 "한 영혼을 구원하는 것은 우주를 구원하는 것이다"라는 말이 있습니다.

모세가 200만 명을 구원한 것도 위대한 일이지만, 한 영혼을 구원해도 우주를 구원한 것처럼 귀한 일입니다. 왜입니까? 주님이

"한 사람의 생명이 천하보다 귀하니라"고 말씀하셨기 때문입니다.

세월이 좀 흘렀기 때문에 이 편지를 소개해도 괜찮을 것 같아 소개합니다.

> 목사님, 감사합니다. 그리고 사랑합니다.
> 너무나 기쁘고 말로는 표현하지 못할 감사함 때문에 이렇게 목사님께 편지를 씁니다.
> 저는 이곳 창원에 온 지 3년이 조금 지났습니다. 목사님을 통해서 왜 제가 이곳 창원에 와야만 했는지, 또 그것이 하나님의 계획이셨음을 알 수 있었습니다.
> 하나님을 믿기 전 저의 모습은 추했습니다. 술과 담배로 찌들어 있었고, 하루에 소주를 2병 이상 마시지 않으면 사는 것 같지 않았고, 담배를 하루에 2-3갑 피우는 골초였습니다. 그 당시 저는 3명이 소주 10병, 맥주 60병을 마시는 것과 저녁 6시부터 다음날 새벽 6시까지 술 마시는 것을 자랑으로 삼았습니다.
> 그런데 저에게 김종회 집사님께서 오셨습니다. 그러나 저는 교회에 나올 수가 없었습니다. 교회에 가면 술도 못 마시고, 담배도 못 피우고, 또 하지 말라는 것이 너무 많아서 교회에 나오지 않았습니다. 그래도 집사님께서는 지용수 목사님과 양곡교회에 다니시는 분들을 입이 마르도록 칭찬하셨고, 하나님을 믿도록 인도해 주셨습니다. 저는 목사님께서 탕자의 비유를 말씀하셨을 때 그가 바로 저라는 것을 깨닫고 많이 울었습니다.
> 그래도 제가 교회에 나왔다고 바로 술과 담배를 끊을 수는 없었습니다. 하지만 저에게 이상한 일이 일어나기 시작했습니다. 술과 담배가 역겁고 싫어지기 시작하였습니다. 믿기지 않았지만, 신기

하게도 한 달이 지난 후 저는 술과 담배를 끊을 수 있었습니다. 내 의지가 아닌 하나님의 능력으로 끊게 하셨습니다.

그런데 시간이 지나면서 회식 자리와 술자리가 많아지고, 자연스럽게 또 술과 친해지고 있었습니다. 그때 하나님께서는 저의 목소리를 잃게 만드셨습니다. 갑자기 목소리가 나오지 않는 것이었습니다. 성대가 마비되었는데 의사도 그 원인을 알 수 없다며 수술을 꺼려했습니다.

저는 두 달 가까이 원인 모를 성대 마비로 말을 할 수 없었습니다. 그래서 목사님께 기도 부탁을 드렸습니다. 목사님께서 달란트 기도 시간에 저를 위해 기도해 주셨습니다. 그제야 제가 깨닫고 "하나님, 다시는 술 담배를 하지 않겠습니다"라고 기도했습니다. 놀랍게도 저는 다시 말을 할 수 있었고, 그리고 그 전보다 훨씬 좋은 목소리를 가지게 되었습니다.

또 저의 어머님이 혈압이 너무 높아서 위험하다는 소식을 들었을 때, 저는 눈물로 기도했고 달란트 기도 시간에도 목사님께 기도 부탁을 드렸는데, 하나님께서 응답해 주셨습니다.

특별히 감사한 것은 4월 30일, 저와 제 아내가 세례를 받았고, 다음날 하나님은 이 세례의 축복으로 저의 어머님과 아버님에게 평생 동안 한이 맺혀 있던 일을 해결해 주셨습니다. 어머님께서 5월 28일 저희 교회에 나온다고 하십니다.

저는 하나님께서 저를 사랑하신다는 것을 느낍니다.

이 모든 것을 허락하신 하나님께 감사드리며, 무엇보다도 하나님을 알게 해주신 지용수 목사님께 감사드립니다.

목사님, 사랑합니다.

안○○ 올림

예수님은 위대하십니다. 그러나 우리가 전해야 그들이 예수님을 알게 됩니다.

우리가 인격으로, 말로, 생활로, 성공함으로 예수님을 전해서 이 세상의 모든 사람이 예수님을 믿고 구원받도록, 우리와 함께 복된 생애를 살아갈 수 있도록 우리의 사명을 잘 감당해야겠습니다.

이 날에 갓이 다윗에게 이르러 그에게 아뢰되 올라가서 여부스 사람 아라우나의 타작마당에서 여호와를 위하여 제단을 쌓으소서 하매 다윗이 여호와께서 명령하신 바 갓의 말대로 올라가니라

사무엘하 24장 18-19절

다윗의 장점

인류 역사상 수많은 왕들이 있었습니다. 알렉산더, 시저, 나폴레옹 등등 수많은 왕이 있었습니다. 그러나 최고의 왕은 다윗입니다. 다윗은 하나님 앞에서 최고로 사랑을 받은 사람입니다.

하지만 그에게도 약점이 있었습니다. 자기에게 생명 걸고 충성하는 장군의 부인을 끌어다가 취하고는 내보냈습니다. 그 부인이

아기를 가졌다고 하니 '아이쿠! 복잡하게 됐네' 라고 생각하고는, 그 장군을 휴가 보내어 부인과 잠자리를 같이 하게 해서 자기 씨를 장군의 씨로 만들려고 했습니다. 그러나 장군이 잠자리를 같이 하지 않자 장군을 죽였습니다.

그리고 하나님보다 하나님의 축복을 더 좋아하고, 하나님께서 붙여주신 장군들과 장수들과 군사들을 의지하는 실수도 했습니다.

그런 약점이 있음에도 불구하고, 다윗은 늙도록 부하고 존귀했습니다. 그리고 '하나님 마음에 합한 사람' 이라고 하나님께서 인정해 주셨습니다.

현재 온 세계 만민이 다윗을 부러워하여 자기 아들의 이름을 '다윗(David)'으로 짓습니다. 미국이나 유럽에 '데이비드' 라는 이름이 흔한 것은 전부 다윗을 닮기를 바라기 때문입니다.

왜입니까? 다윗은 약점이 있었지만 약점을 커버할 장점이 있었습니다. 오늘 이 말씀이 여러분에게 위로가 될 것입니다.

'아! 나는 세례를 받은 지 십 년이나 되었는데, 아직도 이래서 되는 건가?'

'나는 집사 임명을 받은 지 벌써 십오 년이 되었는데, 아직도 이것을 못 끊어서 어떻게 하나? 이 약점 때문에 어떻게 하나?'

'나는 벌써 칠십 세가 되었는데 아직도 이 버릇을 못 끊네?'

이런 분들이 계실 것입니다. 완전한 사람은 없습니다.

갈라디아서 2장 16절에 "율법의 행위로써는 의롭다 함을 얻을 육체가 없느니라" 라고 말씀합니다. 오직 예수 그리스도를 믿어 의롭게 된다고 가르치고 있습니다.

로마서 3장 20절에도 "그러므로 율법의 행위로 그의 앞에 의롭다 하심을 얻을 육체가 없나니"라고 말씀합니다. 이어서 로마서 3장 23절에는 "모든 사람이 죄를 범하였으매 하나님의 영광에 이르지 못하더니"라고 말씀합니다.

창조 이후 아담으로부터 지금까지 흠도 티도 없는, 약점이 없는 사람은 아무도 없습니다. 노아 같은 사람도 술을 너무 좋아해서 술에 취해 발가벗었다가 수치를 당했습니다.

예수님을 믿어도 담배를 끊지 못해 도둑 담배를 피우는 사람이 있습니다. 목사님을 만나 "안녕하십니까?" 하고 너무 겸손히 인사를 하다 보니, 담뱃갑이 떨어져 목사님이 그것을 주워 주었는데도 담배를 끊지 못하는 사람이 있답니다. 집사님인데도 술만 보면 술술 넘어가서 "술 먹을래, 밥 먹을래, 떡 먹을래?" 하고 물으면 "술에 밥 말아 떡으로 안주하지" 하는 사람도 있습니다.

우리는 예수님을 믿음으로 구원받았고 성령을 체험했는데도, 하나님 앞과 자기 앞에 약점이 있는 것입니다. 그러나 그것 때문에 너무 좌절하거나 열등의식을 가지면 안 됩니다.

따라 합시다.

"다윗도 나를 닮았다. 나도 다윗과 비슷하다."

위로가 되지 않습니까? 별 사람 없습니다.

예수님만, 성부 성자 성령 삼위일체 하나님만 거룩하고, 우리는 다 약점이 있습니다.

다윗은 자신의 약점을 어떤 장점으로 극복했을까요?

조금 부족한 점이 있어도 장점이 있으면 그 부족함을 극복하게 됩니다.

우리 교회의 한 의사 선생님은 공중전화로 전화하는 방법을 몰랐답니다. 공중전화로 전화할 때 돈을 먼저 넣는지, 전화를 한 다음에 넣는지를 몰랐답니다. 그래도 의사이니 그것이 흉이 되지 않지, 무식한 사람이 그랬으면 바보라고 했을 것입니다.

루스벨트 대통령은 휠체어를 타고 다녔습니다. 그러나 대통령이니 그것이 극복되었습니다. 우리나라 대통령에게도 약점이 있습니다. 그러나 우리나라 최고 통치자니 약점이 극복되는 것입니다.

약점이 강하고 장점이 적으면 약점이 장점을 삼킵니다. 그러나 장점이 더 강하면 약점이 장점에 삼켜져서 그 장점으로 승리하게 되는 것입니다.

약점이 없는 사람은 없습니다. 그러나 장점이 강하면 이기는 것입니다.

여러분의 장점이 커나가기를 바랍니다. 마귀는 약점을 키우고, 하나님의 성령께서는 장점을 키우십니다. 약점을 자꾸 약화시켜서 나중에는 약점을 끊어 버리고 장점만 키워 나갈 수 있기를 바랍니다.

다윗의 장점은 무엇입니까?

다윗이 약점을 이긴 비결, 하나님 앞에서 승리한 비결은 무엇입니까? 하나님 앞에서 점수를 딴 장점이 무엇입니까?

첫째, 다윗은 변명하지 않고 즉시 순종했습니다.

비록 죄를 짓기는 했지만 하나님 앞에서 죄를 깨달으면, '아이고! 내가 잘못했네?' 하고 변명하지 않는다는 것입니다. 다윗은 잘못을 깨달으면 다른 말을 하지 않았습니다. 변명하지 않았습니다. 그냥 "내가 잘못했습니다"라고 했습니다.

하나님께서 아담에게 "왜 선악과를 따 먹었느냐?"라고 물으시니, 아담이 "하나님께서 주신 여자 때문에 먹었습니다"라고 변명했습니다. 하와에게 "여자야, 왜 먹었느냐"라고 물으시니, 하와가 "하나님께서 만드신 뱀 때문에 먹었지요"라고 변명했습니다.

사무엘이 사울에게 "왕이여, 왜 다 죽이지 않았소"라고 하니, 사울이 "아니, 다 죽였어요. 다만 하나님께 예배드리려고 가장 좋은 소와 양을 살린 것뿐입니다"라고 변명했습니다.

여러분, 복이 없는 사람은 회개하지 않고 변명을 합니다.

그러나 다윗은 나단으로부터 "다윗, 당신이 간음자이고 살인자요"라는 말을 들었을 때, "아니오, 밧세바가 낮에 목욕하면서 나를 유혹하여 그렇게 된 거요"라고 변명하지 않았습니다. 다윗은 "내가 죄를 지었습니다"라며 바로 회개했습니다.

다윗이 인구 조사를 한 후 하나님께서 이스라엘 백성 7만 명을 전염병으로 쓰러지게 하실 때도 "하나님, 죄는 제가 지었는데, 악은 제가 행했는데, 왜 불쌍한 백성들을 치십니까? 제가 악을 행했으니 저와 제 집을 치십시오"라고 했습니다.

다윗은 약점이 있고 죄도 지었지만, 언제나 변명하지 않고 깨끗하게 회개했습니다. 그런 그를 하나님께서 용서하셨습니다.

"오라 우리가 서로 변론하자 너희의 죄가 주홍 같을지라도 눈과 같이 희어질 것이요 진홍같이 붉을지라도 양털같이 희게 되리라"(사 1:18).

"만일 우리가 죄가 없다고 말하면 스스로 속이고 또 진리가 우리 속에 있지 아니할 것이요 만일 우리가 우리 죄를 자백하면 그는 미쁘시고 의로우사 우리 죄를 사하시며 우리를 모든 불의에서 깨끗하게 하실 것이요"(요일 1:8-9).
"주 여호와의 말씀이니라 나의 삶을 두고 맹세하노니 나는 악인이 죽는 것을 기뻐하지 아니하고 악인이 그의 길에서 돌이켜 떠나 사는 것을 기뻐하노라"(겔 33:11).

하나님은 우리가 살기를 원하십니다. 그러니 우리가 죄 지어서 망하는 것이 아닙니다. 실수해서 망하는 것이 아닙니다. 회개하지 않기 때문에 망하는 것입니다. 비록 죄를 짓고 실수해도 회개하면 하나님께서 살려 주시는 것을 믿으시기 바랍니다.

여러분, 어떠한 잘못 때문에 마음에 꺼림칙한 것이 있으면 오늘 이 시간에 뉘우치고 죄악 벗은 영혼이 되시기를 축원합니다. 앞으로 혹 실수를 하더라도, 그것 때문에 마귀에게 끌려가지 마시고, 회개하고 마귀를 박차고 일어나시기를 축원합니다.

둘째, 다윗은 말씀에 무조건 순종하였습니다.

다윗이 가끔 죄를 지었고 약점을 가지고 있었지만, 하나님 말씀이 떨어지면 어떤 말씀이든 이유를 묻지 않았습니다. 무조건 순종, 순종, 순종했습니다.

마귀는 말을 많이 합니다. 교회에도 일꾼, 구경꾼, 말꾼이 있는데, 일꾼이 최고로 좋은 사람이고, 말꾼은 마귀가 쓰는 사람입니다. 복 있는 사람은 말꾼이 아닙니다.

갓 선지자가 다윗에게 "왕이여, 여부스 사람 아라우나의 타작 마당에 올라가서 예배를 드리소서"라고 했을 때도 다윗은 아무 말하지 않고 그대로 순종했습니다. 만일 제가 다윗이라면 "하나님의 사람이여, 하나님의 법궤가 있는 성전에 가서 예배를 드려야지, 왜 타작마당, 그것도 이방인 여부스 사람의 밭에 가서 예배를 드리라고 합니까?" 하고 따졌을 것입니다. 그렇게 할 만한데도 다윗은 그러지 않았습니다. 갓은 벼슬도 없는 사람이고 다윗은 왕이니 "나는 왕인데……" 하며 얼마든지 갓을 무시할 수도 있었습니다. 그러나 "예, 아멘" 하고 순종했습니다.

아브라함도 하나님 말씀에 무조건 순종했습니다. 하나님께서 "아브라함아, 이삭을 바쳐라" 하실 때도 아브라함은 항의하지 않고 "예" 하고 순종했습니다. 그때 아브라함이 "하나님께서 이삭을 주실 때는 언제고, 이제 와서 데려가시다니요? 데려가실 바에는 왜 주셨습니까? 그리고 하나님께서 이삭의 씨로 하늘의 별과 같이 자손을 번성하게 하겠다고 약속하셨는데, 이삭을 데려가시면 스스로 약속을 깨시는 것 아닙니까? 어찌 그러실 수 있습니까? 하나님께서 어찌 상식을 벗어나는 말씀을 하십니까?" 하고 얼마든지 항의할 수 있는데, 항의하지 않았습니다. 이해가 되지 않았지만 "예" 하고 순종했습니다.

성령의 사람은 이유를 묻지 않고 순종하는데, 마귀의 사람은 고라, 다단, 아비람처럼 말이 많습니다. 고라와 다단, 아비람은 모세에게 "왜 우리를 끌어내어 이처럼 어렵게 하느냐? 애굽으로 돌아가자"라며 대들었습니다.

기도의 말, 전도의 말을 하는 것은 복이지만, 쓸데없는 말을 하는 것은 마귀의 종이 되는 길임을 알고 입의 말에 복을 받으시길 축원합니다. 말이 귀하기를 축원합니다.

어느 교회에 말이 많은 한 권사님이 계셨습니다. 늘 목사님을 괴

다윗의 장점

롭히고 교인들의 허물을 공개하니, 그 권사님 때문에 교회가 시끌시끌했습니다. 그러던 중 그 교회의 목사님이 다른 곳으로 가시고, 패기가 넘치는 전도사님이 부임해 오셨습니다. 부임한 첫날 설교를 마치고 내려간 전도사님에게 권사님이 다가와서 말했습니다.

"전도사님, 귀한 말씀 감사합니다. 아주 은혜가 되는 메시지였습니다. 그런데 전도사님의 넥타이가 너무 길어서 마음이 편하지 않았습니다."

부임한 첫날 그런 말을 하는 권사님을 보며 전도사님이 '마귀에게 쓰임 받고 있구나' 라고 생각했지만, 아무 말도 하지 않고 그냥 나왔습니다. 그런데 권사님이 "전도사님, 왜 그렇게 넥타이를 길게 맸습니까? 넥타이를 길게 매니 얼굴이 길쭉해 보이고, 사람도 너절해 보입니다" 하며 계속 따라왔습니다.

그러자 전도사님이 "그래요? 잠깐 기다리세요" 하더니, 안에 들어가서 가위를 갖고 나왔습니다.

"어느 정도로 짧게 매면 좋겠습니까? 말씀하세요. 이 정도입니까?"

전도사님이 가위로 넥타이를 잘라 버렸습니다. 새 넥타이를 잘라 버린 것입니다. 권사님이 깜짝 놀라 아무 말도 못하고 가만히 있었습니다. 그러자 전도사님이 "더 자를까요?" 하더니 넥타이를 더 자른 후 "이만하면 됐습니까?" 하고 물었습니다. 너무나 놀라 어쩔 줄 몰라하던 권사님이 "예, 됐습니다"라고 대답했습니다.

전도사님이 권사님 가까이에 바짝 다가서더니 "이번에는 권사님 차례예요. 권사님 혀가 너무 길어서 좀 잘라야 되겠어요" 하며 가위를 가지고 권사님의 혀를 자르려고 했습니다.

"아이고, 전도사님, 잘못했습니다."

그래도 전도사님은 "아뇨, 혀가 길어서 잘라야 합니다" 하며 계속 혀를 자르려고 했습니다.

"전도사님, 잘못했어요. 살려 주세요."

권사님이 그후부터 다시는 쓸데없는 말을 하지 않았다고 합니다.

우리 교회에는 혀를 자를 사람이 없습니다. 앞으로도 교회를 허는 말, 교회에 손해 입히는 말, 이간하는 말, 은근히 이웃을 허는 말은 하지 않기를 바랍니다. 마귀가 좋아하는 말은 하지 않기를 바랍니다.

복 있는 사람은 말이 없습니다. 순종합니다. 다윗은 그냥 순종했습니다.

여러분, 하나님의 교회에서 복 있는 사람이 누구입니까? 순종하는 사람입니다. 아브라함, 이삭, 야곱, 모세, 여호수아, 다윗, 축복의 반열에 있는 사람은 모두 순종의 사람, 이미지가 순종의 사람이었습니다.

오늘날도 마찬가지입니다. 성경을 보거나 이스라엘 역사를 보면, 불순종하는 사람들은 모두 꺾였습니다. 우리는 순종의 족보에 들게 되기를 바랍니다.

신명기 28장 1-14절을 보면, 하나님 말씀에 순종할 때 받는 복이 약속되어 있습니다. 15절에서 끝 절까지는 불순종하면 임하는 저주에 대해 말씀합니다. 신명기 28장은 심판에 대한 말씀입니다. 순종하면 축복이고, 불순종하면 저주입니다. 우리 모두는 1-14절에만 속하기를 바랍니다.

"하나님 말씀에 순종하면 하나님께서 세계 민족 위에 뛰어나게 하시리라. 네가 들어와도 복을 받고 나가도 복을 받을 것이라."

이런 복이 있기를 바랍니다. 우리 교회에서 세계적으로 뛰어난 인물들이 많이 나오기를 바랍니다. 그러기 위해서는 순종해야 합니다.

　부모님 말씀에 순종해도 복을 받습니다.

　경남 하동에 진교교회가 있습니다. 그 교회의 이원섭 집사님이 1950년도에 잡화상회를 했는데, 이른 새벽에 충무에서 배를 타고 부산 국제시장에 가서 물건을 사다가 팔았습니다. 하루는 새벽에 돈 보따리를 챙겨 들고 나가는데 어머니가 삶은 고구마를 주었습니다.

　"얘야, 배고플 때는 이게 최고다. 가지고 가거라."

　"어머니, 아니에요. 괜찮아요."

　"어허, 시장할 때는 이게 최고라니까!"

　"아니라니까요."

　"갖고 가!"

　그는 어머니 말씀에 순종하여 그 무거운 고구마를 돈 보따리 위에 얹어 가지고 갔습니다. 아직 캄캄한 새벽에 국제시장에 도착하여 물건을 사러 가는 길인데, 깡패들이 에워싸는 것이었습니다.

　"그 보따리는 뭐냐?"

　"고구마 보따리입니다."

　깡패들이 확인해 보니 정말 고구마였습니다. 그러니 엉덩이를 발로 차며 "초장부터 재수 없게 고구마 보따리네. 빨리 꺼져!"라고 했습니다. 그는 고구마 보따리를 들고 재빨리 도망쳤습니다.

　그는 '어머니 말씀을 듣지 않고 고구마를 가지고 오지 않았으면 돈도 다 빼앗기고 다쳤을 텐데, 어머니 말씀에 순종해서 이렇게 보호를 받았구나. 이렇게 된 것이 모두 하나님의 은혜구나' 라고 깨닫고는, 부산남교회에 가서 감사기도를 드렸다고 합니다.

"자녀들아 주 안에서 너희 부모에게 순종하라 이것이 옳으니라 네 아버지와 어머니를 공경하라(Honor your father and mother) 이것은 약속이 있는 첫 계명이니 이로써 네가 잘되고 땅에서 장수하리라"(엡 6:1-3).

부모님께 순종하는 자가 복이 있습니다. 선생님께 순종하는 제자가 복이 있습니다. 회사의 상사에게 순종하는 사람이 승진하는 것입니다.

오늘날 마지막 때에는 거스르는 시대가 되어서 부모를 거역하는 아들이 똑똑한 아들인 줄 알고, 스승을 거역하는 것이 똑똑한 것인 줄 알고, 선배를 거역하면 똑똑한 사람인 줄 아는데, 거역하는 사람에게는 하나님께서 복을 주시지 않습니다.

저는 교만한 사람이 복 받는 것을 보지 못했습니다. 우리 양곡의 가족들은 다 겸손하고 순종할 수 있기를 바랍니다.

제가 이번에 대전에 모인 많은 목사님들께 말했습니다.

"목사님들은 전도사님 때보다 더 겸손해야 합니다. 그래야 진짜 목사님입니다. 목사님이 되었다고 전도사님 때보다 교만하면 좋은 목사님이 아닙니다."

저는 전도사님들에게도 겸손하려고 애를 씁니다. 장로님은 집사님 때보다 더 겸손해야 하고, 집사님보다 더 겸손해야 진짜 장로님입니다. 권사님은 집사님 때보다 더 겸손해야 진짜 권사님입니다. 십일조를 1천만 원 하는 사람은 1백만 원 하는 사람보다 더 겸손해야 하고, 회사 사장은 수위보다 더 겸손해야 영원히 복 받을 사람입니다.

겸손은 복의 물꼬를 트는 일입니다. 겸손히 순종해야 복을 받습니다.

하나님 말씀에는 이유를 달 필요가 없습니다.

실화인지 만든 이야기인지는 모르겠지만, 이스라엘에 전해 내려오는 이야기입니다.

어느 날, 예수께서 제자들에게 말씀하셨습니다.

"얘들아, 우리 헐몬 산으로 올라가자."

예수님과 제자들이 산을 오르기 시작했습니다. 산기슭에서 예수님이 말씀하셨습니다.

"모두 큼직큼직한 돌을 하나씩 들고 올라가자."

베드로와 요한, 야고보 등 열두 제자 모두 큰 돌을 들고 끙끙거리며 올라갔습니다. 마음속으로는 의문이 많았을 것입니다.

'허, 산 위에도 돌이 많을 텐데, 왜 주님께서 이렇게 돌을 들고 가라고 하실까? 더구나 큰 돌을 들고 가라고 하실까?'

그러나 주님의 말씀이니 '순종하자' 하고 돌을 들고 올라갔습니다. 열두 제자 모두 큰 돌을 갖고 끙끙거리며 올라가는데, 머리가 좋은 가룟 유다는 '예수님의 심술이 열두 바가지나 되는구나. 산에 올라가도 발에 걸리는 것이 돌일 텐데 왜 돌을 갖고 가게 하시나?' 하고는 새알만한 돌 하나를 들고 '이것은 돌이 아닌가?' 하며 가볍게 올라갔습니다.

산 중턱을 올라가는데 베드로, 요한, 야고보는 땀을 비 오듯 흘리며 끙끙거렸습니다. 그것을 보고 가룟 유다는 '사람이 머리를 써야지. 미련하기는……' 하면서 휘파람을 불며 올라갔습니다.

헐몬 산 정상에는 지금도 눈과 얼음이 있어 산 정상까지 올라가지 못합니다. 예수님께서 산 중턱에서 "얘들아, 여기에 앉아라. 그리고 각자 가져온 돌들을 앞에 놓아라" 하더니 축사하셨습니다.

"하나님 아버지, 오늘 이 돌들이 다 떡이 되게 하소서. 아멘."

돌이 다 떡이 되었습니다.

여러분, 그 떡이 얼마나 맛있었겠습니까? 예수님께서 직접 만드신 빵이나 다름없으니 얼마나 맛있겠습니까? 베드로, 요한, 야고보, 바돌로매……, 모두 큰 떡을 먹었습니다. 세상에! 지구촌에서 최고로 좋은 떡이 아닙니까? 모두 그 떡을 맛있게 먹는데, 가룟 유다는 떡이 새알만하니 벌써 다 먹고 다른 제자들이 먹는 것을 보며 침만 삼키고 있었습니다. 그런데 예수님은 이렇게 말씀하셨습니다.

"오늘은 떡을 나누어 먹지 마라."

그리고 해가 질 때까지 산에서 내려가지 않으셨습니다.

주님의 말씀이 어리석은 것 같아도 그래도 순종하면 복이 됩니다.

고린도전서 1장 25절에 "하나님의 어리석음이 사람보다 지혜롭고 하나님의 약하심이 사람보다 강하니라"라고 말씀합니다.

하나님의 말씀은 미련한 것이 없습니다. 사람이 보기에는 미련해 보여도 그것이 좋은 것입니다.

하나님께서 요나에게 "요나야, 니느웨로 가라"고 말씀하실 때 요나의 생각으로는 하나님 말씀이 참 미련해 보입니다.

'우리가 니느웨와 얼마나 사이가 나쁜데 나보고 니느웨로 가라고? 날 죽이려고 작정하셨나?'

그래서 부담 없고 편안한 다시스로 갑니다. 그러나 그곳으로 가다가 죽게 됩니다. 풍랑을 만나고, 결국 고기 뱃속에까지 들어갑니다. 그러다 다시 살게 되자 '할 수 없다. 죽으면 죽으리라' 하고는, 자기가 생각하기에 미련하기 그지없는 하나님 말씀대로 따라가니 니느웨 왕이 요나에게 굴복합니다. 니느웨의 모든 유지와 시민들이 회개합니다. 그래서 니느웨도 살고 자기도 살게 됩니다.

하나님께서 가라고 하시는 니느웨가 미련한 길같이 보여도 그 길이 지혜로운 길이었고, 자기가 가는 다시스는 지혜로운 길같이 보여도 미련한 길이었습니다. 할렐루야!

상식에 맞건 맞지 않건, 하나님 말씀에 순종하는 것이 지혜인 것입니다.

하나님 말씀에 순종하는 데에는 세 가지 방침이 있습니다

첫째, 즉시 순종해야 합니다.
따라 합시다.
"즉시 순종하자."
갓 선지자가 다윗 왕에게 "여부스의 아라우나 타작마당에 가서 하나님께 예배를 드리세요"라고 할 때, 다윗은 "예" 하고 바로 갑니다. 지체하지 않습니다.

하나님께서 아브라함에게 "아브라함아, 네 아들 이삭을 모리아 땅으로 데리고 가서 제물로 드려라" 하시니, 아브라함이 "예" 하고 바로 갑니다.

복 없는 사람은 무엇을 "하라"고 하면 "아멘, 3년 뒤에요!"라고 합니다. "아멘, 내년부터 해보지요!"라고 합니다. 내년이 되면 또 내년, 내년이 되면 또 내년, 그래서 죽을 때까지 못합니다.

즉시 해야 합니다.
"십일조 하라."
"예, 믿음이 생기면 하지요."
"전도하라."

"아멘! 때가 되면 하지요."

이런 사람들은 때를 만나지 못합니다.

한 학생이 집안 형편이 어려워 가게 일을 도우며 공부했습니다. 그런데도 학교에서 늘 1등을 하니 마을에서는 그를 천재라 불렀습니다. 그는 교회도 열심히 다녔습니다. 그런데 집이 가난하여 돈이 하나도 없으니 넉 달간 십일조를 드리지 않고 모아 두었습니다. 그리고 그것을 드릴까 말까 늘 망설였습니다. 그러다 이런 생각을 하게 되었습니다.

'아버지(하나님)의 돈을 아들이 좀 쓰면 어떤가? 쌈짓돈이 주머닛돈 아닌가? 십일조는 아버지의 것이지만, 아들인 내가 잠시 쓰는 것은 괜찮겠지. 나중에 여유 있을 때 갚으면 되지.'

그래서 4개월분의 십일조를 갖고 큰 도시로 물건을 사러 갔습니다. 더운 여름이었는데, 그때는 버스에 에어컨이 없었습니다. 너무 더워서 상의를 벗어 들고, 혹 소매치기를 당할까봐 돈을 신문지에 둘둘 말았는데, 그것도 안고 버스에 앉아 있었습니다. 버스에서 졸다가 눈을 뜨니 한 아주머니가 아기를 업고 피곤한 모습으로 서 있었습니다. 그는 자기도 피곤했지만 "아주머니, 여기에 앉으세요" 하고 자리를 양보했습니다.

얼마 후 버스가 큰 도시로 들어섰습니다. 그가 차에서 내릴 준비를 하느라 돈 뭉치를 선반에 얹고 상의를 입는데 버스가 다리 위로 올라갔습니다. 그때 버스가 덜컹 하면서 그 반동으로 선반의 돈 뭉치가 떨어졌는데, 하필 의자의 등받이에 떨어지는 바람에 튕겨 창 밖으로 나가고 말았습니다. 아주 큰돈인데 말입니다. 그가 깜짝 놀라 소리쳤습니다.

"아저씨, 스톱! 아저씨, 스톱!"

다윗의 장점   75

버스를 세워 달라고 아무리 애원해도 운전기사는 안 된다고 했습니다. 다리에서는 차를 세울 수 없다는 것입니다. 그 다리는 길이가 1.5km나 되는 긴 다리입니다. 기사 아저씨는 계속 운전해 갔습니다.

"아저씨, 큰돈이에요."

"그래도 여기에 차를 세우면 내가 걸리기 때문에 안 됩니다."

그 운전기사 아저씨가 다리를 다 지날 때까지 세워주지 않았습니다. 아무리 자기 돈이 아니지만 큰돈이 떨어졌다는데 어떻게 세워 주지 않습니까? 경찰에게 걸리면 벌금(그 당시는 몇백 원 정도)을 좀 내든지, 혼나면 되는 것 아닙니까? 경찰도 사람인데 그 사정을 말하면 봐 주지 않겠습니까?

운전기사 아저씨는 다리를 다 지난 후에야 버스를 세워 주었습니다. 바로 그때 용달차 한 대가 오더니 그 돈뭉치를 주워서 풀어보았습니다. 그가 "그거 내 거예요"라고 소리치자, 오히려 용달차가 쏜살같이 도망쳤습니다. 학생이 어떻게 달리는 용달차를 따라갈 수 있습니까? 그 당시에는 택시도 귀해서 따라갈 수 없었습니다.

조금 후 8톤 트럭 한 대가 오는 것을 보고, 그는 무조건 트럭 앞에 서서 트럭을 가지 못하도록 막았습니다. 놀라서 트럭을 세운 운전기사 아저씨에게 용달차를 따라가 달라고 했습니다. 거기에 자기의 큰돈이 있다고 하니 아저씨가 용달차를 따라갔는데, 조금 가다가 삼거리에서 놓치고 말았습니다. 운전기사 아저씨가 어디로 가야 할지 물어서 아저씨 마음대로 가자고 하니, 아저씨가 한 길을 택해서 갔는데 1시간을 따라가도 용달차를 발견할 수 없었습니다.

그는 그 길로 집에 가지 않고 고향에서 10여 km 떨어져 있는 기도원, 호랑이가 있는 산의 작은 기도원에 가서 울부짖었습니다.

"하나님! 내 돈을 찾아 주세요. 얼마나 큰돈인데요. 그 돈이 없으면 우리 집은 망해요. 하나님! 내 돈을 찾아 주세요."

한편, 그의 집에서는 3일이 지나도 돈을 갖고 나간 아들이 소식이 없으니 교통사고로 죽었는지, 깡패에게 끌려갔는지 몰라 야단이 났습니다. 착실하고 머리 좋은 학생이라도 돈에만 신경을 쓰다 보니 부모님 생각을 하지 못한 것입니다.

그는 부모님께는 연락도 드리지 않고 호랑이가 있다는 굴에 들어가 "내 돈을 찾아 주세요. 내 돈을 찾아 주세요"라고 하는데, '그래, 하나님은 전지전능하시다' 라는 생각이 떠올랐습니다. 그래서 "하나님이여, 제가 누워 있을 테니 환상 중에 그 차의 번호가 나타나게 하시고, 그 사람의 이름과 주소와 전화번호를 알려 주세요"라고 기도했습니다.

그러고는 누웠는데 아무리 누워 있어도 환상이 나타나지 않았습니다. 다시 기도하고 누워도 아무것도 나타나지 않았습니다.

"전지전능하신 하나님! 구하면 주시는 하나님! 어서 차량 번호를 알려 주세요. 그리고 그 사람이 누구예요? 주소는 뭐예요? 전화번호는요?"

이틀을 금식하고 3일째가 되었는데도 응답이 없었습니다. 그래도 "하나님, 내 돈을 찾아 주세요" 하고 계속 기도하는데, 그때 하나님께서 응답을 주셨습니다.

"얘야, 그 돈이 네 돈이냐? 내 돈이지. 어떻게 네 돈이냐?"

그는 깜짝 놀랐습니다. 아찔했습니다.

'아하! 그건 내 돈이 아니고 하나님 돈인데 내 돈인 줄 알았구나.'

그는 산에서 내려왔습니다. 빚을 내어 주일에 십일조를 드렸습니다. 다음날 아침 도매상에 가서 사정을 말한 뒤 외상으로 물건을 갖고 와서 장사를 한 후, 물건 값을 갚으러 갔습니다. 그런데 계산서를 보니 물건 값의 절반도 안 되었습니다.

"사장님, 계산에 착오가 있었나 봐요. 다시 계산해 보세요."

"맞을 텐데……."

"아니에요. 물건 값이 너무 적어요."

"얘야, 너는 정말 정직한 학생이구나."

5일 후 또 그 도매상에 가서 물건을 갖다가 팔고 오후에 갚으러 갔더니, 또 계산이 잘못되어 있었습니다.

"사장님, 또 착오예요."

"얘야, 내가 20년 동안 여기에서 도매상을 했는데 너같이 정직한 아이는 처음 봤다. 네 소원이 뭐냐?"

"예, 저는 자본이 없어서 가게에 물건을 갖다 놓지 못해 장사를 잘 할 수가 없어요. 물건을 외상으로 좀 많이 주세요."

"얘야, 우리 집에 있는 물건을 다 갖고 가도 내가 너에게는 외상으로 주겠다."

그러자 그가 보통때 가지고 가는 양의 70배를 가지고 갔습니다. 도매상 사장이 깜짝 놀랄 정도로 많은 물건을 갖고 갔습니다. 참 배짱이 대단한 학생입니다. 그의 가게에 물건이 가득하게 되니 장사가 얼마나 잘되는지, 3년 후에는 그 도매상보다 학생의 가게가 더 커졌습니다. 그와 그의 집안은 지금도 축복 속에서 살고 있습니다.

사랑하는 여러분, 이것은 산 간증입니다. 그 집안 사람들이 예수님을 믿고 착하게 살았지만 십일조를 드리다 말다 드리다 말다

할 때는 늘 생활이 어려웠습니다. 그러나 빚을 내어 십일조를 드리고 바보처럼 그냥 순종하고 사니 불과 10일 만에 그렇게 길이 열린 것입니다.

태양은 신비롭습니다. 창조 이후로 태양은 무게도, 부피도, 열기도, 빛도, 변함이 없습니다. 자동차는 휘발유가 떨어지면 달리지 못하고, 촛불은 초가 닳으면 꺼지고, 호롱불은 석유가 떨어지면 꺼지고, 전등은 전기가 나가면 꺼지고, 배터리도 수명이 다 되면 꺼지는데, 태양은 변함이 없습니다. 그러나 그 태양도 우리 주님께서 재림하실 때는 떨어집니다.

하지만 하나님 말씀과 예수님은 어제나 오늘이나 영원토록 동일하십니다. 변함이 없으십니다.(The word of God is the same yesterday and today and forever. Jesus Christ is the same yesterday and today and forever.)

그러므로 계산하지 않고, 이유를 달지 않고, 말씀에 즉각 순종하는 것이 지혜입니다.

하나님께서 노아에게 "노아야, 배를 지어라"고 말씀하셨습니다. 노아는 강도 바다도 아닌, 산에 있었습니다. 그런데 노아는 "하나님, 산에서 배를 지어야 됩니까? 한 달만 시간을 주세요. 생각해 보겠습니다"라고 하지 않았습니다. 그냥 "예"라고 했습니다.

여러분, 하나님의 말씀이 떨어지면 즉시 순종하는 지혜자가 되시기를 축원합니다.

둘째, 항상, 언제나 주의하여 순종해야 합니다.
따라 합시다.
"항상, 언제나 주의하여 순종하자."

다윗은 어릴 때 순종합니다. 장군일 때에도 순종합니다. 왕이 되어서도 순종합니다. 죄를 지어도 순종합니다. 대왕이 되어도 순종합니다. 늙어도 순종합니다. 사울은 젊어서 순종합니다. 그러나 늙어서는 순종하지 않다가 망합니다.

밤에 운전할 때는 신경을 두 배로 써야 합니다. 그러나 낮에도 신경을 써야 합니다. 항상 주의해야 합니다.

제가 찾아가서 문안드리지 않으면 안 될 귀한 분이 중풍으로 쓰러져 입원해 계셔서, 지난주에 한 종합병원에 병문안을 갔다 왔습니다. 건강하셨던 분이 4개월째 누워 계시는데, 수박 한 조각도 드시지 못했습니다. 목에 구멍을 뚫어놓고 안목으로 미음을 넣었습니다.

여러분, 부동산이 아무리 많으면 뭐합니까? 은행에 70억 원이 예금되어 있으면 뭐합니까? 수박 한 조각도 먹지 못하는데 말입니다. 월세방에 살아도 건강하면 감사하시길 바랍니다. 밥이 아니고 그저 죽이라도 입으로 먹고 목구멍으로 넘기면 감사해야 합니다.

사장님이신 그분이 목에 구멍을 뻥 뚫어서 쇠붙이를 대놓고 거기로 드셨습니다. 말씀도 한 마디 못하셨습니다. 오른손만 약간 쓸 수 있고 왼손은 쓰지도 못하십니다. 아무것도 하실 수 없습니다. 눈으로만 신호를 보내셨습니다.

"저 아시겠어요?" 하니, 눈을 깜빡깜빡 하셨습니다.

제가 그분의 귀에 대고 요한복음 3장 16절을 읽어드린 다음 기도를 해드렸습니다. 제가 병실을 나오려고 하니 또 눈을 깜빡깜빡 하셨습니다. 참 안쓰러웠습니다.

그런데 그 옆에 계시던 아주 잘생긴 한 아주머니가 제게 "양곡교회 목사님이시지요?"라고 하셨습니다. 제가 깜짝 놀라서 물었습니다.

"저를 어떻게 아세요?"

"저는 진해에 사는데 우리 아들이 여기에 입원해 있어서 왔어요."

"교인이세요?"

"아니에요. 교인은 아니지만 진해에서 왔다갔다할 때마다 양곡교회를 보고 좋다는 느낌을 받았어요."

우리 교회를 볼 때마다 '좋다! 좋다!' 라고 했답니다.

29세 된 아들이 운전하다가 아침 10시에 나무를 박고 쓰러졌는데, 식물인간이 되어서 1년 4개월째 병원에 누워 있다는 것입니다. 그분의 아들을 보니 뼈에 살가죽만 덮여 있었습니다. 참 비참했습니다.

그래도 그 어머님은 "목사님, 의사 선생님은 우리 아들이 곧 죽는다고 했는데 이렇게 살아 있으니 얼마나 감사합니까?" 하며 뼈만 남은 아들이라도 살아 있으니 감사하다고 했습니다.

"신경은 어떻습니까?"라고 물었더니, "완전히 죽었었는데 얼마 전부터 조금 살아났어요" 하며 아들의 발을 꽉 찔렀습니다. 아들의 발이 꿈틀하자 "이것 보세요" 하며 좋아하였습니다.

여러분, 자녀가 살아 있으면, 건강하면 감사하시길 바랍니다. 아무리 공부를 못해도, 대학에 떨어지고 또 떨어져도 살이 포동포동 쪄 있으면 감사할 일입니다. 2부 예배 때에는 학생들이 많지 않습니까? 그때 제가 "저 아이들을 보세요. 포동포동 살진 아들딸을 보며 감사하세요"라고 했더니 아이들이 좋아하며 웃었습니다. 공부를 못해도 건강하면 효도하고 있는 것입니다.

그 청년은 내일 모레 결혼하기로 약속한 아가씨도 있는데, 운전도중 잠깐의 방심으로 그렇게 된 것입니다. 운전하는 사람은 출발부터 목적지에 도착할 때까지 항상 주의해야 합니다.

우리는 세상에 태어나서 죽을 때까지 항상 하나님 말씀에 주의해서 살아가야 합니다. 아간이 잘살다가 잠시 부주의해서 망했습니다. 믿음의 사람인 아간이 금 덩어리와 은 덩어리, 그리고 시날산 외투를 보고는 잠시 부주의하다가 자기와 아내, 자식들이 다 돌에 맞아 죽었습니다. 삼손은 하나님의 영광을 위해 크게 일하는 사람인데, 잠시 매력적인 여자에게 빠졌다가 그만 눈 뽑히고 망했습니다.

잠시, 잠시 운전을 잘못하다가 망하는 것입니다.

잠언 16장 20절에 "삼가 말씀에 주의하는 자는 좋은 것을 얻나니 여호와를 의지하는 자는 복이 있느니라"라고 말씀합니다.

회사에서나, 학교에서나, 시장에서나, 어디에서나, 언제나 주의하며 사시기를 바랍니다.

제가 미국에 있을 때 한국에서 어떤 손님이 오셔서 그분을 모시고 가게에 갔습니다. 그분이 가게에서 물건을 사면서 에누리를 하려고 하니, 가게 주인이 "아니, 손님! 이 물건은 세상이 다 아는 물건인데 그렇게 깎으려 하다니요? 양심이 있으면 그런 말을 할 수 있습니까?"라고 했습니다. 그러자 그분이 "태평양 건너올 때 양심까지 갖고 온 줄 아세요? 양심을 버리고 왔는데요, 뭐"라고 했습니다.

집사님이 양심을 버렸다는 말을 했습니다. 그분이 그때 잘살았는데 지금은 아주 어렵게 산다고 합니다. 불과 몇 년 만에 그렇게 망한 것입니다.

운전하다 잠시 박으면 죽을 수 있듯이, 잠시 잘못하면 망합니다. 그러므로 항상 순종에 깨어 있어야 합니다.

회사원들은 잘 들으십시오. 세계 기업에 해당되는 승진 기준이 있습니다. 이런 사람이 승진한다는 것입니다.

첫째, 회사를 사랑하고 회사를 위해 헌신하는 사람입니다. 회사를 얼마나 사랑하는가 하는 것이 승진 기준의 첫째라고 합니다. 회사를 버리고 갈 사람, 더 좋은 조건에 스카우트 당할 사람은 승진에서 제외된다는 것입니다.

둘째, 항상 주의하고 자세가 바른 사람, 항상 깨어서 일하는 사람입니다. 저도 늘 우리 직원들을 살핍니다. 제가 밖에 나가면 일부러 자꾸 전화를 합니다. 전화 받는 목소리를 들어보면 다 알 수 있습니다. 목소리가 생기가 넘쳐야지, 목소리가 처져 있으면 안 됩니다. 제가 있을 때는 주의하고 제가 없다고 퍼져 있는 사람을 보면 좋지 않습니다. 항상 주의하고 깨어 있어야 합니다.

여러분도 교회에서는 항상 말씀에 주의하고 깨어 있다가, 집에 가서는 느긋해지면 안 됩니다. 직장에 가서는 말씀을 다 잊어버리면 안 됩니다. 술집에 가면 교인도 아닌 것처럼, 퍼지면 복이 없습니다. 언제 어디에서나, 말씀에 깨어 있는 자가 복 있는 자입니다.

셋째, 어떤 지시 사항이 떨어지면 즉시 일을 하는 사람, 매듭을 짓고 보고하는 사람입니다. 회사원들은 이것을 잘 기억하시기 바랍니다.

셋째, 끝까지, 마지막까지 순종해야 합니다.
따라 합시다.
"끝까지, 마지막까지 순종하는 것이다."
참 신비롭습니다. 여리고 성을 여섯 바퀴 돌아도 금도 하나 생기지 않았는데, 마지막 일곱 바퀴를 돌 때 무너집니다. 나아만 장군이 요단강에서 여섯 번 목욕해도 꼬부라진 손이 그대로인데, 일곱 번 목욕하니 깨끗해집니다. 엘리야가 비 오기를 여섯 번 기도해도 응답이 없습니다. 또 기도하니 일곱 번째에 비가 쏟아집니다. 할렐루야!

> 낙심 말며 실망치 말라 실망치 말라
> 네 소원 이루는 날 속히 오리니.

할렐루야! 하나님 말씀은 그대로 안 되는 것 같아도 다 됩니다. 그러므로 순종하다가, 기도하다가, 전도하다가, 십일조 하다가, 충성하다가 낙심하면 안 됩니다. 포기하면 안 됩니다. 끝까지 하면 하나님께서 반드시 이루심을 믿으시기 바랍니다.

다니엘은 뜻을 정하여 왕의 음식과 그가 마시는 포도주로 자기를 더럽히지 아니하리라 하고 자기를 더럽히지 아니하도록 환관장에게 구하니 하나님이 다니엘로 하여금 환관장에게 은혜와 긍휼을 얻게 하신지라 환관장이 다니엘에게 이르되 내가 내 주 왕을 두려워하노라 그가 너희 먹을 것과 너희 마실 것을 지정하셨거늘 너희의 얼굴이 초췌하여 같은 또래의 소년들만 못한 것을 그가 보게 되면 너희 때문에 내 머리가 왕 앞에서 위태롭게 되리라 그가 말하되 청하오니 당신의 종들을 열흘 동안 시험하여 채식을 주어 먹게 하고 물을 주어 마시게 한 후에 당신 앞에서 우리의 얼굴과 왕의 음식을 먹는 소년들의 얼굴을 비교하여 보아서 당신이 보는 대로 종들에게 행하소서 하매 그가 그들의 말을 따라 열흘 동안 시험하더니 열흘 후에 그들의 얼굴이 더욱 아름답고 살이 더욱 윤택하여 왕의 음식을 먹는 다른 소년들보다 더 좋아 보인지라 그리하여 감독하는 자가 그들에게 지정된 음식과 마실 포도주를 제하고 채식을 주니라 하나님이 이 네 소년에게 학문을 주시고 모든 서적을 깨닫게 하시고 지혜를 주셨으니 다니엘은 또 모든 환상과 꿈을 깨달아 알더라

다니엘 1장 8-17절

뜻을 지니고 사는 사람

제가 어릴 때부터 사랑하고 암송하는 시가 있습니다. "신념"이라는 시입니다.

한 가지 뜻을 가지고 그 길을 가라
잘못도 있으리라 실패도 있으리라
그러나 다시 일어나 그 길을 가라.

저는 오늘날까지 세계를 다니면서 위대한 인물들, 거목 같은 인재들을 많이 만났습니다. 또 책을 통해 위대한 사람들을 많이 접했습니다.

그런데 그들에게는 공통점이 있습니다. 큰 뜻을 지니고, 삶의 목적을 갖고, 삶의 원칙을 갖고 삽니다. "이런들 어떠하리 저런들 어떠하리 만수산 드렁칡이 얽혀진들 어떠하리", 이런 식으로 사는 사람은 없습니다. 삶의 뜻을 분명히 정하고, 분명한 원칙을 정하고 사는 사람들이 VIP, 귀한 인재들이 다 되는 것입니다.

오늘 본문의 다니엘은 불행한 소년입니다. 그의 가정은 전쟁에 짓밟혔습니다. 부모님과 가족이 전쟁에 짓밟혔습니다. 그의 나라는 빼앗긴 땅이 되었습니다. 그리고 그는 강제로 끌려간 포로가 됐습니다.

하지만 그는 큰 뜻을 지닌 사람이었습니다. 본문 8절 말씀대로, 뜻을 정하고 사는 사람이기 때문에 좌절하지 않습니다.

죽은 물고기처럼 물결을 따라 흘러가지 않습니다. 산 물고기는 강물을 거슬러 올라가듯이, 최악의 인생길이지만 그는 인생의 운명과 싸워 이기며 뜻을 따라 살아서, 만고에 빛나는 별 같은 인물이 되었습니다.

뜻을 지니고 사는 사람은 절대로 좌절하지 않습니다. 세대를 본받지도 않습니다. 상황에 따라 약하게 휩쓸리지도 않습니다. 뜻을 세운 사람은 그 뜻을 이루기 위해 뜻을 따라 묵묵히 나아갑니다.

만델라는 큰 뜻을 지닌 사람이었습니다. 그러니 27년간 감옥에서 고생해도 절대로 좌절하지 않았습니다. 그리고 먹고살기도 어려운 형편없는 처지에서도 카보움베크라는 전도유망한 청년을 영국으로 보내어 공부시켰습니다. 먹을 것도 없었던 흑인들에게 소망이라고는 전혀 없었는데, 그러한 때 한 청년을 유학시켜 인재를 양성했던 것입니다. 그 카보움베크가 만델라가 물러난 후 2대 흑인 대통령이 되어 나라를 이끌어 가고 있습니다.

뜻을 지닌 사람, 인생의 목적을 지닌 사람, 삶의 원칙을 지닌 사람이 삶을 정말 값지게 사는 것입니다. 배가 목적지 없이, 나침반도 없이, 해로도 모른 채 되는 대로 가면 그 배는 망합니다. 비행기가 목적지도 없이 항로도 없이 가기만 하면 그 비행기는 불행하게 됩니다.

우리는 배보다 귀하고, 비행기보다 귀한 피조물의 면류관이요, 또 하나님의 자녀입니다.

"영접하는 자 곧 그 이름을 믿는 자들에게는 하나님의 자녀가 되는 권세를 주셨으니"(요 1:12).
"너희가 아들이므로 하나님이 그 아들의 영을 우리 마음 가운데 보내사 아빠 아버지라 부르게 하셨느니라"(갈 4:6).
"네가 이 후로는 종이 아니요 아들이니 아들이면 하나님으로 말미암아 유업을 받을 자니라"(갈 4:7).

여러분과 저는 보통 사람이 아닙니다. 태어나서 그럭저럭 살다가 그냥 흘러갈 사람이 아닙니다. 여기에서 살다가 나중에 하늘나라 유업을 받을 하나님의 아들딸입니다. 그러므로 우리도 큰 뜻을 지니고 살 수 있기를 바랍니다. 삶의 원칙을 세우고 살아갈 수 있기를 바랍니다.

오래 전 일입니다. 저의 아들이 여러분의 기도로 하나님의 긍휼

하심을 받아 어려운 시험에 합격하여 연수를 받았습니다. 감사하게도 실습 기간 중 한 달간은 저의 집에서 묵을 수 있었습니다. 그 한 달 동안 저는 행복했습니다만, 제 일이 바쁘다 보니 아들과 식사를 함께한 적이 몇 끼나 되는지 손으로 꼽을 정도였습니다. 아들과 함께 시간을 보낸 날이 하루도 없어서 아들에게 조금 미안했습니다.

아들이 실습을 마치고 서울로 올라가는 날, 제가 기도해 주려고 아들을 불렀습니다. 그때 이런 말을 해주었습니다.

"아들아, 오늘 네가 여기에 있는 것은 하나님의 뜻이 있기 때문이다. 그 뜻을 발견하고 큰 뜻을 세우고 나가거라."

그리고 록펠러의 10가지 삶의 원칙을 아들에게 적어 주었습니다.

1. 하나님을 친아버지로 섬겨라.
2. 어느 교회를 섬기든지 목사님을 하나님 다음으로 섬겨라.
3. 네 오른쪽 호주머니를 십일조 호주머니가 되게 하라.
4. 살아가면서 그 어떤 사람도 원수로 만들지 말아라.
5. 주일 예배는 반드시 본 교회에서 드려라.
6. 아침에 하루의 계획을 세운 다음에 하나님께 기도로 아뢰어라.
7. 하루 일을 끝낸 다음에는 피곤해도 하루 동안 있었던 일을 하나님께 소상하게 보고드려라.
8. 아침에 일어나면 신문보다 먼저 성경을 읽어라.
9. 선한 일을 할 기회가 주어지거든 크게 하라.
10. 예배 시간에는 언제나 앞자리에 앉아라.

제 삶의 뜻과 원칙도 메모해 주었습니다. 저는 목사로서의 제 삶에 뜻과 원칙이 있습니다. 어머니의 아들로서 제 삶의 뜻과 원칙이 있습니다. 김영숙 씨 남편으로서 제 삶의 뜻과 원칙이 있습니다. 성, 경, 성찬이의 아버지로서 제 삶의 뜻과 원칙이 있습니다. 대한민국 국민으로서 삶의 뜻과 원칙이 있습니다.

그것을 컴퓨터에 입력해 놓고, 프린트한 것을 가지고 다니면서 매일 그대로 살려고 노력합니다.

"이것이 바로 뜻을 정하여 사는 내 삶의 원칙이다. 이것을 읽어 보고 너도 하나님 앞에서 뜻을 정해라. 하나님 앞에 네 뜻을 정한 다음 삶의 원칙을 정하여, 대통령이 부탁해도 거절해야 하는 것은 거절할 수 있는 용기 있는 사람이 되어 네 길을 묵묵히 걸어가거라."

그러고는 기도해 주고 올려 보냈습니다.

여러분, 이미 삶의 원칙을 갖고 있는 분들은 오늘 이 시간이, 그 삶의 뜻과 원칙이 하나님의 뜻에도 합한지를 다시 한번 재확인하는 값진 시간이 되시길 바랍니다.

20년, 30년, 50년 동안 삶의 뜻도 없이, 아무런 원칙도 없이 사신 분들은 오늘 예배 후에라도 하나님 앞에 무릎을 꿇고 "하나님, 제게 분명한 삶의 뜻과 원칙을 주세요" 하고 기도해서, 주시는 대로 삶의 원칙을 정해 놓고 사시길 바랍니다.

그런데 언제나 주의할 것은 우리 삶의 뜻이 하나님께 합해야 한다는 것입니다. 세상에서 답답한 일은 미련한 삶의 소신을 갖고 사는 것입니다. 미련한 삶의 계획을 세우고 그 일로 목숨을 걸면, 자기도 불행하고 자자손손이 불행하고 이웃도 불행합니다.

사도행전 23장 21절을 보면, 복음 전도자 사도 바울을 죽이기 전까지는 먹지도 마시지도 않겠다고 뜻을 정한 사람이 40여 명이나 됩니다. 자자손손이 망할 일에 뜻을 정한 것입니다.

민수기 16장을 보면, 하나님께서 세우신 모세와 아론을 대적하는 일에 고라와 다단, 아비람과 온과 250명의 족장들이 뜻을 정합니다. 그래서 모세가 오라고 해도 거역하다가 불에 타 죽습니다. 왜 그렇게 망하는 일에 뜻을 정합니까?

'나는 하루에 소주 다섯 병을 마시겠다. 나는 하루에 담배 3갑은 피우겠다. 나는 애인 다섯 명을 두고 살겠다' 고 결정하는 사람들도 있다고 합니다. 왜 그런 결정을 합니까?

하나님 앞에 좋은 뜻, 하나님께서 기뻐하시는 삶의 원칙을 정하여 위대한 삶을 펼치는 여러분과 제가 될 수 있기를 축원합니다.

인생은 잠깐 만에 갑니다. 여름이 지나면 곧 가을이 오듯이, 또 가을이 가면 겨울이 오듯이 잠깐이면 인생이 다 가고 맙니다.

여러분, "새벽이슬 같은 청년"이라고 하는데, 이것이 무슨 말입니까? 이슬은 잠깐 있다가 없어지는 것입니다. 인생은 잠시 만에 지나간다는 것입니다. 내일 모레면 다 무덤으로 간다는 것입니다.

뜻을 갖고 가치 있게 살아서 사람들에게 손가락질 받지 않고 존경받으며 사는, 하나님을 위해 이름을 높이며 사는 여러분과 제가 될 수 있기를 바랍니다.

다니엘은 아주 귀한 뜻을 정했습니다. 아무리 살펴보아도 다니엘의 뜻은 하나님께서 예뻐하실 뜻입니다.

다니엘은 자기 몸을 오염시키지 않겠다고 뜻을 정했습니다

다니엘 1장 8절을 보면, 그는 뜻을 정하고 오염되지 않으려 했습니다. 하나님을 섬기는 자기 몸이 지저분한 것으로 오염되는 것이 싫었습니다. 그래서 왕이 정한 궁중 요리를 거절했습니다.

그 궁중 요리를 먹지 않으면 목숨을 잃을 수도 있습니다. 등록금도 없이, 기숙사비도 없이 공짜로 공부하고 있는 그 특별 학교에서 3년간 배우고 나면 임금을 모시는 궁중의 높은 관리가 되는, 그 좋은 기회를 다 잃고 죽게 될지도 모릅니다. 그 학교에서 3년간 배우고 나서 관리가 되면 고시에 합격한 이상의 영광과 축복을 얻게 됩니다.

그래도 다니엘은 그 축복을 잃어버릴지언정, 죽게 될지언정 자기 몸을 오염시키지 않겠다는 뜻을 정했습니다. 그래서 환관장에게 말했습니다.

"저는 이것을 먹을 수 없습니다. 저는 하나님을 섬기는 사람이기 때문에 이것으로 제 몸을 더럽힐 수 없습니다. 우상에게 바친 제물을 저는 먹을 수 없습니다."

환관장이 반대했습니다.

"안 돼, 다니엘! 왕이 지정한 것을 먹지 않았다가 네 얼굴이 초췌해지면 내가 목숨을 잃게 된다."

그러나 그는 좌절하지 않고 자기 감독관에게 갔습니다.

"감독님, 10일간만 시험해 보십시오. 우리가 10일간 채소와 물만 먹겠습니다. 그후 우리의 얼굴과 건강 상태를 체크하신 다음 마음대로 처분하십시오."

감독관이 10일간 시험해 보았습니다. 다니엘은 채식을 하고 물만 마셨습니다. 다니엘은 채식주의자가 아닙니다. 그러나 자기를 오염시키지 않으려고 채식을 했는데, 10일이 지나니 하나님의 은혜로 얼굴이 더 아름다워지고 피부가 더 아름답고 윤택하게 되었습니다. 그래서 결국 우상 제물로 오염되는 일을 막았습니다.

우리는 깨끗한 물을 좋아합니다. 모든 사람들이 깨끗한 옷, 깨끗한 환경, 깨끗한 음식, 깨끗한 공기를 좋아합니다.

마찬가지로 하나님도 깨끗한 사람, 경건한 사람, 거룩한 사람, 때 묻지 않은 사람, 오염되지 않은 사람을 얼마나 좋아하시는지 모릅니다.

우리 몸은 하나님께서 거하시는 성령의 전입니다. 성령께서는 거룩한 것을 좋아하십니다. 세상의 지저분한 것, 너저분한 것이 내 눈에, 내 귀에 들어와서 나를 오염시키지 못하도록 다니엘처럼 우리를 지켜야 할 줄로 믿습니다. 잠시라도 방심하면 우리가 오염되어 망하게 됩니다.

예수님이 유다에게 교회 재정을 맡기셨을 때는 그를 신뢰하셨기 때문입니다. 그런데 그가 욕심을 내어 돈을 훔치니 예수님은 그를 버리셨습니다. 그를 위해 기도도 하지 않으셨습니다. 그의 장례식에도 가지 않으셨습니다. 예수님은 부활하신 뒤에도 가롯 유다의 시체가 있는 곳에는 가지도 않으셨습니다.

교회 장로로, 집사로 섬기다가 잠시 잘못하면 온 세상 사람들의 손가락질을 받는 사람, 가롯 유다가 될 수 있습니다. 우리 모두는 그런 불행한 일이 일어나지 않도록, 가롯 유다가 되는 일이 없도록, 오염되는 일이 없도록 늘 깨어서 자기를 지킬 수 있기를 바랍니다.

난초는 아름답고, 난초 뿌리는 향기로워서 향 재료로 쓰이지만, 난초 뿌리를 썩은 물에 담갔다가 꺼내면 아무도 가까이하지 않습니다. 여러분과 저는 난초처럼 예수님의 향기가 나는 사람이지만, 썩은 죄 속에 파묻히면 아무도 가까이하지 않는 사람이 됩니다. 조심해야 합니다.

중국에 한 못된 중이 있었습니다. 동네방네 다니면서 빈 집에 들어가 여자를 농락하고, 추행하고, 별짓을 다 하니, 중국 관청에서 끌어다가 호되게 매질하고 귀양을 보냈습니다. 목에 칼을 채우고 포박해서 감시하는 포졸을 붙여 귀양지로 보냈습니다. 해가 져 주막에서 하룻밤을 묵게 되었습니다. 포졸이 그를 기둥에 꽁꽁 묶어 놓고 식사를 했습니다.

"포졸님, 포졸님! 죄송합니다. 나 때문에 이렇게 오랫동안 고생하시는데 술이나 한잔 하십시오."

"야, 이 사람, 돈이 어디 있어서 술을 마시나?"

"돈이야 제 호주머니에 두둑합니다. 이것을 갖고 귀양지에 가 보아야 돈 쓸 데가 어디 있겠습니까? 종이쪽지보다 못하니 짐만 됩니다. 어차피 버릴 것이니 술이나 드세요."

그 말에 솔깃해진 포졸은 중의 돈으로 술을 실컷 마시고 곯아떨어졌습니다. 그러자 중은 화장실에 가야 된다며 주인아주머니를 불렀습니다. 빨리 화장실에 가야 되니 포승을 풀어 달라고 야단이었습니다. 목에 칼을 찬 사람이 어디로 도망 가겠느냐고 했습니다.

주인아주머니는 잠결에 포승을 풀어 주고 다시 잠자리에 들었습니다. 중이 포졸의 호주머니에서 열쇠를 꺼내어 자기 목에 채워져 있는 칼을 풀었습니다. 그 칼을 포졸의 목에 채운 후 칼로 포졸의 머리를 깎아 중머리로 만들었습니다. 그러고는 도망갔습니다.

아침에 깨어난 포졸은 그때까지도 술기운이 남아 있었습니다. "어! 중이 어디로 갔지?" 하며 중을 찾아 헤매다가 거울 앞에 서게 되었습니다. 목에 칼을 차고 있는 중의 모습을 본 포졸이 말했습니다.

"중은 여기에 있는데 나는 어디로 갔지?"

여러분, 우리가 잠시 잘못하면 노래방에서 술을 마시고 세상 노래를 막 부릅니다. 그러다가 '아! 유행가를 잘 부르는 사람은 여기에 있는데 찬양대원인 나는 어디로 갔지?' 하게 되는 것입니다.

집사님이 심심해서 술을 마시다가 정신이 들면 '술꾼은 여기에 있는데, 집사인 나는 어디로 갔지?' 합니다.

음란한 집에서 음란을 행하다가 정신이 들면 '아, 음란한 인간은 여기에 있는데, 하나님의 거룩한 사람인 나는 어디로 갔지?' 합니다.

물질에 욕심을 내면 '아! 도둑놈은 여기에 있는데, 하나님 교회의 거룩한 장로는 어디로 갔지?' 합니다. 그러고는 후회하게 됩니다.

남의 이야기로 듣지 마시고 자신의 이야기로 들어 언제나 우리의 경건과 거룩을 지켜 나가시길 바랍니다. 너저분한 것, 지저분한 책과 비디오테이프, 음반으로 자신을 오염시키는 일이 있어서는 안 됩니다. 우리의 거룩한 영과 몸을 오염시키지 마십시오.

그리고 경건하면 힘이 있고, 기쁨이 있고, 능력이 나옵니다. 그러니 사자같이 담대합니다. 귀신을 만나면 예수님의 이름으로 귀신을 쫓아냅니다. 다니엘은 사자 굴에 들어가도 담대했습니다. 두려움이 없었습니다.

잠언 28장 1절에 "악인은 쫓아오는 자가 없어도 도망하나 의인은 사자같이 담대하니라"라고 말씀합니다.

우리가 경건하지 못하면 목사님을 바로 바라보지 못합니다. 귀신을 만나면 귀신이 자기의 비밀을 공개할까봐 도망갑니다. 능력 있게 찬송하지 못하고 전도하지 못합니다. 우리 양곡의 가족들은 사자같이 담대하고 의로운 사람들이 되기를 축원합니다.

그리고 경건과 거룩은 하나님의 속성이기 때문에 하나님을 닮은 징표가 됩니다. 우리가 하나님을 닮은 증거가 있으면 힘이 나는데, 그 증거 중의 하나가 거룩입니다. 우리 양곡의 가족들은 물론, 이 말씀을 라디오로, TV로, 문서로 접하는 우리 한국의 1,200만 크리스천 모두가 세상의 너저분한 것, 지저분한 것 때문에 오염되지 않는 거룩성을 유지할 수 있기를 바랍니다.

그러면 하나님께서 거룩을 유지한 다니엘에게 10배나 뛰어난 지혜를 주신 것처럼, 여러분과 제 머리에 복을 부어 주실 줄로 믿습니다. 다니엘이 사자 굴에 들어가도 하나님께서 지켜 주신 것처럼, 사자 굴에 들어가는 것 같은 어려운 때에도 우리를 하나님께서 지켜 주실 줄로 믿습니다. 매사에 하나님께서 우리에게 승리를 주실 줄로 믿습니다.

다니엘은 어떤 경우에도, 죽게 되더라도 하루에 세 번씩 기도하기로 뜻을 정했습니다

다니엘은 무릎 꿇고 기도합니다. 다니엘 6장 10절을 보면, 그는 총리가 되어도, 사자 굴에 들어가게 되어도 끊임없이, 하루에 세 번씩 기도하는 것을 중단하지 않았습니다.

여러분, 우리가 방학을 맞이해도 심장은 방학이 없습니다. 우리는 휴가를 즐겨도 심장이 휴가를 내면 우리는 죽습니다. 휴가 중에도, 방학 중에도 심장은 뛰어야 사는 것입니다.

신앙은 심장입니다. 신앙은 휴가가 있으면 안 됩니다. 신앙의 심장은 기도와 예배입니다. 휴가 중에도, 여행 중에도 예배는 드리고 기도는 해야 합니다. 기도의 심장은 쉬면 안 됩니다. 특히 하나님 앞에 시간을 정해 놓고 기도하는 것을 하나님께서 얼마나 기뻐하시는지 모릅니다.

데살로니가전서 5장 17-18절에 말씀합니다.

 "쉬지 말고 기도하라……이것이 그리스도 예수 안에서 너희를 향하신 하나님의 뜻이니라." 할렐루야!

다니엘은 신앙의 천재입니다. 자기 삶의 원칙, 자기 삶의 뜻이 하나님의 뜻과 같습니다. 하나님의 뜻에 적중합니다. 하나님께서 기도하는 다니엘을 얼마나 사랑하셨는지 모릅니다.

여러분의 자녀가 열심히 공부할 때 예뻐 보이지 않습니까? 아내가 열심히 가정을 돌볼 때 남편의 눈에 예쁘게 보이지 않습니까? 우리가 하나님 앞에 시간을 정해 놓고 기도할 때 하나님께서 우리를 예뻐하시는 것입니다. 그때 하나님께서 즐거워하십니다. 좋아서 못 견뎌 하십니다. 그래서 기도하는 가정이 복을 받고, 기도하는 교회가 은혜를 받습니다. 할렐루야!

우리는 기도를 통해 얻는 것이 너무 많습니다. 다니엘을 보십시오. 다니엘 1장을 보면, 특수학교에서 다니엘은 1등을 합니다. 그런데 2장을 가면, 느부갓네살 왕의 꿈을 알아맞히지 못해서 죽게 됩니다.

사드락, 메삭, 아벳느고와 모든 박사들이 함께 죽게 될 때 다니엘은 그냥 죽지 않습니다. 기도의 날갯짓을 합니다. 하나님께서 새에게 날개를 주신 것은 새에게 짐이 되라고, 새를 갑갑하게 하려고 주신 것이 아닙니다.

'강을 만나면 날개를 쳐라. 산을 만나도 날갯짓을 하여 산을 넘어라. 네가 나무 위에서 쉼을 얻을 때 뱀이 잡아먹으려고 오거든 날개를 쳐서 너를 지켜라. 배가 고프거든 날갯짓을 해서 벌레와 곡식을 주워 먹어라.'

하나님은 새에게 날개를 축복으로 주셔서 날개의 능력으로 위험을 피하고 먹고살게 하셨습니다.

하나님께서 여러분과 저에게 새벽 기도의 날개를 주시고, 밤 기도와 특별 기도의 날개를 주신 것은 우리에게 부담으로 주신 것이 아니라, 그 날갯짓으로 보호받고 승리하라고 주신 것입니다. 이것을 아는 다니엘과 그의 친구들은 기도하기 시작합니다.

"하나님, 느부갓네살 왕의 꿈 때문에 죽게 되었습니다. 우리를 살려 주세요."

하나님께서 꿈에, 환상 가운데 느부갓네살의 꿈을 알려 주시고 해석을 알려 주십니다. 다니엘이 느부갓네살 왕에게 가서 해몽하니, 왕이 엎드려서 소년 다니엘에게 절을 하며 "너같이 하나님의 지혜가 충만한 사람이 어디 있느냐!"고 합니다. 그래서 다니엘이 그 자리에서 총리가 됩니다. 할렐루야!

하나님은 기도하는 자를 사랑하시고, 기도하는 자에게 응답을 주셔서 삶의 문제를 해결하게 하십니다. 그러므로 여러분, 그냥 살지 맙시다. 큰 야망, 거룩한 야망을 갖고 잘살아 봅시다. 좀 멋있게, 하나님의 자녀답게 크게 한번 살아봅시다.

이승만 박사님이 대통령으로 계시던 1950년대에, 이승만 대통령의 고향에서 한 청년이 대통령을 찾아왔습니다. 이승만 대통령의 고향은 평안북도 평산군 능내면인데, 그곳의 한 청년이 경무대에 와서 비서에게 말했습니다.

"저는 대통령의 고향 친구 아들입니다. 능내동에서 아무개 왔다고 하면 만나 주실 것입니다."

대통령이 반기며 그 청년을 맞이했습니다.

"이 사람아, 자네 부친은 잘 계신가?"

"수년 전에 돌아가셨습니다."

"그래, 내 선산은 어떤가? 우리 조상들의 무덤은 어떤가?"

"예, 우리 아버님이 돌보시다가 돌아가신 다음에는 제가 각하 조상의 무덤을 돌보다가 내려왔습니다."

"고맙네. 자네 혼자 넘어와서 힘들겠네. 내게 뭐 부탁할 것이 없는가? 자네 소원이 뭔가?"

청년이 좋아하며 말했습니다.

"예, 있습니다."

"뭔가?"

"순경이 되고 싶습니다."

"어렵지 않네."

그러고는 비서실장을 불러서 "이 사람아, 이 청년에게 순경 자리 하나 주게"라고 말했습니다. 청년은 순경이 되었다고 좋아하며 집으로 돌아갔습니다. 그때 대통령이 기가 막힌 표정으로 비서에게 말했습니다.

"딱한 녀석, 겨우 구하는 것이 순경 자리인가? 조금 더 큰 것을 구해도 내가 얼마든지 줄 수 있는데 겨우 순경 자리를 구하다니!"
자기 아버지가 대통령의 친구이고, 또 자기가 대통령 선조들의 무덤을 돌보아 준 사람인데, 겨우 구하는 것이 순경 자리였습니다.
오늘 이 이야기는 우리의 이야기입니다. 그저 내 아들과 내 딸을 먹이고 사는 것에만 급급하지 맙시다. 하나님의 영광을 위해 큰 인생 계획을 세우고 큰 것을 구하며 살아갈 수 있기를 바랍니다.
우리 모두 기도의 날갯짓을 날마다 할 수 있기를 축원합니다.

다니엘은 나라와 자기 조국을 사랑하며 살기로 뜻을 정한 애국자였습니다

그는 하루 세 번씩 예루살렘을 향해 창을 열어 놓고 자기 조국을 그리워하면서 살았습니다. 자기 조국을 위해 기도하면서 살았습니다.
여러분, 우리 기독교인은 가슴이 넓어서 지구촌을 안고 세계를 품지만, 그러나 저마다 자기 조국이 있습니다. 히브리서 11장 24-25절에 "믿음으로 모세는 장성하여 바로의 공주의 아들이라 칭함 받기를 거절하고 도리어 하나님의 백성과 함께 고난 받기를 잠시 죄악의 낙을 누리는 것보다 더 좋아하고"라고 말씀합니다.
에스더는 자기 민족이 죽게 되었을 때 "죽으면 죽으리라" 하고 3일간 금식한 후, 목숨을 걸고 왕 앞에 나아가 자기 민족을 살렸습니다. 사도 바울은 "내가 하나님 앞에 저주를 받을지라도 내 민족이 구원을 받으면 좋겠다"라고 했습니다.
연세대학교의 민경배 교수님이 우리나라 대한민국 지도를 펴

놓고 독립운동, 삼일만세운동 사건이 터진 곳에 구멍을 뚫었습니다. 그러고 나서 그 밑에 다른 지도를 하나 더 놓고 전국의 교회가 있는 곳을 표시해 보았습니다. 밑에 있는 지도에는 교회가 세워진 곳에 표시를 하고, 위에 있는 지도에는 삼일운동, 만세 사건이 일어난 곳에 표시를 하니, 교회가 있는 자리에서 다 독립운동이 일어난 것입니다. 조만식 선생님, 백낙준 박사님, 안창호 선생님, 유관순, 김구 선생님 등 거의 모든 독립투사들이 하나님의 사람들이었습니다.

오늘날 우리 기독교인들도 애국할 수 있기를 바랍니다. 나라를 품고 살기를 바랍니다. 공중 화장실도 내 화장실처럼 깨끗이 사용하고, 더럽혀져 있으면 내 화장실을 청소하듯 청소하시길 바랍니다. 버스 정류장에서나 공항에서나 화장실이 더러우면 그냥 나오지 말고 소매를 걷어올리고 청소해 놓고 나와서 손을 씻읍시다.

우리가 겨레를 품고 나라를 품고 나아가는 것, 그것이 하나님 사람의 멋이고, 하나님께서 기뻐하시는 일이고, 그럴 때 이 세상도 교회를 우러러볼 줄로 믿습니다.

그런데 여러분! 나라를 사랑하는 가장 중요한 길이 무엇인지 아십니까? 바로 복음 전도입니다.

지금 네팔에서는 예수를 믿으면 2년 동안 감옥살이를 해야 합니다. 이것이 법으로 정해져 있습니다. 그래서 선교사들이 많이 들어와도 네팔 정부는 "어떤 어리석은 사람이 2년 동안 감옥에 가 있는데 예수를 믿겠느냐" 하며 걱정하지 않았습니다.

네팔에서 처음으로 두 사람이 예수님을 믿었습니다.
"너, 예수 믿으면 감옥에 가는데도 예수를 믿겠느냐"
"예, 감옥에 가도 예수님을 믿겠습니다."

두 사람이 감옥에 갔습니다. 감옥의 죄수들이 그 두 사람에게 모여와 물었습니다.

"야, 너는 이곳에 왜 들어왔냐?"

"크리스천이라서 왔다."

"크리스천이 뭐냐?"

"예수님을 내 주인으로 모시고 따라 살다가, 죽으면 천당 가는 사람이 크리스천이다."

"우리에게도 그것을 좀 가르쳐 달라."

그래서 죄수들이 예수님을 믿게 되었습니다. 그 죄수들이 밖으로 나가 전도했습니다. 전도를 받은 친척들과 친구들이 또 감옥에 들어가게 되었고, 그들이 또 예수님을 전했습니다. 전도를 받은 죄수들이 나가서 또 복음을 전했습니다. 그러다 보니 네팔의 감옥소가 성경 공부하는 곳이 되어서 지금은 수천 명이 예수님을 믿고 있습니다. 그래서 지금 네팔 정부는 큰 걱정에 빠졌다고 합니다. 2년 동안 감옥에 가도 예수님을 믿겠다는데, 어떻게 복음 전도를 막겠습니까?

우리가 믿는 예수님, 섬길수록 더 귀한 예수님, 10년을 섬겨도 좋고 50년을 섬기면 더 좋은 우리 하나님, 예수님을 섬기기 위해서는 감옥에 가도 괜찮습니다. 20년 동안 감옥에 가도 버릴 수 없는 우리 예수님이십니다.

네팔에서는 2년 동안 감옥에 가도 예수님을 믿고 전도합니다. 그런데 우리나라 대한민국은 전도해도 감옥 가지 않고 오히려 전도하기 좋습니다. 이럴 때 그냥 가만히 있는 것은 복을 까부는 것입니다.

시편 33편 12절에 "여호와를 자기 하나님으로 삼은 나라 곧 하나님의 기업으로 선택된 백성은 복이 있도다"라고 말씀합니다. 할렐루야!

　우리나라 대한민국의 대통령부터 온 백성이 하나님만 섬기면 우리나라는 복 있는 나라가 되는 것입니다. 전쟁이 없고, 경제 불황이 없고, 감옥에 죄수가 없어져서 천국이 임할 줄로 믿습니다.

　부지런히 복음을 전하는 것이 나라를 사랑하는 길입니다.

　아무쪼록 '절대로 나는 오염되지 않을 거야. 절대로 나는 나를 오염시키지 않아. 또 나는 어떤 경우에도 기도할 거야. 기도의 심장은 쉬지 않아. 그리고 나는 나라를 사랑하며 살 거야. 물건 하나를 만들어도 나라를 위해 잘 만들고, 전도하고 기도할 거야' 하는 이 세 가지 뜻만 다니엘처럼 가져도, 그 개인이 복을 받고, 그 집의 자자손손이 잘되고, 우리나라가 하나님의 사랑을 받을 줄로 믿습니다.

　이런 큰 뜻을 세우고, 이런 삶의 원칙을 세우고 나아가는 여러분과 제가 될 수 있기를 축원합니다.

내게 주신 모든 은혜를 내가 여호와께 무엇으로 보답할까 내가 구원의 잔을 들고 여호와의 이름을 부르며 여호와의 모든 백성 앞에서 나는 나의 서원을 여호와께 갚으리로다 그의 경건한 자들의 죽음은 여호와께서 보시기에 귀중한 것이로다

시편 116편 12-15절

무엇으로 보답할꼬

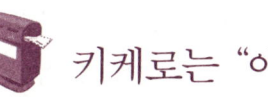 키케로는 "아무리 비옥한 땅이라도 경작하지 않으면 수확할 수 없듯이 아무리 뛰어난 천재도 배움이 없이는 열매를 맺지 못한다"라고 말했습니다.

고린도전서 3장 9절에서도 우리를 '하나님의 밭(You are God's field)'으로 비유하여 말씀합니다. 아무리 비옥한 땅도 농사를 짓지 않으면 열매가 없듯이, 아무리 좋은 재능을 갖고 태어난 사람이

라도 노력하지 않으면 쓸모없는 사람이 되기 때문입니다.

그러나 아무리 노력해서 많은 지식을 쌓아도 세상의 지식은 세상에만 영향을 미칩니다. 하지만 하늘에서 내려온, 하나님의 말씀은 그 열매가 하늘에까지 이어지게 됩니다. 그러니 우리는 세상의 공부도 열심히 해야 하지만, 하나님의 말씀을 받는 일에 더욱 최선을 다해야 합니다.

이사야 55장 10-11절에 말씀합니다.

"비와 눈이 하늘로부터 내려서 그리로 되돌아가지 아니하고 땅을 적셔서 소출이 나게 하며 싹이 나게 하여 파종하는 자에게는 종자를 주며 먹는 자에게 양식을 줌과 같이 내 입에서 나가는 말도 헛되이 내게로 돌아오지 아니하고 나의 기뻐하는 뜻을 이루며 내가 보낸 일에 형통함이니라."

하나님 말씀은 그대로 이루어집니다. 할렐루야!
오늘도 말씀이 저와 여러분의 마음 밭에 떨어질 때 큰 역사가 일어날 줄 믿습니다.

오늘 이 자리에 내가 서 있는 것은 나 혼자의 힘만으로 된 것이 아닙니다. 나 혼자 힘으로 서 있다고 말할 수 있는 사람이 누가 있겠습니까? 핏덩이로 세상에 태어났을 때 부모님께서 나를 돌봐 주지 않으셨다면 지금 내가 어떻게 살아 있겠습니까?

우리는 모두 부모님의 은혜로 살았고, 선생님의 은혜로 공부했고, 선배들의 조언으로 여기에 서 있는 것입니다. 그러니 우리가 받은 은혜, 나에게 은혜를 베풀어 주신 고마운 분들을 잊어서는 안 됩니다. 개인도 교회도 국가도 마찬가지입니다.

오래 전, 영국 여왕이 한국을 방문했는데 그때 여왕이 구로여자정보산업고등학교 학생들에게 장학금을 전달했습니다. 이 여학교와 영국 정부의 인연이 37년간이나 이어진 데는 사연이 있었습니다.

1970년, 그 학교 교장 선생님이 학생들과 함께 경기도 파주군 임진강 옆 설마리에 갔는데, 그곳에서 이 땅의 평화를 위해 한국전쟁에 참전했다가 전사한 650명의 영국 군인들이 매몰된 장소를 발견하게 되었답니다.

이후 교장 선생님은 학생들과 함께 일 년에 서너 차례씩 그곳을 방문해 주위에 꽃과 나무를 심고 잔디를 가꾸어 왔다고 합니다. 그 누구도 기억하지 않는 그곳을 한 교장 선생님과 학생들이 계속해서 돌보아 온 사실이 영국 왕실에까지 알려져, 그때부터 구로여학교와 영국 왕실의 인연이 맺어지게 되었던 것입니다.

은혜를 기억하고 은혜를 갚으며 사는 것은 은혜 베푼 사람에게는 행복이고, 은혜 갚는 사람에게는 보람이며, 그 이야기를 듣는 사람까지 기분 좋게 만드는 일입니다.

나쁜 사람들은 은혜를 물에 새겨 흘려보내고, 원수는 가슴에 새겨 갚으려 하지만, 복 있는 사람은 원수를 물에 새겨 흘려보내고 은혜 받은 것은 돌에 새기듯 가슴에 새겨 은혜를 갚으며 살아갑니다. 우리 그리스도인은 마땅히 은혜를 갚으며 살아가는 매력 있는 사람들이 되어야 할 줄 믿습니다.

영국뿐 아니라 미국을 비롯한 세계 여러 우방국의 아까운 젊은이들이 이 땅에 와서 평화를 위해 싸우다가 생명을 바쳤습니다. 미국의 젊은이들이 3만 수천 명이 죽고 수많은 사람들이 부상했습니다. 그 많은 군인들의 가족, 친구, 친척들은 마음의 상처가 얼마나 컸겠습니까? 우리 한국 때문에 수많은 이들이 상처를 입은 것입니다. 그런데 어떻게 "미군은 물러가라! 맥아더 장군의 동상을 철거하라"는 말을 할 수 있습니까?

늘 그 은혜를 기억하여 감사하고 갚으며 살아야 합니다. 은혜를 배신하는 사람은 짐승보다 못한 사람입니다. 국가도, 개인도 받은 은혜를 갚으며 살아야 합니다.

우리가 은혜를 갚아 나가다 보면 결국은 모든 은혜의 원천, 기반이 하나님이심을 알게 됩니다.

어느 가을 한 임금님이 채소 국을 먹었는데, 국이 너무 시원하고 맛있어 상을 내리려고 요리사를 불렀습니다. 그런데 그가 "아닙니다. 저는 이 상을 받을 수 없습니다. 가게에서 좋은 야채를 판 덕분에 임금님께서 맛있는 국을 드실 수 있었던 것입니다"라고 했습니다.

그래서 왕이 채소 가게의 주인을 부르니 그도 "아닙니다. 저는 상을 받을 자격이 없습니다. 농부가 농사를 잘 지어 좋은 채소를 넘겨주었고, 저는 그 채소를 팔았을 뿐입니다. 이 상은 농부에게 주셔야 합니다"라고 했습니다.

그래서 농부를 부르니 농부도 "아닙니다. 저는 아무것도 한 일이 없습니다. 하나님께서 때를 따라 빛을 비춰 주시고 비를 내려 주셔서 이렇게 채소 농사가 잘되었으니, 하나님께 감사를 드려야 합니다"라고 했습니다.

그 말에 왕은 이 모든 것이 하나님의 은혜임을 깨닫고 하나님께 큰 감사의 제사를 드린 후, 농부와 가게 주인과 요리사에게도 큰 상을 내렸다고 합니다.

바다는 강으로, 강은 냇물로, 냇물은 샘으로 이어지듯이, 우리가 감사할 대상을 계속 찾아 올라가다 보면 모든 은혜의 기초가 하나님께 닿게 됩니다.

오늘 본문인 시편 116편은 기자가 확실하지 않습니다. 성서학자들은 히스기야 왕이라 하고, 칼빈은 다윗이라 했습니다. 이 시편 기자가 누구인가는 중요하지 않습니다. 그러나 이 시편 기자가 왕인 것은 확실합니다.

우리가 성경을 읽을 때 유념해야 할 지침이 하나 있습니다. 그것은 하나님께서 감추어 두신 것은 그냥 넘어가야 한다는 것입니다. 하나님께서 밝혀 주신 것만 알아도 우리는 넉넉히 구원받고 넘치도록 축복을 받을 수 있습니다.

본문의 이 시편을 보면, 기자가 굉장히 어려운 상황 속에 있다는 것을 알 수 있습니다. 사망의 줄이 자신을 결박했다고 하는 것은 몸이 병들었음을 의미합니다. 이 시의 기자는 의사가 봐도, 가족이 봐도, 자신이 생각해도 살아날 가망이 없는 죽은 몸이나 다름없는 몸입니다. 이제 한 발만 앞으로 나가도 죽음과 만나게 될, 벼랑 끝에 서 있는 사람입니다. 음부의 그늘이 그를 덮고, 무덤이 그의 가까이에 와 있습니다.

게다가 갖은 환난이 겹겹이 그를 에워싸고 있습니다. 큰 고통으로 그는 슬픔의 눈물이 끊일 날이 없습니다. 하나님을 믿는데도 병이 들고 어려움을 당하다가 결국 벼랑 끝에 서게 되었습니다. 그래도 그는 "하나님을 믿어 보아도 별수 없네"라며 하나님을 버리지 않고, 벼랑 끝에서도 하나님을 찾고 하나님께 간구합니다.

"하나님! 이 어려움에서 나를 구해 주세요."

하나님은 벼랑 끝에서 부르짖는 왕의 기도를 들으시고 사망의 줄을 풀어 그의 병을 깨끗이 치료해 주셨습니다.

하나님은 우리의 병도 치료해 주십니다. 출애굽기 15장 26절에 하나님께서 친히 "나는 너희를 치료하는 여호와임이라"고 말씀합니다.

"나는 치료하는 여호와라(I am the Lord, who heals you)."

오늘 이 시간, 우리 중 몸이 약한 사람, 병든 사람을 하나님께서 치료해 주시길 원합니다. 하나님께서 약속대로 치료해 주셔서 사망의 줄이, 결박이 끊어지기를 바랍니다.

하나님은 몸의 병뿐 아니라 마음의 병도 치료해 주십니다. '나 같은 건 죽어야 해' 라고 생각하는 사람에게 '아니야, 너는 살아야 해' 라며 마음과 정신을 살려 주십니다. '우리 부부는 서로 안 맞아. 우리 부부는 이제 이혼하는 것밖에 길이 없어' 라고 생각할 때 '아니야, 너희들은 행복하게 살 수 있어' 라며 상한 부부 관계를 치료해 주십니다. '이제 우리 회사는 문을 닫아야 해. 이제는 끝이야. 내 사업은 끝났어' 하는 사람에게 하나님은 '아니야, 다시 시작하라' 고 말씀해 주시고 새롭게 시작하게 하십니다. 이 시간 우리 모두를 하나님께서 치료해 주시길 원합니다.

또한 하나님은 우리의 환난과 고통이 사라지게 하십니다.

시편 30편 5절에 "저녁에는 울음이 깃들일지라도 아침에는 기쁨이 오리로다"라고 말씀합니다. 시편 30편 11절에는 "주께서 나의 슬픔을 변하여 내게 춤이 되게 하시며 나의 베옷을 벗기고 기쁨으로 띠 띠우셨나이다"라고 말씀합니다.

이 말씀대로 하나님은 죽어가던 왕을 회복시키시고 그의 기쁨을 회복시켜 주셨습니다.

말라기 4장 2절에 "내 이름을 경외하는 너희에게는 공의로운 해가 떠올라서 치료하는 광선을 비추리니 너희가 나가서 외양간에서 나온 송아지같이 뛰리라"라고 말씀합니다. 할렐루야!

외양간에 갇혀 있던 송아지를 풀어 주면 송아지가 좋아서 껑충껑충 뛰놀듯이, 병으로 고통과 환난에 갇혀 있던 왕을 하나님께서 풀어 주시니 왕이 껑충껑충 뛰며 기뻐서 어쩔 줄을 모릅니다.

오늘 하나님께서 우리를 얽어매고 있는 모든 줄을 다 끊어 주셔서 저와 여러분이 외양간에서 나온 송아지처럼 기뻐 뛸 수 있기를 원합니다. 이 시간 하나님께서 우리 모두에게 그런 은혜 주시기를 원합니다.

본문의 기자는 하나님께서 일회적으로 그 상황에서만 구원해 주신 것이 아니라, 한평생 은혜 주신 것에 대해 감격해 합니다

자신의 한평생을 돌아볼 때 '아! 하나님께서 나를 이렇게 인도해 주셨구나. 순간순간 은혜를 주셨구나! 일마다, 때마다, 인생 백사만사에 은혜를 주셨구나!' 라고 깨닫습니다. 그래서 감격한 그가 본문 12절에 이렇게 고백하는 것입니다.

"내게 주신 모든 은혜를 내가 여호와께 무엇으로 보답할까?(How can I repay the Lord for all his goodness to me?)"

"주께서 주신 모든 은혜를 내가 어떻게 갚을 수 있을까?"라는 말입니다.

저는 이 말씀을 준비하다가 "나 지용수에게 주신 모든 은혜를 내가 어떻게 보답할까?" 하고 감격했습니다. 허물 많고 실수 많고 얼룩진 과거가 있는 나를, 지렁이 같은 나를 하나님께서 오늘까지 은혜로 덮어 주시고, 용서하시고, 귀하게 쓰시는 것을 생각할 때 '내게 주신 은혜를 내가 무엇으로 보답할까? 내게 주신 하나님의 모든 은혜를 내가 어떻게 갚을 수 있을까?'라고 고백하게 되는 것입니다.

이런 고백을 해야 할 사람이 저뿐이겠습니까? 우리 모두가 '나 같은 것을 하나님께서 이렇게 구원해 주시고 은혜 주셨는데, 이 은혜에 무엇으로 보답할까?'라는 마음을 갖고 있는 줄 믿습니다.

사무엘상 1-2장을 보면, 한나는 서러운 마음에 간절히 기도합니다. 한나는 본문의 기자처럼 죽을병에 걸린 것도, 음부의 그늘에 있는 것도 아닙니다. 삶의 벼랑 끝에 있는 것도 아니고, 환난이 겹친 것도 아닙니다. 결혼을 했는데도 아기를 낳지 못하니 아프고 서러워 하나님 앞에 나오게 된 것입니다. 결혼한 여자가 아기가 없으면 마음이 아프고 서럽습니다.

하지만 의사가 불임이라고 진단한 여자라도 하나님께서는 그 태를 재창조해 주실 수 있습니다. 전능하신 하나님이십니다. 리브가는 임신을 하지 못하는 여인이었지만, 이삭이 간구하니 하나님께서 태를 재창조해 주셔서 리브가가 잉태하도록 해주셨습니다.

우리 중에 태가 죽어 아기를 갖지 못하시는 분은 하나님의 도움으로 새롭게 되어 잉태하게 되시기를 원합니다. 불임이라는 진단이 나와도 포기하지 마시기를 바랍니다. 의사의 말은 참고만 하고 하나님께 기도할 수 있기를 바랍니다. 하나님은 전능하십니다.

한나는 간절히 기도해서 아기를 얻었습니다. 그러니 한나가 기뻐하며 하나님을 높입니다. 사무엘상 2장 1-10절에 "내 마음이 여호와를 인하여 즐거워하며 내 뿔이 여호와를 인하여 높아졌으며……" 하며 얼마나 감격해 하는지 모릅니다. 아기를 낳지 못하는 여인이 아이를 낳게 되어도 이렇게 기뻐 뛰는데, 사망의 그늘에 있다가 회복되었을 때는 얼마나 기쁘겠습니까?

평생에 베푸신 은혜를 기억하고 감사하면 사실 불평할 시간이 없습니다. 나폴레옹은 "내 사전에는 불가능이란 말이 없다"라고 했다지만, 우리 그리스도인의 사전에는 불평이 없어야 할 줄 믿습니다.

생각해 보면 하나님께서 베푸신 은혜가 얼마나 큽니까? 우리가 이렇게 배불리 먹고 사는 것만 해도 얼마나 감사합니까? 저는 고구마로 끼니를 이어보기도 했고, 그 고구마조차도 없어 굶기도 했습니다. 쌀밥이 정말 귀해 생일에나 쌀밥을 구경할 수 있었던 시절이 불과 얼마 전입니다.

여기 있는 이 바나나도 얼마나 비쌌는지 모릅니다. 제 딸이 어렸을 때만 해도 바나나가 비싸서 딸이 바나나를 사달라고 노래를 해도 사 줄 수가 없었습니다.

"아빠, 바나나 사줘. 바나나!"

"경아, 바나나는 아프리카 원숭이들이 먹는 거다."

이렇게 말했던 것이 엊그제 같은데 이제 바나나도 쉽게 사 먹을 수 있는 과일이 되었습니다. 우리 교회에서는 새벽 기도 때나 밤 예배 때 성도들을 위해 바나나가 상자 가득 있으니 이 모든 것이 보통 은혜입니까?

그러나 우리가 쌀밥을 먹고 고깃국을 먹고 바나나를 먹고 감사하는 것은 일시적이고 한시적인 감사 제목입니다. 우리가 영원히 감사할 제목은 우리가 죄 사함을 받고 구원받은 일입니다. 할렐루야!

감사의 제목을 살펴봅시다

시편 103편 1-5절에 "내 영혼아 여호와를 송축하라 내 속에 있는 것들아 다 그의 거룩한 이름을 송축하라 내 영혼아 여호와를 송축하며 그 모든 은택을 잊지 말지어다 그가 네 모든 죄악을 사하시며……"라고 말씀합니다.

첫 번째 감사 제목은 "죄악을 사하시며"입니다.
가장 무서운 것, 일생 우리를 짓누르는 것이 바로 죄입니다. 우리가 지고 가는 짐이 무거운 쇳덩어리라면 내려놓을 수도 있겠지만, 죄는 내려놓을 수가 없습니다. 하나님께서 내려주시지 않으면 누구도 그 짐을 내려놓을 수 없습니다. 그 무거운 짐을 지고 평생 살다가 결국 그 죄의 무게로 지옥에 빠지게 되는 것이 우리의 인생인데, 우리가 예수님을 믿어 예수님의 십자가 보배 피로 죄의 짐이 다 사라지게 된 것입니다. 우리의 모든 죄는 예수님의 보혈로 씻겨 완전히 사라졌습니다. 심지어 앞으로 지을 죄와 실수까지도 사라졌습니다.

예수 안에 있는 우리에게는 결코 정죄함이 없습니다. 할렐루야! 예수님을 믿은 그날 우리는 이미 죄 사함을 받고 천국의 사람이 되었습니다. 예수님을 믿은 그날 우리에게 성령이 임한 것입니다. 얼마나 감사합니까? 예수님을 믿은 그 순간부터 정죄함이 없습니다.

로마서 8장 1-2절에 "그러므로 이제 그리스도 예수 안에 있는 자에게는 결코 정죄함이 없나니 이는 그리스도 예수 안에 있는 생명의 성령의 법이 죄와 사망의 법에서 너를 해방하였음이라"라고 말씀합니다. 할렐루야!

> 예수 안에 있는 나에게 정죄함 없네
> 생명의 성령의 법이 해방하였네
> 예수 안에 있는 나에게 결코 정죄함 없네
> 생명의 성령의 법이 해방하였네. 할렐루야!

예수님을 믿은 후 마음으로, 생활로, 몸으로 지은 죄는 하나님을 슬프게 하고 우리의 기쁨을 잃어버리게 합니다. 받은 축복을 빼앗기게 하고 주실 축복도 받지 못하게 합니다. 그리고 우리에게 죄가 있으면 때로는 몸에 병이 오거나 자동차 사고를 당하거나 하나님께 채찍을 맞게 될 수도 있습니다. 그러나 그 죄가 우리를 지옥에 가게 할 수는 없는 것입니다. 놀라운 일입니다.

"내가 진실로 진실로 너희에게 이르노니 내 말을 듣고 또 나 보내신 이를 믿는 자는 영생을 얻었고 심판에 이르지 아니하나니 사망에서 생명으로 옮겼느니라"(요 5:24).
"내가 그들에게 영생을 주노니 영원히 멸망하지 아니할 것이요 또 그들을 내 손에서 빼앗을 자가 없느니라"(요 10:28).
"내가 확신하노니 사망이나 생명이나 천사들이나 권세자들이나 현재 일이나 장래 일이나 능력이나 높음이나 깊음이나 다른 어떤 피조물이라도 우리를 우리 주 그리스도 예수 안에 있는 하나님의 사랑에서 끊을 수 없으리라"(롬 8:38-39).

우리의 구원은 천사도 방해할 수 없는 확실한 것입니다. 구원받은 우리가 넘어지고 자빠지는 일은 있어도 구원을 잃어버릴 수는 없습니다. 얼마나 감사합니까? 우리는 자다가도 기뻐하고 감사해야 합니다. 이 부족한 흙덩어리 속에 성령께서 계신다는 것이 얼마나 감격스러운지 모릅니다.

어느 사장이 납치를 당했습니다. 납치범이 사장의 부인에게 전화를 했습니다.

"부인, 당신 남편을 우리가 데리고 있소. 이 계좌번호로 내일 당장 1억을 입금하시오. 안 그러면 당신 남편은 무사하지 못할 것이니 각오하시오."

통화 내용을 옆에서 듣고 있던 사장이 발끈했습니다.

"여보시오! 당신, 사람을 뭘로 보는 거요? 그 전화기 이리 주시오."

그러더니 "여보, 당장 10억을 입금시켜. 사람을 뭘로 보고……"라고 했습니다.

우리에게는 이런 생명만 있는 것이 아니라 가장 귀한 성령님이 계십니다. 하나님의 성령께서 우리 안에 계신 것입니다.

성령이 계시네 할렐루야 함께하시네
좁은 길을 걸으며 밤낮 기뻐하는 것
주의 영이 함께함이라.

하나님께서 우리에게 자신의 영을 주셔서 성령께서 우리 안에 계십니다. 또 우리는 하나님의 자녀가 되었습니다. 굉장합니다. 얼마나 감사한 일인지 모릅니다.

두 번째 감사 제목은 "네 모든 병을 고치시며 네 생명을 파멸에서 속량하시고"입니다.

우리 인생에는 각종 사고가 정말 많이 일어납니다. 저는 오토바이 타는 것을 좋아하고 스릴을 즐깁니다. 저를 재미없는 남자로 보시면 안 됩니다. 저는 은퇴하면 멋진 오토바이를 한 대 사서 빨간 머플러에 나팔바지와 노란 셔츠를 입고 이 앞을 달릴 생각입니다.

예전에 제가 오토바이를 타고 다닐 때의 일입니다.

한번은 과속으로 달리다가 어느 농부가 깊게 파 놓은 물길을 보게 되었습니다. "주여!" 하고 브레이크를 밟는데 '아니다!' 라는 생각이 들어 더 세게 액셀러레이터를 돌리며 나갔습니다. 그래서 제가 여기에 이렇게 서 있는 것입니다.

여러분은 지금 재미있게 이야기를 들으시겠지만 저는 그때 죽는 줄 알았습니다. 또 고속도로에서 사고를 당해 '주여, 오늘이 끝입니까?' 라고 기도드렸던 적도 있습니다. 하나님은 그 파멸에서도 저를 구원해 주셨습니다.

자동차를 운전하거나 비행기를 타다 보면 아찔할 때가 많습니다. 인생의 여정 중에 생명의 위협을 받을 때가 종종 있습니다. 그때마다 주님이 우리를 도와주시니 우리가 살게 되는 것입니다.

세 번째 감사 제목은 "인자와 긍휼로 관을 씌우시며"입니다.

하나님께서 만일 우리가 행한 대로 다 갚으신다면 하나님 앞에 설 수 있는 사람이 없습니다. 하나님께서 우리가 지은 죄를 그대로 다 갚으신다면, 손으로 죄를 지을 때 손을 잘라버리시고, 눈으로 죄를 지을 때 눈을 뽑아버리신다면 누가 여기에 서 있을 수 있겠습니까?

저는 오늘 1부 예배 시간에 기도하다가 과거에 저지른 실수들이 생각났습니다. 지금 생각해도 '아! 내가 왜 그랬을까? 내가 왜 그렇게 살았을까?' 하고 부끄럽지만, 그럼에도 불구하고 주님이 저를 인자와 긍휼로 덮어 주시니 이렇게 주님의 일을 하고 있는 것입니다.

우리가 의롭게 산다고 해도 별수 없습니다. 몇 달은 의롭게 사는 것 같다가도 어느 순간에 '아! 왜 이러지?' 하게 됩니다. 내가 의로운 줄 알았는데 어느 날 갑자기 좋지 않은 감정을 품게 되고 부끄러운 생각을 하게 됩니다. 우리의 의는 예수님의 피밖에 없습니다.

나의 의는 이것뿐 예수의 피밖에 없네.

할렐루야! 이런 은혜와 긍휼하심이 우리가 천당 갈 때까지 이어지는 것입니다. 얼마나 감사한 일인지 모릅니다.

네 번째 감사 제목은 "좋은 것으로 네 소원을 만족하게 하사"입니다.

하나님은 우리에게 좋은 것을 주십니다. 날마다 좋은 은혜를 주시고, 소망을 주시고, 희망을 주시고, 좋은 만나를 주십니다.

다시 본문을 보면, 15절에 "그의 경건한 자들의 죽음은 여호와께서 보시기에 귀중한 것이로다(성도의 죽는 것을 여호와께서 귀중히 보시는도다)"라고 말씀합니다.

저는 이 말씀이 성도가 죽을 때 그 성도를 바로 천당에 보내는 의미인 줄 알았는데, 이번에 말씀을 묵상하다가 그런 의미가 아니라는 것을 알았습니다. 물론 성도는 천국에서 엄청난 복을 누립니다. 그러나 이 말씀은 이 세상을 사는 동안 죽음의 선까지 하나님께서 성도인 우리와 함께하시고 인도하시는 것을 의미합니다. 주님이 나사로의 무덤 앞에서 우신 것처럼, 하나님은 우리의 죽음까지 아파하시며 사랑하시는 것입니다. 그러니 우리는 고민할 필요가 없습니다.

양은 자기 미래에 대해 고민하지 않습니다. 양은 목자만 보이면 안심합니다. 목자만 따라가면 꼴이 있고, 물이 있고, 우리가 있기 때문입니다. 우리는 주님의 양입니다. 지나치게 내일을 걱정하고 미래 때문에 불안해 하는 것은 양의 태도가 아닙니다. 그 시간에 우리는 주님을 더욱 앙망해야 합니다.

다윗이 고백한 시편 23편 말씀이 우리의 고백이 되어야 합니다.

"여호와는 나의 목자시니 내게 부족함이 없으리로다"(The Lord is my shepherd, I have everything I need)라는 말씀대로 하나님은 내게 필요한 것을 다 주십니다.

"그가 나를 푸른 풀밭에 누이시며"라는 말씀대로 나를 먹이시고 누이십니다.

"쉴 만한 물가로 인도하시는도다 내 영혼을 소생시키시고"라는 말씀처럼 날마다 새 은혜를 주시고 나를 소생시켜 주십니다.

"자기 이름을 위하여 의의 길로 인도하시는도다"라는 말씀대로 나를 인도하십니다. 우리는 때로 유혹의 길, 방탕의 길로 가고 싶을 때가 있지만, 하나님께서 "아니야, 아니야" 하시며 의의 지팡이로 우리를 바로잡아 주시는 것입니다.

"사망의 음침한 골짜기로 다닐지라도 해를 두려워하지 않을 것은 주께서 나와 함께하심이라 주의 지팡이와 막대기가 나를 안위하시나이다"라는 말씀대로 우리가 때로 빗나가 잘못된 길에 들어서고 잘못된 장소에 있게 되어도, 하나님께서 그곳에 함께 계셔서 막대기와 지팡이로 우리를 인도해 주시고 건져주십니다.

그리고 결국 우리 원수의 목전에서 우리에게 상을 베푸시고 기름을 우리 머리에 부어 잔이 철철 넘치도록 해주십니다. 우리의 평생에 주의 인자하심과 진실하심이 항상 함께하시는 것입니다.

그래서 다윗은 "내가 여호와의 집에 영원히 살리로다"라고 고백합니다. 우리가 땅에서는 교회에 거하지만 죽으면 아버지 집에 영원히 거하게 되는 것입니다. 할렐루야! 우리가 언제까지 살게 될지는 아무도 모르지만, 그때까지 주님은 우리와 함께하십니다.

우리는 어떻게 감사해야 할까요?

따라 합시다.

"입으로 마음으로."

입만 열면 감사해야 합니다. 그리고 마음에 감사함을 품어야 합니다.

이번에 제가 선교지에 갔다가 금요일 밤 10시가 넘어 집에 도착했습니다. 그런데 아내가 문 앞에 서서 깊이 머리를 숙여 인사하는 것입니다. 그때 제가 마치 아브라함이 된 느낌이었습니다. 제가 속으로 '아! 내 아내가 사라가 됐구나!'라며 감탄했고, 그런 아내가 참 고마웠습니다.

얼마 전 제 사랑하는 친구 목사님의 사모님이 돌아가셔서 제가 그 장례식에 갔다가, 외롭게 서 계시는 목사님을 보며 깨달은 것이 있습니다.

'아무리 들들 볶고, 밥을 안 해주고, 빨래를 안 해주고, 청소를 안 해주면서 잔소리만 하는 부인이라도 살아 있으면 그 남편은 감사해야겠구나.'

살아 있으면 감사해야 합니다. 아내가 살아 있으니 감사하고, 남편이 살아 있으니 감사하고, 그저 좋은 면을 찾아서 감사해야 합니다.

어느 할아버지, 할머니가 모처럼 같이 외출을 했는데, 늘씬한 아가씨가 빨간 미니스커트를 입고 지나가니 할아버지의 눈이 저절로 돌아갔습니다.

따라 합시다.

"나이가 들어도 남자는 남자다."

할머니도 여자인지라 질투가 나서 "내가 저렇게 얼굴이 못생겼으면 길에 나오지도 않겠다"라고 했습니다. 그러니 할아버지가 "맞아, 당신이 그렇게 못났으면 나도 같이 나오지 않지"라고 했답니다. 농담을 해도 이렇게 좋은 쪽으로 하면 얼마나 좋습니까?

강원도 시골의 한 할아버지가 생전 처음으로 서울에 오셔서 63빌딩을 구경하게 되었습니다. 할아버지가 63빌딩에 들어가니 큰 쇠문이 있었습니다. 문이 열리니 한 할머니가 그 문으로 들어갔습니다. '방은 아닌 것 같은데 뭘까?' 하고 궁금해 하는데, 다시 문이 열리더니 그 문에서 새파랗게 젊은 아가씨가 나오는 것입니다. 엘리베이터를 생전 처음 보신 할아버지가 "아하! 저 방에 들어가면 할머니가 새댁이 되어 나오는구나. 아이고! 아까워라. 이럴 줄 알았으면 할망구도 데리고 올걸"이라고 했답니다.

이 세상에 그런 신비로운 방은 없지만, 설사 그런 방이 있어 할머니가 새댁이 될 수 있다 해도 결국 늙고 병들어 죽게 됩니다.

그러나 예수님의 문, 예수님의 방, 교회에 들어오는 사람은 영원히 삽니다. 우리는 새로운 피조물이 된 것입니다. 우리가 영원히 살 집은 실제로 천국에 있습니다. 이렇게 새 생명을 얻은 우리는 마땅히 하나님께 감사해야 합니다.

"우리 교회는 이런 점이 약하고, 저런 점이 불편하고……"라고 하는 사람은 마귀에게 쓰임 받습니다. 일기를 써도 하루 동안 일어난 일 중에 좋은 일을 기록하는 것이 중요합니다. 할렐루야! 감사하며 사시기를 바랍니다.

본문의 기자는 "내가 구원의 잔을 들고 여호와의 이름을 부르며"라고 말합니다

이 구원의 잔이 무엇입니까?

예전에는 이 말씀이 구원을 받아서 우리가 기뻐하며 드는 잔인 줄 알았습니다. 그런데 깊이 연구해 보니 그런 뜻이 아닙니다.

구약 시대에는 하나님께 제사를 드릴 때 부자는 소를 잡고, 보통 사람은 양을 잡고, 가난한 사람은 비둘기를 잡아 하나님께 드렸습니다. 그런데 정한 제물보다 하나님께 더 바치고 싶은 마음에서 사람들이 귀한 잔에 향기롭고 값진 포도주를 담아 "하나님!" 하며 그 제물에 부어 드렸습니다. 하나님께 물질을 바치고도 더 바치고 싶어 옥합을 깨뜨리듯, 붓는 그 포도주 잔이 바로 구원의

잔입니다. 우리는 말로, 입으로, 마음으로만 감사하는 것이 아니라, 희생의 제물로도 감사해야 합니다.

얼마 전에 마음 아픈 일이 있었습니다. 저의 어머니께서는 자전거 타기를 좋아하셨는데 올 여름에 몸이 좋지 않아 한 달간 몸져 누우신 후 어지럼증이 생겨 자전거를 못 타게 되셨습니다. 자전거를 타고 다니실 때는 어머니 음성이 여고 2학년 학생 같았는데, 자전거를 못 타게 되시니 자신감을 잃어 대학교 4학년 졸업반 같은 음성이 되셨습니다. 그래서 제가 아내와 함께 많이 고민했습니다.

"여보, 어떡하지요?"

"다시 자전거를 타시라고 합시다."

"타다가 넘어지시면 어떡해요?"

그렇게 고민하다가 용기를 내어 "어머니, 다시 자전거 타고 다니세요. 제 후배 목사님 부친은 연세가 94세이신데도 자전거를 타신답니다. 그분에 비하면 어머니는 아직 새댁입니다"라고 말씀드렸습니다. 어머니께서 그 말에 힘을 얻어 다시 자전거를 타시더니, 여고생 음성을 되찾으셨습니다. 운동이 그렇게 중합니다.

그리고 얼마 후 제가 치악산에서 목회자 세미나를 섬기고 오는 길에 잠깐 집에 들렀다가 어머니의 자전거를 보게 되었습니다. 그런데 중고도 그런 중고가 없을 정도로 자전거가 녹이 슬어 있었습니다. 제 차를 보면서는 '이제 이 차를 운전한 지 3년 됐구나. 4년이 됐구나. 벌써 5년 됐구나' 라고 생각했는데, 어머니 자전거는 몇 년 되었는지 계산도 하지 않았던 것입니다.

"어머니, 자전거 하나 새로 삽시다."

"싫다. 아직 새거다."

"아닙니다. 어머니, 이 자전거가 어떻게 새것입니까?"

"아직 새거다."

"사러 가요."

"안 간다."

제가 어머니와 그렇게 싸우기는 처음이었습니다. 한 5분간 싸웠는데 얼마나 고집이 세신지 나중에는 아예 방문을 닫고 들어가셨습니다.

"제 마음대로 사 옵니다."

"사 와도 안 탄다."

"어머니, 아무리 고집 부리셔도 사러 갑니다."

그러면서 제가 "여자는 어릴 때는 부모를 따르고, 시집가면 남편을 따르고, 나이 들면 아들을 따르는 것입니다"라고 막 소리를 쳤더니, "나 아직 안 늙었다"라며 고집을 부리셨습니다. 결국 제가 억지로 모시고 자전거 가게에 갔더니, 주인아저씨가 저의 어머니를 아시는 것입니다.

"아이고! 아지매 나오십니꺼?"

어머니께서 아들이 하도 자전거를 사 주려고 해서 억지로 따라 나왔다고 하셨습니다.

"아이고! 아지매, 이거 타신 지 벌써 7년이 넘었습니더."

아저씨는 그 자전거를 몇 년 전에 샀는지 기억하시는데 저는 몰랐습니다. 새 자전거를 하나 골랐더니 13만 원이라고 했습니다. 새 자전거를 받고 어머니께서 참 기뻐하셨습니다.

강단에서 늘 효도하라고 가르치면서도 정작 저는 제 차가 몇 년 된 것만 계산하고, 어머니 자전거가 몇 년 된 것은 모르고 살았던 것입니다. 정말 부끄러웠습니다.

우리가 하나님께 하는 것도 마찬가지입니다. 말로는 하나님께

태산 같은 은혜를 받았다고 감사하면서도, 내 집 세우고 내 회사 세우고 내 빌딩 세우는 데 바빠서 하나님 일에는 관심이 적은 것이 우리의 모습입니다. 우리가 구원의 잔을 부어드리며, 하나님 앞에 감사의 제사를 드리는 감사자가 될 수 있기를 바랍니다.

마지막으로, 본문의 기자는 "여호와의 모든 백성 앞에서 나의 서원을 여호와께 갚으리로다"라고 고백합니다

따라 합시다.
"하나님 앞에 약속을 지키면서 감사하자."
우리는 어려울 때 하나님 앞에 약속을 잘합니다.
"하나님, 나 이렇게 해주시면 저렇게 하겠습니다."
이 시편 기자도 사망의 줄에 묶여 있을 때 "하나님, 저 이거 주시면 이렇게 하겠습니다"라고 약속했습니다. 그리고 하나님께서 그렇게 해주시니 "제가 하나님과 한 약속을 지키겠습니다"라고 하는 것입니다.

이 말씀을 묵상하는데 2003년 3, 4월에 제가 하나님께 했던 약속이 생각났습니다. 제 사랑하는 딸이 아들을 낳았는데, 그 아이를 눕힐 방이 없어서 교회 냉방에 눕히게 되었습니다. LA는 3, 4월이 되어도 굉장히 춥습니다. 지금 생각하면 제가 참 어리석었습니다. 방을 하나 얻어서 재워도 되었을 텐데, 그때 손자와 딸을 제가 묵는 냉방에 재웠습니다.

그랬더니 아이가 병이 나 열이 39.5도, 40도 가까이 올라간 것입니다. 3일이 지나도, 아무리 기도해도 열이 내리지 않았습니다. 아이가 죽을지도 모른다는 불안한 상태에서 저는 샌프란시스코

쪽으로 5시간 운전해 가서 연합 성회를 인도해야 했습니다. 5시간이면 갈 수 있는 거리를 그때 울면서 가느라고 6시간 만에 도착했습니다.

"하나님! 사랑하는 준이의 생명을 지켜주세요. 사랑하는 준이를 치료해 주세요. 일으켜 주세요. 그러면 제가 평생 더 거룩하게, 깨끗하게, 정결하게 충성할게요. 제 몸을 다 바쳐 주님께 충성할게요. 우리 아기를 구원해 주세요."

그렇게 기도하면서 갔더니 첫날부터 은혜가 쏟아졌습니다. 그 이튿날 집에 전화를 하니 준이가 깨끗이 나았다고 했습니다. 그러고 나서 저는 그 약속을 잊어버리고 그냥 살았는데, 이 말씀을 준비하다가 그때 생각이 났습니다. '내가 더 깨끗하게, 더 거룩하게 더 헌신하겠다고 약속했는데 어떻게 살았나?' 하며 저 자신을 많이 돌아보았습니다.

인생의 고비에서 한 약속들을 지키며 사는 것이 참으로 감사하는 사람의 삶입니다.

스펄전은 이렇게 말했습니다.

"불행을 만났을 때 감사하면 불행이 끝이 나고, 형통할 때 감사하면 더 큰 행복이 찾아온다."

비판을 받지 아니하려거든 비판하지 말라 너희가 비판하는 그 비판으로 너희가 비판을 받을 것이요 너희가 헤아리는 그 헤아림으로 너희가 헤아림을 받을 것이니라 어찌하여 형제의 눈 속에 있는 티는 보고 네 눈 속에 있는 들보는 깨닫지 못하느냐 보라 네 눈 속에 들보가 있는데 어찌하여 형제에게 말하기를 나로 네 눈 속에 있는 티를 빼게 하라 하겠느냐 외식하는 자여 먼저 네 눈 속에서 들보를 빼어라 그 후에야 밝히 보고 형제의 눈 속에서 티를 빼리라

마태복음 7장 1-5절

복된 입

 **우리 어른들께서** 하시는 말씀 중에 이런 말씀이 있습니다.

"자기 논에 물 들어가는 소리가 듣기 좋고, 또 자식 입에 밥 들어가는 것이 보기 좋다."

날이 가물어 논바닥이 쩍쩍 갈라지고 곡식이 타들어 가면, 농사 짓는 사람의 마음도 타들어 갑니다. 그때 한 줄기 비가 내려 물이

논으로 흘러 들어가면 그 기쁨은 한이 없습니다. 그런데 비가 내리지 않아 논이 타들어 가도, 물이 넉넉한 좋은 저수지를 갖고 있는 큰 부자의 논에는 물이 풍부합니다. 그 부자 어른이 인심을 쓸 때가 있습니다.

"이 사람아, 자네 논에 우리 논의 물을 빼서 대게."

"아이고, 어르신네. 감사합니다."

그래서 물꼬를 터 물을 댈 때, 자신의 논으로 흘러 들어가는 그 물소리가 얼마나 좋은지 모릅니다.

우리가 지금은 이렇게 잘 먹고 잘 살지만, 30-40년 전만 해도 먹고사는 것이 큰 문제였습니다. 그때만 해도 부모님의 일차적 책임은 자식을 굶기지 않고 먹이는 것이었습니다. 꽁보리밥도 겨우 먹이던 그때에 농사가 잘되어 하얀 쌀밥을 먹이면, 부모님의 마음이 얼마나 좋았는지 모릅니다.

복 있는 입은 귀한 것을 먹을 수 있는 입입니다

북한 아이들의 입은 복이 없습니다. 엄마의 젖도 부족하고, 우유도 먹지 못합니다. 그러나 젖도 먹고 우유도 실컷 먹는 우리 아이들은 같은 겨레이지만 비만으로 걱정할 지경입니다.

그런데 요즘에는 자기 스타일을 구기지 않으려고 젖을 먹이지 않는 엄마들이 있는 것 같은데, 하나님께서 지으신 대로 흘러가야 아기도 좋고 엄마도 좋을 줄로 믿습니다. 어쨌든 먹고사는 것이 보통 일은 아닙니다.

제가 필리핀 단기 선교를 갔다 와서 두 주간은 마음이 아파 먹지를 못했습니다. 어렵게 사는 그들이 생각나서 생선 한 토막 먹는 것도 죄를 짓는 것 같았습니다. 지구촌에서 우리만큼 잘사는 나라가 드뭅니다. 미국 다음으로 우리가 잘사는 것 같습니다.

감사해야 합니다. 더 이상 욕심을 부리면 안 됩니다. 망국으로 치닫는 파업을 더 이상 하면 안 됩니다. 지금은 배불리 먹고사는 복 있는 입이지만, 계속해서 파업을 하면 얼마 후에는 먹지 못하게 될지도 모릅니다. 우리 기업들도 해외로 나가고 외국 기업들도 떠나가면 우리도 북한과 다를 바 없게 될지도 모릅니다.

정신 차리고 열심히 일해서 '아! 한국은 기업하기 좋은 나라다' 라는 이미지를 심어 주어야 합니다. '한국은 기업하기 좋은 나라다' 라는 소문이 나야 합니다. 그래서 우리나라 사람들도 여기에서 기업을 경영하고, 해외에 나간 우리 기업주들이나 해외의 기업주들도 다시 우리나라로 들어올 수 있도록 해야 합니다.

지금 '중국은 임금이 낮아서 기업하기 좋은 나라다' 라고 세계가 알고 있으니 너도나도 중국으로 가고 있습니다. 그래서 우리나라는 이렇게 어려운데, 중국은 무섭게 일어나고 있는 것입니다.

그러니 파업을 계속하는 것은 개인은 물론, 회사도 망하고 나라도 망하는 길이 될 수 있습니다. 물론 파업하는 분들에게도 이유가 있습니다. 그러나 국가를 위해, 우리 자녀를 위해 지금은 참아야 된다고 생각합니다. 지금은 파업을 중단하고 묵묵히 일해야 될 때인 줄로 믿습니다. 이렇게 잘 먹으며 사는 것에 감사해야 합니다. 우리 주님이 오실 때까지 먹는 것에 부족함을 겪는 불행한 일이 없기를 바랍니다.

우리 모두가 귀한 것을 감사함으로 먹는, 복 있는 입이 되도록 하나님께서 이 땅에 복을 주시길 원합니다.

복 있는 입은 그 입에서 나오는 말이 귀한 입입니다

입으로 들어가는 것이 귀해야 복된 입이고, 입에서 나오는 말 또한 귀해야 복된 입인 것입니다.

입으로 들어가는 것은 우리를 건강하게 합니다. 입에서 나오는 것은 우리의 인생을 결정 짓습니다.

사람은 입의 열매로 살게 됩니다. 입의 말이 귀하면 귀한 사람이 됩니다. 입의 말이 천하면 천한 사람이 됩니다. 입의 말이 맑으면 맑은 사람이 되고, 입의 말이 더러우면 더러운 사람이 되는 것입니다. 입의 말이 복되면 복된 사람이 되고, 입에서 저주가 나오면 저주받는 사람이 됩니다.

사람의 말에는 씨가 있어서 그 사람이 말한 대로 열매를 따 먹게 되는 것입니다. 그러니 내가 왜 내 입을 복된 입이 아닌 불행한 입으로 만들겠습니까? 입을 복되게 하는 여러분과 제가 되기를 바랍니다.

복 있는 입이 되려면 우선 비판의 말, 남을 정죄하는 말을 하지 말아야 합니다

본문에 비판하지 말라고 말씀했습니다. 이 말씀은 판사가 되지 말고 검사가 되지 말라는 말씀이 아닙니다. 판사나 검사는 분별하고 판단하는 일을 해야 합니다. 저는 우리 교회에서 판사와 검사가 많이 나오기를 바랍니다. 그러나 개인적으로 남을 비판하고 험담해서는 안 됩니다.

독일 격언에 "물고기는 낚싯바늘로 낚지만 사람은 말로 낚는

다"라는 말이 있습니다. 세 치 혀로 다섯 자 사람의 몸을 죽일 수 있습니다. 사람은 마음이 죽으면 몸도 죽는데, 말이 사람의 마음을 죽일 수 있기 때문에 몸까지 죽이게 되는 것입니다.

시편 22편 26절에 "너희 마음은 영원히 살지어다"라고 말씀합니다.

칭찬을 받고 격려를 받을 때 마음이 살아납니다. 비판하는 말을 들으면 마음이 죽고, 마음이 죽으면 몸도 병들고 죽게 되는 것입니다. 그러니 내가 내 아내를 비판하면 내 아내를 죽이는 것입니다.

잠언 10장 11절에 "의인의 입은 생명의 샘이라도 악인의 입은 독을 머금었느니라"라고 말씀합니다.

남편을 칭찬하고 격려하는 것은 남편을 살게 하고 남편에게 보약을 먹이는 것이지만, 남편을 비판하고 남편에게 잔소리하는 것은 남편의 마음에 상처를 내어 죽이는 것입니다. 그러므로 비판해서는 안 됩니다.

참 신비로운 일은 나무도 칭찬을 들을 때 잘 자란다는 것입니다. 한 곳에서 시험을 해보았답니다. 나무 열두 그루를 심은 후, 각 나무에 열두 제자의 이름을 붙여놓았더니 그곳을 지나가는 사람들마다 베드로나무, 요한나무, 야고보나무, 도마나무……빌립나무에게는 축복을 하고, 가룟유다나무에게만 "이 배신자!" 하며 저주를 했답니다. 그랬더니 몇 년 후에 가룟유다나무가 말라죽더랍니다. 나무도 칭찬을 들을 때 잘 자라는 것입니다.

심지어 밀가루도 좋은 음악, 좋은 소리를 들을 때 반죽이 잘되고 발효가 잘된답니다. 우리나라의 한 유명한 제과점에서 실험한 바에 의하면, 밀가루 반죽을 할 때 좋은 음악을 들려주면 발효균이 2.5배 내지 8배까지 빨리 반응한다고 합니다.

미생물은 귀로 음악을 듣는 것이 아니라 진동으로 소리를 느끼기 때문에 특별 마이크를 장착해서 음악 소리를 느끼게 했는데, 모차르트, 쇼팽, 바흐 같은 음악가들의 음악, 특히 "G선상의 아리아", "빗방울 전주곡" 같은 곡들을 들려주었더니 반죽과 발효가 잘되어 과자가 아주 맛있게 만들어졌다고 합니다. 그래서 그 제과점의 비스킷은 부드럽고 맛이 좋답니다.

미생물도 좋은 음악을 들으면 좋은 반응을 일으키는데, 하물며 사람이겠습니까? 비판하는 것은 그를 죽이는 일입니다. 칭찬하고 격려하는 것은 그를 살리는 일입니다.

잠언 15장 30절에 "좋은 기별은 뼈를 윤택하게 하느니라"라고 말씀합니다.

좋은 소식을 들으면 뼈가 강해지는 것입니다. 밥을 먹다가도 좋지 않은 소식을 들으면 그 순간 밥맛이 없어지지 않습니까? 사랑하는 사람이 잘못되었다는 소식을 들으면 맛있게 먹던 음식 맛이 싹 가십니다. 같은 음식, 같은 불고기인데 좋지 않은 소식을 들으면 맛이 싹 가시고, 좋은 소식을 들으면 맛이 더 좋아지는 것입니다.

잠언 16장 24절에도 "선한 말은 꿀송이 같아서 마음에 달고 뼈에 양약이 되느니라"라고 말씀합니다.

"Pleasant words are a honeycomb(선한 말은 꿀송이 같아서) sweet to the soul(영혼에 달고) and healing to the bones(뼈가 치료되어 낫는다)."

그러므로 우리는 절대로 남을 비판하지 말고, 남을 칭찬하고 격려하는 말만 할 수 있기 바랍니다.

1982년, 보스턴의 한 병원에 일곱 살 된 션 버트럴이라는 아이가 뇌암으로 입원을 했습니다. 암세포가 너무 많이 퍼져 치료가 불가능하다는 의사의 진단이 나왔습니다. 입원한 지 얼마 되지 않아 아이가 정신을 잃고 혼수상태에 빠졌습니다. 그의 아버지는 그런 아들을 보고 있으니 마음이 너무 아파, 어떻게든 아들을 위로해 주고 아들에게 기쁨을 주고 싶었습니다.

그 아버지의 마음에 아들이 좋아하는 레드삭스 야구팀의 홈런 주자 스테이 풀턴이 떠올랐습니다. 그 선수의 열렬한 팬인 아들과 그 선수를 만나게 해주고 싶었습니다. 그래서 편지를 썼습니다.

"풀턴, 당신을 너무나도 좋아하는 내 아들이 지금 뇌암으로 죽어가고 있습니다. 많이 바쁘겠지만 내 아들이 죽기 전에 당신이 한 번만 내 아들의 손을 잡아주면 좋겠습니다."

편지를 받은 풀턴이 바쁜 일정 가운데서도 션을 만나러 왔습니다. 의식을 잃고 누워 있는 아이의 손을 잡고 말했습니다.

"션, 내가 바로 스테이 풀턴이다."

그때 아이가 의식을 회복했습니다.

"내가 너를 위해 내일도 홈런을 멋지게 날려 줄 테니 너도 힘을 내어라. 내가 다시 올 때까지 회복되어야 한다."

그리고 풀턴이 떠나갔습니다.

션은 자기가 그렇게 좋아하는 풀턴, 그 유명한 선수 풀턴이 직접 찾아와 자기를 만나 격려해 주고 손까지 잡아주니 기뻐서 어쩔 줄 몰랐습니다. 그리고 소망이 넘치게 되었습니다. 그때부터 션은 혼수상태에도 빠지지 않고 늘 싱글벙글 웃으며 지내더니, 건강이 점점 좋아졌습니다. 5개월 후에 검사하니 암세포가 없어졌습니다. 그래서 미국 신문에 "소망은 병을 치료한다. 즐거움은 병을 치료한다"라는 제목으로 션의 기사가 실린 적이 있습니다.

이것은 성경의 진리입니다. 마음의 즐거움은 양약입니다. 마음이 즐거우면 약이 되어 모든 병이 없어지는 것입니다. 놀랍습니다.

그러니 우리가 남을 죽이는 말을 하면 안 됩니다. 남을 비판하는 말을 하면 안 됩니다. 남에게 아픈 말을 하면 그 말을 듣는 사람이 죽습니다. 그리고 그 말을 하는 우리에게도 좋지 않습니다.

"비판을 받지 아니하려거든 비판하지 말라 너희가 비판하는 그 비판으로 너희가 비판을 받을 것이요 너희가 헤아리는 그 헤아림으로 너희가 그 헤아림을 받을 것이니라"(마 7:1-2).

우리가 남을 비판하면 우리도 똑같은 비판을 받게 됩니다. 남을 비판하는 말은 절대로 하지 말고 남을 윤택하게 하는 말만 해야 합니다.

잠언 11장 25절에 "남을 윤택하게 하는 자는 자기도 윤택하여지리라"라고 말씀합니다.

내가 남의 생명과 삶을 귀히 여겨 남의 허물을 덮어주고 좋은 말을 해주면, 나도 어느 사이에 윤택하게 되는 것입니다. 내가 벽에다 축구공을 차면 축구공이 내게 오고, 배구공을 보내면 배구공이 내게 오듯이, 내가 남을 비판하면 남도 나를 비판하고, 내가 남을 칭찬하면 남도 나를 칭찬하게 되는 것입니다.

제가 신학교에 다닐 때, 어느 교회 목사님의 아들 한 분이 조금 좋지 않은 삶을 사는 것을 보고 제가 못마땅하게 생각했습니다. 그래서 '저렇게 함부로 말하고 함부로 행동하는 분이 목회를 하면 어떻게 하나?' 라는 생각을 갖고 있었습니다. 그러니 그분에 대해 좋은 말을 할 수 없었습니다.

그런데 어느 날 저와 가까이 지내던 한 분이 그분의 이야기를 제게 해주었습니다. 그분이 "지용수 씨는 성자야. 지용수 씨 같은 분은 없어"라고 한다는 말을 전해 들었을 때, 제가 얼마나 그분에게 미안했는지 모릅니다. 그 후로는 그분을 위해 기도했고, 그분에 대해 좋지 않게 말한 적이 없습니다. 그분이 저에 대해 좋은 말을 하니 저도 그분에 대해 좋은 말을 할 수밖에 없었습니다.

그분은 지금 목회를 잘하고 계십니다. 그때 저는 '저분이 어떻게 목회를 할 수 있겠나?' 라고 생각했지만, 하나님께서 자꾸 다듬으셔서 훌륭하게 쓰신 줄로 믿습니다.

사람은 되어지는 과정에 있습니다. 점점 다듬어져 하나님께 귀히 쓰임 받게 되는 것입니다.

내가 그를 비판하면 그도 나를 비판하고, 내가 그를 칭찬하면 그도 나를 칭찬하는 것이 하나님의 법칙입니다. 언제나 좋은 말을 하고 칭찬하는 여러분과 제가 되기를 바랍니다.

남을 비판할 때는 자기를 생각해 보아야 합니다.

"비판하지 말라 너희가 비판하는 그 비판으로 너희가 비판을 받을 것이요 너희가 헤아리는 그 헤아림으로 너희가 헤아림을 받을 것이니라 어찌하여 형제의 눈 속에 있는 티는 보고 네 눈 속에 있는 들보는 깨닫지 못하느냐."

티는 작은 톱밥이고, 들보는 두께가 5-15cm 정도, 길이가 22cm 이상 되는 송판인데, 형제의 눈 속에 있는 작은 톱밥은 보면서 왜 자신의 눈 속에 있는 들보는 보지 못하느냐고 말씀합니다.

이 말씀을 들으면서 '아이고! 예수님은 과장법도 지나치시다. 어떻게 들보가 눈에 들어갈 수 있어?' 라고 생각하는 사람이 있을지 모르겠습니다. 그런데 "형제의 눈에 있는 티는 보면서 네 눈에 있는 들보는 보지 못하느냐"라는 말은 유대 나라의 격언입니다. 그것을 예수님께서 사용하신 것입니다. 비판하려고 생각하면 예수님의 설교를 들으면서도 비판할 수 있는 것입니다. 비판하지 말고 은혜 받게 되시기를 축원합니다.

남의 눈에 티가 보이면 자기 눈에는 더 큰 들보가 있는 것입니다.

헬라에 이런 이야기가 전해 내려오고 있습니다. 사람마다 자루 두 개를 갖고 있는데, 앞에 있는 한 자루는 남의 허물을 주워 담는 것이고, 뒤에 있는 또 한 자루는 자신의 허물을 주워 담는 것이랍니다. 그런데 자신의 허물을 주워 담을 때는 게으르고, 남의 허물을 주워 담을 때는 이 허물, 저 허물을 부지런히 주워 담습니다. 그래서 남의 허물을 담는 앞 자루는 언제나 가득하답니다.

그러면 앞이 더 무거우니 사람이 앞으로 기울어져야 하는데 뒤로 넘어간답니다. 왜입니까? 내가 남의 말을 하고 남의 허물을 볼 때, 남들은 내 말을 더 많이 하고 내 허물을 더 많이 보기 때문이랍니다. 그래서 내가 "저놈 좀 봐" 하며 손가락으로 남을 가리키면 나머지 세 손가락은 나를 가리킨다는 재미있는 말도 있습니다.

허물이 없는 사람은 아무도 없습니다. 남의 허물이 보이거든 자신의 허물을 보시길 바랍니다. 그러면 자신이 부끄러워 아무 말도 할 수 없게 됩니다.

언제나 남의 허물은 덮어주고 자신의 허물을 찾아서 회개하고 고쳐 나가는 복 있는 사람이 되어야 합니다.

남을 비판하지 않는 입보다 더 좋은 입은 축복하는 말을 하는 입입니다

잠언 11장 11절에 말씀합니다.

 "성읍은 정직한 자의 축복으로 인하여 진흥하고 악한 자의 입으로 말미암아 무너지느니라."

사람의 말에도 능력이 있습니다. 하나님이 천지를 창조하실 때 말씀으로 하셨습니다. 우리는 하나님의 자녀이고 하나님의 형상을 받았기 때문에, 우리의 말에서도 힘이 나갑니다. 하나님처럼 천지를 만드는 능력은 행하지 못해도 사람을 살리기도 하고 죽이기도 하는 힘은 나가는 것입니다.

잠언 18장 21절에 "죽고 사는 것이 혀의 힘에 달렸나니"라고 말씀합니다.

우리가 세상을 창조하지는 못해도 작은 세계, 우리 주변의 세계를 살리는 힘은 우리의 혀에 있는 것입니다. 그래서 믿지 않는 사람의 말에도 씨가 있는 것입니다.

제 고향 이웃 마을의 부자 어른은 속이 상할 때마다 "박살 나 죽을 자식아, 박살 나 죽을 자식아" 하더니, 그 아들이 공군 장교가 되었는데 비행기 사고로 떨어져 박살 나 죽었습니다.

또 한 집에서도 그런 일이 있었습니다. 그 집의 둘째아들이 농땡이였는데 하루는 그 아들이 아무 말도 없이 좋은 오토바이를 타고 나갔습니다. 그 사실을 알게 된 어머니가 "그놈의 자식, 다리나 부러져라"고 했습니다. 그런데 일주일 뒤, 그 아들이 오토바이 사

복된 입 135

고로 다리가 부러졌다는 전화가 병원으로부터 걸려 왔습니다.

아들이 말썽을 부리면 회개하고 새사람이 되게 해달라고 기도해야지, 아무리 속이 상해도 악한 말을 하면 안 됩니다.

사람의 말에서도 능력이 나가 사람을 살리기도 하고 죽이기도 하는 것입니다. 입으로 축원하고 축복할 때 상대방이 잘되고 나라가 잘되는 것입니다. 그러므로 우리는 우리 입의 말로 자녀를 축복하고, 만나는 사람들을 축복하고, 친구를 축복해야 합니다. 입만 열면 우리 입에서 축복의 말이 나갈 수 있기를 바랍니다.

복 있는 입은 경우에 합당한 말을 하는 입입니다

경우에 합당한 말을 할 수 있는 지혜를 얻어야 합니다. 이것은 참 중요합니다.

잠언 25장 11절에 말씀합니다.

 "경우에 합당한 말은 아로새긴 은 쟁반에 금 사과니라."

은 쟁반에 금 사과를 담아 놓으면 얼마나 아름답겠습니까? 우리가 말을 할 때 그렇게 아름다운 말, 경우에 합당한 말을 해야 되는 것입니다.

아무리 축복의 말이라도 새벽 4시에 어느 집에 가서 "잘되시오, 잘되시오" 하면 그것은 저주의 말같이 들리는 것입니다. 경우에 합당한 말을 해야 합니다.

남의 말을 잘 들어주며 적절한 말로 대답하고, 남을 화나게 하는 말은 하지 않고 보석을 놓듯이 말을 아껴서 하면 귀한 말이 되는 것입니다.

말이 지저분하면 지저분한 사람이 되고, 말이 왔다갔다하면 왔다갔다하는 사람이 됩니다. 말이 정리된 사람이 바로 정리된 사람입니다. 언제 어디서나 보석 같은 말만 하는, 할 말은 하고 해서는 안 될 말은 하지 않는 사람이 되시기를 바랍니다.

영국 격언에 "Two eyes, two ears, only one mouth"라는 말이 있습니다.

따라 합시다.

"눈은 두 개, 귀는 두 개, 입은 하나다."

많이 보고, 많이 듣고, 말은 아끼라는 것입니다.

아라비아에도 "가장 좋은 말은 많이 생각한 다음에 하는 말이다"라는 말이 있습니다.

서로 사랑하며 사귀는 남녀가 있었습니다. 남자가 실력이 있어 결혼 전에 이미 좋은 보금자리를 준비해 놓았습니다. 데이트를 하면서 그 보금자리를 보여주자, 넉넉한 집안의 딸인 여자는 거기에 맞는 가구를 미리 봐 두었습니다. 그런데 결혼을 앞두고 여자의 아버지가 사업에 실패하여 그 충격으로 쓰러지고 말았습니다. 여자가 남자에게 말했습니다.

"미안해요. 당신이 좋은 아파트를 준비해 놓았지만 이제 나는 가구를 하나도 사갈 수 없어요. 아버지가 사업에 실패하여 아무것도 준비할 수 없게 되었어요."

그러자 남자가 말했습니다.

"잘되었네요. 실은 그 아파트는 내 것이 아니었어요. 남의 아파트였어요. 우리 단칸방에서 출발합시다."

그래서 그들은 단칸방에서 출발했습니다. 1년 만에 건강을 회복한 아버지가 사업을 다시 시작했습니다. 사업이 잘되어 이제는 아버지가 좋은 가구를 사 줄 수 있게 되었습니다. 결혼해서 행복하게 살고 있던 여자의 마음에 그때부터 원망과 미움이 생기기 시작했습니다.

'아무리 큰 아파트라도 이제 거기에 맞는 가구를 다 살 수 있는데……. 남편이 내게 거짓말을 했지. 남의 아파트를 자기 것이라고 내게 사기를 쳤지.'

남편이 얼마나 미운지 남편과 한바탕하고 싶었지만 참고 친정으로 갔습니다. 어머니에게 말했습니다.

"어머니, 나는 김 서방이 미워서 견딜 수가 없어요. 김 서방이 나를 감쪽같이 속였어요."

"뭘 속여?"

"결혼 전에 좋은 아파트를 보여주며 거기에서 살자고 했어요. 그런데 글쎄, 나중에야 자기 것이 아니라 남의 것이라고 하잖아요. 그걸 생각하면 얼마나 미운지 몰라요."

그때 친정어머니가 눈물을 흘리며 말했습니다.

"얘야, 생각이 깊은 김 서방이 절대로 말하지 말라고 해서 이제까지 말하지 않았는데, 이제 말하지 않을 수가 없구나. 그 아파트는 김 서방이 준비해 놓은 김 서방의 것이었단다. 그런데 김 서방이 그 아파트를 팔아서 너의 아버지 빚도 갚아주고 병원비도 대주었단다."

"예?"

"김 서방이 그 아파트를 팔아서 그 돈을 다 우리 집에 주었단 말이야."

여자는 그 훌륭한 남편을 몇 달간 미워한 것이 너무나 미안해서 어찌할 바를 몰랐습니다. 감사만 해야 될 남편에게 감사는커녕 미워했으니……. 남편과 한바탕했으면 어떡할 뻔했습니까? 만일 남편에게 거짓말을 했다고 따졌으면 남편이 사실대로 말하기도 어렵고 마음이 얼마나 아팠겠습니까?

여러분, 아내가 생각하기에는 '남편이 왜 저러지?' 싶어도 남편에게는 사연이 있는 것입니다. 남편의 생각에는 '아내가 왜 저러지?' 싶어도 아내에게 어떤 사연이 있는 것입니다. 그러니 이해하고, 이해가 안 되는 것도 다투지 말고 그냥 넘어가시기를 바랍니다. 우리가 살아본들 몇백 년을 살겠습니까? 그저 서로 이해하며 사이좋게 사시기를 바랍니다.

잠언 25장 24절에 "다투는 여인과 함께 큰 집에서 사는 것보다 움막에서 혼자 사는 것이 나으니라"라고 말씀합니다.

잠언 21장 19절에도 "다투며 성내는 여인과 함께 사는 것보다 광야에서 사는 것이 나으니라"라고 말씀합니다.

남자들은 자기 아내가 바가지를 긁을 때 지옥의 맛을 볼 것입니다. 아내가 칭찬하는 말을 하고 부드러운 말을 하면 가정이 천국처럼 느껴질 것입니다. 나 한 사람부터 마음을 바꾸어서 좋은 말을 하고 축복의 말을 하면 가정이 천국이 되지만, 아무 말이나 내뱉으면 지옥이 되는 것입니다.

우리 모두 축복하는 말, 귀한 말, 경우에 합당한 말을 하는 지혜를 얻으시길 바랍니다.

야고보서 1장 5절에 말씀합니다.

"너희 중에 누구든지 지혜가 부족하거든 모든 사람에게 후히 주시고 꾸짖지 아니하시는 하나님께 구하라 그리하면 주시리라."

이 지혜를 하나님께 받아야 합니다. "하나님, 말의 지혜를 주십시오" 하고 기도해서 지혜를 받아야 합니다.

제가 여러 곳에 가서 말씀을 전하고 있습니다. 많은 곳에서 저를 불러 주시니 제가 가서 말씀을 전하는 것입니다. 저를 불러 주시는 것은 그래도 말씀을 은혜 있게 전하기 때문이 아니겠습니까?

그러나 어릴 때는 제가 말을 얼마나 못했는지 모릅니다. 발음도 좋지 않아서 제가 말을 하고 나면 동네 형들이 "용수야, 다시 말해 봐. 뭐라고 했니? 다시 말해 봐"라고 했습니다.

예수님을 믿고 지혜를 얻어서 이만큼이라도 하는 것입니다.

하나님은 우리를 새롭게 하실 수도 있고, 경우에 합당한 말을 할 수 있는 지혜도 주십니다. 이 시간에 그런 은사가 내려와 오늘 집에 가서부터는 말이 달라지기를 바랍니다. 전에는 "야, 이놈들아, 집구석에서 하는 일이 뭐냐?"라고 말하던 엄마가 오늘은 "얘들아, 잘 있었니? 텔레비전을 재미있게 보았어?"라고 할 수 있기를 바랍니다. 교회에 갔다 오면, 아이들이 "이상하다. 우리 엄마가 왜 이러시지?"라고 할 정도로 변화가 있어야 합니다.

교회에 갔다 오면 마음이 바뀌고, 말이 바뀌고, 얼굴이 바뀌어야 합니다. 모두에게 기쁨을 주는 사람이 되어야 합니다. 할렐루야!

그 어떤 입보다 가장 복 있는 입은 예수님의 피 묻은 복음을 전하는 입입니다

복음을 전하는 입보다 더 귀한 입은 없습니다. 로마서 10장 13-15절에 말씀합니다.

"누구든지 주의 이름을 부르는 자는 구원을 받으리라 그런즉 그들이 믿지 아니하는 이를 어찌 부르리요 듣지도 못한 이를 어찌 믿으리요 전파하는 자가 없이 어찌 들으리요 보내심을 받지 아니하였으면 어찌 전파하리요 기록된 바 아름답도다 좋은 소식을 전하는 자들의 발이여."

이 말씀은 이사야 52장 7절 말씀을 인용한 것입니다.

"좋은 소식을 가져오며 평화를 공포하며 복된 좋은 소식을 전하며 구원을 공포하며 시온을 향하여 이르기를 네 하나님이 통치하신다 하는 자의 산을 넘는 발이 어찌 그리 아름다운가."

구원의 복음을 전하러 산을 넘어오는 자의 발이 얼마나 아름다운지 모른다는 말씀입니다. 미국에서 바다를 건너 우리 한국에 오신 선교사님들의 발이 아니었으면 우리는 어떻게 할 뻔했습니까? 복음을 전하는 발만 아름답습니까? 그들의 입도 아름답습니다. 복음을 전하는 입이 가장 아름다운 입인 줄로 믿습니다.

죽고 사는 것이 혀의 권세에 있다는 말씀은, 나의 혀로 복음을 전하면 그 사람이 살고, 나의 혀로 복음을 전하지 않으면 그 사람이 죽는다는 것입니다. 그러니 그가 살고 죽는 것이 내 혀에 달려 있는 것입니다. 내가 복음을 전하면 그가 살고, 내가 전하지 않으면 그가 죽습니다. 이 사명을 기억하고 복음을 잘 전해서 이웃도 살리고, 우리 입도 복 있는 입이 될 수 있기를 축원합니다.

우리 주님께서 오실 때까지, 우리가 주님 나라에 갈 때까지 귀한 것을 계속해서 먹을 수 있는 복 있는 입이 되기를 바랍니다. 또

한 비판하지 않고 칭찬하며 축복을 하고, 복음을 전하는 아름다운 입이 되기를 축원합니다.

네가 모든 것이 풍족하여도 기쁨과 즐거운 마음으로 네 하나님 여호와를 섬기지 아니함으로 말미암아 네가 주리고 목마르고 헐벗고 모든 것이 부족한 중에서 여호와께서 보내사 너를 치게 하실 적군을 섬기게 될 것이니 그가 철 멍에를 네 목에 메워 마침내 너를 멸할 것이라

신명기 28장 47-48절

부요를 영영히 누리는 길

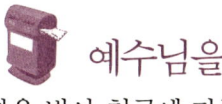 예수님을 믿는 가장 큰 목적은 예수님을 믿고 죄 사함을 받아 천국에 가는 것입니다.

그리고 우리가 예수님을 믿음으로 받는 복은 우리의 인격이 변화되어 주님같이 귀한 인물이 되는 것입니다. 또 부요한 사람이 되는 것입니다. 성경에도 "여호와께서 주시는 복은 사람을 부하게 하고"라고 기록되어 있습니다. "여호와께서 주시는 복은 사람을

가난하게 하고"가 아닙니다.

 "여호와께서 주시는 복은 사람을 부하게 하고 근심을 겸하여 주지 아니하시느니라"(잠 10:22). 할렐루야!

우리가 부하게 되고 모든 일이 잘되어도 마음에 근심이 있다면 그것은 하나님께서 주신 복이 아닙니다. 하나님께서 주신 복은 평안과 함께 오고 오래갑니다. 할렐루야!

여러분은 세상의 방법으로 부자가 되지 마시고, 하나님께 복을 받아 부요하게 되시기를 바랍니다.

우리가 가난하면 하나님께 영광을 돌리기가 어렵습니다. 가난은 하나님께서 우리를 겸손하게 하시고 부르짖게 만드시는 훈련 과정과 도구는 될지언정, 축복은 아닌 것입니다.

왕의 아들과 딸이 이웃집에 돈을 빌리러 다닌다면 그것이 왕에게 영광이 되겠습니까? 예수님을 믿어 하나님의 자녀가 된 저와 여러분이 형편이 어려워서 날마다 돈을 빌리러 다닌다면 하나님께 영광이 되겠습니까? 왕자와 공주가 어렵게 산다면 왕에게 누가 되듯이, 예수님을 믿는 우리가 늘 어렵게 산다면 하나님께 영광이 되지 않는 것입니다.

하나님의 영광을 위해 우리 모두 잘되기를 바랍니다. 성공하시기를 바랍니다. 승진하시기를 바랍니다.

부잣집 문간의 나사로처럼 믿어도 천국은 갑니다. 그러나 부잣집 앞의 나사로 같은 사람이 되면 무슨 일을 할 수 있겠습니까? 힘이 있어야 농촌 교회도 돕고, 선교사도 파송하고, 가난한 사람도 돕고, 교회도 세울 수 있습니다. 할렐루야!

힘이 없으면 이렇게 귀한 성전 건축을 해도 마음뿐이지 헌금을 할 수 없는 것입니다. 힘이 없는 사람은 부모를 섬기기도 어렵습니다. 자녀를 제대로 교육시키기도 어렵습니다. 자녀는 하나님께서 주신 기업이니 하나님의 영광을 위해 살도록 잘 교육시켜서 별 같은 인물이 되게 해야 하는데, 가난하면 그렇게 하기가 어렵습니다.

우리는 반드시 부유한 사람이 되어야 합니다. 그것이 하나님의 뜻임을 믿어야 합니다.

한 사람이 링컨에게 "당신은 학교 교육도 제대로 받지 못했는데 어떻게 변호사가 되고, 어떻게 미국의 대통령까지 될 수 있었습니까?"라고 묻자, 링컨이 이렇게 대답했다고 합니다.

"내가 그렇게 되기로 마음먹은 그 시간에 이미 그 일의 절반은 이루어진 것이나 다름없습니다."

할렐루야! '나는 부자가 되어야 해. 하나님의 영광을 위해 부자가 되어야 해' 하고 마음을 먹는 사람이 부자가 되는 것입니다. '나는 가난하지만 진실하게 살 거야'라고 마음먹는 그 사람은 그렇게 살게 되는 것입니다. 그러나 그런 마음을 먹고 살면 진실하게 살 수 있을지는 모르지만, 다른 사람에게는 아무런 도움을 줄 수 없습니다. 그러니 우리 모두 반드시 성공하고 크게 되어서 하나님을 위해 일하며 살아야 될 줄 믿습니다.

그러기 위해서는 우리도 노력해야 합니다. 구원은 믿음으로 얻습니다. 구원을 위해 우리가 해야 할 일은 아무것도 없습니다. 예수님을 믿었으면 우리는 이미 구원을 받은 것입니다. 오늘 교회에 처음 오신 분이라도 예수님을 믿으면 이 자리에서 구원을 받습니다. 구원은 완료형입니다.

예수님은 "내가 진실로 진실로 너희에게 이르노니 내 말을 듣고 또 나 보내신 이를 믿는 자는 영생을 얻었고……"(요 5:24)라고 말씀합니다. 할렐루야!

"영생을 얻었고."

이미 완료된 것입니다. 이 말씀을 믿는 사람은 이미 구원을 받았다는 것입니다.

그러나 부하게 되기 위해서는 우리도 노력해야 합니다. 하나님께서 우리 앞에 펼쳐 놓으신 길을 우리가 노력해야 열 수 있는 것입니다.

우리의 모든 일이 100% 하나님의 은혜로 이루어지만, 그 가운데서도 우리가 해야 할 일이 있습니다. 기도의 응답은 하나님께서 주시지만, 기도는 우리가 해야 합니다.

부자가 되려면 부자 되게 하시는 하나님의 말씀에 순종해야 합니다.

이사야 58장 13-14절에 말씀합니다.

"만일 안식일에 네 발을 금하여 내 성일에 오락을 행하지 아니하고 안식일을 일컬어 즐거운 날이라, 여호와의 성일을 존귀한 날이라 하여 이를 존귀하게 여기고 네 길로 행하지 아니하며 네 오락을 구하지 아니하며 사사로운 말을 하지 아니하면 네가 여호와 안에서 즐거움을 얻을 것이라 내가 너를 땅의 높은 곳에 올리고 네 조상 야곱의 업으로 기르리라." 할렐루야!

주일에 교회로 와서 예배만 한 시간 드리는 것은 주일을 지키는 것이 아닙니다. 하루종일 하나님을 높이는 마음으로 사는 것이 주일을 지키는 것입니다. 주일 아침부터 저녁까지 하나님을 예배하는 마음으로 살아야 합니다. 그렇게 살 때 하나님께서 우리를 부요하게 하시고, 특별히 우리에게 물질의 부요를 주겠다고 말씀하셨습니다. 주일을 지키는 사람에게 주 안에서 행복도, 명예도 주시고 특별히 부요를 주시는 것입니다. 할렐루야!

그리고 십일조를 드리는 자는 창고에 쌓을 곳이 없도록 부어 주겠다고 약속하셨습니다. 수입이 1억인데 생활비로 쓰는 것이 1천만 원이라고 1백만 원만 헌금하는 것은 십일조가 아닙니다. 수입이 1억이라면 1천만 원을 하나님께 온전히 바쳐야 합니다. 그러면 하나님께서 약속을 지켜 주십니다. 아무리 경제가 어려워도 눈 딱 감고 하나님 앞에 십일조를 드리는 사람은 하나님께서 책임져 주십니다. 만일 그렇지 않다면 하나님은 거짓말쟁이가 되시는 것입니다.

또한 부모님을 공경해야 합니다. 아무리 주일을 잘 지키고 십일조를 잘해도 부모님을 섭섭하게 하는 사람은 하나님께서 도와주지 않으십니다. 눈에 보이는 부모님을 섬기지 못하는 사람이 어떻게 보이지 않는 하나님을 섬길 수 있겠습니까? 부모님을 섭섭하게 하고 우울하게 만드는 사람에게 하나님께서 어떻게 복을 주실 수 있겠습니까?

골로새서 3장 20절에 "자녀들아 모든 일에 부모에게 순종하라 이는 주 안에서 기쁘게 하는 것이니라"(Children, obey your parents in everything, for this pleases the Lord)고 말씀합니다.

이 말씀을 원어로 보면 '우리가 부모님을 즐겁게 해드리는 것, 부모님께 순종하는 것은 하나님을 기쁘시게 하는 일이다' 라는 뜻입니다.

따라 합시다.

"하나님과 부모는 한 방향이다."

부모님을 기쁘게 해드리는 것이 부자가 되는 길입니다. 부자가 되려고 부모님께 효도하는 것은 아니지만, 부모님의 은혜에 감사해서 효도할 때 하나님께서 우리를 기뻐하시고 상을 내려주시는 것입니다.

그리고 부지런해야 합니다.

 "네가 네 손이 수고한 대로 먹을 것이라"(시 128:2).

사람의 부귀는 부지런함에 있습니다. 게으르게 살고도 부귀를 누릴 수 있는 사람은 없습니다. 게으른 사람이 부귀를 누리게 되었다 해도 그런 사람은 곧 망합니다. 그러나 부지런해도 어리석게 부지런하지 않아야 합니다. 하나님께 기도하여 하나님께서 주시는 창의적인 아이디어를 얻어서 열심히 노력해야 합니다. 자기 분야의 전문 기술을 쌓고 그것을 발전시켜야 합니다.

왕융칭은 지금 대만에서 제일가는 부자입니다. 그는 가난한 집에서 태어나 학교에도 다니지 못했습니다. 16세 때 쌀가게를 시작했는데, 그때 이미 그 지역에는 쌀가게가 30개나 되어서 그의 가게는 늘 적자였습니다. '어떻게 하면 성공할 수 있을까?' 하고 고민하던 그에게 좋은 생각이 떠올랐습니다.

그는 밤새도록 돌과 모래를 골라내어 돌과 모래가 섞이지 않은 쌀을 팔기 시작했습니다. 다른 쌀가게에서는 모래나 돌이 섞인 쌀을 그대로 파는데, 그의 가게에서만 돌이나 모래가 없는 쌀을 팔았던 것입니다.

그리고 그는 쌀을 사가는 손님들에게 "그냥 가세요. 제가 배달해 드릴게요" 하고는 배달까지 해주었습니다. 사실 쌀을 사서 메고 가는 것이 쉬운 일이 아닙니다. 제가 우리 교회에 처음 왔을 때만 해도 우리 교우들 중에 가난한 집이 많아서 저희 집에 있는 쌀을 한 말, 두 말 메고 가난한 집에 갖다 주곤 했는데, 그때 얼마나 힘들었는지 모릅니다. 그런데 그는 그 힘든 쌀 배달까지 해주었습니다.

또 손님들의 식구수를 기억했다가 쌀이 떨어질 때쯤 되면 "쌀이 떨어져 가지요?"라며 손님이 찾아오기 전에 쌀을 들고 그 집으로 갔습니다. 불과 몇 달 만에 매상이 10배로 올랐습니다. 그렇게 열심히 하니 그는 대만 최고의 갑부가 된 것입니다. 부지런하면 됩니다. 할렐루야!

우리는 부요하되 그 부요함을 대를 이어 누려야 합니다.

구약성경을 보면, 시므리는 왕이 된 지 7일 만에 적군에게 포위당하니 스스로 왕궁에 불을 질러 죽습니다. 이런 시므리 왕이 축복을 받았다고 할 수 있겠습니까?

헤밍웨이의 소설 《노인과 바다》를 보면, 노인이 악전고투 끝에 대어를 낚게 됩니다. 고기가 너무 크니 배에 실을 수가 없어 뱃전에 묶어 두고, 배 길이만큼 긴 고기를 잡았다고 좋아하는데 어디선가 상어 떼가 나타나 그 고기를 뜯어먹습니다. 열심히 상어 떼를 쫓았지만 결국 고기는 앙상한 뼈만 남게 됩니다. 고기를 잡고 기뻐한 것은 몇 시간도 채 안 됩니다. 이것을 축복이라 할 수 있겠습니까?

서로 사랑하는 남자와 여자가 결혼을 하고 신혼여행을 갔지만, 결혼한 지 3일도 지나지 않아 이혼한다면 그것은 축복이 아닙니다.

아합은 왕이 되고 이세벨은 왕후가 되어 권세를 누리지만, 아합이 죽으니 그 피를 개가 핥고, 이세벨이 죽으니 그 시체를 개가 다 먹어 두개골과 손바닥만 남습니다. 또 열왕기하 10장을 보면 그의 아들 70명은 목이 잘려 죽는데, 그 목이 광주리에 담겨 예후에게 보내집니다. 이것이 무슨 축복이겠습니까?

그러나 다윗은 그 왕위를 대대로 누립니다.

부요하게 되고, 왕이 되고, 성공했다면, 그 복을 대를 이어 영영히 누리시기를 축원합니다.

이렇게 되려면 우리가 어떻게 해야 합니까?

오늘 성경이 그 길을 가르쳐 줍니다.

"네가 모든 것이 풍족하여도 기쁨과 즐거운 마음으로 네 하나님 여호와를 섬기지 아니함으로 말미암아 네가 주리고 목마르고 헐벗고 모든 것이 부족한 중에서 여호와께서 보내사 너를 치게 하실 적군을 섬기게 될 것이니 그가 철 멍에를 네 목에 메워 마침내 너를 멸할 것이라." 할렐루야!

기쁨으로 하나님을 섬기고 예배해야 합니다

우리가 대대로 하나님께서 주신 복을 누리고, 갈수록 더욱 전성기를 맞는 방법은 더욱 열심히 적극적으로 하나님을 기뻐하고 즐거워하며, 하나님을 섬기고, 하나님께 예배하고, 교회에 충성하는 일임을 기억하시길 바랍니다.

하나님께서 복을 주셨는데 복을 받고 나서 하나님을 뒷전에 두면 하나님께서 그 복을 빼앗지 않으시겠습니까? 사울이 겸손하니 하나님께서 그를 왕으로 세우시고 전쟁에서도 이기게 하시고 강하게 해주셨습니다.

그러나 사울은 왕이 된 후 하나님은 뒷전이고 자기를 위한 기념비를 세우며 자기 욕심을 채우기에 바빴습니다. 그러니 하나님께서 어떻게 그에게 대를 잇는 복을 주시겠습니까? 하나님께서 그의 촛대를 옮겨버리십니다.

그러나 다윗은 왕이 된 다음에 하나님을 더 기뻐합니다. "사람이 내게 말하기를 여호와의 집에 올라가자 할 때에 내가 기뻐하였도다"(시 122:1)라고 찬양합니다. "주밖에는 나의 복이 없다 하였나이다 땅에 있는 성도들은 존귀한 자들이니 나의 모든 즐거움이 그들에게 있도다"(시 16:2-3)라고 고백합니다.

다윗은 '하나님이 나의 복이고, 성도들이 나의 즐거움이고, 교회가 나의 행복입니다'라고 하면서 하나님을 기뻐했습니다. 하나님의 법궤를 예루살렘 성으로 가지고 올 때는 너무 좋아서, 체면도 생각하지 않고 속살이 다 보이도록 춤을 추며 하나님을 즐거워했습니다. 교회에서 박수를 치면 자기 체면이 깎이는 줄 알고 박수를 치지 않는 사람도 있는데, 다윗은 왕인데도 그렇게 춤을 추며 하나님을 찬양했습니다. 그러니 하나님께서 다윗에게 복을 주지 않을 수 있겠습니까?

제가 미국에 갔다가 40일 만에 돌아왔을 때, 손자 준이가 40일 동안 사라졌다 나타난 할아버지를 보고는 "와! 우리 아빠지? 그지? 우리 아빠지? 그지?" 하면서 깡충깡충 뛰며 좋아서 어쩔 줄 몰라했습니다. 2시간을 그렇게 뛰어다니며 좋아하는 것을 보니 제 간이라도 빼 주고 싶은 마음이 들었습니다.

그런데 이번에 미국에 가서 만났을 때는 이놈이 시큰둥하고 뛰지도 않았습니다. 그러니 '야, 인마, 국물도 없다'라는 마음이 들었습니다. 같은 손자지만 저를 보고 좋아서 뛸 때는 제게 있는 것을 다 주고 싶었는데, 저를 보고도 시큰둥할 때는 배신당한 기분이었습니다. 이번에 제가 상처를 받고 돌아왔습니다.

하나님과 우리의 관계도 똑같습니다. 우리가 늘 하나님을 기뻐하고 하나님 앞에서 아기처럼 즐거워할 때는 하나님께서 우리를 얼마나 사랑해 주시는지 모릅니다.

시편 100편 1-2절에 "온 땅이여 여호와께 즐거운 찬송을 부를지어다 기쁨으로 여호와를 섬기며 노래하면서 그의 앞에 나아갈지어다"라고 찬양합니다.

느헤미야 8장 10절에는 "여호와로 인하여 기뻐하는 것이 너희의 힘이니라(for the joy of the Lord is your strength)"라고 말씀합니다.

따라 합시다.

"여호와를 기뻐하는 것이 너희의 힘이니라."

우리가 하나님을 기뻐할 때 하나님께서 우리에게 복을 주시고 힘도 주시는 것입니다. 우리가 계속 기쁨으로 여호와를 섬기면 그 복을 계속해서 주시고 점점 더 큰 복을 주십니다. 언제나 기쁨과 즐거움으로 주님을 섬기는 여러분과 제가 되기를 축원합니다.

언제 어디에서나 의와 정직을 지켜야 합니다

성경 곳곳에 의인이 받을 복에 대해 말씀합니다.

"악을 행하는 자들 때문에 불평하지 말며 불의를 행하는 자들을 시기하지 말지어다 그들은 풀과 같이 속히 베임을 당할 것이며 푸른 채소같이 쇠잔

할 것임이로다"(시 37:1-2).

"잠시 후에는 악인이 없어지리니 네가 그곳을 자세히 살필지라도 없으리로다"(시 37:10).

"대저 정직한 자는 땅에 거하며 완전한 자는 땅에 남아 있으리라 그러나 악인은 땅에서 끊어지겠고 간사한 자는 땅에서 뽑히리라"(잠 2:21-22).

"의인이 땅을 차지함이여 거기서 영원히 살리로다"(시 37:29).

"정직하신 주께서 의인의 첩경을 평탄하게 하시도다"(사 26:7).

"의인들의 장막에는 기쁜 소리, 구원의 소리가 있음이여 여호와의 오른손이 권능을 베푸시며 여호와의 오른손이 높이 들렸으며 여호와의 오른손이 권능을 베푸시는도다"(시 118:15-16).

악인의 등불은 결국 꺼지지만, 의인의 등불은 점점 더 환하게 됩니다. 아무리 복을 받아도 방탕하게 살면 결국 망하게 됩니다. 아무리 복을 받아도 정직한 길을 가지 않으면 복을 다 빼앗기게 됩니다. 그러나 언제 어디에서나 정직하고 의롭게 살면 하나님께서 주신 복 속에 영영히 거하도록 영원히 그 의인의 집을 지켜주십니다. 의인의 재산, 자녀, 모든 것을 도와주십니다.

우리 모두 죄를 멀리해서, 받은 복을 영영히 누릴 수 있기를 바랍니다. 시간 앞에, 사람 앞에, 물질 앞에 의롭고 깨끗해야 하는 것입니다. 이것이 굉장히 중합니다.

온유해야 합니다

마태복음 5장 5절에 예수님은 말씀하십니다.
따라 합시다.

> "온유한 자는 복이 있나니 그들이 땅을 기업으로 받을 것임이요."

온유는 겸손과 같은 뜻입니다.

시편 37편 11절에도 "온유한 자들은 땅을 차지하며"라고 말씀합니다.

조금 가졌다고 교만하면 하나님께서 그냥 두지 않으십니다. 교만은 패망의 선봉입니다. "나는 남과 달라. 수준이 달라" 하면 하나님께서 그 사람을 꺾어버리십니다. 우리에게 '나는 남과 다르다'고 할 것이 뭐가 있습니까? 우리는 다 똑같습니다.

따라 합시다.

"우리는 흙덩어리다."

오늘 죽으면 똑같이 썩어서 냄새날 우리인데 무엇이 잘났습니까? 무엇을 가졌습니까?

하나님은 교만한 사람을 제일 싫어하십니다.

> "하나님이 교만한 자를 물리치시고 겸손한 자에게 은혜를 주신다 하였느니라"(약 4:6).

하나님께서 높여 주셨을 때, 부요하게 되었을 때, 십일조를 2억, 3억, 10억 할 때 더 겸손할 수 있기를 바랍니다. 장관이 되고, 대통령이 될 때도 겸손해야 그 복을 오래 누리는 것입니다.

다윗은 왕이 되어서도 나단 선지자가 "당신이 죄인이오"라고 할 때 "내가 잘못했습니다" 하고 회개했습니다. 왕이니 그런 말을 하는 선지자의 목을 칠 수도 있었지만, 다윗은 겸손했습니다. 그런 다윗을 하나님께서 세워 주신 것입니다. 그러나 사울 왕은 하나님의 종을 죽였다가 결국 자신은 미치게 되고, 아들들도 죽게 됩니다. 겸손해야 하는 것입니다.

　세계가 존경하는 영국의 총리였던 처칠은 겸손하기로도 유명합니다. 전쟁 중 제임스라는 중사가 탄 전투기 엔진에 불이 붙었을 때, 그는 탈출하지 않고 오히려 밧줄로 자기의 허리를 묶고 비행기에 올라가 엔진의 불을 껐습니다. 그래서 비행기가 무사히 착륙했습니다. 국가의 재산인 전투기를 지키기 위해 목숨을 걸고 공중에서 곡예를 한 중사에게 빅토리아 훈장이 수여되었습니다.

　그는 훈장을 받기 위해 처칠 총리 앞에 섰습니다. 대장 앞에서도 덜덜 떨 일개 중사가 총리 앞에 섰으니 얼마나 떨렸겠습니까? 긴장해서 굳어 있는 제임스 중사에게 처칠이 다가와 묻습니다.

　"내 앞에 서니 긴장되고 떨리지요?"

　"예, 각하. 예!"

　"당신 앞에 서니 나도 떨리고 긴장됩니다."

　"예?"

　"당신은 그만큼 중요한 사람입니다. 영웅입니다."

　처칠은 그렇게 중사의 긴장을 풀어주었다고 합니다. 난 체하지 않고 누구 앞에서나 늘 겸손한 처칠이 얼마나 많은 사람들의 박수를 받았는지 모릅니다.

　유명한 한 역사가가 처칠의 집에 갔다가 벽에 현상 수배 전단이 걸려 있는 것을 보았습니다. 거기에는 이렇게 적혀 있었습니다.

　"키는 173cm, 몸집은 크고 돼지같이 생겼음. 턱에 수염이 많음. 미련하고 네덜란드 말도 제대로 못함. 머리가 아주 나쁜 놈임. 이름은 처칠. 죽이든지 생포하든지 상관없음. 잡아 오는 사람에게 25파운드."

그것은 보어 전쟁 때 포로로 있다가 탈출한 처칠을 잡기 위해 보어인들이 뿌려 놓았던 전단인데, 그것을 처칠이 보고 가져온 것입니다. 처칠은 총리가 된 후에도 그 전단을 자기 방에 붙여 놓고 '25파운드의 값어치밖에 안 되는 자신'을 늘 기억하며 언제나 겸손하게 살았다고 합니다.

하나님께서 아담에게 말씀하셨습니다.

"너는 흙이니 흙으로 돌아갈지니라."

우리의 고향은 흙입니다. 하나님께서 우리를 아무리 좋은 것으로 세워주셔도 우리는 흙입니다.

한 옷걸이가 자신이 좋은 옷을 걸쳤다고 으스대니, 옆의 옷걸이가 "얘, 너는 옷걸이라는 걸 잊지 마"라고 했답니다. 아무리 좋은 옷을 걸쳤어도 옷걸이는 옷걸이일 뿐입니다. 그 옷을 벗기면 다 같은 옷걸이입니다.

오직 겸손합시다. 꿈에서도 겸손합시다.

만일 제 아내가 난 체하며 "어쩌다가 내가 당신 같은 남편을 만나 가지고……. 나는 장관을 만날 여자인데……"라고 한다면 제가 얼마나 속이 상하겠습니까? 그러나 아내가 "여보, 당신을 만난 것이 내가 받은 가장 큰 복이에요"라고 한다면 아내에게 뭐든지 다 주고 싶을 것입니다.

우리는 누구에게나 겸손한 태도로 대해야 합니다. 아이들에게도 겸손해야 합니다. "고맙다. 아빠 엄마는 그렇게 살지 못했는데……. 그렇게 열심히 공부를 잘해 주니 고맙다"라고 할 때 아이들이 힘이 나는 것입니다.

그리고 어디에서나 이렇게 온유한 자가 그 복을 오래 유지하는 것입니다.

하나님께 이익을 많이 남겨 드려야 합니다

에베소서 1장 11절에 "모든 일을 그의 뜻의 결정대로 일하시는 이의 계획을 따라 우리가 예정을 입어 그 안에서 기업이 되었으니"라고 말씀합니다.

따라 합시다.

"우리는 하나님의 기업이다."

우리는 하나님의 회사고, 하나님의 기업입니다.

따라 합시다.

"어떻게 하면 하나님께 많은 이익을 돌려드릴 수 있을까?"

우리는 늘 이것을 생각해야 합니다. 제가 밤낮 생각하는 일은 '어떻게 하면 영혼을 많이 구원해서 하나님께 영광을 올려 드릴까? 어떻게 하면 10만 영혼, 50만 영혼을 구원할까?' 라는 것입니다. 그것이 제일입니다.

사업하는 사람은 '내가 어떻게 하면 돈을 많이 벌어 헌금을 많이 하고, 선교사도 파송하고, 선한 일도 많이 해서 하나님께 영광을 돌릴 수 있을까?', 직장인은 '내가 어떻게 직장 생활을 해서 우리 부원들에게 주님의 은혜를 은은히 나눌까?' 를 늘 생각해야 합니다.

부장님이 예수님을 믿으면 그 부서의 크리스챈 부원들이 좋아하고, 예수님을 믿지 않는 부원들은 "우리 부장님이 예수 믿지?" 하며 조심하게 됩니다.

김영삼 장로님이 대통령이 되고 나서 대통령에게 장로님다운 신앙이 있다느니 없다느니 하는 말이 있었지만, 사실 장로님이 대통령이 되고 나서 사회가 얼마나 바뀌었는지 모릅니다. 김영삼 장로님이 대통령으로 계실 때, 제가 서울에 있는 한 교회에 집회를 인도하러 가서 들은 이야기입니다.

그 교회의 한 집사님 부친이 벽촌에 살다가 돌아가셔서 교인들이 장례식을 하러 갔답니다. 그때 동네 사람들이 "우리 마을에서는 기독교식으로 못해!" 하며 교인들을 쫓아내 장례식을 할 때 고생을 많이 했답니다. 그후 김영삼 대통령이 취임하고 나서 그 집사님의 모친이 돌아가셨답니다. 교인들이 장례식을 하러 또 그곳에 가면서 "아이고! 이번에는 또 어떻게 하나?" 하며 걱정했는데, 그 동네에 도착하니 동네 사람들이 나와서 "어서 오세요. 기독교식으로 장례식을 하세요. 나라님이 장로님이신데……"라고 하더랍니다.

따라 합시다.

"나라님이 장로님이신데."

공직에 있든, 자영업을 하든, 우리는 우리가 있는 자리에서 최선을 다해 하나님께 이익을 돌려드려야 합니다. 록펠러가 그 돈을 자기만을 위해 썼다면 지금 누가 록펠러를 알아주겠습니까? 그는 그 돈으로 교회를 많이 짓고, 뉴욕 시민의 수도세를 다 내고, 사회에 봉사를 많이 했습니다. 지금까지도 뉴욕 시민의 수도세를 록펠러가(家)에서 다 내고 있습니다. 그러니 록펠러는 세계인이 알아주는 아는 사람이 되었고, 그 부가 4대, 5대까지 내려오는 것입니다.

그러나 록펠러에 버금가는 부자였던 오나시스는 그 많은 돈을 자신과 가족만을 위해 썼습니다. 아들에게 자가용 비행기를 사 주었습니다. 그 결과가 무엇입니까? 그의 아들은 비행기 사고로 죽고, 그는 술병으로 죽어가면서 "나는 하나님의 축복을 낭비했다"라고 했습니다.

하나님께 이익을 많이 돌려드리면 하나님께서 우리를 더 흥왕하게 하실 줄로 믿습니다.

결국은 하나님을 의지해야 합니다

50년 넘게 부를 유지하는 부자가 거의 없습니다. 100대 기업에 들었던 사람들을 조사해 보면, 50년 뒤에도 여전히 그 리스트에 남아 있는 사람은 열 사람도 없습니다. 오늘 깃발 날리며 살던 사람도 그렇게 스러집니다.

그러나 하나님을 의지하는 사람은 하나님께서 방패가 되어 주시니 그 부를 영영히 누리는 것입니다.

시편 125편 1절에 "여호와를 의지하는 자는 시온 산이 흔들리지 아니하고 영원히 있음 같도다"라고 말씀합니다. 할렐루야!

우리가 언제나 "하나님! 하나님! 하나님!" 하면 하나님께서 우리의 방패가 되어 주시는 것입니다.

따라 합시다.

"주님! 주님!"

앉으며, 일어서며, 걸으며, 핸들 잡으며 언제나 "주여! 주여!" 하면 하나님께서 그 사람의 방패가 되어 주십니다. 하나님께서 여러분과 여러분의 가문에, 저와 제 집에 방패가 되어 주시기를 바랍니다. 우리 민족이 하나님을 의지하면 하나님께서 우리나라의 방패가 되실 줄 믿습니다.

웨익스와 니콜라스는 웨스트민스터 초등학교 동급생이었습니다. 어느 날 니콜라스가 놀다가 실수로 교실의 커튼을 찢었습니다. 선생님이 오셔서 "니콜라스! 네가 이 커튼을 찢었지?"라고 묻자,

니콜라스는 당황해서 "아니에요. 제가 안 찢었어요" 하고 거짓말을 했습니다.

영국에서는 거짓말하는 것이 큰 죄여서 그 일로 니콜라스가 퇴학을 당하게 되었습니다. 그런데 웨익스가 "선생님, 소문과 달라요. 커튼을 찢은 것은 저예요"라고 해서 웨익스가 벌을 받고, 니콜라스는 퇴학을 당하지 않았습니다.

그리고 30년 뒤, 왕을 중심으로 한 왕당파와 크롬웰을 중심으로 한 공화파의 내전이 있었습니다. 왕을 모시던 장교들이 공화파에게 사형을 당하게 되었는데, 그때 크롬웰 장군의 참모였던 니콜라스는 처형자 명단에서 자기 친구 웨익스의 이름을 보게 되었습니다. 니콜라스는 크롬웰 장군에게 "각하, 지금 사형자 명단에 있는 사람 중에 웨익스라는 친구가 있는데……" 하면서 커튼 이야기를 했습니다.

크롬웰이 그 이야기에 감동을 받고 사면장을 내려 웨익스가 살게 되었습니다. 한 친구에게 베푼 작은 일이 자기의 생명을 건진 것입니다. 사람도 의리가 있으면 은혜를 갚습니다.

우리 하나님은 의롭고 의리가 넘치는 분이십니다. 주님께 바친 우리의 작은 충성을 주님께서는 더 크게 갚아 주십니다. 우리가 주님을 위해 조금만 예쁘게 살아도 주님은 더 큰 것으로 우리에게 부어 주십니다. 영영히 부를 누리게 하십니다. 할렐루야!

이런 복을 누리는 저와 여러분이 되기를 축원합니다.

여호와께서 주시는 복은 사람을 부하게 하고 근심을 겸하여 주지 아니하시느니라
잠언 10장 22절

부요하게 되는 길

 예수님을 믿는 목적은 구원받기 위해서입니다. 죄와 허물로 영원히 멸망할 우리, 그냥 두면 지옥 불에서 영원히 고통당할 우리입니다. 여름 더위에도 힘든데, 그 뜨거운 불구덩이 지옥에 들어가면 얼마나 힘들겠습니까?

그러나 우리가 예수님만 믿으면 예수님의 피로 죄 사함을 받고 하나님의 자녀가 됩니다. 그래서 이 땅에서도 하나님의 천국 시민

으로 살고, 이 세상을 떠나면 영원한 천국에 들어가게 됩니다. 예수님을 믿는 목적은 영혼 구원을 받는 것입니다. 그것 때문에 예수님을 믿는 것입니다. 그래서 예수님을 믿다가 감옥에 가도, 죽어도 예수님을 믿는 것입니다.

"하나님이 세상을 이처럼 사랑하사 독생자를 주셨으니 이는 그를 믿는 자마다 멸망하지 않고 영생을 얻게 하려 하심이라"(요 3:16).
"모세가 광야에서 뱀을 든 것같이 인자도 들려야 하리니 이는 그를 믿는 자마다 영생을 얻게 하려 하심이니라"(요 3:14-15).

영생을 얻는 것은 시간이 필요없습니다. 믿는 그 순간에 받습니다.
예수님은 요한복음 5장 24절에 "내가 진실로 진실로 너희에게 이르노니 내 말을 듣고 또 나 보내신 이를 믿는 자는 영생을 얻었고 심판에 이르지 아니하나니 사망에서 생명으로 옮겼느니라"라고 말씀하셨습니다.
따라 합시다.
"영생을 얻었고, 영생을 얻었고."
완료형입니다. 영생을 이루었다는 것입니다.
"심판에 이르지 아니하나니 사망에서 생명으로 옮겼느니라."
구원받기 위해서 우리가 할 일은 아무것도 없습니다. 믿음으로 이미 구원을 다 받았습니다. 할렐루야! 천국에 들어가 사는 것은 기다려야 하지만 구원은 이미 완료된 것입니다.
그러면 예수님을 믿으면 구원만 받고 맙니까?
아닙니다. 이 세상에서 사는 동안에도 우리가 복을 받아 귀하게 됩니다. 예수님을 믿으면 우리의 인격이 예수님을 닮아 귀하게 되어 우리의 삶도 보배롭게 되는 것입니다.

에베소서 4장 15절에 "오직 사랑 안에서 참된 것을 하여 범사에 그에게까지 자랄지라 그는 머리니 곧 그리스도라"라고 말씀합니다.

예수님을 믿는 우리는 언제 어디서나 그리스도처럼 자라가야 합니다. 인격이 주님을 닮아가야 합니다. 누가 나를 욕해도 나는 그를 욕하지 않고, 누가 나를 비난해도 나는 그를 비난하지 않고 그를 위해 기도해 주며 예수님처럼 살아가야 합니다.

성도가 경영하는 어느 세탁소에서 있었던 일입니다. 한 단골손님이 와서는 맡기지도 않은 옷을 맡겼다며 그 옷을 달라고 했습니다. 주인이 그 옷을 맡은 적이 없다고 하니 "무슨 소리를 하는 거요? 분명히 내가 옷을 맡겼으니 책임지고 빨리 찾아내시오"라고 했습니다.

"아닙니다. 분명히 맡기지 않으셨습니다. 잘 생각해 보세요"라며 아무리 사정 이야기를 해도, 손님은 옷을 맡긴 것이 분명하다며 아주 심한 욕을 했습니다. 그래도 주인은 끝까지 공손하게 대했습니다.

그런데 일주일 후 그 손님이 자기 집을 정리하다 보니 그 옷이 자기 집에 있었습니다. 그 손님이 세탁소에 와서 세탁소 주인에게 "미안합니다. 그 옷이 우리 집에 있었습니다. 당신들이 믿는 예수를 나도 믿겠습니다"라고 했답니다.

예수님을 믿으면 우리의 인격이 주님을 닮아가게 됩니다. 나쁜 사람이 귀한 사람이 되고, 나쁜 아내가 좋은 아내로 됩니다. 그것이 축복입니다. 할렐루야!

그리고 물질의 부요도 누려야 합니다.

이 세상에서 살면서 가난하게 사는 것이 주님의 뜻이 아닙니다. 오늘 본문에 "여호와께서 주시는 복은 사람을 부하게 하고 근심을 겸하여 주지 아니하시느니라"라고 말씀합니다.

'여호와께서 주시는 복은 사람을 가난하게 하고'가 아닙니다. 따라 합시다.

"하나님께서 주시는 복은 사람을 부하게 하고."

마귀가 복을 주어도 부요하게 됩니다. 마귀가 도와주어도 도둑질을 해서 부하게 될 수 있습니다. 그러나 결국에는 그것 때문에 망합니다. 근심과 걱정 속에서 살게 되고, 감옥에 가게 됩니다.

하나님께서 주신 부이어야 근심이 없습니다. 할렐루야!

예수님은 "나는 머리 둘 곳도 없다. 새도 보금자리가 있고 여우도 굴이 있는데 나는 집이 없다"고 말씀하셨습니다. 그렇다고 우리에게 "너희도 집 없이 살아라" 하지 않으셨습니다. 오히려 우리가 부요하게 되기를 원하십니다.

고린도후서 8장 9절에 "우리 주 예수 그리스도의 은혜를 너희가 알거니와 부요하신 이로서 너희를 위하여 가난하게 되심은 그의 가난함으로 말미암아 너희를 부요하게 하려 하심이라"라고 말씀합니다. 할렐루야!

이사야 53장 5-6절에도 "그가 찔림은 우리의 허물 때문이요 그가 상함은 우리의 죄악 때문이라 그가 징계를 받으므로 우리는 평화를 누리고 그가 채찍에 맞으므로 우리는 나음을 받았도다"라고 말씀합니다.

예수님이 가난하게 되심은 우리로 부요하게 하시기 위함입니다. 할렐루야!

창세기 12장 1-3절을 보면, 하나님께서 아브라함에게 "아브람아, 내가 네게 복을 주겠다"고 말씀하십니다. 창세기 13장 2절에는 "아브람에게 가축과 은과 금이 풍부하였더라"라고 말씀합니다.

아브라함이 하나님의 복을 받으니 부요하게 된 것입니다. 또 창세기 24장 35절을 보면, 아브라함의 종이 라반에게 "여호와께서 나의 주인에게 크게 복을 주시어 창성하게 하시되 소와 양과 은금과 종들과 낙타와 나귀를 그에게 주셨고"라고 말합니다. 할렐루야!

창세기 26장을 보면, 하나님께서 이삭에게 복을 주시니 이삭이 거부가 됩니다.

"여호와께서 이삭에게 나타나 이르시되 애굽으로 내려가지 말고 내가 네게 지시하는 땅에 거주하라 이 땅에 거류하면 내가 너와 함께 있어 네게 복을 주고 내가 이 모든 땅을 너와 네 자손에게 주리라"(창 26:2-3).
"이삭이 그 땅에서 농사하여 그 해에 백 배나 얻었고 여호와께서 복을 주시므로 그 사람이 창대하고 왕성하여 마침내 거부가 되어"(창 26:12-13).

여기 '이삭'의 이름 대신에 여러분의 이름을 넣어 말해 보십시오.

"○○○가 그 땅에서 일하여 백 배나 얻어 창대하고 왕성하여 거부가 되다."

사람을 천국과 지옥으로 가게 하시는 하나님과 사람에게 복과 저주를 주시는 하나님은 다른 분이 아니십니다. 한 분이십니다. 이사야 45장 22절에 "땅의 모든 끝이여 내게로 돌이켜 구원을 받으라 나는 하나님이라 다른 이가 없느니라"라고 말씀합니다. 할렐루야!

구원도 하나님께서, 잘되게 함도 하나님께서, 복도 하나님께서 주십니다. 그러니 예수님을 믿으면 복도 누려야 되는 것입니다.

우리가 미국행 비행기 티켓을 사는 목적은 미국에 가기 위함입니다. 그리고 미국에 가는 비행기를 탔으면 미국까지 가는 열 몇 시간 동안 비행기 안에서 주는 것도 다 누려야 합니다. 미국행 비행기를 타면 밥과 음료수도 주고, 춥다고 하면 담요도 주고, 아프다고 하면 상비약도 주는데, 그런 것들이 다 공짜입니다.

제가 신혼여행을 다녀와서 처가에 갔더니, 처가에서 새마을 특실 차표를 사주었습니다. 그것을 탔더니, '와!' 의자를 뒤로 젖힐 수도 있고, 참 좋았습니다. 조금 있으니 여승무원이 와서 "커피 드시겠습니까? 홍차 드시겠습니까?"라고 물었습니다. 그 옆에는 과자도 있었습니다. 커피도 마시고 싶고, 과자도 먹고 싶었지만, 돈을 쓰지 않으려고 먹지 않겠다고 했더니 아내도 먹지 않겠다고 했습니다.

다른 사람들은 다 커피나 홍차를 마시고 과자도 먹었습니다. 그런데 돈을 내지 않는 것이었습니다. '돈은 나중에 승무원이 받으러 오나?' 하며 관심 있게 보았지만, 끝까지 돈을 받으러 오지 않았습니다. 나중에 알고 보니 새마을 특실 손님에게는 차나 과자가 서비스로 나오는 것이었습니다. 그때 일을 생각하면 지금도 원통합니다. 그것이 다 공짜였는데 말입니다.

하나님은 우리에게 복 주기를 원하십니다.

잠언 8장 18절, 21절에 "부귀가 내게 있고 장구한 재물과 공의도 그러하니라, 이는 나를 사랑하는 자로 재물을 얻어서 그 곳간에 채우게 하려 함이니라"라고 말씀합니다. 할렐루야!

가난은 복이 아닙니다. 가난은 하나님께서 우리를 훈련하시는 방법은 되고 과정은 됩니다. 가난의 터널을 지나면 사람이 강해지니 가난이 훈련 코스는 되지만, 하나님께서 주시는 복은 부유함입니다. 배고프게 사는 것이 축복이 아니고, 배부르게 사는 것이 축복입니다.

제가 미국에서 돌아왔을 때 집에 먹을 것이 하나도 없었습니다. 쌀도 다 떨어졌고 돈은 하나도 없는데, 손자는 배가 고프다며 울었습니다. 먹을 것이라곤 아무것도 없는 냉장고 문을 몇 번이나 열었다 닫았다 했습니다. 그러다 곰팡이 핀 빵 두 조각을 발견했습니다. 평소 같으면 먹을 수 없는, 곰팡이 핀 빵을 데워서 손자에게 주었더니 손자가 정신없이 먹었습니다. 저희 부부는 그것도 없어서 먹을 수 없었습니다.

"하나님, 어떻게 할까요? 재정부장에게 가불해 달라고 부탁해 볼까요?"라고 기도하는데, "네 심방 가방을 열어 보아라. 거기에 돈 20만 원이 있을 것이다"라는 음성이 들렸습니다.

그때 제가 잠에서 깨어났습니다. 꿈이었습니다. 저희 집에는 쌀도 있었고, 먹을 것도 많았습니다. 얼마나 감사했는지 모릅니다.

그런데 또 감사하고 신기한 일은 꿈에서 들은 대로 심방 가방을 열어 보았더니 거기에 20만 원이 있었다는 것입니다. 제가 그전에 넣어두었던 것이지만 그 사실을 잊어버리고 있었는데, 그 꿈 때문에 그 돈을 찾았습니다.

먹을 것도, 돈도 없었던 그 일이 꿈이어서 제가 감사를 드렸습니다. 그러나 만일 손자에게 곰팡이 핀 빵도 줄 수 없는 형편이라면 어떻게 하겠습니까? 지금도 그런 처지에 놓여 있는 사람들이

부요하게 되는 길　167

얼마나 많은지 모릅니다. 지구 저쪽에서는 아이들이 주린 배를 채우기 위해 흙탕물을 마시는 곳도 있다고 합니다.

가난은 힘듭니다. 가난은 축복이 아닙니다.

하나님은 우리에게 부요를 주십니다.

그러면 부요하게 되는 복을 누리는 길은 무엇입니까?

우리가 구원받기 위해서는 할 일이 없습니다. 왜입니까? 예수님을 믿음으로 구원은 받았기 때문입니다. 할렐루야!

그러나 부요하게 되기 위해서는 우리가 해야 할 일이 있습니다. 사람이 세상에 태어날 때는 해야 할 일이 없습니다. 엄마 뱃속에서 자기 스스로 기어서 나왔거나 걸어서 나온 사람은 아무도 없습니다. 엄마가 나를 낳아 준 것입니다. 그런데 엄마가 나를 낳아 주었어도 내가 이 세상에 태어났으면 '내가' 해야 할 일은 '내가' 해야 합니다. 먹을 것은 엄마가 주어도 먹는 것은 내가 해야 하고, 등록금은 부모님이 대주어도 공부는 내가 해야 합니다. 부모님이 끝까지 해주지 못하는 일이 있는 것입니다.

이처럼 우리의 구원은 하나님의 은혜로 된 것이지만, 부요하게 되는 복을 누리려면 내가 부요하게 되는 길을 가야 합니다. 부의 복은 하나님께서 주시지만, 그 복을 받아먹는 것은 우리가 해야 하는 것입니다. 할렐루야!

부요하게 되는 길이 무엇입니까?

성경에서 말씀하시는 가장 중요한 것은, 주일을 거룩하게 지키는 것입니다 따라 합시다.

"주일을 거룩하게 지키는 것이다."

이사야 58장 13-14절을 보면, 주일을 즐거운 날이라, 거룩한 날이라, 존귀한 날이라 하면서 발을 금하여 아무 데나 가지 않고 주일을 하나님 앞에서 온전히 잘 지키면 행복하게 살게 해주고, 명예를 높여주고, 부자가 되게 해주겠다고 말씀합니다. 할렐루야!

야곱이 아무것도 없이 지팡이 하나만 들고 갔지만, 20년간 머슴살이를 마치고 나올 때는 거부가 되어 있었습니다. 전쟁 때나 핍박을 받는 역사의 밤에는 그렇지 않지만, 일반적으로 20년간 예수님을 바르게 믿었다면 부자가 되어 있어야 하는 것입니다.

J장로님은 장로님임에도 불구하고 주일 오후마다 낚시하러 갔습니다. 부인 권사님이 "여보, 주일은 하루종일 거룩하게 지켜야 돼요. 예배만 드리고 노는 것은 주일을 지키는 것이 아니에요. 주일에는 낚시하러 가지 마세요"라고 했습니다. 그러면 장로님이 "주일은 안식하는 날이야. 그러니 안식해야지. 내게는 낚시하는 것이 안식이야"라고 했습니다.

그러던 어느 주일 장로님이 아주 큰 물고기를 잡아 와서는 "여보, 오늘은 대어를 잡았으니 통째로 익혀 먹읍시다"라고 했습니다. 권사님이 가마솥에 불을 지피고 기름을 부었는데 기름이 모자랐습니다. 주일 오후지만 식용유를 사러 집 앞에 있는 가게로 뛰어갔습니다. 그 사이에 잠을 자던 아들이 부글부글 끓는 식용유 소리에 깨어서 기어 나와 방문을 밀었습니다. 그러다 아이가 떨어진 곳이 하필이면 가마솥이었습니다. 권사님이 돌아왔을 때 아이는 이미 죽어 있었습니다.

그때 장로님이 "내가 장로가 되어서 주일 오후마다 낚시나 다니고……. 교인들에게 귀감이 되어야 할 장로인 내가 잘못했습니다. 잘못했습니다"라며 가슴을 치고 통곡했습니다. 그 후부터 장로님은 목숨을 걸고 주일을 지켰습니다. 그 후에 낳은 자식들이 다 잘되었을 뿐 아니라 장로님의 일도 잘되어서, 요즘 가치로는 1천억 원 가량의 교회를 그 장로님이 혼자 다 지었습니다. 그리고 얼마나 존경을 받았는지, 그 장로님이 세상을 떠나셨을 때 조문객들로 교통이 마비되었습니다.

주일을 남다르게 지키는 사람을 하나님께서 점찍어 복을 부어 주실 줄로 믿습니다.

십일조를 드리는 것이 부요하게 되는 길입니다

칼빈이 말했습니다.

"오늘날 교회의 문제는 십일조에 대해서 바로 가르치지 않는 것이다. 십일조를 바로 가르치지 못해서 교인들의 생활이 어렵다."

언젠가 제가 TV를 보는데 얼굴에서 빛이 나고 잘생긴 한 가톨릭 신부님이 나와서 이렇게 했습니다.

"세계를 돌아보면 개신교가 들어간 나라는 다 부요하고 잘사는데, 가톨릭이 들어간 나라는 가난하고 어렵습니다. 왜 그런지 아십니까? 개신교 신자들은 십일조를 열심히 하는데, 우리 가톨릭 신자들은 십일조를 열심히 하지 않아서입니다."

그 신부님이 바로 깨달은 것입니다. 밑 빠진 독에는 아무리 물을 부어도 물이 다 빠져나가듯이, 십일조를 온전히 하지 않으면 사기를 당하기도 하고 배신을 당하기도 하고 결국 다 빠져나가게 됩니다.

말라기 3장 7절을 보면, 하나님께서 이스라엘 백성에게 "내게로 돌아오라 그리하면 나도 너희에게로 돌아가리라(Return to me, and I will return to you)"라고 말씀합니다.

그러니 이스라엘 백성이 묻습니다.

"우리가 어떻게 해야 하나님께 돌아갑니까?"

그때 하나님께서 "십일조와 헌물을 바치는 것이다. 십일조도 하지 않으면서 나를 믿는다고 하는 것은 거짓말을 하는 것이다. 십일조를 해야 내 품에 있는 것이고 나를 믿는 것이다"라고 말씀하십니다.

온전한 십일조는 모든 수입의 십일조입니다. 선물을 받으면 그것을 계산해서 십일조를 해야 합니다. 도서비를 받아도 그것의 십일조를 해야 합니다.

"너희의 온전한 십일조를 창고에 들여 나의 집에 양식이 있게 하고 그것으로 나를 시험하여 내가 하늘 문을 열고(Open the heaven's gate) 너희에게 복을 쌓을 곳이 없도록 붓지 아니하나 보라……내가 너희를 위하여 메뚜기를 금하여 너희 토지 소산을 먹어 없애지 못하게 하며 너희 밭의 포도나무 열매가 기한 전에 떨어지지 않게 하리니 너희 땅이 아름다워지므로 모든 이방인들이 너희를 복되다 하리라"(말 3:10-12). 할렐루야!

여러분의 집이 "복 있다. 아! 저 집은 복 받았다" 하는 집이 되기를 바랍니다. 그러려면 온전한 십일조를 드려야 합니다.

하나님께서 우리에게 십의 삼조, 십의 오조를 바치라고 하셨다 해도 우리는 그대로 드려야 합니다. 그런데 십의 삼조, 십의 오조를 바치라 하지 않으시고 십의 일조만 바치라고 하셨으니 얼마나 가볍습니까? 만일 내가 십일조를 10만 원 드린다면 나는 90만 원밖에 쓰지 못하지만, 100만 원을 드린다면 900만 원을 쓰게 됩니다. 1천만 원을 드리면 9천만 원을 쓸 수 있습니다. 그러니 "잘되게 해주십시오"라고 하기 전에 "십일조를 키워 주십시오"라고 기도하시길 바랍니다. 할렐루야!

그러나 부자가 되려는 목적이 내가 잘살기 위한 것이 되어서는 안 됩니다.

에베소서 4장 28절에 "도둑질하는 자는 다시 도둑질하지 말고 돌이켜 가난한 자에게 구제할 수 있도록 자기 손으로 수고하여 선한 일을 하라"라고 말씀합니다.

우리가 부자가 되어야 교회도 짓고, 선교도 하고, 이웃도 도울 수 있습니다. 할렐루야!

그런데 부자가 되는 지름길이 십일조를 드리는 것입니다. 십일조는 확실하게 드려야 합니다. 수입 전체의 십일조를 온전하게 드려야 합니다.

부모를 공경하는 것이 부요하게 되는 길입니다

"자녀들아, 너희 부모를 공경하라. 그리하면 네가 땅에서 잘되고 장수하리라."

따라 합시다.

"땅에서!"

"천국에서 잘되고 장수하리라"가 아닙니다. 땅에서 잘되고 장수하리라고 말씀하셨습니다. 아무리 십일조를 잘 드려도 부모님을 공경하지 않으면 그 집에 복을 주시지 않습니다. 십일조를 드려도 부모님을 서럽게 하는 집은 하나님께서 복을 주시지 않습니다. 아무리 주일을 잘 지키고 십일조를 잘해도 부모님을 멸시하는 집에는 복이 없습니다.

눈에 보이는 부모님을 섬기지 못하면서 보이지 않는 하나님을 섬긴다는 것은 거짓말입니다. 부모님을 기쁘게, 즐겁게, 행복하게 해드려야 합니다. 그것이 부자가 되는 길입니다. 이는 하나님께서 약속하신 것입니다.

이 말씀은 일점일획도 바뀌지 않습니다. 하늘의 별이 떨어져도, 산이 바다에 빠지고 바닷물이 육지를 뒤덮어도 부모를 공경해야 복을 받는다는 말씀은 바뀌지 않습니다. 부모를 공경해야 복을 받습니다.

부지런히 일하는 것이 부요하게 되는 길입니다

따라 합시다.
"열심히, 부지런히, 성실하게!"
부지런히 일해야 합니다.
잠언 12장 27절에 "사람의 부귀는 부지런한 것이니라"라고 말씀합니다.
따라 합시다.
"사람의 부귀는 부지런한 것이니라."
부하고 귀한 사람이 되려면 부지런해야 합니다. 게으른 사람은 어디에서든 환영받지 못합니다. 어느 회사에서든 게으른 직원을 보면 '괜히 입사시켰구나' 하고 후회하게 됩니다.

잠언 10장 4절에도 "손이 부지런한 자는 부하게 되느니라"라고 말씀하고, 잠언 21장 5절에도 "부지런한 자의 경영은 풍부함에 이를 것이나"라고 말씀합니다. 그리고 시편 128편 2절에는 "네가 네 손이 수고한 대로 먹을 것이라"라고 말씀합니다.

따라 합시다.

"네 손이 수고한 대로."

수고한 대로 누리는 것입니다. 그리스도인 학생은 부지런히 공부해야 합니다. 부지런해도 다른 것에 부지런하면 안 됩니다.

전에도 한 번 이야기한 기억이 납니다만, 제가 여기 신촌에 살 때의 일입니다. 토요일에 잠시 집에 가서 점심을 먹고 교회로 걸어오고 있었습니다. 저는 기름을 아끼려고 될 수 있으면 걸어다닙니다. 신촌에 사는 우리 교우들은 교회에 오실 때 차를 타지 말고 걸어오십시오. 그러면 절약도 되고 건강에도 좋습니다. 전화기도 가까운 데 두지 말고 멀리 두는 것이 좋습니다. 전화벨이 울릴 때마다 달려가서 전화를 받는 것도 건강에 상당히 도움이 됩니다.

제가 교회로 가면서 보니, 제 앞에 양곡중학교의 한 학생이 공부에 열중하며 걸어가고 있었습니다. 제가 따라가도 아랑곳하지 않고 열심히 책을 읽고 있었습니다.

'야! 저놈이 나를 닮았구나. 저렇게 열심히 공부하다니……. 와! 희망이 있는 학생이구나. 앞으로 빛이 나겠구나.'

저는 그 학생이 기특하기도 하고, 또 무슨 공부를 저렇게 열심히 하는지 궁금하기도 해서 그 옆을 지나치면서 슬쩍 보았습니다. 그런데 세상에! 만화책이었습니다. 중학교 3년, 고등학교 3년, 6년 동안 바짝 공부하면 앞길이 달라지는데, 그 아까운 시간에 만화책을 읽고 있었습니다. 부지런해도, 헛일을 하는 데 부지런하면 안 됩니다. 귀한 일에 부지런해야 합니다.

그리스도인 학생은 부지런히 공부하고, 그리스도인 공무원이나 회사원은 사람들이 혀를 내두를 정도로 부지런한 공무원과 회사원이 되어야 하고, 그리스도인 과학자는 열심히 연구하는 에디슨 같은 과학자가 되어야 합니다. 그리스도인 교사는 부지런히 준비하고 가르쳐서 학생들을 깜짝깜짝 놀라게 하는 교사가 되어야 하고, 목회자도 부지런한 목회자가 되어야 합니다. 부지런해야 어디에서든 크게 되는 것입니다.

흑인으로서 첫 국무장관이 된 파웰이 이런 이야기를 했습니다. 그의 집이 가난하니 그가 학교에 다닐 때 한 회사에서 아르바이트를 했는데, 거기에서 대조적인 두 사람을 보았답니다. 한 사람은 삽에 허리를 기대고 선 채 회사가 일만 시키고 돈은 적게 준다며 불평을 하고, 다른 한 사람은 묵묵히 일을 하고 있었습니다.

몇 년 후 파웰이 또 그 회사에 아르바이트를 하러 갔더니, 전에 불평하던 사람은 여전히 그 자리에서 일하며 불평하고 있는데, 묵묵히 일하던 사람은 보이지 않았습니다. 그 사람은 왜 보이지 않는지 물으니, 지게차 운전을 배워서 지게차를 운전하고 있다고 했습니다.

또 몇 년 후 파웰이 그 회사에 아르바이트를 하러 갔더니, 불평하던 사람은 몹쓸병에 걸려 회사에서 쫓겨났고, 지게차를 운전하던 사람은 사장이 되어 있었습니다. 그때 파웰이 큰 쇼크를 받았답니다.

'아! 무슨 일을 하든 부지런하면 사장도 될 수 있구나.'

그리고 그때부터 파웰이 열심히 살아서 마침내 미국의 장관이 된 것입니다.

예수님도 "내 아버지께서 지금까지 일하시니 나도 일한다"고 말씀하셨습니다.

따라 합시다.

"하나님께서 일하시니 나도 일한다."

일해야 사는 보람이 있고, 빵 하나를 먹어도 그 가치를 아는 것입니다.

한 부자가 죽게 되었는데 돈이 귀한 줄을 모르는 아들을 보니 걱정이 되었습니다. 그래서 아들에게 "이놈아, 지금 이 상태로는 네게 재산을 물려줄 수 없다. 네가 스스로 일해서 금돈 하나만 벌어오면 재산을 물려주겠다"라고 말했습니다. 아버지의 말을 들은 아들이 이웃집에 가서 금돈을 빌린 다음 놀다가 돌아왔습니다.

"아버지, 금돈을 벌어왔어요."

아버지가 그 금돈을 내동댕이치며 "누가 모를 줄 아느냐? 이게 네가 번 거냐?"라고 했습니다. 아들은 '아, 아버지가 아시는 것을 보니 돈을 빌려준 사람이 아버지에게 고자질했구나' 생각하고는, 아버지가 모르는 먼 곳에 가서 금돈을 빌린 다음 또 놀다가 왔습니다.

"아버지, 내가 벌어온 금돈입니다."

"이것을 네가 벌었다고? 내가 속을 줄 아느냐?"라며 아버지가 금돈을 집어던졌습니다.

'이상하다. 아버지가 모르는 집에서 빌려왔는데 어떻게 아셨지?'

아들은 할 수 없이 막노동판에 가서 일주일 동안 뼈를 깎는 고생을 하면서 금돈을 벌어 가지고 왔습니다.

"아버지, 이번에는 정말 내가 직접 일해서 벌어왔습니다."

이번에도 아버지는 "누가 속을 줄 알고? 네가 직접 벌었다고? 무슨 소리를 하는 거냐?"라며 금돈을 집어던졌습니다. 아들이 달려 나가 금돈을 딱 집어 들고는 "아버지, 이 금돈을 왜 집어던집니까? 내가 이것을 벌려고 얼마나 뼈빠지게 일했는지 아십니까?"라고 했습니다.

그제야 아버지가 웃으며 "알았다, 알았다" 하며 전 재산을 아들에게 물려주었다고 합니다.

미국의 잭 히테크는 복권이 당첨되어 하루아침에 3,150억을 받았지만 알거지가 되었습니다. 쉽게 벌면 막 쓰게 되니 그렇게 알거지가 된 것입니다. 땀 흘려 일한 사람이 돈 귀한 줄 알고 귀하게 쓰는 것입니다.

이제까지 부요하게 되는 길에 대해서 알아보았는데 이보다 더 중요한 것이 하나 있습니다.

주일을 잘 지키고, 십일조를 잘하고, 부모님을 공경하고, 열심히 일하면 부자가 되는 것을 알아도 이것을 그대로 실천하기가 어렵습니다. 그러나 성령의 은혜가 충만하면 쉽게 됩니다.

성령의 은혜가 충만한 것이 부요하게 되는 길입니다

따라 합시다.
"오직 성령으로. 오직 성령으로."

성령 충만을 받으면 교회에 나오자마자 주일을 지키게 되고, 교회에 나오자마자 십일조를 하게 되고, 교회에 나오자마자 부모님을 공경하게 되고, 교회에 나오자마자 새벽 기도를 하게 되는 것입니다. 성령 충만하면 저절로 하게 됩니다.

성령께서 우리를 도와주십니다. 우리 마음에 자신감을 갖게 해 주십니다. 할렐루야!

링컨에게 한 분이 물었답니다.

"당신은 교육도 제대로 받지 않았는데 어떻게 변호사가 되고 대통령이 되었습니까?"

그때 링컨이 이렇게 대답했답니다.

"내가 마음에 그렇게 하기로 작정했기 때문입니다. 작정한 날, 벌써 반은 이루어진 것입니다."

따라 합시다.

"마음으로 품으면 반은 이루어진 것이다."

'에이, 지금까지 가난하게 살았는데 어떻게 부자가 되겠어?' 라고 생각하는 사람은 부자가 될 수 없습니다. '내가 부자가 되는 것이 하나님의 뜻이고 나를 부자 되게 하시려고 하나님께서 오늘 이 말씀을 주시는구나. 나도 부자가 되어야겠다. 하나님, 저도 부자가 되겠습니다' 라고 생각하는 사람은 벌써 반은 부자가 된 것입니다.

따라 합시다.

"나는 부자가 되겠다."

여러분 중 어떤 분은 '목사님, 저는 벌써 부자가 되었는데요' 라고 생각할지도 모르겠습니다. 여러분 스스로 부자라고 생각하는 부자가 아니라, 누구나 다 아는 큰 부자, 하나님의 영광을 위해 큰 일을 할 수 있는 큰 부자가 될 수 있기를 바랍니다.

따라 합시다.

"큰 부자가 되자. 큰 부자가 되자."

그러려면 '하나님께서 내게 하시면 나는 할 수 있다. 하나님께서 나를 되게 하시면 나는 될 수 있다'라는 믿음을 가져야 합니다.

영국의 윌 찰드는 26세까지 껄렁패였습니다. 하루는 교회에 가서 기웃거리고 있는데 목사님이 "한 알의 겨자씨만한 믿음이 있어도 산을 명하여 바다에 던지게 할 수 있다. 겨자씨 한 알만한 믿음이 있어도 할 수 있다"라고 설교하셨습니다.

그 설교를 듣는 순간, 그는 힘이 솟아났습니다. 그는 바로 겨자씨를 구해서 주머니에 넣고 늘 그것을 만지며 다녔습니다. 그리고 '겨자씨만한 믿음이 있으면 할 수 있다'고 마음속으로 외쳤습니다. 그는 결국 재벌이 되었는데, 재벌이 되고도 늘 겨자씨를 갖고 다닌다고 합니다.

우리가 잘되기 위해서는 먼저 그런 마음을 품어야 합니다. 그런데 마음을 품는 것도 성령의 도움으로 되는 것입니다.

성령께서는 주일을 지키게 하십니다. 십일조를 드리게 하십니다. 공경하게 하십니다. 부지런히 일하게 하십니다. 그리고 지혜를 주십니다.

장사를 잘하기로 유명한 유대인들에게는 다음과 같은 네 가지 상술이 있습니다.

첫째, 자신의 이익보다 상대방의 이익을 챙겨라. 그래야 계속 거래할 수 있다.

둘째, 절대 밖에서 상대방을 만나지 말고 네 사무실에서 만나라. 그래야 거래를 잘하게 된다.

셋째, 절대 감정에 흔들리지 말고 냉정하게 합리적으로 계약하라.

넷째, 계약할 때는 반드시 맑은 정신으로 하라. 상대방에게만 술을 먹이고, 본인은 절대로 마시지 말고 마시는 체만 하라.

이 상술대로 장사를 해도 잘되는데, 하물며 성령의 지혜로, 하나님의 지혜로 하는 것이겠습니까? 성령의 지혜, 하나님의 지혜로 하면 안 될 것이 없습니다.

따라 합시다.

"나는 된다. 크게 된다. 부유하게 된다. 성공할 수 있다."

하나님께서 은혜를 주시면 우리 교회는 10만 제단을 이룰 수 있습니다. 하나님께서 은혜를 주시면 50만 제단도 이룰 수 있습니다.

'하나님께서 은혜를 주시면!'

이것이 중합니다. 이 마음을 우리가 마음으로 품어야 합니다.

 "믿음은 바라는 것들의 실상이요"(히 11:1).

믿음을 가지면 실상이 오는 것입니다. 안 되는 것 같아도 어느 날 되는 것입니다.

우리 모두 성령 충만해서 다 부요하게 되시기를 축원합니다.

모세가 광야에서 뱀을 든 것같이 인자도 들려야 하리니 이는 그를 믿는 자마다 영생을 얻게 하려 하심이니라 하나님이 세상을 이처럼 사랑하사 독생자를 주셨으니 이는 그를 믿는 자마다 멸망하지 않고 영생을 얻게 하려 하심이라 하나님이 그 아들을 세상에 보내신 것은 세상을 심판하려 하심이 아니요 그로 말미암아 세상이 구원을 받게 하려 하심이라

요한복음 3장 14-17절

사랑의 마크

한 부인이 밭 가장자리의 풀밭에서 눈물을 흘리며 무언가를 열심히 찾고 있었습니다. 이상히 여긴 행인이 물었습니다.

"부인! 뭘 잃었기에 그리 슬퍼하시오?"

"뽈비녀를 잃어버렸어요."

"아, 금비녀도 은비녀도 아니고, 몇백 원만 주면 살 수 있는 뽈

비녀를 잃어버렸는데 왜 그리 슬퍼하시오?"

"예, 비록 뿔비녀지만 나를 끔찍이 사랑하는 남편이 세상을 떠나기 전에 선물로 준 것이기 때문에 내게는 생명같이 소중합니다."

그 뿔비녀는 부인을 향한 남편의 사랑의 마크인 것입니다.

저희 아버님은 욕도 거짓말도 하지 않으셨고 이웃에 손해를 끼친 적이 없는, 귀한 삶을 사신 분입니다. 그러나 저희들에게 사랑한다고 입으로 말씀하신 적이 한 번도 없고, 제가 마을 형들의 도움을 받아 만들어 놓은 스케이트를 늘 도끼로 찍어버리는, 재미없고 원망스러운 아버지였습니다.

그런데 아버님에 대한 모든 원망과 갑갑함이 다 사라지게 된 한 사건, 제가 "아버지!"라고 부르기만 해도 마음이 찡하게 된 한 사건이 있었습니다. 제가 군에 입대하는 날 아침, 병아리 한 마리도 잡지 못하시는 그 여린 아버지께서 닭장에 들어가 저희 집에서 기르던 열 몇 마리의 닭 중에서 제일 큰 닭의 목을 비틀어 닭을 잡으신 것입니다.

저희 아버지는 어머니께서 잡으신 닭은 잘 드셨지만, 절대로 직접 잡지는 않으셨습니다. 그런 아버지께서 닭의 목을 비틀어 죽이는 것을 보고 가족 모두가 "세상에! 저럴 수 있나?" 하고 놀랐지만, 가장 놀란 분은 어머니셨습니다. 아마 그 닭은 더 놀랐을 것입니다. 아버지의 손에 죽을 줄은 상상도 못했을 것이니 말입니다.

저는 눈물을 흘리며 그 닭고기를 먹고 훈련소로 향했는데, 훈련소로 가는 내내 가슴이 마냥 두근두근 뛰었습니다.

'아! 아버지께서 나를 그렇게 사랑하시는구나.'

그 사건은 저를 향한 아버지의 사랑의 마크였습니다. 지금도 저는 닭을 보기만 하면 아버님이 생각납니다. 오늘 아침에도 3분간 아버님의 사진을 보았는데, 아버님이 제게 잘못하신 것은 하나도 생각나지 않고 그리움만 가득하여 "아버지! 아버지!" 하고 불렀습니다.

뿐만 아니라 잊을 수 없는 사랑의 마크가 또 하나 있습니다. 저희 집의 경제 사정이 여의치 못해 제가 상급학교에 진학하지 못하게 되었을 때, 담임선생님인 황보 선생님께서 저희 집에 일고여덟 번 찾아오셨습니다.

"용수 아버지, 용수는 공부해야 합니다. 용수는 큰 인물이 될 아이예요. 용수는 학교에 가도 돈 낼 필요도 없습니다. 장학금으로 공부합니다."

그때 아버님의 계획은 제가 졸업만 하면 공장에 보내든지 머슴을 살게 해서 돈을 벌게 하는 것이었습니다. 그러니 등록금을 내지 않고 학교에 다닐 수 있다고 해도 아무 소용이 없었습니다. 선생님께서 그렇게 일고여덟 번 오셔서 설득하여도 소용없으니 "그러면 용수를 제게 주세요. 제 아들로 삼아 제가 공부시키겠습니다"라고 하셨습니다. 아버님께서 "안 됩니다. 내 아들을 왜 선생님께 줍니까?"라고 하시니, 선생님께서 눈물을 주르륵 쏟으시며 "용수야!" 하고는 더 이상 말씀을 잇지 못하고 돌아서 가셨습니다.

저는 선생님의 그 눈물을 잊지 못해 선생님께서 살아 계시는 동안 제자의 도를 지키고 때때로 찾아뵈어 선물도 드리고 인사를 드렸습니다.

저희 아버님도 선생님의 눈물에 감동받으시고 저를 학교에 보내 주셨습니다. 그래서 제가 머슴살이를 하지 않고 오늘까지 이렇게 달려온 것입니다. 선생님의 눈물은 제게 선생님의 사랑의 마크입니다.

저는 여러분에게 결혼반지는 헌금하지 말라고 말씀드리고 싶습니다. 집을 팔아 하나님께 바치는 것은 좋다고 생각하지만, 평생을 서약한 결혼반지는 평생 간직하는 것이 좋다고 생각합니다. 저도 결혼반지를 교회에 바쳤는데 지금은 후회가 됩니다. 결혼반지는 '죽음이 우리를 갈라놓을 때까지 변함없이, 건강하거나 병들거나 어떤 경우에도 변함없이 목숨을 바쳐 사랑하겠다' 는 약속의 거룩한 반지입니다.

사람은 살다 보면 달라집니다. 10년 전, 5년 전에 그렇게 좋았던 사람이 지금은 달라질 수 있습니다. 그러나 보석은 바뀌지 않습니다. 사람은 달라져도 바뀌지 않는 보석을 보며 다시금 마음을 추스르고 남편을, 아내를 있는 그대로 이해하며 사랑을 키워 나가는 것이 하나님께 영광 돌리는 일입니다. 변함없는 결혼반지처럼, 여러분의 부부간의 사랑도 변함없기를, 끝까지 가꾸어 가기를 바랍니다.

부모님께 아무리 값진 선물을 사드리고 용돈을 듬뿍듬뿍 드려도, 아들 며느리가 화합하지 못하고 아프게 산다면 그것은 부모님의 가슴을 찢는 일이 됩니다. 비록 부모님께 좋은 옷을 해드리지 못하고 용돈을 푸짐히 드리지 못해도, 아들 며느리가 다정하게 사는 것이 참 효도입니다.

여러분이 헌금을 1천억, 2천억을 해도 가정이 화목하지 않으면 좋은 신앙인이 아닙니다. 비록 드릴 것이 없어 드리지 못해도 화목한 가정을 이루면 하나님께 영광이 되는 것입니다. 가정을 깨는 것은 그 이유가 어디에 있든 마귀가 하는 일입니다.

하나님은 가정을 세워 주십니다.

제가 감사드리는 것은 우리 양곡교회에는 이혼한 가정이 거의 없다는 것입니다. 주님께서 재림하실 때까지 여러분 가정이 아름답게 가꾸어지기를 축원합니다.

사랑의 마크!

사람은 아무리 귀한 음식을 먹고, 귀한 옷을 입고, 좋은 자동차를 타고, 좋은 집에서 살아도, 참사랑, 뜨거운 사랑을 받지 못하면 행복할 수 없습니다. 병든 사랑은 하지 않아야 합니다. 내 남편이 아닌 다른 남자의 사랑, 내 아내가 아닌 다른 여자의 사랑을 받는 것은 절대로 행복한 일이 아닙니다. 그것은 자기 가슴에, 자기 가족과 자녀에게 비수를 꽂는, 병든 사랑입니다. 내 아내의 사랑을, 내 남편의 사랑을, 내 부모의 사랑을 내가 받고, 내가 내 아내를, 내 남편을, 내 부모를 사랑하는 것이 인생의 참 행복임을 기억해야 합니다.

그리스도인인 우리 모두에게는 가슴 뛰는, 정말 껑충껑충 뛰면서 큰소리로 노래하고 기뻐할 사랑의 마크가 있습니다. 그 마크는 바로 하나님께서 우리를 사랑하신다는 증거인, 예수 그리스도의 피 묻은 십자가입니다.

 "하나님이 세상을 이처럼 사랑하사(God so loved the world) 독생자를 주셨으니(that he gave his one and only Son) 이는 그를 믿는 자마다 멸망하지 않고 영생을 얻게 하려 하심이라(that whoever believes in him shall not perish but have eternal life)"(요 3:16).

하나님께서 아들을 33년간 세상에 보내신 것은, 세상의 가련한 인생들을 위로하다 오라는 것이 아닙니다. 세상을 구경하다 오라는 것이 아닙니다. 십자가에 달려 그 값진 피를 흘려 모든 사람의 죄를 사하라고, 모든 사람을 구원하라고 보내신 것입니다.

요한일서 4장 10절에 "사랑은 여기 있으니 우리가 하나님을 사랑한 것이 아니요 하나님이 우리를 사랑하사 우리 죄를 속하기 위하여 화목 제물로 그 아들을 보내셨음이라"고 말씀합니다. 할렐루야!

아브라함이 하나님을 사랑해서 자기 아들을 죽이려 했듯이, 하나님은 우리를 사랑하셔서 자기 아들을 죽게 하신 것입니다. 그 십자가가, 그 피 묻은 십자가가 우리를 향한 하나님의 뜨거운 사랑의 마크인 것입니다.

예수님도 그것을 아셨기 때문에 오늘 본문 14-15절에 "모세가 광야에서 뱀을 든 것같이 인자도 들려야 하리니 이는 그를 믿는 자마다 영생을 얻게 하려 하심이니라"라고 말씀하신 것입니다.

구약성경과 신약성경은 떼려야 뗄 수 없는 관계입니다. 뿌리와 줄기와 가지와 잎이 연결되어 한 나무가 되듯이, 구약과 신약이 연결되어 하나가 되는 것입니다.

이사야 34장 16절에 "너희는 여호와의 책에서 찾아 읽어보라 이것들 가운데서 빠진 것이 하나도 없고 제 짝이 없는 것이 없으리니 이는 여호와의 입이 이를 명령하셨고 그의 영이 이것들을 모으셨음이라"라고 말씀합니다. 할렐루야!

성경은 하나님께서 입으로 말씀하시고 성령께서 모으신 것이기 때문에, 서로 짝이 있고 구약과 신약이 연결되어 있습니다. 그래서 "구약은 믿을 것이 아니다. 신약만 믿어라"고 하는 사람은 마귀의 일꾼입니다. 구약과 신약은 다 온전히 하나님의 말씀입니다.

오늘 본문 요한복음 3장 14-15절과 구약의 민수기 21장 4-9절은 짝이 되는 말씀입니다. 호르 산을 출발한 이스라엘 백성이 그 날 아침에도 하늘에서 내려온 떡가루 같은 만나를 먹고 파라솔 같은 구름기둥 아래로 걸어가면서 홍해변의 길이 험하다고 하나님과 모세를 원망합니다.

"왜 우리를 애굽에서 끌어내어 죽게 하느냐? 여기는 물도 없고 음식도 없도다. 우리는 이 박한 식물을 싫어하노라. 매일같이 먹는 이 만나, 만나는 지겹다."

여러분, 어려운 환경에서도 불평하면 더 어려워집니다. 어렵지만 그 자리에서 감사하면 좋아지게 됩니다.

전에 우리나라 대통령이 장관들을 거느리고 해외에 갔을 때, 북한의 폭파 테러 때문에 그 귀한 인재들이 다 사망한 아픈 사건이 있었습니다. 하루아침에 남편과 아빠를 잃은 가족들의 통곡 속에 여의도에서 국장이 치러졌는데, 그때 한 기자가 아빠를 잃은 16세 소녀에게 그 심경이 어떤지 물었습니다.

그때 그 소녀의 말이 TV를 통해 그 장면을 바라보는 모든 국민들의 가슴을 뭉클하게 했습니다. 대부분의 사람들은 당연히 그 소녀가 김일성을 저주하고 북한을 저주할 줄로 알았을 것입니다. 그런데 그 소녀는 "저를 그토록 사랑해 주신 훌륭한 아빠를 16년간이나 제 곁에 있게 해주신 하나님의 은혜에 감사합니다"라고 말했습니다.

아빠를 잃은 그 아픔이 한이 없음에도 "범사에 감사하라"는 주님의 말씀에 따라 아빠를 16년간 자기 곁에 있게 해주신 하나님께 감사를 드렸습니다. 얼마나 향기로운 장면입니까? 아내가 힘들게 해도 감사하고, 남편이 힘들게 해도 감사하고, 일이 어려워도 감사할 때 길이 열릴 줄 믿습니다.

불평하면 불뱀이 옵니다. 불뱀이 오면 망합니다. 원망하고 불평하는 사람들에게 하나님께서 무서운 독을 품은 불뱀을 보내시니 아이들이 기겁하여 도망치고, 여자들이 비명을 지르고 도망치다가 물려 죽습니다. 남자들은 막대기로 뱀과 싸워 보지만 사방에서 달려드는 뱀들을 막기에는 속수무책입니다. 여기저기에서 뱀의 독으로 죽어가니 사람들이 모세에게 달려가 뱀을 막아 달라고 애원합니다.

"우리가 잘못했어요. 하나님과 당신께 죄를 지었어요. 어서 하나님께 기도해서 불뱀을 쫓아내 주세요. 이미 물려 죽어가는 사람은 할 수 없지만 더 이상 물려 죽지 않게 어서 불뱀을 쫓아내 주세요."

모세가 하나님께 간절히 기도하니, 하나님께서 뱀만 쫓아주신 것이 아니라 살길도 열어 주셨습니다. 기도하면 기도한 것만 받는 것이 아니라, 기도하지 않은 것도 받게 됩니다. 하나님께서 보너스까지 주시는 것입니다.

"모세야, 놋뱀을 만들어 장대에 달아라. 바라보면 살리라." 할렐루야!

급히 놋뱀을 만들어 달았습니다.

"누구든지 이 뱀을 바라보면 살리라."

사람들이 텐트마다 가서 외쳤습니다.

"오빠! 할아버지! 아저씨! 어서 와서 장대에 달린 놋뱀을 보세요. 그것만 바라보면 산대요."

나와서 바라보는 사람은 깨끗이 해독되어 살았습니다. 이것이 십자가입니다.

"모세가 광야에서 뱀을 든 것같이 인자도 들려야 하리니 이는 그를 믿는 자마다 영생을 얻게 하려 하심이니라." 할렐루야!

뱀을 본 후 1주일 만에 독이 없어진 것이 아니라, 보는 순간에 없어진 것입니다. 우리의 죄도 십자가에 달리신 예수님을 믿는 순간에 없어지는 것입니다. 할렐루야!

요한일서 2장 12절에 "너희 죄가 그의 이름으로 말미암아 사함을 받았음이요"라고 말씀합니다. 할렐루야!

제가 캐나다 몬트리올에 갔을 때, 성당이지만 너무 아름답다고 해서 교회를 짓는 데 혹 참고가 될까 하여 가보았습니다. 그런데 한 부인이 몇백 개의 계단이나 되는 돌계단을 무릎으로 올라가고 있었습니다. 그 무릎에는 상처가 나 피가 흐르고 있는데도 그렇게 하는 것을 보고 제가 가까이 가서 "왜 그러세요?" 하고 물어보았습니다. 그 부인이 죄 사함 받기 위해서라고 했습니다. 얼마나 안타깝습니까?

그렇게 피를 흘리면서 무릎으로 계단을 올라간다고 죄가 사해지는 것이 아닙니다. 오직 예수의 피로 사함 받습니다. "나의 죄를 씻기는 예수의 피밖에" 없는 것입니다. 예수의 피가 우리 죄를 사해 주시는 것입니다.

사람마다 음란의 독, 방탕의 독이 있습니다. 거짓말한 독, 사기친 독, 도둑질한 독, 마음으로 사람을 살인한 독, 실제로 사람을 죽인 독이 있습니다. 이 죄의 독은 결국 영혼을 퉁퉁 붓게 하고 지옥으로 떨어지게 하는 비참한 독입니다.

그러나 무슨 독이든 예수님의 이름을 부르는 순간 사라지는 것입니다. 마귀의 독으로 죽어가는 사람이라도 교회에 나와 십자가를 바라보고 예수님의 이름을 부르는 순간, 독이 없어지는 것입니다. 하나님의 자녀가 되는 것입니다. 이 얼마나 가슴 뛰는 행복인지 모릅니다.

이 사랑을 받은 사람은 더 이상 죄를 시으면 안 됩니다. 내 남편이 내게 준 사랑의 반지를 끼고 다른 남자를 만나는 여자는 사람이 아니라 돼지입니다. 내 아내가 내게 준 사랑의 반지를 끼고 다른 여자를 만나는 남자는 인간이 아니라 개입니다. 사람이기를 포기한 사람입니다. 그것 때문에 자녀들이 상처 받고 가정이 썩고 사회가 썩는 것입니다. 그러니 그것은 자녀를 죽이고 사회를 죽이는 악입니다.

중국에서 있었던 일입니다. 한 절세미인의 남편이 세상을 떠났습니다. 그러자 그 미인을 탐내던 성주가 그 미인에게 선물을 보내고 친절을 베풀었습니다. 그래서 그 여인은 "성주가 나를 탐내는 것은 내 미모 때문이니 내 미모를 그냥 두면 남편과의 서약을 지키지 못할 것 같구나" 하며 거울 앞에 앉아서 자기 코를 잘랐습니다. 남편에게 "나는 당신만을 사랑하겠어요"라고 한 그 서약을 지키기 위해 그렇게 한 것입니다.

성주는 더 이상 그 여인에게 접근하지 않았습니다. 그리고 온 중국 사람들이 그 여인을 사랑하고 귀히 여겼다고 합니다.

신앙이 없는 사람도 절개를 지키기 위해 자신의 코를 자르는데, 예수님의 이름을 지닌 성도가 절개를 지키지 못하면 하나님의 영광에 상처를 내고 교회의 영광에 상처를 내게 됩니다. 그리고 그런 사람은 나라를 썩게 하는 악의 씨를 뿌리는 자인 것입니다.

아무 때나 어디든지 그대는 십자가 붙들고 있는가.

우리는 언제 어디서든 사랑의 마크, 십자가를 붙잡고 십자가 앞에 부끄러움 없는 삶을 살아야 합니다.

요한일서 3장 8절에 "죄를 짓는 자는 마귀에게 속하나니", 요한일서 3장 9절에도 "하나님께로부터 난 자마다 죄를 짓지 아니하나니 이는 하나님의 씨가 그의 속에 거함이요 그도 범죄하지 못하는 것은 하나님께로부터 났음이라"고 말씀합니다.

길을 걷는 사람이 어쩌다 넘어질 수 있듯이, 혹 자기도 모르는 순간에 실수할 수는 있습니다. 그러나 계획적으로, 의도적으로 계속해서 죄를 지으면 교인이 아닙니다. 성령 받은 사람이 아닙니다. 그 사람은 지옥 갈 사람이지, 천국 갈 사람이 아닙니다. 그 사람 때문에 교회가 욕을 먹고, 복음 전도가 막히는 것입니다.

성탄절이 되면 우리는 구세군의 아름다운 사랑의 종소리를 듣습니다. 그 구세군을 창설한 윌리엄 부스 대장이 이런 놀라운 경험을 했다고 합니다.

그는 청년 때 생각 없이 살았는데, 하루는 갈보리 언덕 같은 곳이 있어 가보니 그곳에 십자가가 서 있고, 거기에 한 분이 달려 신음하고 있었습니다. 그때 한 청년이 오더니 십자가에 사닥다리를 놓고 올라가 이미 못 박혀 있는 예수님의 손과 발에 다시 큰 못을 박는 것입니다. 윌리엄 부스는 견디지 못하고 달려가 소리쳤습니다.

"야, 이놈! 우리 주님께서 한 번 못 박히신 것도 마음 아픈데 왜 다시 못을 박아? 이 나쁜 놈아! 그만두지 못해! 어서 내려와!"

그 청년이 망치질을 멈추고 뒤를 돌아보는데, 세상에! 바로 자기입니다. 자신은 쌍둥이도 아닌데 그 청년의 얼굴이 자기 얼굴과 똑같습니다.

"너는 누구냐?(Who are you)"

"나는 너다(I am you)."

"아니야, 너는 내가 될 수 없어! 나는 예수님을 십자가에 못 박지 않아. 나는 너같이 그렇게 못해."

"네가 마음으로는 그렇게 원해도, 네가 하고 있는 그 일은 우리 주님을 계속 못 박는 일이야. 두 번, 세 번, 네 번 못 박는 일이야."

우리 중 그런 사람들이 있지 않습니까? 집사, 장로, 권사의 직분을 갖고 있으면서 수군수군하는 사람들도 그런 사람들입니다.

윌리엄 부스는 비장한 각오를 하고 새출발을 했습니다. 그리고 거룩하게 살았습니다. 마침내 그는 세계를 밝히는 등불 같은 위대한 인물이 되었습니다.

오늘 우리 주님은 우리의 과거에 돌을 던지지 않으십니다. 간음한 여인을 "돌로 쳐 죽이라"고 하지 않으셨습니다. 그 여인에게 "나도 너를 정죄하지 않는다. 가서 다시는 죄를 짓지 말라"고 말씀하셨습니다.

흘러간 과거는 어떻게 하겠습니까? 오늘 다시금 주의 피로 정결함을 얻고 우리의 남은 생애 동안 정말 귀하게 살아서, 우리의 삶이 우리나라의 등불이 될 수 있기를 축원합니다.

우리 하나님은 우리에게 "내가 너를 사랑한다. 이 정도로 사랑한다" 하시며 십자가를 주셨으니 우리도 '주님, 사랑해요' 라는 마크를 보여드려야 됩니다.

사랑은 일방적이면 피곤합니다. 나는 그쪽을 사랑하는데 그쪽에서 응답이 없으면 괴롭습니다. 귀한 행복을 창출하려면 주고받는 것이 있어야 합니다.

제가 얼마 전에 이 두루마리를 우리 양곡찬양팀(**워십 댄스 팀**)에게 받았습니다. 무엇인지 궁금하시지요? 제가 펴서 보여드리겠습니다. 하나님의 8공주가 제게 써 보낸 사랑의 편지입니다.

"목사님, 기뻐요. 감사해요. 우리는 목사님을 너무너무 사랑해요. 목사님을 위해 매일 기도해요."

이렇게 달콤한 편지는 또 없을 것입니다. 서랍이나 어디에 넣기에는 너무 커서 기도 방석에 두고 때때로 보는데, 이것을 볼 때마다 '이 공주들이 나를 이렇게 좋아하는구나' 하며 씩 웃습니다. 이것은 저를 향한 워십 팀의 사랑의 마크입니다.

제가 이것을 보고 '우리 딸들이 춤도 잘 추고 나도 이렇게 좋아하는구나' 라는 것을 알았습니다. 제가 그들을 사랑하고 위해서 기도하고 있었는데, 그들도 저를 사랑한다는 마크를 보내 주니 얼마나 좋습니까?

때로는 저도 운전하면서 가다가 아내 손을 잡아 줍니다. 그것은 "I love you"라는 사인입니다. 그러면 아내도 "Me, too"라는 사인을 보내 줍니다. 재미있습니다. 그러나 제가 제 아내 손을 잡지 않고 다른 여자의 손을 잡으면 어떻게 되겠습니까? 제가 다른 여자의 손을 잡고 "I love you"라고 한다면 그것은 병든 사랑, 더러운 사랑입니다. 거기에는 축복이 없습니다. 남편과 아내가 사랑을 주고받는 거기에 축복이 있는 것입니다.

그런데 때로는 아내가 "Me, too"라는 사인을 보내 주지 않습니다. 아내의 마음이 상해 있을 때는 제 말에 응답을 해주지 않습니다. 그러면 제가 참 힘듭니다.

하나님께서 "내가 너를 사랑한다" 하시며 우리에게 십자가를 주셨습니다. 우리도 "주님, 저도 주님을 사랑해요"라는 마크를 하나님께 보여드려야 합니다.

그 마크가 무엇입니까?

요한일서 5장 3절에 답이 있습니다.

"하나님을 사랑하는 것은 이것이니 우리가 그의 계명들을 지키는 것이라 (This is love for God: to obey his commands) 그의 계명들은 무거운 것이 아니로다(And his commands are not burdensome)."

우리가 하나님을 사랑하면 그 계명을 지키게 됩니다. 그리고 그 계명을 지키는 것이 무겁지 않습니다. 왜입니까? 사랑하기 때문입니다.

제 손자 준이의 몸무게가 17kg 정도 되는데, 그 아이가 "할아버지 아빠!" 하며 안아 달라고 합니다. 그러면 제가 그 아이를 번쩍 들어서 안아 줍니다. 무겁겠습니까? 무겁지 않겠습니까? 무겁지만 그래도 그 아이를 안고 있으면 제가 좋기만 합니다. 왜입니까? 사랑 때문입니다.

대처 수상은 세계 최고의 강한 여자이고 성공한 여자라 할 수 있습니다. 그런데도 남편의 식사는 절대로 가정부에게 맡기지 않았답니다. 수상 직에 있을 때도 남편이 먹을 음식은 자기가 직접 마켓에서 장을 봐 손수 만들었답니다. 남편의 와이셔츠 단추를 달아야 할 때도 가정부에게 맡기지 않고 자기가 직접 달았답니다. 왜입니까? 남편을 사랑하기 때문입니다. 남편을 사랑하니 그것이 짐이 되지 않는 것입니다.

"하나님 말씀이 무겁다. 성경이 무겁다"라고 하는 사람은 하나님을 사랑하는 마음이 없어서입니다. 하나님을 사랑하면 하나님 말씀이, 성경이 무겁지 않습니다. 할렐루야!

하나님을 사랑하는 증거는 내 부모님을 공경하는 것입니다. 말씀대로 부모님을 공경하는 것이 하나님을 사랑하는 마크입니다. 말씀대로 내 남편을 사랑하고, 내 남편에게 복종하는 것이 하나님을 사랑하는 마크입니다. 알고 보니 내 아내가 내가 기대한 여자가 아니더라도, 말씀 때문에 아내를 사랑하고 그대로 이해하고 받아주는 것이 하나님을 사랑하는 증거입니다.

미국에서 있었던 실화를 바탕으로 만든 영화를 보았습니다. 유능한 한 변호사가 있었는데 믿음도 아주 좋은 훌륭한 크리스천이었습니다. 그의 부인이 몸이 좋지 않아 병원에 갔다가, 너무나 핸섬하고 친절한 담당의사에게 반하고 말았습니다. 그러니 그 부인이 병이 낫지 않기를 바랍니다. 여자의 마음은 정말 갈대와 같이 잘 흔들리나 봅니다.

"바람에 날리는 갈대와 같이 언제나 변하는 여자의 마음."

그 부인은 병이 다 나았어도 자꾸 그 병원에 갑니다. 그 의사가 정직한 의사라면 그 부인에게 이제 병원에 오지 말라고 해야 할 텐데, 바람기가 있는 의사인지라 부인의 마음을 읽고 그냥 둡니다.

하루는 그 의사가 자기 친구의 별장 키를 빌려서 부인과 함께 그 별장으로 갑니다. 차를 몰고 앞서가는 의사의 뒤를 부인이 따라갑니다. 가는 동안 부인의 가슴이 자꾸 뜁니다. 드디어 두 사람이 불륜 행각을 벌이려 합니다. 숨가쁜 시각입니다.

그런데 바로 그때 문을 여는 소리가 들립니다. 여행을 가려 했던 별장 주인인 친구가 계획이 바뀌어, 친구와 함께 시간을 보내려고 늦은 밤이지만 별장으로 왔던 것입니다. 문을 여는 소리를 듣고 의사가 소리쳤습니다.

"누구야?"

"나야, 나. 계획이 바뀌어서 자네와 놀려고 왔네."

의사도 놀랐지만 더 놀란 사람은 그 부인이었습니다. 부인은 옷도 제대로 입지 못하고 자기 옷을 끌어안고 뒷문으로 도망 나왔습니다. 그러나 갈 곳이 없습니다. 집에 가야 되지만 집으로 갈 수 없는 병든 여자가 된 것입니다. 자기 집이 있는데 자기 집에 가지 못하는 여자는 병든 여자입니다.

여자는 어느새 운전해 오다 보니 자기 집 앞에 와 있습니다. 하지만 집으로 들어가지 못하고 '내가 미쳤지. 내 정신이 아니었지. 오늘 이 일이 꿈이었으면 좋겠네. 꿈이었으면 좋겠네' 하며 가슴을 칩니다.

그때 그의 남편이 나옵니다.

"여보, 당신 왜 거기에 있어? 집에 안 들어오고? 감기 들어. 어서 들어와요."

부인은 아무 말도 하지 못합니다.

"어서 들어와요. 밤새껏 당신을 기다렸어. 어서 들어와요. 여기는 당신 집이잖아."

내 집인데 내가 마음대로 들어가지 못하는 집, 내 집인데 내가 들어가기 어려운 집, 얼마나 아픈 인생입니까? 한참 만에 부인이 입을 엽니다.

"여보, 미안해요. 내가 내 정신이 아니었나 봐요. 내가 미쳤었나 봐요."

그러자 남편이 "말하지 말아요!(Stop, please!) 말하지 말아요!" 하며 자기 아내를 안고 "나는 다 알아요. 당신은 사람이니 흔들릴 수 있지. 당신은 신이 아니잖아(You are not God). 괜찮아"

라고 합니다.

와! 그 남자의 가슴이 바다같이 넓었습니다. 만일 저에게 그런 일이 있었다면 "죽여 버릴 거야" 하며 몽둥이를 들고 난리를 쳤을 것입니다. 자기 남편을 두고 다른 남자와 놀아나는 것은 자기 남편을 죽이는 일입니다. 정말 그 남편이 얼마나 초라해지겠습니까? 그렇게 아픈 일을 어떻게 이겨내겠습니까?

그러나 그는 크리스천입니다.

"여보, 당신은 하나님이 아니잖아. 사람은 약해서 그럴 수 있어. 괜찮아."

이것이 하나님을 사랑하는 사람의 마크입니다.

미국의 모든 사람들이 "와! 멋진 남편! 멋진 남편!" 하며 그 변호사에게 박수를 보내지 않았겠습니까? 내 남편의 두 다리가 잘려도 그 모습 그대로 남편을 사랑하는 것, 내 남편이 성불구자가 되어도 그 남편을 끝까지 사랑하는 것, 그것이 하나님을 사랑하는 마크입니다.

이렇게 살면 하나님의 영광이 빛이 나고, 교회가 빛이 나고, 자신도 존귀하게 됩니다. 또 세상 사람들에게도 '교회는 역시 다르구나'라는 생각을 심어 주게 되어, 우리 주님의 피로 값 주고 세우신 교회가 영광스럽게 될 줄 믿습니다.

운동장에서 달음질하는 자들이 다 달릴지라도 오직 상을 받는 사람은 한 사람인 줄을 너희가 알지 못하느냐 너희도 상을 받도록 이와 같이 달음질하라 이기기를 다투는 자마다 모든 일에 절제하나니 그들은 썩을 승리자의 관을 얻고자 하되 우리는 썩지 아니할 것을 얻고자 하노라 그러므로 나는 달음질하기를 향방 없는 것같이 아니하며 내가 내 몸을 쳐 복종하게 함은 내가 남에게 전파한 후에 자신이 도리어 버림을 당할까 두려워함이로다

고린도전서 9장 24-27절

상을 받는 자

세례 요한은 예수님께서 오시는 첩경을 평탄하게 하러 왔습니다. 여기에서 평탄하게 한다는 것은 도로처럼 길을 닦는 것이 아니라 심령을 깨끗하게, 정결하게 하는 것을 말합니다. 그래서 세례 요한이 회개하는 세례를 베풀었습니다.

저는 지금 굉장히 행복합니다. 오늘 예배를 마친 후 또 죄를 지

을지는 모르지만, 지금 이 시점에서는 하나님 앞에 거리낌이 없으니 행복하고 기쁜 것입니다. 우리의 심령이 맑고 깨끗할수록 행복하고, 죄를 지을수록 고통이 큽니다. 우리는 맑은 사람이 되어야 합니다.

유명한 뮤지컬 배우 윤석화 씨는 어린 시절부터 믿음 생활을 했는데, 언젠가부터 교회를 잊고 살았답니다. 그러다 목이 너무 심하게 아팠는데 아무리 해도 낫지를 않았답니다. 이는 뮤지컬 배우로서는 치명적인 문제라 심각하게 고민하게 되었습니다. 주변 사람들이 "석화 씨, 그러지 말고 목사님을 찾아가 기도를 받아 보세요"라고 했습니다.

다른 방법이 없어 목사님을 찾아가 기도를 받는데, 기도 받는 시간에 갑자기 통곡이 터져나오고 생각지도 않은 방언의 은사를 받았습니다. 목도 깨끗이 치유되었습니다.

감격한 그는 다시 신앙을 회복하고 다음과 같은 3D의 자세로 살게 되었답니다.

> Dignity(존엄)! 나는 하나님의 자녀이니 존엄하게 살리라.
> Dream(꿈)! 나는 하나님이 주신 꿈을 이루며 살리라.
> Devotion(헌신)! 나는 주님을 위해 몸 바쳐 헌신하리라.

그러나 그가 기도를 받으며 은사를 받은 그때 구원받은 것은 아닙니다. 어린 시절, 교회에 나갈 때 이미 구원받은 줄로 믿습니다. 하나님은 한 번 구원한 사람은 절대로 잊지 않으십니다. 하늘에 있는 수많은 별들의 이름까지 아시는 하나님께서 우리를 모르시겠습니까?

우리나라 시단의 거인인 서정주 씨는 원래 불교인으로 불교계의 자랑이었고, 동국대학교 문리대학 학장까지 했던 분입니다. 그런 그가 미국에서 아들을 따라 교회에 갔다가 예수님을 만나 구원을 받았습니다. 그는 기뻐서 "나는 죄 문제를 해결했다. 나는 구원이 무엇인지 알았다"라고 외쳤습니다. 할렐루야!

우리 기독교는 하루 교회에 나와 예수님을 믿어도 구원받는 생명의 종교입니다. 그러니 예수님을 2년, 3년, 5년, 20년 동안 믿으면서도 '내가 구원받았나?' 라는 생각은 할 필요가 없습니다. 예수님을 믿게 된 그날 구원받은 것입니다.

 "나를 보내신 아버지께서 이끌지 아니하시면 아무도 내게 올 수 없으니" (요 6:44).
"또 성령으로 아니하고는 누구든지 예수를 주시라 할 수 없느니라"(고전 12:3).

우리가 은사를 받았든 받지 않았든, 예수님을 믿으면 그날 구원받은 것입니다. 그래서 구원받기 위해 할 일은 아무것도 없습니다. 성령으로 말미암아 거듭나게 된 것입니다. 하나님의 은혜로 죄 사함을 받고 하나님의 자녀가 된 것입니다. 그러니 더 이상 구원을 위해 기도하는 것으로 하나님을 피곤하게 하지 말고, 더 귀하고 자랑스러운 하나님의 자녀로 성장해 나가야 합니다.

오늘 본문에는 특별히 하나님께 상 받는 자가 되도록 경기를 잘하라고 말씀합니다.

상은 좋은 것입니다. 이 세상 모든 곳에 상이 있습니다. 아기가 자라 제일 먼저 가는 선교원에도, 유치원에도, 어린이집에도 상이 있습니다. 제가 우리 교회 선교유치원 원장을 오랫동안 하면서 보니, 졸업식 때 상을 받지 못하는 아이는 하나도 없었습니다. 백 명이면 백 명 다 상을 받는데 그런 상을 받아도 좋아합니다. 아이도 엄마도 다 좋아합니다.

초등학교, 중학교, 고등학교, 대학교에도 다 상이 있습니다. 회사에도 상이 있고, 군에도 상이 있습니다. 군에서 최고 상은 휴가인데, 일주일씩 휴가 상을 받으면 동료들이 얼마나 부러워하는지 모릅니다. 저도 군에 있을 때 포상 휴가를 네 번이나 받았습니다.

또 사업을 잘해서 수출을 많이 하면 정부에서 상을 줍니다. 세계적으로 큰 업적을 이룬 사람에게는 노벨상을 줍니다. 엄청난 상금이 따르는 상도 있습니다. 골프 챔피언이 되면 상금이 얼마나 많은지, 보통 사람이 일생 버는 것보다 많은 돈을 한 게임에서 받게 됩니다.

그러나 이 세상의 상은 세월이 지나면 별 의미가 없습니다. 트로피는 녹이 슬고, 상장은 누렇게 퇴색되고, 죽을 때는 그 상의 가치도 아무것도 아닌 것이 됩니다.

저는 어릴 때부터 받은 상장이 언젠가 쓰일지 모른다는 생각에 그것을 차곡차곡 쌓아 놓았습니다. 그런데 신촌에서 이사할 때 그것이 굴러 나와서 보니, 세상에! 종이는 누렇게 변해 있고 글씨는 퇴색되어 볼 수가 없었습니다. 그 상장을 받을 때는 가슴 뛸 정도로 좋아했는데 지금은 그 의미가 거의 없는 것입니다.

그러나 받을 때도 좋지만 영원히 빛나는 상이 있습니다. 그것은 하늘의 왕이요 땅의 왕이신, 영원하신 하나님께서 주시는 상입니다. 하나님은 상 주시는 분입니다.

우리는 모두 경기장에 있습니다. 우리가 살아가는 삶의 모든 현장, 상황, 길목이 다 경기장입니다.

히브리서 12장 1절에 "이러므로 우리에게 구름같이 둘러싼 허다한 증인들이 있으니 모든 무거운 것과 얽매이기 쉬운 죄를 벗어 버리고 인내로써 우리 앞에 당한 경주를 하며"라고 말씀합니다.

우리가 경주하는 것을 하나님도 보시고, 천사들도 보고, 먼저 간 성도들도 보고, 우리 주변의 많은 사람들도 보고 있습니다. 교회도, 가정도, 일터도 다 우리의 경기장입니다. 그 경기장에서 경기를 잘하여 상 받는 우리 모두가 되어야 할 줄로 믿습니다.

오늘 본문 24절을 보면, 경기장에서 상 받는 자는 하나라고 합니다. 그러나 하나님의 교회에서는 아닙니다.

세계적인 주간 잡지 〈타임〉지에서는 해마다 '올해의 인물'을 선정합니다. 해마다 세계적으로 영향을 크게 끼친 인물들을 선정하는데, 2004년도에는 미국 대통령 부시, 2005년도에는 빌 게이츠와 그의 부인, 그리고 아프리카 가난한 자들의 질병 퇴치를 위해 힘쓴 아일랜드의 유명한 가수 보노가 선정되었습니다.

그런데 2006년도에는 특정한 인물을 선정하지 않고 '당신(you)'으로 정했습니다. 이것은 '당신은 중하다. 이 세상의 모든 사람이 나름대로 역사를 이루는 데 한몫을 감당하고 있다' 라는 뜻입니다. 〈타임〉지에 '올해의 인물'이 선정될 때마다 '나는 언제 선정되나?' 라는 생각을 해보았는데 이제 저도 선정된 것입니다. 그래서 기분이 참 좋습니다.

경기장에서 달리기를 하면 1등, 2등, 3등이 나옵니다. 그러나 하나님은 비교하여 상 주시는 것이 아니라, 충성한 대로 상 주십니다. 제가 최선을 다해 충성하면 금상을 주시고, 조금 게으르게 충성하면 은상을 주시고, 조금 더 게으르면 동상을 주시고, 그렇지 않으면 벌을 주십니다.

골로새서 3장 25절에 "불의를 행하는 자는 불의의 보응을 받으리니"라고 말씀합니다. 하나님은 상도 주시지만 벌도 주십니다. 그러나 다른 사람과 비교하시는 것이 아니라, 우리가 우리의 인생 코스를 달려가는 대로 판단하여 상을 주시는 것입니다.

우리가 하나님께 상 받는 자가 되려면 어떻게 해야 됩니까?
상 주시는 하나님께서 우리의 살아가는 모든 과정에서 항상 채점하고 계심을 믿고 달려가야 합니다.

히브리서 11장 6절에 "믿음이 없이는 하나님을 기쁘시게 하지 못하나니 하나님께 나아가는 자는 반드시 그가 계신 것과 또한 그가 자기를 찾는 자들에게 상 주시는 이심을 믿어야 할지니라"라고 말씀합니다.

하나님은 상 주시는 분입니다. 우리는 언제나 그 상을 생각해야 합니다. 바울이 그렇게 열심히 달린 것은 상 받기 위해서입니다. 우등생은 늘 '내가 수석해야지, 1등 해야지' 라며 상을 생각합니다.

제가 아는 한 목사님은 신학교 때 수석하려고 열심히 공부했는데 2등을 했습니다. 목사님은 마음으로 울며 더 열심히 공부하여 2학기에는 1등을 했습니다. 날마다 상을 생각하며 공부하는 학생이 우등생이 됩니다. 그러나 열등생은 1등 한다는 것을 생각도 하지 않습니다. '졸업만 하면 되지' 하고 학교에 다니는데, 그러다가는 졸업도 하지 못할 수 있습니다.

예수님을 믿으면서도 하나님께서 주시는 상에 민감하지 못한 사람은 열등한 크리스천입니다. '하나님께 상을 받아야지, 하나님 앞에서 큰 면류관을 받아야지' 하는 사람이 우등생 크리스천이 되는 것입니다. 우리 양곡교회 교인들은 모두 다 우등생 크리스천이 되기를 바랍니다. 우리 목사님들도 우등생 목사님이 되기를 바랍니다.

하나님께서는 상 주시는 분임을 잊어서는 안 됩니다.

우리가 상을 받기 위해 노력해야 할 것이 있습니다.

달음질을 잘해야 합니다

본문 24절에 "운동장에서 달음질하는 자들이 다 달릴지라도 오직 상을 받는 사람은 한 사람인 줄을 너희가 알지 못하느냐 너희도 상을 받도록 이와 같이 달음질하라"고 말씀합니다.

따라 합시다.

"너희도 상을 받도록 이와 같이 달음질하라."

100m를 뛰든, 1000m를 뛰든, 얼마를 뛰든 경기하는 선수는 사력을 다해 달립니다. 이와 같이 우리 성도들은 상을 받도록 자기가 하는 일에 열심을 다해 달음질해야 하는 것입니다.

목사가 하는 경기는 목회를 열심히 하는 것입니다.

사업가가 하는 경기는 사업을 열심히 하는 것입니다.

선생님의 경기는 준비를 잘해서 학생들이 깜짝깜짝 놀라게 가르치는 것입니다.

학생의 경기는 선생님 말씀을 잘 듣고, 복습과 예습을 잘하고, 선생님들이 깜짝 놀랄 정도로 답안을 쓰는 최고의 학생이 되는 것입니다.

가정주부의 경기는 가정을 천국처럼 만들고, 식구들이 깜짝깜짝 놀랄 창의적인 요리를 하고, 집안의 분위기를 아늑하고 아름답게 자꾸 바꾸면서 교회 같은 가정, 천국 같은 가정을 이끌어 가는 것입니다.

마틴 루터 킹 목사님은 "당신이 환경 미화원이라면 미켈란젤로가 그림을 그리는 열정으로, 베토벤이 교향곡을 만드는 열정으로, 셰익스피어가 시를 쓰는 열정으로 청소하라"고 했습니다.

'내가 하는 일이 무엇이든지 최선을 다해 열심히 달음질하라.'
이것이 하나님께 상 받는 일이 되는 것입니다. 그리고 세상에서 사람에게서도 상 받는 일이 됩니다.

저는 때때로 쉬브를 생각합니다. 그는 초등학교 출신으로 카네기 회사에 청소부로 들어갔습니다. 사무실 안만 청소하면 되는데, 사무실 안은 물론 바깥까지도 거울같이 깨끗하게 청소했습니다. 서울의 일류 호텔에 묵어 보면 티끌 하나 없습니다. 엘리베이터 안이나 카펫이나 먼지 하나 없습니다. 그러나 삼류 호텔에는 구석구석에 먼지가 있습니다. 우리 양곡교회도 티끌 하나 없는 깨끗한, 일류 교회가 되기를 바랍니다. 환경도 중요합니다.

쉬브는 청소부로서 최선을 다했습니다. 그런 그의 모습에 모든 사원들이 감동을 받았습니다. 나중에 회사에서 그에게 사무실 일을 하게 했더니, 그에게 맡겨진 일의 150%, 200%로 일했습니다. 카네기가 그것을 알고 그를 비서로 채용했는데, 얼마나 일을 잘했는지 모릅니다. 하루는 카네기가 새 사업을 위해 밤을 새우고 밖으로 나오니, 비서 쉬브가 서 있었습니다.

"아니! 이 사람아, 지금 몇 시인데 퇴근하지 않고 아직도 여기에 있는가?"

"회장님! 회장님이 계시는데 여기에 있는 것이 마땅하지요."

카네기가 나이가 들어 은퇴할 때, "누가 카네기의 후계자가 되는가? 쟁쟁한 인재들이 가득한 그 회사에서 누가 후계자가 되는 행운을 차지할 것인가?" 하며 세계인이 주목했습니다.

그런데 놀랍게도 초등학교 출신 쉬브가 후계자가 되었습니다. 청소부라도 최선을 다해 달음질하면 하나님만 상 주시는 것이 아니라 사람도 상을 줍니다.

"네가 자기 사업에 근실한 사람을 보았느냐 이러한 사람은 왕 앞에 설 것이요 천한 자 앞에 서지 아니하리라"(잠 22:29 개역성경).

내가 하는 일이 목회든, 청소든, 무엇이든 근실하게 하면 땅에서도 존귀하게 되고, 하늘에서도 하나님께 상을 받게 됩니다.

저는 디모데전서 4장 15절 말씀을 무척 좋아합니다.

"이 모든 일에 전심전력하여 너의 진보를 모든 사람에게 나타나게 하라" (개역성경).

제 목회가 진보하는 것이 여러분 눈에 보이기를 원합니다. 제 설교가 진보하는 것이 여러분 앞에 나타날 수 있기를 바랍니다. 나이가 들수록 저의 설교가 발전해서 여러분이 "목사님은 은퇴하시면 안 됩니다. 90, 100세가 되어도 우리와 함께하셔야 합니다"라고 할 수 있기를 바랍니다. 그러기 위해서는 달음질을 잘해야 하는 것입니다.

절제해야 합니다

본문 25절에 "이기기를 다투는 자마다 모든 일에 절제하나니 그들은 썩을 승리자의 관을 얻고자 하되 우리는 썩지 아니할 것을 얻고자 하노라"라고 말씀합니다.

따라 합시다.

 "이기기를 다투는 자마다 모든 일에 절제하나니."

이 표현은 이스무스 경기에서 나왔습니다. 고린도의 이스무스 도시는 인구 60만 명의 대도시였습니다. 인구가 적은 그 당시에 60만 명이면 대도시입니다. 이렇게 굉장히 번영한 항구 도시인 이스무스에서 아테네 올림픽을 모방한 큰 경기가 2년마다 치러졌습니다. 달리기, 권투, 레슬링, 경마, 나중에는 로마의 격투기까지 채택되었습니다.

거기에 출전하는 선수는 10개월간 엄한 훈련(strict training)을 받으며 자신을 절제해야 했습니다. 그래서 "규칙을 지키겠습니다. 코치의 지도를 그대로 따르겠습니다. 정해진 음식만 먹고 정해진 시간에 자겠습니다. 매를 때려도 맞겠습니다"라는 서약을 했습니다. 10개월간 그렇게 절제하며 훈련받고 경기에 나가 싸우는데, 거기에서 1등 한 사람이 월계관을 받습니다.

그러나 그 대단한 월계관도 곧 시들고 썩습니다. 월계관을 받을 때는 "야!" 하지만 그것은 잠시뿐입니다. 오늘 성경은 말씀합니다. "시들고 썩을 면류관을 위해서도 그렇게 자기 몸을 쳐서 절제하는데, 영원히 썩지 아니할 영광의 면류관, 상을 받기 위한 우리는 하물며 더 절제해야 하지 않겠느냐?" 할렐루야!

유다서 1장 10절에 "그들은 이성 없는 짐승같이 본능으로 아는 그것으로 멸망하느니라"라고 말씀합니다.

마귀는 언제나 "본능은 좋은 것이다. 본능대로 살아라. 하고 싶은 대로 하라"고 유혹합니다. 그래서 본능대로 선악과를 따 먹었다가 망하고, 본능대로 들릴라를 품었다가 눈이 뽑히고, 본능대로 금과 은을 취했다가 식구들이 맞아 죽는 것입니다.

사무엘하 13장에 다윗의 왕자 암논이 나옵니다. 암논은 다윗 왕의 첫 아들로 왕이 될 왕자인데, 자기 이복누이(half sister) 다말을 사랑해서 병이 날 정도가 되었습니다. 자기 여동생을 사랑하는 그 본능은 절제해야 하는데 암논은 절제하지 못했습니다. 거짓말로 아프다며 누워 있다가 다말이 병문안을 오자, 모든 하인들을 내보내고 침실로 끌고 가서 그러지 말라고 사정하며 매달리는 여동생을 폭행하고 범했습니다.

그러면 행복할 줄 알았는데 암논은 오히려 마음이 괴롭고 쓰디썼습니다. 다말이 싫어져서 다말을 쫓아내고 문빗장을 걸었습니다. 그리고 그는 그 일로 2년간 괴롭게 지내다 2년 만에 다말의 친오빠 압살롬의 칼에 난도질당하여 죽습니다. 순간의 본능을 절제하지 못하여 그렇게 된 것입니다.

민수기 25장을 보면, 시므리라는 남자의 슬픈 사건이 나옵니다. 그 앞 장을 보면 매혹적인 모압 여자들이 하나님을 섬기는 이스라엘 남자들에게 초청장을 주며 "○○일에 우리 제사가 있는데 거기에 참석해 주세요"라고 유혹합니다. 기가 막히게 아름다운 미인들이 초청하니, 이스라엘 남자들이 하나님을 섬기면서도 그 미인들을 따라가서 우상 숭배 의식을 행하는 데 함께 있다가, 그 술을 마시고 술기운에 그 미인들과 행음을 합니다.

그러니 하나님께서 진노하셔서 책임 있는 두령들을 나무에 목매달아 죽이게 하시니 그 훌륭한 족장들이 죽게 됩니다. 그리고 행음한 사람들도 다 죽음을 당합니다. 졸지에 아들을 잃고, 오빠를 잃고, 남편을 잃고, 아빠를 잃은 이스라엘 백성들이 통곡을 하니, 온 이스라엘이 통곡의 바다가 됩니다. 게다가 전염병이 계속됩니다.

그런 무서운 시간에 시므리라는 남자가 고스비라는 모압 여자와 행음합니다. 아주 매혹적인 여자 고스비를 보자 그만 본능의 불이 붙어 많은 사람들이 통곡하고 지켜보는데도 아랑곳하지 않고, 그 여자를 장막으로 데리고 가서 행음하는 것입니다. 그것을 보고 아론 제사장의 손자, 엘르아살의 아들 비느하스가 분개해서 창을 들고 그 장막에 들어가 그 남녀를 한 창에 찔러 죽입니다.

그러자 하나님께서 시원해 하시고 전염병을 그치게 하십니다. 시므리도 귀한 집의 아들인데 잠시의 정욕, 본능을 절제하지 못해 망한 것입니다.

제가 목사 위임을 받을 때 지금 장로회신학대학 총장님이신 김중은 교수님의 부친 김경도 목사님께서 제게 권면하셨는데, 무슨 말씀을 하셨는지 아십니까? 제가 목사가 되어서 일생 붙잡아야 할, 가장 중요한 말씀을 하시는 때이니 "열심히 기도하시오, 열심히 말씀 연구하시오, 열심히 심방하시오"라고 할 줄 알았는데, 아니었습니다. 권면하신 말씀 중 "첫째로 여자를 조심하라, 둘째로 돈을 조심하라, 셋째로 명예를 조심하라"는 것이었습니다.

그때 제 마음이 편하지 못했습니다. 멀리서 손님들까지 와 계시는데 새파란 청년 목사에게 어르신 목사님께서 '여자를 조심하고,

돈을 조심하고, 명예를 조심하라'고 하시니, 거기에 참석한 사람들이 저를 여자 문제나 돈 문제가 있는 사람처럼 생각할 것 같았습니다. 그래서 제 얼굴이 빨개졌고 속으로 이렇게 말했습니다.

"목사님, 이 많은 손님들 앞에서 어찌 이런 망신을 당하게 하십니까? 그런 권면은 안방에서 하셔야지요. 목사에게 여자 조심하라, 돈 조심하라, 명예욕 조심하라는 말씀을 하시다니요. 연세가 드시니 그렇습니까?"

그러나 세월이 지나니 '아! 그 목사님께서 나를 사랑해서 그런 말씀을 주셨구나' 라고 깨닫게 되었습니다. 부나비들이 불에 타 죽듯이, 적지 않은 주의 종들이 여자, 돈, 명예욕의 문제로 나래를 접는 것입니다. 목회자 뿐만이 아닙니다. 하나님의 존귀한 사람들이 순간의 본능, 욕심을 절제하지 못해 인생을 마감하고 있습니다.

경기에 우승을 하려면 절제해야 합니다. 감정을, 분노를, 화내는 말을 다 절제해야 합니다. 우리 마음을 잘 다스려야 합니다.

잠언 16장 32절에 "노하기를 더디하는 자는 용사보다 낫고 자기의 마음을 다스리는 자는 성을 빼앗는 자보다 나으니라"라고 말씀합니다.

길을 가다 멋진 사람을 보면 눈이 한 번 더 갈 수 있습니다. 그러나 그것으로 끝나야지, 더 나아가면 안 되는 것입니다.

욥은 하나님 앞에 서약했습니다.

"내가 내 눈과 약속하였나니 어찌 처녀에게 주목하랴 그리하면 위에 계신 하나님의 내리시는 분깃이 무엇이겠으며 높은 곳의 전능자께서 주시는 기업이 무엇이겠느냐 불의한 자에게는 환난이 아니겠느냐 행악자에게는 불행이 아니겠느냐 그가 내 길을 살피지 아니하시느냐 내 걸음을 다 세지 아니하시느냐(Does he not see my ways and count my every step?)"(욥 31:1-4).

욥이 자기 아내는 할머니이고, 자기 집의 종들은 젊고 예쁜 아가씨들이니 '아! 예쁘다' 하는 마음이 들었을 것입니다. 그러나 곧 '이것은 좋은 마음이 아니구나. 하나님, 저는 처녀는 주목하지 않겠습니다' 하고 절제한 줄로 믿습니다.

모든 일에 절제하는 여러분과 제가 되어 끝까지 잘 달려가기를 축원합니다.

법대로 해야 됩니다

본문 26절에 "그러므로 나는 달음질하기를 향방 없는 것같이 아니하고 싸우기를 허공을 치는 것 같이 아니하며"라고 말씀합니다.

따라 합시다.

 "향방 없는 것같이 아니하고."

방향 없는 것같이 그냥 뛰면 안 됩니다. 마라톤을 하든, 100m 경기를 하든, 경기 코스와 규칙대로 뛰어야 합니다. 아무리 빨리 달려도 방향 없이 달리면 상이 없습니다. 달리기는 원래 시계 반대 방향으로 달립니다. 모두 정해진 방향으로 달리는데, 한 사람이 반대 방향으로 달리면 아무리 빨리 달려도 그 사람은 상이 없습니다.

디모데후서 2장 5절에도 "경기하는 자가 법대로 경기하지 아니하면 면류관을 얻지 못할 것이며"라고 말씀합니다.

법대로 해야 합니다. 아무리 실력이 있고 열심히 해도 법대로 하지 않으면 안 됩니다.

다윗 왕이 "압살롬을 죽이지 말라"고 했습니다. 그런데 요압이 왕의 법을 깨고 압살롬을 죽였습니다. 그러니 요압은 전쟁에 이기고도 인사를 듣지 못하고 훗날 솔로몬의 칼에 죽습니다. 다윗이 솔로몬에게 "솔로몬아, 요압을 죽이라"고 했기 때문입니다.

인생의 법은 하나님의 법에 따라야 합니다. 주일을 지키고, 십일조를 드리고, 정직하게 살고, 도둑질하지 않아야 하는 것입니다. 무슨 일을 하든 하나님의 법을 따라야 하는 것입니다.

한 남자가 신문을 보다가, 어떤 사람이 도둑질하고 감옥에 들어가 오랫동안 감옥 생활을 하는 기사를 보고 그의 아내에게 말했습니다.

"여보, 도둑질하면 평생 후회하게 되나 봐."

"그렇겠지요. 그런데 당신이 결혼 전에 제게 키스 도둑질한 것은요?"

"그래, 그래서 내가 이렇게 후회하며 산다오."

남편이 키스 도둑질한 것 때문에 자기 아내와 결혼해서 후회하며 산다는 것입니다.

그러나 과거에 지키지 않은 것, 과거에 실수한 것은 어떻게 하겠습니까? 과거의 것은 잊어버리고 새롭게 전진해야 합니다.

대통령 선거가 끝났으니 하는 이야기지만, 저는 그때 참 마음이 아팠습니다. 후보들이 "나는 한국을 이렇게 이끌어 가겠다. 경제는 이렇게, 교육은 이렇게, 문화는 이렇게, 사회는 이렇게……" 하며 정책 대결을 해야 되는데, 상대방의 과거를 물고 늘어지는 사람들이 있었습니다.

제가 미국에 가면 영어 공부를 하려고 TV를 보는데, 한번은 미국 대선 후보들이 나와서 토론을 하는 것이었습니다. 그들은 서로 웃고 농담도 하면서 "나는 이렇게 하겠다"라는 정책 대결을 했습니다. 그런데 우리나라에서는 정책 대결이 아니라, 마치 피 터지는 싸움을 하는 것 같습니다. 앞으로는 이런 선거가 없기를 바랍니다. "그런 짓을 한 네가 무슨 일을 하겠다고?" 하는 것, 사람의 과거를 들추는 것은 마귀가 하는 일입니다.

하나님은 우리의 죄를 사해 주시고 기억도 아니 하십니다.

너희 죄 흉악하나 눈과 같이 희겠네
너희 죄 사해 주사 기억 아니하시네. 할렐루야!

따라 합시다.
"어제는 어제일 뿐이다."
어제는 어제입니다. 실패해도, 잘못 살아도, 어제로 끝났으니 뉘우치고, 회개하고, 끝내야 합니다. 오늘은 새날입니다. 그러니 새롭게 전진해야 합니다.
돌아오지 않는 것 세 가지가 있답니다.
'쏘아버린 화살, 내뱉은 말, 잃어버린 시간.'
쏘아버린 화살도, 내뱉은 말도, 지나간 시간도 돌이킬 수 없습니다. 그것은 하나님 앞에 다 묻어버리고 앞으로 잘살아야 하는 것입니다.

저와 여러분이 다같이 달음질을 잘하고, 절제를 잘하고, 그리고 법대로 달려가 땅에서도 복을 받고, 마지막 날에 하나님 앞에서 큰 상을 받고 면류관을 받아 쓰게 되기를 축원합니다.

빛나는 면류관!

천국에서도 우리는 다 다르게 삽니다. 땅에서 심은 대로 살게 됩니다. 사는 집도 다르고, 계급도 다릅니다. 어떤 사람은 큰 저택에서 살고, 어떤 사람은 연립주택에서 삽니다. 어떤 사람은 면류관을 쓰고 살고, 어떤 사람은 맨머리로 삽니다.

하나님 앞에서 큰 상을 받고, 큰 집에서 살고, 면류관을 쓰는 우리 모두가 되기를 축원합니다.

2부

심장에 새겨진 사람

이틀이 지나면 유월절과 무교절이라 대제사장들과 서기관들이 예수를 흉계로 잡아 죽일 방도를 구하며 이르되 민란이 날까 하노니 명절에는 하지 말자 하더라 예수께서 베다니 나병환자 시몬의 집에서 식사하실 때에 한 여자가 매우 값진 향유 곧 순전한 나드 한 옥합을 가지고 와서 그 옥합을 깨뜨려 예수의 머리에 부으니 어떤 사람들이 화를 내어 서로 말하되 어찌하여 이 향유를 허비하는가 이 향유를 삼백 데나리온 이상에 팔아 가난한 자들에게 줄 수 있었겠도다 하며 그 여자를 책망하는지라 예수께서 이르시되 가만 두라 너희가 어찌하여 그를 괴롭게 하느냐 그가 내게 좋은 일을 하였느니라 가난한 자들은 항상 너희와 함께 있으니 아무 때라도 원하는 대로 도울 수 있거니와 나는 너희와 항상 함께 있지 아니하리라 그는 힘을 다하여 내 몸에 향유를 부어 내 장례를 미리 준비하였느니라 내가 진실로 너희에게 이르노니 온 천하에 어디서든지 복음이 전파되는 곳에는 이 여자가 행한 일도 말하여 그를 기억하리라 하시니라

마가복음 14장 1-9절

심장에 새겨진 사람

 청주시 우산동 3통 2반에 한 모자가 살고 있었습니다. 세 살배기 아들을 지극한 사랑으로 기르던 어머니는, 어느 날 오후 아들에게 간식을 만들어 주려고 가게에 갔습니다. 밀가루를 사 가지고 돌아오는 길에 철길 건너편에 있는 엄마를 보고 반가워하며 철길로 달려오는 아들을 보게 되었습니다.

그런데 그때 그 철길로 청량리행 열차가 막 진입해 들어오는 것이 보였습니다. 어머니는 아이에게 오지 말라고 다급하게 소리를 질렀지만, 기차 소리에 놀라 넘어진 아이는 엄마 쪽으로 오려고 더 기를 썼습니다. 다급해진 어머니는 철길로 뛰어들어 아들을 철길 밖으로 던져 아이의 생명을 구했습니다. 하지만 어머니는 미처 기차를 피하지 못해 세상을 떠났습니다.

얼마나 고귀한 사랑입니까? 그러나 그 어머니가 목숨을 버린 것은 아들을 위해 자기 목숨을 던지기로 미리 계획한 것이 아닙니다. 자신이 목숨을 버리지 않으면 아들을 살릴 수 없는 상황이 되어 그렇게 한 것입니다.

하지만 우리 예수님은 이 세상에 즉흥적으로 오시거나 상황이 어쩔 수 없게 되어 십자가를 지신 것이 아닙니다. 예수님께서 이 세상에 오신 것은 하늘나라에서 계획하신 일입니다. 예수님은 우리 죄를 대신 지고 희생의 피를 흘리시려고 하늘 보좌를 버리고 이 땅에 오셨습니다. 우리는 주님의 그 고난, 그 희생, 그 고마움을 늘 기억하며 하나님을 잘 섬겨야 하겠습니다.

이 고마우신 예수님께서 유월절 이틀 전에 베다니로 가셨습니다. 베다니는 예루살렘에서 동쪽으로 약 3km 떨어진 마을인데, 베다니에 살던 시몬이 집에서 잔치를 벌여 예수님과 그 제자들을 잘 대접하고 있었습니다.

그리고 그때는 대제사장과 서기관들이 예수님을 잡아 죽이려고 혈안이 되어서 기회를 찾고 있을 때였습니다. 그러나 지금은 유월절 이틀 전이기 때문에 조심하고 있었습니다. 유월절에는 이스라엘 각처에 사는 유대인들이 예루살렘에 모여들어 큰 축제를 벌이기 때문입니다.

유월절의 기원은 출애굽기 12장에 잘 설명되어 있습니다. 하나님께서 강퍅한 바로를 비롯한 모든 애굽 백성들의 장자와 짐승의 첫 새끼까지 다 치실 때, 이스라엘 백성에게는 어린 양을 잡아 그 피를 좌우 문설주와 문 인방에 바르게 하시고, 그 피를 바른 집은 죽음의 사자들이 그냥 넘어가고, 넘어가고, 넘어가게 하셨습니다. 이것이 유월절(passover)의 유래입니다.

그러나 애굽 사람들은 의로워도 죽었습니다. 반면에, 이스라엘 백성은 죄가 많아도 살았습니다. 왜입니까? 어린 양의 피 때문이었습니다. 이런 하나님의 은혜를 기념해서 이스라엘 백성들은 지금까지 감사로 유월절을 지키는 것입니다.

이 유월절이 바로 십자가의 예표가 됩니다. 그리고 이 유월절은 신약의 십자가 사건과 하나의 짝을 이룹니다.

우리 예수님은 세상 죄를 모두 지고 가는 어린양으로 오셨습니다. 요한복음 1장 29절을 보면, 세례 요한은 예수님께서 자기 앞으로 나오시는 것을 보고 감격해서 말합니다.

 "보라! 세상 죄를 지고 가는 하나님의 어린양이로다."

우리에게 아무리 죄가 많고 우리가 아무리 부족해도, 우리 영혼의 문설주에 예수님의 피, 십자가의 피가 묻어 있으면 우리는 살게 됩니다. 아무리 의로운 사람이라도 그 영혼에 예수님의 피가 없으면 죽고, 아무리 죄인이라도 예수님의 피가 있으면 사는 것입니다.

예수님은 이것을 아셨습니다. 이제 때가 되면 예수님은 어린 나귀를 타시고 십자가를 지시려고 예루살렘으로 들어가셔야 합니다. 그러니 잔치 자리에서도 십자가 지실 것을 생각하시면서 음식을 드셨습니다. 예수님은 완전한 하나님이십니다. 또 완전한 사람이십니다. 그러니 채찍에 맞고, 침 뱉음을 당하고, 이리저리 끌려다니고, 재판을 받고, 십자가에 달려 계시다 돌아가시게 될 것을 생각하면, 예수님도 힘이 드셨던 것입니다.

마가복음 14장 34절을 보면 "내 마음이 심히 고민하여 죽게 되었으니"라고 말씀하셨습니다. 예수님이 얼마나 힘이 드셨으면 "내가 죽을 지경이다"라고 하셨겠습니까?

우리가 예수님을 믿어 기쁨을 누리고 복을 받지만, 때로는 예수님을 섬기는 것 때문에 직장에서, 가문에서, 어느 공동체에서 어려움을 당할 때가 있습니다. 그때도 주님의 고난을 생각하며 잘 인내하고 이겨야 되겠습니다.

주님이 이렇게 무거운 마음으로 식사하고 계셨는데, 한 여인이 아주 값진 나드 향유 한 옥합을 갖고 예수님 앞으로 나왔습니다. 이 나드 향유는 히말라야 산맥이나 인도에 있는 '나드'라는 향나무의 뿌리나 잎에서 뽑아내는 것으로, 그 한 병의 값이 그 당시 시세로 일 년 연봉 이상입니다. 그런데 여인은 그 값진 향유가 든 옥합을 깨어 예수님의 머리에 다 쏟아 붓습니다. 마지막 한 방울까지도 주님께만 쏟아 붓습니다.

그때 어떤 제자들이 분노하면서 여인을 꾸짖습니다.

"어찌 이 비싼 것을 이렇게 낭비하느냐? 300데나리온이나 되는 이 향유를 팔아서 가난한 자를 도와주어야지."

그럴 듯한 말입니다. 오늘날에도 성도들이 항상 구제에 힘쓰지만 성탄절이면 더 크게 힘을 모아 어려운 사람들을 돕듯이, 이스라엘 사람들도 유월절이면 평소보다 더 크게 구제를 하곤 했습니다. 그러니 "예수님께는 몇 방울만 떨어뜨리고 나머지로 가난한 자들을 도우면 될 것을 이런 때에 예수님께 그 향유를 다 부어서 낭비하느냐?" 하고 책망한 것입니다. 이것은 이치에 맞는 말 같지만 마귀의 말입니다.

요한복음 12장 3절을 보면, 그 옥합을 깨뜨린 여인은 나사로의 누이 마리아이고, 그렇게 질책한 제자는 바로 가룟 유다입니다. 요한복음 12장 4-6절을 보면, '가룟 유다는 도둑이라. 헌금 궤를 맡아서 헌금을 훔쳐 먹는 도둑이라' 고 말씀합니다. 그는 결국 예수님을 팔아먹고 배가 터져 죽었습니다. 그 저주받을 인간이 마리아가 예수님께 헌신하는 그 자리에서 감히 비난하고 책망했던 것입니다.

속으면 안 됩니다. 아무리 그럴 듯한 말이라 해도 불평하는 말을 하는 사람은 대개 마귀가 쓰는 사람임을 기억하시기 바랍니다. 어느 모임에서든 불평하고 수군수군하는 사람이 있으면 '아, 저 사람은 마귀구나. 유다구나' 라고 보면 거의 틀림없습니다.

예수님께 붓는 향유를 가난한 사람들에게 주지 못해 아쉬운 것이 아니라, 향유를 팔아 자기 호주머니에 넣지 못하는 것이 분해서 불평한 것입니다. 교회 안에도 그런 사람이 간혹 있습니다.

예수님은 그 자리에서 유다를 꾸짖으십니다.

"그냥 두어라. 저가 나를 위해 좋은 일을 했다. 저가 힘을 다해 내 몸에 향유를 부음으로써 장사를 미리 준비한 것이다. 내가 참으로 네게 말한다. 천하에 복음이 증거되는 곳은 어디든 이 여자가 한 일이 전파되고 기념될 것이다." 할렐루야!

이 여인은 예수님의 심장 속에, 예수님의 가슴에 새겨진 사람이 되었습니다.

인생이란 만남의 연속입니다. 사람은 태어나자마자 엄마 아빠를 만나고, 할아버지 할머니와 친척들을 만납니다. 그리고 골목길에서, 유치원에서, 학교에서, 군대에서, 병원에서, 여행길에서, 직장에서 수많은 만남들이 계속 이어집니다.

이 수많은 만남 가운데 많은 사람들이 잊혀지나, 끝까지 가슴에 남는, 심장에 새겨진 듯 깊이 새겨지는 사람이 있습니다. 제게도 그런 사람들이 많이 있습니다. 제 가슴에 새겨진 귀한 분들, 고마운 분들이 많이 계십니다.

그런데 오늘 이 여인은 특별히 예수님의 가슴에 '하나님의 고마운 딸'로 새겨지게 되었습니다. 저와 여러분도 그냥 흘러가는 크리스천이 되지 말기를 바랍니다. 이왕에 예수님을 믿었으니 일생에 한 번이라도 예수님의 가슴에 새겨지는 헌신을 하는, 지혜로운 성도들이 될 수 있기를 축원합니다.

예수님의 가슴에 새겨지는 귀한 헌신을 하려면 어떻게 해야 합니까?

이 질문에 대한 대답이 8절에 있습니다.
따라 합시다.
"그는 힘을 다하여."
"그는 힘을 다하여 내 몸에 향유를 부음으로 내 장례를 미리 준비하였느니라."
마리아는 부자가 아닙니다. 가난한 가정에서 평범하게 자란 여인입니다. 그런 그가 그 귀한, 보석 같은 옥합을 아낌없이 예수님께 부어 드렸습니다.

예수님이 감격하셔서 "그가 힘을 다하여 내게 부었다"라고 말씀하셨습니다. 여인은 오로지 예수님을 사랑해서, 예수님이 좋아서, 예수님께는 아낄 것이 하나도 없어서 그 향유를 예수님께 다 쏟아 부었습니다. 예수님께서 그것을 기억하셨습니다.

예수님은 마태복음 22장 37-38절에도 "네 마음을 다하고 목숨을 다하고 뜻을 다하여 주 너의 하나님을 사랑하라 하셨으니 이것이 크고 첫째 되는 계명이요"라고 말씀하십니다.

따라 합시다.

"네 마음을 다하고, 네 목숨을 다하고, 네 뜻을 다하여."

내 마음, 내 목숨, 내 뜻을 다 쏟아서 하나님을 섬겨야 합니다. 예수께서 그것이 첫째 되는 계명이라고 말씀하시는 것입니다.

누가복음 21장 1-4절을 보면, 예수님이 헌금하는 사람들을 지켜보십니다. 우리가 헌금 궤에, 헌금 주머니에 헌금하는 것을 주님께서 보십니다. 그런데 예수님은 부자들이 많은 돈을 헌금하는 것은 칭찬하지 않으시고, 가난한 과부가 동전 두 렙돈을 넣을 때 "진실로, 진실로 내가 말한다. 이 가난한 과부가 저 많은 사람보다 더 많이 했느니라. 저 부자들은 풍족한 중에 했지만 이 여인은 자기의 생활비 전체를 바쳤느니라"고 칭찬하셨습니다. 그러면 이 여인은 그렇게 헌금을 하고 굶어 죽었을까요? 하나님께서 더 좋은 복을 주셔서 잘살게 된 줄로 믿습니다.

우리 교회와 제가 어렵게 살던 때 저희 가족이 수년간 어묵 반찬만 먹고 지냈습니다. 어묵도 가게에서 살 여유가 없어 어묵 공장에서 자르고 남은 부스러기를 사 먹었습니다. 지금도 아들이 "어묵은 진절머리 나요"라고 합니다. 그때는 다들 참 어렵게 살았습니다.

그런데 하루는 제가 "내게 있는 모든 것을 주를 위해 바치네" 하고 찬송을 부르다가 은혜를 받았습니다. 그리고 '찬송은 이렇게 하면서 한 번도 있는 것을 다 쏟아 주님께 바친 일은 없다'는 생각이 들었습니다. 그래서 아내에게 "여보, 우리 한 번이라도 우리 집에 있는 돈 전부를 쏟아 주님께 바쳐 봅시다"라고 했습니다.

주머니를 다 털었더니 50여 만 원이 나왔습니다. 그래서 그 돈을 모두 주일 헌금으로 바쳤습니다. 그때 50여 만 원은 저희에게 지금의 5천만 원보다 더 큰 돈이었습니다. 그렇게 헌금을 하고 나니 맘이 시원하고 얼마나 은혜가 되는지, 날아갈 것 같았습니다. 주일날도, 월요일 새벽에 설교할 때까지도 하나님 앞에 떳떳하고 참 좋았습니다.

그런데 월요일 새벽 설교를 마치고 기도하려고 엎드리니, 제가 서울에도 가야 하고 책값 30여 만 원이 있어야 한다는 것이 생각났습니다. 이것저것 처리만 해도 50만 원 정도가 필요한데, 그것을 생각하지 않고 가진 돈을 모두 헌금한 것입니다. '아이쿠, 내가 잘못했구나. 왜 내가 그렇게 헌금을 했던고!' 하면서 후회를 했습니다.

'아이고! 하나님, 나는 어떻게 해요? 생각 없이 헌금해서 오늘 서울도 못 가게 되었습니다. 헌금을 그렇게 하는 게 아닌데 생각 없이 그렇게 헌금을 했군요.'

그때부터 '헌금 잘못했다. 안 할 걸 했구나'라는 생각만 나고 기도가 되지 않았습니다. 기도를 하는 둥 마는 둥 하고 터덜터덜 걸어서 집에 갔습니다. 주머니에 돈이 떨어지면 어깨가 축 처지지 않습니까? 힘없이 집에 가니 아내가 "여보, 어느 집사님이 다녀가셨는데 그 집사님이 봉투 하나를 주셨어요" 하는 것이었습니다.

봉투를 열어보니 그 속에 50만 원이 들어 있었습니다.

그것을 보는 순간 하나님 앞에서 얼마나 부끄럽던지, 제 얼굴이 빨개졌습니다. 하나님은 어느 집사님을 통해서 이미 50만 원을 준비해 놓으셨는데, 저는 새벽에 계속 '괜히 헌금을 바보처럼 해 가지고……'라고 투덜댔던 것입니다. 그것이 사람입니다.

그러나 지금 생각해도 그때 한 번쯤 그렇게 헌금한 것이 참 잘했다는 생각이 듭니다.

제가 몇 년 전에 큰 교회에 부흥회를 섬기러 갔을 때 그 교회 목사님께 들은 이야기입니다. 어느 회사의 사장이신 그 교회 집사님이 처음에는 '교회 건축 헌금으로 100억을 해야지'라고 정했는데 마음이 변해서 '아니야, 어떻게 헌금을 100억이나 하나? 그냥 50억을 해야겠다. 우리 교회에서 50억을 하는 사람이 누가 있어? 50억을 해도 우리 교회에서 내가 제일 많이 하는 것일 텐데'라며, 50억을 하기로 결정하고 50억을 헌금했습니다.

그런 사정을 모르시는 목사님께서는 그 헌금에 감격하셔서 그 회사가 잘되기를 늘 손들고 기도하셨습니다. 그런데 몇 달 뒤 그 회사에 큰 사고가 발생하여 TV와 라디오 방송을 통해 그 회사 소식이 전국에 전해졌습니다. 그 사고로 회사는 300-400억을 손해 보게 되었습니다. 교회 건축하는 데 50억이나 헌금했으면 복을 받아야 하는데, 오히려 300-400억이나 손해를 보게 되었으니, 목사님도 마음이 얼마나 힘드셨겠습니까? 목사님께서 무거운 발길로 그 집사님 댁에 심방 가셨습니다.

그런데 그 집사님이 목사님 앞에 무릎을 꿇더니 "목사님, 제가 망하는 것이 마땅한 일입니다. 하나님께서는 제게 100억을 헌금하라는 감동을 주셨는데, 제가 아까워서 50억을 떼먹고 50억만 헌금했습니다. 그러고도 우리 교회에서 제가 제일 헌금 많이 했다고 교만을 떨었습니다. 이렇게 하나님 앞에서 자세가 틀려먹었으니 저는 망해야 마땅한 놈입니다" 하면서 우셨습니다.

그후 그분은 300억인가 400억을 빚내어 다시 회사를 경영하시게 되었습니다. 피가 마르는 것 같은 날들이 계속되었지만, 3년 후 모든 것이 회복되어 그 회사는 다시 건강한 기업이 되었습니다. 그렇게 모든 것이 회복되자 집사님은 "목사님, 교회 지읍시다. 짓다가 부족한 자금은 제가 대겠습니다"라고 하셨습니다. 그래서 1만 평 대지에 큰 교회를 짓게 되었다고 합니다. 할렐루야!

힘을 다해 드린 것이 아니면 하나님께서는 받지 않으시는 것입니다. 50억도 큰돈이지만 하나님 앞에서 그 헌금은 가증한 예물이었던 것입니다.

예배도 마찬가지입니다. 우리는 우리의 있는 힘을 다하여 예배를 드려야 합니다. 집에서 TV나 라디오나 테이프로 설교 들으며 드리는 예배는 예배가 아닙니다.

로마서 12장 1절에 "너희 몸을 하나님이 기뻐하시는 거룩한 산 제물로 드리라 이는 너희가 드릴 영적 예배니라"라고 말씀합니다.

'네 몸으로 하나님께 영광을 돌리라' 고 말씀하는 것입니다. 이 말씀대로 우리는 내 몸으로, 성전에 와서 예배드려야 합니다.

우리 교회의 한 집사님 이야기입니다. 집사님 몸에 결석(結石)이 생겨 수술을 하시게 되었습니다. 수술하기 하루 전날이 주일이었는데 '이렇게 아픈데 어떻게 저녁 예배에 가겠어?' 하고 망설이다가 '아니야, 그래도 가야지' 하고는 아픈 배를 안고 교회에 와서 예배드리셨습니다. 그리고 기도했는데, 그날 밤 하나님께서 직접 집사님 몸속의 돌을 제거해 주셔서 수술을 받지 않고도 깨끗이 나왔습니다. 할렐루야!

예배에 최선을 다하는 저와 여러분이 될 수 있기를 바랍니다.

우리는 예배뿐 아니라 모든 일에 마음을 다해야 합니다. 회사원은 회사원대로, 경영주는 경영주대로 자신의 일에 최선을 다해서 회사를 일으켜 하나님께 영광 돌리고, 학생은 최선을 다해 공부해서 하나님께 영광 돌려야 하는 것입니다. 또 내가 가정주부라면 가정에 힘을 쏟아 가정을 천국처럼 가꾸고, 내가 누군가의 아내가 되었으면 힘을 다해 남편을 섬겨서 남편의 가슴에 남는 사람이 되어야 하고, 내가 남편이 되었으면 힘을 다해 내 아내를 사랑해서 아내의 가슴에 남는 사람이 되어야 합니다. 우리는 주님의 가슴뿐 아니라 사람의 가슴에도 남는 사람이 되어야 합니다.

우리 교회의 한 안수집사님은 집안 사정이 여의치 못해 대학에 진학하지 못하고 고등학교를 졸업한 뒤, 바로 어느 회사에 말단 사원으로 들어갔습니다. 뒤늦게 경남대학교 야간 과정에 입학해서 경영학을 전공하긴 했지만, 명문대 출신이 많은 그 회사에서 지방 대학교 야간 출신은 명함도 내밀 수 없었습니다.

그러나 신실하신 우리 집사님은 힘을 다해 회사 일을 하니 회사에서 승진에 승진을 계속하게 되었고, 그 얼마 후에는 서울 본사로 가게 되었습니다. 본사에서도 모든 계열 회사를 총괄하는 컴퓨터 그룹의 리더가 되었습니다. 구성원 80-90명이 모두 명문대 출신, 유학 출신의 석학들인 그 그룹에서 집사님이 리더 자리를 맡게 된 것입니다. 그런데 얼마 전 그 집사님이 이런 생각을 하게 되었답니다.

'이 그룹에 있는 사람들은 모두가 명문대 출신의 석학들이고 유능한 인물들인데, 지방 대학 야간 출신인 내가 리더의 자리에 계속 있는 것이 회사에 부담을 주는 것은 아닐까? 내가 이 자리에서 물러나는 것이 회사에 유익이 되지 않을까?'

그런데 그때 마침 우리나라에서 손꼽히는 회사에서 그 집사님에게 스카우트 제안을 해왔습니다. 높은 직급으로 자리도 준비해 두고 좋은 차에 기사까지 붙여주겠다고 하면서 자기 회사로 와 달라는 제안을 한 것입니다.

'아, 감사한 일이다. 내가 우리 회사에 있으면 회사에 부담이 될지 모르는데……. 회사를 옮겨야겠다. 그러면 회사도 좋고 나도 좋고.'

이렇게 생각한 집사님이 회사에 사표를 냈더니 회사에서 펄쩍 뛰며 절대로 안 된다고, 사표를 받을 수 없다고, 꼭 회사에 남아 있어야 된다면서 일주일이 지나도 사표를 수리하지 않았다고 합니다.

우리 집사님은 지방 야간 대학 출신이지만 그래도 힘을 다해 성실히 일하니 쟁쟁한 인물들이 그렇게 많은 중에서도 '우리 회사에 꼭 있어야 하는 사람' 이 된 것입니다.

회사에, 회사 경영주의 가슴에 기억되는 사람이 하나님께 영광 돌리는 사람인 줄로 믿습니다. 언제 어디에든 힘을 다 쏟아 맡은 일을 성실히 해야 합니다.

제 이야기를 드려서 죄송하지만, 저는 비천한 출신입니다. 그래서 힘을 다해 노력합니다. 저는 운동할 때도 테이프를 들으며 공부하고, 책도 봅니다. 이렇게 동시에 세 가지 일을 합니다. 저는 자동차 안에서도 늘 공부해서 제 자동차는 저의 대학 같은 곳이 되었습니다. 저는 밥을 먹을 때도 혼자 먹을 때는 반드시 책을 보거나 테이프를 들으며 공부합니다. 비록 비천한 출신이지만 이렇게 노력하니 하나님께서 긍휼히 여겨 주셔서, 제가 지금 이 자리에서게 된 줄로 믿습니다.

또한 제 아내에 비해서도 저는 비천한 남편입니다. 하나님 나라의 공주 같은 귀한 아내를 얻어 사니, 혹시 아내에게 설움 받고 천대받을까 봐 저는 힘을 다해 좋은 남편이 되려고 노력합니다. 제 아내에게 마음을 다 쏟습니다.

지난 봄 제 아내가 3부 예배 시간에 가스레인지에 냄비를 올려놓고 나와서 저희 집에 불이 난 일이 있었습니다. 그때 저희 집으로 소방차 3대가 오는 소동이 벌어졌습니다. 그러나 제 아내는 제가 설교하는 데 지장이 있을까 봐 그 이야기를 하지 않아서, 저는 저녁 예배가 끝나고 집에 가서야 그런 사건이 벌어졌던 것을 알았습니다. 그때도 저는 힘을 다하여 아내를 위로했습니다.

"놀라지 않았어요? 집이야 탄들 어때요? 당신 놀라는 게 더 큰 일이지요."

그러고는 50만 원을 챙겨서 다음날 소방서에 가서 인사하고 오라고 말했습니다. 제가 이렇게 힘을 다해 아내를 위로하니, 아내가 저렇게 잘살고 있는 것입니다.

제가 청주에 연합 집회를 섬기러 갔을 때는 이런 일이 있었습니다. 그날 바람이 많이 부는 것을 보고 바람에 머리가 흐트러질까 봐, 아내가 제 머리에 호텔에 비치되어 있는 헤어스프레이를 막 뿌려 주었습니다. 그런데 뿌리고 나서 보니 헤어스프레이가 아니라 에프킬러였습니다. 제가 모기도 아닌데 제게 그렇게 모기약을 뿌린 것입니다. 아내가 미안하다며 사과를 했습니다. 그때도 저는 힘을 다해 웃으며 아내를 위로했습니다.

"괜찮아요. 몰라서 그런 건데……."

그리고 다시 머리를 감고 집회에 참석했습니다. 저는 이렇게 좋은 남편이 되려고 힘을 다해 애씁니다. 아마 저는 제 아내의 가슴에 남아 있는 사람이 될 것입니다.

따라 합시다.

"힘을 다하여. 힘을 다하여. 힘을 다하여."

어차피 우리는 모두 죽습니다. 어차피 세월은 가고, 세월이 가면 우리도 흘러갑니다. 찬양대원을 하든, 교사를 하든, 구역장을 하든, 무슨 일을 하든, 힘을 다하면 그곳에 우리의 향기가 드러나고, 우리는 사람들의 기억에 남는 사람이 되는 것입니다.

이 여인은 예수님께 옥합을 깨뜨릴 때 대가를 바라지 않았습니다

여인은 '내가 예수님을 위해 옥합을 깨뜨리면 예수님께서 내게 큰 복을 주시겠지?' 라는 마음으로 예수님께 향유를 부은 것이 아닙니다. 예수님을 사랑하고 존경해서 하나님의 아들이신 그분께 귀한 향유를 다 쏟아 부은 것입니다. 아무런 대가를 바라지 않고 그렇게 했습니다. 우리 주님께서 이런 여인의 모습에 감격하신 것입니다.

충청도에 새 행정 수도가 들어선다고 하니 갑자기 땅값이 7배, 10배로 뛰면서 전국에 흩어져 있던 충청도의 젊은이들이 모두 효자, 효부가 되었다고 합니다. 부모님께 빗발치듯 전화를 드리고 주말마다 부모님을 찾아뵙고, 아들은 "아버지! 아버지!" 며느리는 "어머님, 아버님" 하면서 호들갑을 떨었다고 합니다. 일 년에 한 번도 잘 찾아오지 않던 자식들이 땅값이 오르니 아버지의 재산을 많이 받으려고 그런 행동을 한 것입니다.

참 안타까운 일입니다. 그것은 효도가 아닙니다. 아버지께 유산을 많이 받으려고 잘하는 것은 효도가 아닙니다. 아버지의 은혜에 감사하고 그 사랑에 감사해서 부모님께 잘하는 것이 효도입니다.

교회에도 '내가 이렇게 하면 교회에서 나를 장로로 세워주겠지? 목사님이 나를 알아주시겠지?' 라고 생각하면서 충성하는 분들이 있습니다. '아, 내가 이렇게 하면 안수집사로 세워주겠지. 권사로 세워주겠지' 라는 마음으로 하는 것이 충성이겠습니까? 아무런 대가를 바라지 않고 순수한 마음으로 하는 그것이 아름다운 충성입니다.

한 목사님께서 시골 교회에 집회를 인도하러 가셨는데, 그 마을은 여관도 호텔도 없는 곳이어서 목사님께서 그 교회의 한 할머니 집사님 댁에서 묵게 되었습니다. 추운 겨울인 그때 그 할머니 집사님께서 목사님께 드리려고 콜라를 가지고 오셨는데 콜라가 따뜻했습니다.

"목사님, 감기 드실까 봐 콜라를 데워 왔습니다."

세상에! 콜라는 시원한 맛에 먹는 것인데 그것을 불에 데워 가지고 온 것입니다. 그러나 목사님은 그 콜라를 마시면서 감격하셨다고 합니다.

'이 할머니 집사님께서 나를 위해 이렇게 콜라를 데워 주셨구나.'

마음이 귀하니 끓인 콜라를 먹으면서도 감동이 되는 것입니다.

손자가 할아버지에게 과자를 주며 "할아버지, 이거 먹어"라고 버릇없이 말해도 할아버지가 그 말을 듣고 좋아하는 것은, 그것을 주는 아이의 순수한 마음 때문입니다. 우리도 순수한 마음으로 하나님께 충성하고 부모님께 효도하며 살아야 하겠습니다.

기회는 항상 오는 것이 아닙니다

여기서 우리는 아주 중요한 것 한 가지를 깨닫게 됩니다. 기회는 항상 오는 것이 아니라는 사실입니다.

만일 여인이 며칠만 더 늦게 그런 마음을 먹었어도 그런 충성을 하지 못했습니다. 예수님께서는 이제 곧 끌려가 돌아가시게 되기 때문입니다. 그런데 여인은 그 기회를 붙잡았습니다. 며칠만 늦었어도 그런 충성을 할 수 없었을 텐데 여인은 그 기회를 놓치지 않았습니다. 만일 며칠이 지난 후에 여인이 그 옥합을 사용하려 했다면, 이미 예수님께서 계시지 않으니 여인은 역사에 남는 사람이 될 수도 없었습니다. 그때 주님께 부어 드려서 여인이 이렇게 역사에 길이 남는 사람이 된 것입니다.

기회는 항상 오는 것이 아닙니다. 나무가 가만히 있고 싶어도 바람이 불면 가만히 있을 수 없고, 부모님께 효도하고 싶어도 부모님께서 떠나시면 할 수 없습니다. 내가 하나님께 충성하고 싶어도 내가 없어지면 할 수 없고, 가진 것을 다 잃고 나면 할 수 없습니다.

수년 전, 제가 보스턴 사랑의교회 성회를 섬길 때 한 분을 만나게 되었는데, 그분은 지금까지 제 기억 속에 남아 있습니다. 그분은 외모를 보면 분명 중후하고 부티 나는 회장님이나 사장님 같은 분이셨는데, 새벽 일찍 교회에 나와 청소하시고 교회 불 켜는 일을 하셨습니다. 비가 올 때는 제가 차에서 내리면 뛰어와 우산도 받쳐주셨고, 교회를 사찰 집사님처럼 섬기셨습니다.

나중에 이야기를 들으니, 그분은 원래 서울에서 큰 회사를 경영하는 사장이었고 제가 집회를 섬기러 간 적이 있는 K교회의 안수

집사님이셨답니다. K교회에 다니실 때 그 집사님은 한번 크게 헌금하고 싶은 마음이 늘 있었는데 '내가 좀더 크게 된 다음에 크게 한번 해보자' 라고 생각하면서 미루셨답니다.

그러다 IMF가 오고 그분이 받은 수표가 모두 부도나서 결국 그 회사도 부도를 맞게 되었답니다. 급하게 사채를 빌려서 부도를 막다가 회사가 다 무너지게 되니, 사채업자들의 협박에 생명의 위협을 느낀 집사님께서 손가방 하나만 챙겨 가지고 미국으로 도망 오셨다는 것입니다. 그래서 사장이셨던 집사님이 미국에서 세탁소 심부름을 하며 살고 계셨습니다. 그분은 이제 하나님께 뭔가 드리고 싶어도 가진 것이 없어서 자기에게 있는 시간을 바쳐 교회 청소를 한다고 하시면서, 예전에 하나님께 드리지 못한 것을 후회하셨습니다.

오늘이 은혜 받을 만한 때요, 오늘이 구원의 날이고, 또 오늘이 바로 충성할 때입니다. '다음에 어떻게 되면 잘해야지' 라고 생각하면 영원히 하지 못할 수도 있습니다. 오늘 나의 최선을 다해 순수한 마음으로 충성할 때 우리도 오늘의 마리아가 되고, 오늘 우리 주님의 심장에 새겨지는 귀한 성도가 될 줄 믿습니다.

예수께서 여리고로 들어가 지나가시더라 삭개오라 이름하는 자가 있으니 세리장이요 또한 부자라 그가 예수께서 어떠한 사람인가 하여 보고자 하되 키가 작고 사람이 많아 할 수 없어 앞으로 달려가서 보기 위하여 돌무화과나무에 올라가니 이는 예수께서 그리로 지나가시게 됨이러라 예수께서 그곳에 이르사 쳐다보시고 이르시되 삭개오야 속히 내려오라 내가 오늘 네 집에 유하여야 하겠다 하시니 급히 내려와 즐거워하며 영접하거늘 뭇사람이 보고 수군거려 이르되 저가 죄인의 집에 유하러 들어갔도다 하더라 삭개오가 서서 주께 여짜오되 주여 보시옵소서 내 소유의 절반을 가난한 자들에게 주겠사오며 만일 누구의 것을 속여 빼앗은 일이 있으면 네 갑절이나 갚겠나이다 예수께서 이르시되 오늘 구원이 이 집에 이르렀으니 이 사람도 아브라함의 자손임이로다 인자가 온 것은 잃어버린 자를 찾아 구원하려 함이니라

누가복음 19장 1–10절

오늘의 가치

 이 밤에도 말씀을 들을 때 부족한 제게 기대하지 마시고 우리 주인 되시는 하나님께 기대하시길 바랍니다. 여러분의 소원의 잔이 넘치게 되시기를 바랍니다.

예수님이 여리고로 들어가셨습니다.
여리고는 이스라엘에서 가장 비옥한 땅이요, 상업도 아주 번성

하여 당시 부자들이 가장 많이 모여 사는 곳이었습니다.

우리 예수님은 가난한 자들에게만 복음을 전하러 오신 분이 아닙니다. 부자에게도 복음을 전하러 오셨습니다. 예수님은 가난한 자의 주님만이 아니라, 부자의 주님이심도 기억하시길 바랍니다. 가난한 자에게는 복음을 전하셔서 구원하실 뿐 아니라 부요하게도 하십니다. "가난한 자야, 평생 가난하게 살아라"라고 하시는 주님이 아니십니다.

고린도후서 8장 9절에 말씀합니다.

"우리 주 예수 그리스도의 은혜를 너희가 알거니와 부요하신 이로서 너희를 위하여 가난하게 되심은 그의 가난함으로 말미암아 너희를 부요하게 하려 하심이라."

할렐루야!
모든 것을 다 가지신 하나님의 아들 예수님께서 가난한 목수의 아들로 마구간에서 나신 것은, 그의 가난으로 우리를 부요하게 하려 하심입니다. 할렐루야!

그래서 예수님을 믿으면 삶도 부요하게 됩니다. 복음이 독일에 들어가니 독일이 부강해졌습니다. 영국에 들어가니 해적의 나라 영국이 신사의 나라, 부강한 나라가 되었습니다. 그리고 미국으로 가니 미개척지였던 미국이 세계에서 가장 부강한 나라가 되었습니다.

예수님께서 지나가시면 그곳에 부요함이 있음을 믿으시길 바랍니다.

아브라함은 부자였습니다. 하나님을 믿기 전에도 우상 제조 주식회사 회장 아들로 부자였습니다. 그런데 그가 하나님을 믿고 나서 망했습니까? 오히려 더 큰 부자가 되었습니다. 영혼에도 만족이 있었습니다. 할렐루야!

아리마대 요셉도 예수님을 만나기 전에 부자였습니다.

여러분, 성경에서 부자라고 하면 굉장한 부자입니다. 시골 부자는 도시에 가면 명함을 내놓을 수도 없습니다. 서울의 부자도 국제무대에 나가면 마찬가지입니다. 그저 이웃끼리 비교하면 부자라 생각되지만, 넓은 세상에 나가면 부자라고 할 만한 사람이 별로 없습니다. 그런데 성경에서 부자라고 하면 정말 부자입니다. 아리마대 요셉은 성경에서 부자라고 말씀했습니다. 그 부자 아리마대 요셉이 예수님을 믿고 망했습니까? 오히려 더 누리며 만족을 얻었습니다. 할렐루야!

예수님은 가난한 자의 주님이십니다.

예수님은 부자의 주님이십니다.

예수님은 낮은 자의 주님이십니다.

예수님은 높은 자의 주님이십니다.

예수님은 만민의 주님이십니다. 만민을 부요하게 하십니다.

 "……한 분이신 주께서 모든 사람의 주가 되사 그를 부르는 모든 사람에게 부요하시도다"(롬 10:12).

"여호와는 나의 목자시니 내게 부족함이 없으리로다"(시 23:1).

예수님을 주로 모시면 부족함이 없게 되는 것입니다. 할렐루야! 그러니 부자도 예수님을 믿고, 가난한 자도 예수님을 믿어야 하는 것입니다. 예수님이 들어가시는 집이 복이 있습니다. 예수님이 우리 대한민국에 지나다니시니 우리나라가 복이 있음을 믿습니다. 지금도 교회 안에 주님께서 계시니 교회 안에 있는 자가 최고로 복 받을 자임을 믿으시길 바랍니다.

주님이 여리고로 지나가실 때 예수님께 큰 관심을 가진 사람이 있었습니다

그는 삭개오였습니다. 성경에 그가 세리장이라고 기록되어 있는데, 여리고는 큰 도시이기 때문에 지금으로 보면 국세청장 정도로 볼 수 있을 것입니다. 그리고 그는 큰 부자였습니다. 그 당시 세무 관리들은 백성들에게 세금을 받아서 로마 정부에 바치니 매국노라고, 로마의 앞잡이라고 욕을 먹었습니다. 삭개오를 바라보는 백성들의 시선이 따가웠습니다.

사람들이 삭개오를 만나면 그 앞에서는 깍듯이 인사합니다. 잘못 보이면 세금이 많이 나오기 때문입니다. 그러나 돌아서면 욕을 합니다. 삭개오가 그것을 모르겠습니까? 그러니 그가 얼마나 불행하고 마음이 괴로웠겠습니까? 남에게 손가락질 받는 것은 힘든 일입니다. 우리 모두는 사람들에게 존경받으며 살기 바랍니다.

그런 삭개오의 삶에 희망의 빛이 비쳐 왔습니다. 아들인지, 딸인지, 혹은 그의 부인인지 몰라도 예수님에 대한 소식을 알려 주었습니다. 할렐루야!

여러분, 아침에 태양이 떠오를 때 희망차듯이, 예수님의 소식에 접할 때마다 희망이 솟아오르는 것입니다. 소경 바디매오도 예수님의 소식을 듣자마자 '야! 나도 예수님을 만나면 눈을 뜰 수 있겠구나' 하는 희망을 갖게 되었습니다.

삭개오도 예수님에 대한 소식을 듣자, 마치 추수 때에 얼음냉수를 마시듯이 시원한 마음이 생겼습니다. 그분을 만나면 가슴이 시원하게 되고 뭔가 이루어질 것 같았습니다.
　'그래, 그 예수님을 한번 만나야지. 그분이 어떤 분인가 한번 봐야지' 라고 생각하고 있는데 하루는 그의 자녀가 달려와서 말했습니다.
　"아빠! 아빠! 예수님께서 지금 지나가신대요."
　식사 시간 때마다, 또는 때때로 삭개오가 가족들에게 예수님에 대해 많은 이야기를 했기 때문에 가족들이 달려와서 삭개오에게 알려 주었을 것입니다. 여러분, 예수님에 대해서, 하나님에 대해서 관심을 가지면 하나님께서 반드시 그를 구원해 주실 줄로 믿습니다.
　그 말을 들은 삭개오는 예수님을 만나고 싶어 뛰어나갔습니다. 이것이 중요합니다.
　'내가 돈을 벌어야지. 내가 성공해야지. 내가 큰사람이 되어야지' 하는 것보다, '내가 예수님을 만나야지. 내가 하나님을 만나야지' 하는 마음이 중요합니다. 그 마음이 복 있는 마음입니다.

"젊은 사자는 궁핍하여 주릴지라도 여호와를 찾는 자는 모든 좋은 것에 부족함이 없으리로다"(시 34:10).
"너희가 온 마음으로 나를 구하면 나를 찾을 것이요 나를 만나리라"(렘 29:13).
"……너희는 나를 찾으라 그리하면 살리라"(암 5:4).
"……찾으라 그리하면 찾아낼 것이요(seek and you will find)……"(마 7:7). 할렐루야!

우리가 하나님을 찾고 예수님을 찾으면 하나님께서 만나 주십니다.

삭개오가 예수님을 만나러 뛰어나갔습니다. 그런데 세상에! 달려가서 보니 예수님께서 지나가시는 것은 확실한데 사람들이 예수님을 숲처럼 에워싸서 키가 작은 그는 아무리 발뒤꿈치를 들어도, 높이 뛰어도 예수님을 볼 수 없었습니다.

그때 삭개오가 '아이고, 안 되겠네. 사람들은 많고 나는 키가 작아서 안 되겠네' 하고 집으로 돌아갔다면 그는 영원히 예수님을 만나지 못했을 것입니다.

그러나 그는 포기하지 않고 앞질러 달려가 큰 나무 위로 올라갔습니다. 그 나무는 보기에는 뽕나무지만 무화과 열매를 맺는 돌무화과나무로 우리나라의 작은 느티나무만큼 큽니다. 지금도 여리고에 가면 삭개오 나무라 불리는 나무가 있습니다.

아마 삭개오는 나이도 많았을 것입니다. 국세청장쯤 되면 나이가 지긋하지 않겠습니까? 평소에 운동도 하지 않았을 것입니다. 그러니 나무 위로 올라가는 것이 쉽지 않았을 것입니다. 그래도 그는 포기하지 않고 나무 위로 올라갔습니다.

여러분, 우리가 예수님을 만나려고 마음먹었거나, 은혜를 받으려고 결심했거나, 기도를 하려고 결심했거나, 전도하려고 결심했으면 포기하지 마시기 바랍니다. 장애물이 있어도 넘어가야 합니다.

누가복음 9장 62절에 "예수께서 이르시되 손에 쟁기를 잡고 뒤를 돌아보는 자는 하나님의 나라에 합당하지 아니하니라 하시니라"라고 말씀합니다.

기도하다가, 전도하다가, 복된 생활을 하다가 뒤를 돌아보지 마시기 바랍니다. 충성하다가 뒤를 돌아보지 마시기 바랍니다. 구역장으로, 교사로, 오케스트라 단원으로 봉사하다가 뒤를 돌아보지 마시기 바랍니다. 전진해야 합니다.

히브리서 10장 38-39절에 "나의 의인은 믿음으로 말미암아 살리라 또한 뒤로 물러가면 내 마음이 그를 기뻐하지 아니하리라 하셨느니라 우리는 뒤로 물러가 멸망할 자가 아니요……"라고 말씀합니다.

뒤로 물러서는 자는 멸망할 자라는 것입니다. 여러분, 앞으로 전진만 하시기 바랍니다. 그래야 주님을 만나고 복을 누리게 됨을 믿으시기 바랍니다.

삭개오가 뽕나무 위에서 보니 사람들 가운데서 눈에 확 띄는 한 분이 걸어오고 계십니다

'저분이시구나! 저분이시구나!'
예수님은 표가 납니다. 예수님의 얼굴과 눈에는 빛이 나는 것입니다. 예수님께서 방향을 바꾸어 삭개오가 있는 나무 가까이로 오시더니 삭개오를 쳐다보십니다.

사랑하는 여러분, 우리 주님은 간절히 사모하는 사람을 지나치지 않으십니다. '내가 은혜 받아야지. 오늘은 꼭 은혜 받아야지' 하는 사람에게 은혜를 주십니다. '내가 성령을 충만히 받아야지. 성령을 충만히 받아야지' 하는 사람에게 성령 충만을 주십니다. 할렐루야!

주님은 우리의 마음을 다 꿰뚫어보십니다.
여리고에서 제일 큰 복을 받은 사람이 삭개오입니다. 여리고 시민 중에서 삭개오가 은혜를 가장 사모했기 때문에 가장 큰 은혜를 받은 줄로 믿습니다. 오늘밤에도 하나님은 은혜의 강물을 여러분에게 주시지만 가장 사모하는 자가 가장 크게 받을 줄로 믿습니다.

"나는 목마른 자에게 물을 주며 마른 땅에 시내가 흐르게 하며 나의 영을 네 자손에게, 나의 복을 네 후손에게 부어 주리니"(사 44:3).
"그가 사모하는 영혼에게 만족을 주시며 주린 영혼에게 좋은 것으로 채워주심이로다"(시 107:9).
"네 입을 크게 열라 내가 채우리라"(시 81:10).

우리가 교회에 와서 편안하게 앉아 있다 그냥 가면 받을 은혜가 별로 없습니다. 간절하게, 삭개오처럼 간절하게 구하면 구하는 대로 주님이 주시는 것입니다.

우리 교회의 한 집사님은 관절염으로 다리가 아파서 일어나지도 못했습니다. 그런데 성찬식을 하는 날 남편의 자전거 뒤에 타고 교회에 와서 "제 관절염을 낫게 해 주세요. 오늘 성찬식 때 제 관절염이 낫게 해 주세요" 하며 바짝 매달려 기도했습니다. 그날 관절염이 깨끗하게 나았습니다. 그날 밤에 그 집사님이 가장 뜨겁게 사모했기 때문인 줄로 믿습니다.

오늘밤에도 가장 뜨겁게 주님을 사모하는 자의 소원을 이루어 주실 줄로 믿습니다.

예수님께서 삭개오를 보시며 오셨습니다

제가 한 사람을 유심히 보아도 그 사람이 '목사님이 왜 저렇게 나를 보시나?'라고 생각할 것입니다. 그런데 예수님께서 계속 자기를 보시며 걸어오시니, 삭개오의 가슴이 얼마나 두근거렸겠습니까? 나무 가까이로 오신 예수님께서 삭개오를 보시며 말씀하십니다.

"삭개오야, 내려오라."

생전 처음 만난 주님이 자기 이름을 아시니, 삭개오는 깜짝 놀라 나무에서 떨어질 뻔했을 것입니다. 여러분은 주님을 몰라도 주님은 여러분을 다 아십니다. 여러분 이름을 아십니다. 감사하시기 바랍니다.

"삭개오야, 속히 내려오라. 내가 네 집에 유하여야 하겠다."

삭개오가 얼마나 기뻤겠습니까? 나무에서 내려와 덩실덩실 춤을 추며 집으로 갔을 것입니다. 삭개오는 집으로 가서 잔치를 벌였습니다. 식구들이 다 함께 모여 예수님의 말씀을 받으며 구원을 체험했습니다. 그는 너무 기뻐 이렇게 말했습니다.

"주여, 제 재산의 반을 가난한 자들에게 나누어 주겠습니다. 그리고 혹 남의 것을 부정하게 받은 것, 토색한 것이 있으면 네 배로 갚겠습니다."

그때 예수님께서 "오늘 이 집에 구원이 임했도다. 이 사람도 아브라함의 자손이 되었도다. 인자의 온 것은 잃어버린 자를 찾아 구원하려 함이라"라고 말씀하셨습니다. 할렐루야!

가만히 보십시오. 삭개오가 예수님을 찾아가서 예수님을 만나고, 집으로 모셔서 말씀을 받고 구원을 받고, 재산의 절반을 팔아서 구제하는 선을 행하고, 혹 잘못한 것이 있으면 네 배나 갚는 회개를 하고, 아브라함의 자손이 되는 이 엄청난 사건들이 그날 하루에 다 이루어졌습니다. 하루 만에 예수님을 만나고, 회개하고,

말씀을 받고, 구원을 받고, 선을 행하고, 회개 열매를 맺었습니다. 하루에 큰 역사가 나타났습니다.

천국에 가서 삭개오에게 "당신 일생에 최고의 날은 언제입니까?" 하고 물으면, 아마도 "예수님을 만난 그날이오. 구원받은 그날이오"라고 대답할 것입니다. 그날 하루에 복을 다 받았습니다.

하루의 가치, 하루의 중요성이 얼마나 큰지 모릅니다

하루 은혜를 받고 복을 받으면 삶이 달라지고, 하루 잘못 살고 하루 실수하면 영원히 잘못될 수 있습니다. 우리가 아침에 일어나서 무심코 하루를 살아가는데, 무심코 살 일이 아닙니다. 그 하루에 내 운명이 달라질 수 있는 것입니다. 그러므로 하루하루를 삭개오처럼 주님의 은혜를 받으며, 주님의 말씀을 받으며, 주님께 나아가며 살아야 합니다.

주님과 함께하는 하루는 복된 날, 승리하는 날이 되는 것입니다. 두고두고 감사한 날이 될 것입니다. 그러나 나 혼자 걸어가거나 마귀와 더불어 살면 쓰라린 날, 후회하는 날, 두고두고 그것 때문에 가슴 치는 날이 되는 것입니다.

하루의 가치가 빛을 발하고, 나의 하루가 황금같이, 다이아몬드같이 귀하게 되려면 누구와 함께 있어야 합니까? 예수님과 함께 있어야 합니다. 누구와 함께 걸어가야 합니까? 예수님과 함께 걸어가야 합니다.

예수님 없이 사는 하루는 허비하는 하루입니다. 버린 하루입니다. 나를 쓰레기가 되게 하는 날입니다. 늘 주님과 함께 걸어가시기 바랍니다.

"주여, 오늘 하루도 구원의 날이 되고, 복 있는 하루가 되고, 은혜 받는 하루가 되고, 축복 받는 하루가 되게 해주세요" 하며 은혜를 받으며 사시기 바랍니다.

여러분과 저의 하루하루가 일생 축복과 은혜로 넘치기를 바랍니다. 오늘 하루를 의롭게 살면 일생 의로운 사람이 됩니다. 오늘을 부지런히 살면 일생 부지런한 사람이 되는 것입니다.

마귀는 교만을 자기 의자로 삼고 게으름을 자기 베개로 삼는다고 했습니다. 게으름과 교만은 마귀가 좋아하는 것입니다. 교만하면 마귀가 거기에 가서 앉습니다. 여러분 마음이 교만하면 마귀가 앉습니다.

겸손하면 주님이 앉으십니다.

부지런하면 주님이 쓰십니다.

겸손과 부지런함은 하나님께서 좋아하시는 것입니다.

그러므로 우리는 하루하루를 겸손하게 또 부지런하게 살아야 합니다. 하루가 그렇게 중합니다.

그날 해야 할 일을 미루면 안 됩니다

"아빠, 예수님께서 지나가셔요"라는 말을 들었을 때, 삭개오가 "그래?" 하며 나갔다가 사람들이 많은 것을 보고 '다음에 또 예수님께서 지나가시겠지. 오늘은 포기하자. 새털같이 많은 날인데 예수님께서 또 오시겠지'라고 했으면, 영원히 예수님을 만나지 못할 수도 있었습니다.

삭개오가 하루를 미루었다면, 그날 뽕나무에 올라가지 않고 미루었다면, 영원히 은혜 밖에 있을 수도 있었습니다. 지금 천국에 있지 않고 지옥에 있을 수도 있었습니다.

그날, 그날을 포기하지 않고 미루지 않았기 때문에 예수님을 만난 줄로 믿습니다. 미루면 안 됩니다.

한 왕에게 신하가 급히 와서 어떤 글을 올리며 말했습니다.

"폐하, 급한 전갈이옵니다. 빨리 살피시고 통촉하옵소서."

그런데 그날 왕이 술에 취해 졸음이 오니 "내일 아침에 보자" 하고 잠을 잤습니다. 그날 밤에 왕이 자객의 칼에 암살당했습니다. 그 글에는 이런 내용이 쓰여 있었습니다.

"폐하, 폐하를 암살하려 한다는 좋지 않은 소문이 있습니다. 조심하시고 오늘밤에 경계를 잘하소서."

그날 밤에 그것을 읽었다면 경계하고 왕이 침실을 바꾸든지 해서 암살당하지 않았을 텐데, 읽어보지 않아서 그날 세상을 떠났던 것입니다.

어떤 것은 1분, 2분을 다투기도 합니다.

영국 왕 에드워드 7세는 굉장히 엄해서 손자들에게도 호랑이 같았답니다. 아무리 엄한 할아버지도 손자에게는 잘하는데, 이 왕은 손자들에게도 그렇게 엄했답니다.

하루는 식사 시간에 손자가 할아버지를 불렀습니다.

"할아버지."

"왜?"

"드릴 말씀이 있어요."

"쉿! 먹을 때는 말하는 것이 아니야."

손자는 아무 말도 할 수 없었습니다. 할아버지가 식사를 다 끝낸 후 말했습니다.

"그래, 이제 말해 보아라. 무슨 말이냐?"

"이제 늦었어요. 할아버지가 잡수시던 샐러드에 벌레가 있었어요. 그래서 할아버지께 말씀드리려고 했는데 말을 못하게 하셔서 할아버지가 그 벌레를 잡수셨어요."

우리는 시간 앞에서 늘 지혜롭게 살아야 합니다. 내가 용서를 빌어야 할 사람이 마음에 떠오르면 내일로 미루지 말고, 오늘 손잡고 용서를 비는 것이 좋습니다. 내일로 미루면 안 됩니다. 내일은 아무도 모르기 때문입니다.

야고보서 4장 13-14절에 말씀합니다.

"들으라 너희 중에 말하기를 오늘이나 내일이나 우리가 어떤 도시에 가서 거기서 일 년을 머물며 장사하여 이익을 보리라 하는 자들아 내일 일을 너희가 알지 못하는도다 너희 생명이 무엇이냐 너희는 잠깐 보이다가 없어지는 안개니라."

누가복음 12장 16-21절을 보십시오. 한 어리석은 부자가 농사를 지었는데 소출이 너무 많았습니다.

"야 이것을 내 창고에 도저히 다 들이지 못하겠는데? 풍작이라 곡식이 이렇게 많으니 어떻게 하지? 옳지! 창고를 헐고 다시 크게 지어서 거기에 쌓아두자."

부자는 곳간에 농사한 것을 다 집어넣어 둘 꿈을 꿉니다.

'야 곡식이 이렇게 많으니 여러 해 동안 농사를 짓지 않아도 되겠구나. 내 영혼아, 먹고 마시고 쉬고 즐기자.'

하지만 하나님께서 "이 어리석은 부자야, 오늘밤에 내가 네 영혼을 부르니 그 쌓은 것이 뉘 것이 되겠느냐?"라고 말씀하셨습니다.

우리 중에 오늘이 마지막 주일 예배가 될 수 있는 분이 계실지도 모릅니다. 하나님께서 오늘 데려가시면 끝나지 않습니까? 내일은 내 날이 아닐 수 있습니다.

오늘 할 일을 내일로 미루지 말고, 오늘 할 일을 오늘 하십시오. 이 하루가 얼마나 중한지 깨달아야 합니다. '하루를 복되게 살아야지. 은혜롭게 살아야지. 의롭게 살아야지. 주님과 함께 살아야지. 오늘 할 일을 오늘 해야지' 하며 살 때, 우리의 장래는 밝고 복이 있는 것입니다.

여러분과 저의 오늘 하루하루가 복이 넘치는 날이 되기를 축원합니다.

노하기를 더디하는 자는 용사보다 낫고 자기의 마음을 다스리는 자는 성을 빼앗는 자 보다 나으니라
잠언 16장 32절

용사보다 더 나은 자

호주의 사막 지역에 사는 한 원주민들은 문명인들의 생일잔치를 아주 못마땅하게 생각하여 의문을 제기한답니다.

'사람이 노력해서 가치 있는 일을 했을 때, 노력해서 발전했을 때 축하하고 잔치를 해야지, 가만히 있어도 오는 생일에 왜 잔치를 하느냐?'

일리가 있는, 깊이 생각해 볼 만한 그들의 철학인 것 같습니다. 사실 가만히 있어도 되는 일은 그렇게 축하할 일이 아닙니다. 애쓰고 노력해서 발전하는 것이 귀하고 축하할 일입니다.

베드로후서 3장 18절에 "오직 우리 주 곧 구주 예수 그리스도의 은혜와 그를 아는 지식에서 자라가라"라고 말씀합니다.

자라가는 것이 중합니다. 우리가 예수님을 믿은 지 5년이 되었다, 10년이 되었다 하는 것으로는 자랑할 것 없습니다. 믿음이 자라가고, 빛과 소금 된 삶이 자라가고, 기쁨이 커나가고, 교회를 사랑하는 마음이 뜨겁게 성장하는 것이 중합니다. 그것이 하나님께서 원하시는 일이고 축하할 일입니다.

물론 이것은 하나님의 은혜로 됩니다.

골로새서 2장 19절에 "하나님이 자라게 하시므로 자라느니라"라고 말씀합니다.

오직 하나님의 은혜로 자라는 것입니다. 그러나 우리가 해야 할 일은 해야 합니다.

그래서 마태복음 7장 7절에 "구하라 그리하면 너희에게 주실 것이요 찾으라 그리하면 찾아낼 것이요"라고 말씀했습니다. 시편 107편 9절에도 "그가 사모하는 영혼에게 만족을 주시며"라고 말씀하고, 이사야 44장 3절에도 "나는 목마른 자에게 물을 주며"라고 말씀했습니다.

우리가 가만히 있으면 하나님께서 우리에게 주시는 것이 없습니다. 은혜는 하나님께서 거저 주시지만, 새벽에 일어나서 쓸어 모으는 일은 우리가 해야 합니다. 하나님은 은혜를 팔지 않으십니다. 만나 1kg에 1천 원씩 내라고 하신 것이 아닙니다.

그러나 만나를 해질녘에 내려주지 않으시고 이른 새벽에 이슬과 함께 내려주셨습니다. 해가 뜨면 만나는 녹아서 없어졌습니다. 또 마당이나 쌀독에 내려주지 않으시고 빈 들에 내려주셨습니다. 그래서 새벽에 일어나 들판에 나가 만나를 쓸어 모아야 그날 식구들이 먹고살았습니다. 늦게 일어난 날에는 만나가 녹아 없어졌기 때문에 굶어야 했습니다. 만나를 하나님께서 거저 주셨지만, 새벽에 나가서 쓸어 모으는 일은 이스라엘 백성이 해야 했습니다.

하나님은 언제나 은혜를 주십니다. 그러나 우리가 열심히 구하고 찾을 때 얻게 되는 것입니다.

하와이 와이키키 해변에는 세계 멋쟁이들이 와서 수영을 즐깁니다. 그들이 수영할 때 귀걸이, 목걸이 같은 것을 착용하는 경우가 많은데, 물에서 놀다 보면 그것들이 빠져 나가기 쉽습니다. 그래서 그들이 가고 난 다음에 그 지역 주민들이 가끔 금속 탐지기를 갖고 나가 귀금속을 찾는데, 때때로 아주 값비싼 귀금속을 얻게 되는 경우가 있답니다. 그러면 누가 그것을 갖게 됩니까? 줍는 사람입니다.

하나님은 은혜를 주시는데, 찾는 사람에게 주십니다. 이 시간에도 여러분이 교회에 오신 것은 은혜를 찾기 위해서입니다. 하나님께서 여러분이 찾으시는 은혜를 주시고 또 여러분을 자라게 하실 줄 믿습니다.

"노하기를 더디 하는 자는 용사보다 낫고"

우리 중 어떤 것에 화를 내고 분을 내어 일을 망칠 사람이 있을 것입니다. 하나님께서 그것을 아시고 오늘 이 말씀을 주신 줄로 믿습니다.

"노하기를 더디하는 자는 용사보다 낫고."

여기에서 용사는 보통 용사가 아니라 역전의 용사, 굉장한 장군을 뜻합니다.

사람은 감정이 있기 때문에 살다 보면 화를 내지 않고는 견디지 못할 상황에 놓이기도 합니다. 그러나 그때도 화를 내면 많은 것을 잃어버리게 되고 후회하게 됩니다.

아하수에로 왕은 127도를 다스리는 페르시아 제국의 왕이었습니다. 감히 그 나라를 엿볼 나라가 없었습니다. 그래서 나라가 평안하니 즉위 3년에 그는 큰 잔치를 베풀었습니다. 왕후 와스디도 후궁에서 여인들을 위하여 큰 잔치를 베풀었습니다.

왕이 술에 취해 아주 흥이 나자, 자기가 가장 아끼고 사랑하고 자랑스러워하는 왕후가 생각났습니다. 왕후 와스디는 리디아 공주로 미모가 탁월했습니다. 왕은 자기 아내 와스디를 자랑하고 싶어 내시 일곱 명에게 이렇게 명령합니다.

"왕후를 청하라. 왕후의 관을 정제하고 내 앞으로 나오게 하여 그 아리따움을 보이게 하라."

그러나 와스디는 "내가 술집 색시냐?" 하고 화를 내며 왕의 명령에 불복종합니다. 그 소식을 듣고 왕이 진노하여 마음속이 불붙는 것 같았습니다.

"아니? 지아비가 오라 했으면 와야지, 많은 방백들과 백성들 앞에서 나를 이렇게 초라하게 만들어?"

그래서 왕후의 위를 폐하고 와스디를 쫓아내버립니다. 왕후 와스디는 화를 내어 쫓겨나는 여자가 되고, 아하수에로 왕 역시 분노 때문에 자기가 그렇게 사랑하고 아끼고 자랑스러워하는 아내를 잃어버린 것입니다. 나중에 정신이 들었을 때 아하수에로 왕은 후회했을 것입니다. 그러나 후회해도 이미 소용없는 과거지사가 되었습니다.

화를 내면 많은 것을 잃게 됩니다. 역대하 26장에 웃시야 왕의 이야기가 기록되어 있습니다.

웃시야 왕이 어릴 때는 그의 아버지 아마샤 왕처럼 정직하게 하나님을 섬겼습니다. 그러니 하나님께서 도와주셔서 블레셋과 아라비아와 마온을 치게 하십니다. 전쟁을 하면 이기고 또 이깁니다. 그것을 보고 암몬 사람들이 자기 발로 와서 조공을 바칩니다.

웃시야 왕이 다스리는 나라가 점점 더 강성해지고 애굽 변방까지 그 소문이 퍼집니다. 농사도 잘되고 축산도 잘됩니다. 또 이름만 들어도 무서운 역전의 용사가 2,600명, 건장한 군인이 약 40만 명이나 되었습니다. 게다가 창의적인 아이디어로 큰 바윗돌을 쏘고 던질 수 있는 대포까지 만들었습니다. 그 대포를 성벽에 장치했기 때문에 그 소문이 원방까지 퍼져 감히 그 나라를 엿보는 나라가 없었습니다.

그런데 나라가 그렇게 강성해지니 왕이 교만해집니다. 여러분, 성공하고 크게 되었을 때 조심하시기 바랍니다. 교만하면 다 잃어버리게 됩니다. 하나님은 겸손한 자에게 은혜를 주시고, 교만한 자는 대적하시고 물리치십니다.

저는 우리 교회가 커나가도 겸손하려고, 처음 부임했을 때의 그 초라한 교회 사진을 제 책상 유리 밑에 넣고 매일 봅니다. '내가 그때 이 교회의 목사인데……' 하며 그때를 잊지 않습니다. 저는 저 자신을 늘 살핍니다. 우리 교회에 10만 명이 모여도 지금보다 더 겸손한 목사가 되려고 합니다. 그래야 하나님께서 은혜를 주시고 키워주시는 줄로 믿습니다. 우리 교회가 조금 커졌다고 목에 힘을 주면 그때부터 하나님께서 우리 교회를 허실 것입니다.

여러분의 집이 잘되고, 회사가 잘되고, 여러분의 자녀가 잘될 때 더 겸손할 수 있기를 바랍니다.

제 아들이 일생에 받기 어려운 큰 상을 받았을 때 제가 광고를 하려다 참고, 아들에게 더 겸손하라고 말했습니다. 여러분이 십일조를 한 달에 20만 원 하다가 2억 원씩 하게 되면 더 겸손해져야 합니다. 십일조를 3억 원 한다고 목에 힘을 주면 하나님께서 헐어 버리십니다.

잘되면 더 겸손해야 하는데, 웃시야 왕은 나라가 강성해지니 교만해졌습니다. 그래서 제사장만 들어가서 분향할 수 있는 성소에 들어가 자기가 분향하려 합니다. 그때 용기 있는 제사장들이 "왕이시여, 이것은 잘못입니다. 하나님께 분향하는 일은 그 일을 위해 구별된 아론 자손의 제사장들만 할 수 있습니다. 왕께서 하시면 안 됩니다. 어서 나가소서"라고 합니다. 그런데도 그는 회개하지 않고 발끈 화를 냅니다.

여러분, 교회에서 목사님 설교를 듣다가 화를 내면 망합니다. 그때부터 그 집은 기울어집니다. 설교를 듣다가 마음이 상할 때는 회개할 수 있기를 바랍니다. '저 말씀은 나에게 하는 것이네'라는 생각이 들면 회개하시기 바랍니다. 목사님이 무슨 감정이 있어서 교우들을 치는 설교를 하겠습니까? 성령께서 목사님을 통해 하시는 말씀입니다. 그때 회개해야지 화를 내면 망합니다.

나단 선지자가 다윗 왕에게 "당신이 그 사람이오"라며 책망했을 때, 다윗 왕이 "뭐라고?" 하며 화를 냈다면 다윗 왕은 망했습니다. "맞아요. 내가 죄인이오"라고 하니 다윗 왕이 회복된 것입니다.

그런데 웃시야 왕은 회개하지 않고 "뭐라고?" 하며 발끈 화를 내니, 하나님께서 그 즉시 그를 나병환자가 되게 하셨습니다. 나병은 "모르게 3년, 알게 3년, 터져 3년"이라는 말대로 3년간은 자신도 모르게 병이 진행되는데, 웃시야 왕은 일순간에 나병환자가 된 것입니다. 그래서 궁에도 있지 못하고, 성전에도 들어가지 못하고, 별궁으로 쫓겨나 죽을 때까지 외롭게 살았습니다. 그리하여 그의 어린 아들 요담이 대신하여 왕이 되어 나라를 다스리게 됩니다. 웃시야 왕은 화를 냈다가 건강도, 왕의 자리도 다 잃어버린 것입니다.

화내는 것이 얼마나 어리석은 일인지 모릅니다.

잠언 12장 16절에 "미련한 자는 당장 분노를 나타내거니와 슬기로운 자는 수욕을 참느니라"라고 말씀합니다.

분을 급히 내는 자는 어리석은 자입니다. 지혜로운 자는 부끄러운 일, 화낼 일을 당해도 참습니다.

야고보서 1장 4절에 "인내를 온전히 이루라 이는 너희로 온전하고 구비하여 조금도 부족함이 없게 하려 함이라"라고 말씀합니다.

우리가 살다 보면 자존심 상하는 일을 당하지 않을 수 없습니다. 언제 어디서 자존심 상할 일, 분개할 일을 당할지 모릅니다. 하지만 그때도 분개하면 우리는 많은 것을 잃어버리게 됩니다. 회사의 상사가 내게 모욕을 줄 때도 참아야 합니다.

모 부대에서 있었던 일입니다. 부대를 돌아보러 온 한 장군이 부대원들이 보는 앞에서 부대장을 발로 차고 지휘봉으로 머리를 치며 욕을 했습니다. 세상에! 얼마나 자존심이 상했겠습니까? 부대장도 장군인데, 그것도 자기 부대에서 많은 군인들이 보는 앞에서 그런 일을 당했으니 말입니다. 분을 참지 못한 부대장이 돌아가는 장군을 권총으로 쏘아 죽였습니다. 그래서 부대장도 죽습니다. 만일 그때 그 수욕을 참았다면 나중에 자기도 사령관이 될 수도 있었을 텐데, 얼마나 가슴 치는 일입니까? 그 아내와 자식들의 마음은 어떻겠습니까?

분을 내는 것은 마귀에게 속는 것입니다. 가인이 분이 나서 아벨을 죽인 것입니다. 그러니 자기도 멸망합니다. 가정에서도, 교회에서도 분낼 일이 가끔 있습니다. 사람들이 모이는 곳에서 어떻게 감정을 다치는 일이 없겠습니까? 섭섭할 때도 있습니다.

그러나 그때도 잘 참아야 용사보다 더 나은 자가 되는 것입니다.

에베소서 4장 26-27절에 "분을 내어도 죄를 짓지 말며 해가 지도록 분을 품지 말고 마귀에게 틈을 주지 말라"라고 말씀합니다.

따라 합시다.

"분을 내면 죄 짓게 되고, 분을 내면 마귀가 틈탄다."

가룟 유다는 똑똑하고 유능했습니다. 그런데 예수님께서 어수룩한 베드로, 무식한 요한과 야고보만 쓰시고, 똑똑한 자기는 소외시키니 섭섭해서 분을 냅니다. 마귀 중에 제일 무서운 마귀가 섭섭 마귀랍니다. '목사님, 참 섭섭하다. 장로님, 참 섭섭하다. 어찌 내게 그럴 수 있지?' 그럴 때 마귀가 쏙 들어온답니다. 섭섭한 마음이 들 때 조심하시기 바랍니다. "섭섭 마귀야! 물러가라" 해서 섭섭한 마음을 떨쳐버리기 바랍니다. 유다가 섭섭한 마음을 품을 때, 분이 가득할 때, 마귀가 그에게 쏙 들어간 것입니다.

요한복음 13장 2절에 "마귀가 벌써 시몬의 아들 가룟 유다의 마음에 예수를 팔려는 생각을 넣었더라"라고 말씀합니다.

그래서 그는 배신자가 되고 망했습니다.

따라 합시다.

"분을 내는 것은 망하는 지름길이다."

마태복음 5장 5절에 "온유한 자는 복이 있나니 그들이 땅을 기업으로 받을 것임이요"라고 말씀합니다.

화를 낼 자리, 분노를 터뜨릴 자리에서도 주님을 생각하고 참으면 얻는 것이 많습니다.

맘에 분노 가득 찰 때 기도했나요.

"자기의 마음을 다스리는 자는 성을 빼앗는 자보다 나으니라"

그리고 우리에게 "자기의 마음을 다스리는 자는 성을 빼앗는 자보다 나으니라"라는 말씀을 주셨습니다.

성을 빼앗는 자는 명장입니다. 옛날 성은 여리고 성이나 아벨 성처럼 성벽이 두터워 정복하기가 아주 어렵습니다. 그런데 자기 마음을 다스리는 자는 성을 빼앗는 자보다 더 낫다는 것입니다. 여기에서 마음은 'mind'가 아니라 'temper(기질)'를 뜻합니다. '나는 기질이 이렇다. 취향이 이렇다. 나도 마음대로 못하는 것이 있다' 하는 것, 그것이 기질입니다.

오래 전, 이웃집 아저씨가 자기 친구와 싸우는 것을 보았습니다. 멱살을 잡고 치고박고 막 싸우더니 나중에 화해하면서 이렇게 말했습니다.

"이 사람아, 내 개 같은 성질을 알잖아. 나는 화가 나면 전봇대라도 박아야 되는 것 알잖아. 그런데 왜 내 감정을 건드려?"

그렇게 말하는 사람이 상대방의 마음을 알아주면 더 좋지 않겠습니까?

본문의 '마음'은 바로 이런 성질을 뜻합니다. 이런 성질, 기질을 다스릴 줄 아는 자가 성을 빼앗는 자보다 낫다는 것입니다. 그러니 핑계 대지 말고 마음을 다스리라는 것입니다.

마음이 얼마나 중한지 모릅니다. 마음은 열 때 열고, 닫을 때 닫아야 합니다. 항상 열려 있거나 항상 닫혀 있는 창은 창문이 아닙니다. 새봄이 와서 봄바람이 불 때는 창문을 열어 환기를 시키고, 황사 현상이 일어나 공기가 좋지 않을 때나 악취가 날 때는 창문을 닫아야 합니다. 또 모기나 파리, 독충들이 있을 때는 창문을 열어도 방충망을 달아 그것들이 들어오지 못하게 막아야 합니다.

항상 입을 벌리고 있는 조개는 죽은 조개입니다. 항상 입을 닫고 있는 조개도 죽은 조개입니다. 산 조개는 적이 침입할 때는 입을 닫고, 평안할 때는 입을 엽니다.

우리의 마음도 항상 닫아 놓아도 안 되고, 항상 열어 놓아도 안 됩니다. 열었다 닫았다 해야 합니다. 하나님 앞에서는 열어야 하지만, 유혹의 바람이 올 때는 닫아야 합니다. 복된 것은 받아들이고, 우리를 해하는 것은 막아야 합니다. 우리를 음란하게 만들고 방탕하게 만들고 가출하게 만드는 것은 막아야 하는 것입니다.

얼마 전, 유명한 여배우가 자살했는데, 자살할 마음이 생길 때는 마음 문을 닫아서 자살할 마음이 들어오지 못하도록 막아야 합니다. 이혼하고 싶을 때 '이것은 더러운 마음이야' 하고 막아야 이혼하지 않습니다.

마음을 잘 다스릴 수 있기를 바랍니다. 마음을 잘 다스리는 사람이 복 있는 사람, 성을 빼앗는 사람보다 더 귀한 사람이 되는 것입니다. 우리 마음을 선하고 아름답고 겸손하게 지켜 놓으면 우리에게서 귀한 것이 나옵니다. 같은 물을 소가 먹으면 우유를 만들고, 독사가 먹으면 독을 만듭니다. 같은 상황이라도 선한 사람이 받아들이면 선한 것이 나오는데, 악한 사람이 받아들이면 악한 것이 나오게 됩니다.

잠언 16장 24절에 "선한 말은 꿀송이 같아서 마음에 달고 뼈에 양약이 되느니라"라고 말씀합니다.

우리의 마음이 선하면 그 말이 선한 꿀 같아서 듣는 사람들이 달게 듣고 살맛을 얻게 됩니다. 그리고 우리 마음이 기쁘면 기쁜 말을 하게 됩니다.

지금 가장 무서운 전염병이 무엇인지 아십니까? 일본에서는 그 병으로 죽는 사람들이 제일 많고, 미국에서는 네 환자 중 한 사람이 그 병에 걸린답니다. 그 병은 바이러스나 병원균으로 전염되는 것이 아니고, 영양 결핍으로 오는 것도 아닌, 바로 기쁨 결핍증이랍니다. 마음에 기쁨이 없어진 사람은 곧 죽는답니다. 생활에 기쁨이 없고 우울한 사람은 곧 죽는다는 것입니다. 그리고 기쁨 결핍증은 무서울 정도로 전염이 잘되어 가족 중 한 사람만 걸려도 가족 전체에게 전염되고, 어떤 공동체의 한 사람만 걸려도 그 공동체 전체에 퍼져 모두가 다 손해 본다고 합니다. 그래서 가장 무서운 전염병이라고 하는 것입니다.

하지만 기쁨이 가득한 것도 전염이 됩니다. 그래서 기쁨이 가득한 사람은 만나는 사람들에게 기쁨을 주어 모두를 건강하게 합니다. 여러분과 저는 기쁨 결핍증 환자가 되지 말고, 기쁨이 충만한 사람이 되기 바랍니다.

빌립보서 3장 1절에 "끝으로 나의 형제들아 주 안에서 기뻐하라", 4장 4절에도 "주 안에서 항상 기뻐하라 내가 다시 말하노니 기뻐하라"라고 말씀합니다. 예수님도 요한복음 15장 11절에 "내가 이것을 너희에게 이름은 내 기쁨이 너희 안에 있어 너희 기쁨을 충만하게 하려 함이라"라고 말씀하셨습니다. 할렐루야!

우리 마음에 기쁨이 가득해야 합니다. 성도의 마음은 기쁨으로 넘쳐야 하는 것입니다. 그럴 때 우리 자신도 행복하고 장수하고, 우리 가족도, 우리 교회도 기뻐하게 됩니다. 기쁨을 전달하는 우리 모두가 될 수 있기를 바랍니다.

한 의학 책에서 본 내용입니다. 의사 선생님이 "당신은 6개월밖에 살지 못합니다"라고 할 때 그 말을 받아들인 사람은 6개월밖에 살지 못한답니다. 그러나 "오진이겠지. 내가 이렇게 건강한데 6개월밖에 살지 못한다니"라며 그 말을 믿지 않는 사람은 3년, 4년도 더 산답니다.

자기가 오래 산다고 생각하는 사람은 오래 살고, 곧 죽을 것이라고 생각하는 사람은 곧 죽는다는 것입니다. 제가 늘 98세까지 살 것이라고 말해서 저는 98세까지 살 것입니다. 저의 어머니께서는 120세까지 사신다고 하면서 다리가 아프셔도 지팡이를 짚지 않으십니다. "어머니, 지팡이를 좀 짚으세요" 하면, "내가 지팡이를 짚고 나가면 동네 사람들이 나를 할머니라고 하게?"라고 하십니다. 팔순이 넘으셨는데도 본인이 아직 새댁인 줄 아시니 건강하신 줄로 믿습니다.

마음이 얼마나 중한지 모릅니다. 마음 관리를 잘할 수 있기를 바랍니다. 마음 관리는 그냥 되는 것이 아닙니다. 우리가 노력해야 합니다. 그러나 우리의 노력만으로는 안 됩니다. 하나님께서 도와주셔야 결국은 되는 것입니다. 그러니 늘 기도하고, 화가 나며 분이 날 때 "주님! 주님!" 해야 합니다. 마음이 흔들리고 유혹을 받을 때, 선악과를 따 먹고 싶을 때도 기도해야 합니다.

우리 교회 한 집사님의 남편이 모 회사 이사인데, 바람이 났습니다. 자존심이 상한 우리 집사님이 "누구는 놀 줄 몰라서 안 노는 줄 알아?" 하며 차를 몰고 마산으로 향했습니다. 아무 술집에나 들어가서 아무 남자와 놀고 춤도 출 작정이었습니다. 그런데 봉암다리를 지나갈 때 성령께서 감동을 주셨습니다.

'사랑하는 딸아, 어디 가니?'

'다른 남자와 놀려고 갑니다.'

'네 남편이 그런다고 너까지 그러니? 그러면 네 집은 어떻게 되고, 네 아이들은 어떻게 되겠니? 너는 구역장이고 집사인데 어찌 그러니?'

'주님, 죄송합니다. 너무 화가 나고 속상해서 그랬습니다.'

그래서 집사님이 다시 집으로 돌아왔습니다. 새벽에 들어온 남편에게 그날 있었던 이야기를 했습니다.

"오늘 어떤 남자든지 붙들고 놀려고 나갔는데 하나님께서 막으셔서 돌아왔어요."

그 말에 남편의 얼굴이 빨개졌습니다.

"여보, 미안해. 다시는 그러지 않을게."

그리고 다음 주일에 그 남편이 교회에 나왔습니다.

그때 집사님이 마음을 다스리지 않고 나가서 아무 남자와 놀았다면 어떻게 되었겠습니까?

자기 마음을 다스리는 자는 성을 빼앗는 자보다 낫습니다. 그런데 이것도 결국 하나님께서 도와주셔야 됩니다.

우리 모두 분을 내는 일이 없기를 바랍니다. 분이 날 때 기도하며 감정을 추스르기를 바랍니다. 마음이 흔들릴 때 기도하며 마음을 붙잡을 수 있기를 바랍니다. 좋은 마음을 유지할 수 있기를 바랍니다.

그래서 우리가 받은 것을 길이길이 누리고, 앞으로 더 많은 것을 받아 하나님의 영광을 위해 큰일을 하는 여러분과 제가 될 수 있기를 축원합니다.

소바 왕 하닷에셀이 유브라데 강가에서 자기 세력을 펴고자 하매 다윗이 그를 쳐서 하맛까지 이르고 다윗이 그에게서 병거 천 대와 기병 칠천 명과 보병 이만 명을 빼앗고 다윗이 그 병거 백 대의 말들만 남기고 그 외의 병거의 말은 다 발의 힘줄을 끊었더니 다메섹 아람 사람이 소바 왕 하닷에셀을 도우러 온지라 다윗이 아람 사람 이만 이천 명을 죽이고 다윗이 다메섹 아람에 수비대를 두매 아람 사람이 다윗의 종이 되어 조공을 바치니라 다윗이 어디로 가든지 여호와께서 이기게 하시니라 다윗이 하닷에셀의 신하들이 가진 금 방패를 빼앗아 예루살렘으로 가져오고 또 하닷에셀의 성읍 디브핫과 군에서 심히 많은 놋을 빼앗았더니 솔로몬이 그것으로 놋대야와 기둥과 놋그릇들을 만들었더라 하맛 왕 도우가 다윗이 소바 왕 하닷에셀의 온 군대를 쳐서 무찔렀다 함을 듣고 그의 아들 하도람을 보내서 다윗 왕에게 문안하고 축복하게 하니 이는 하닷에셀이 벌써 도우와 맞서 여러 번 전쟁이 있던 터에 다윗이 하닷에셀을 쳐서 무찔렀음이라 하도람이 금과 은과 놋의 여러 가지 그릇을 가져온지라 다윗 왕이 그것도 여호와께 드리되 에돔과 모압과 암몬 자손과 블레셋 사람들과 아말렉 등 모든 이방 민족에게서 빼앗아 온 은금과 함께 하여 드리니라 스루야의 아들 아비새가 소금 골짜기에서 에돔 사람 만 팔천 명을 쳐죽인지라 다윗이 에돔에 수비대를 두매 에돔 사람이 다 다윗의 종이 되니라 다윗이 어디로 가든지 여호와께서 이기게 하셨더라

역대상 18장 3-13절

이기게 하시니라

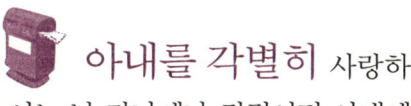 아내를 각별히 사랑하는 남편이 감옥에 갇혔습니다. 어느 날 자나깨나 걱정이던 아내에게서 편지가 왔습니다.

"여보, 감자를 심어야 하는데 언제 심으면 좋겠어요?"

남편이 답장을 보냈습니다.

"생각 좀 해봅시다. 그런데 뒤뜰은 건들지 마시오. 뒤뜰에 총을

숨겨 두었으니 뒤뜰은 절대 건들지 마시오."

남편의 편지를 본 아내는 이해할 수 없었습니다.

'해마다 뒤뜰에 감자를 심었는데 뒤뜰은 건들지 말라고? 총을 그 뒤뜰에 숨겨 두었다고?'

며칠 뒤 경찰들이 사람들까지 동원해서 떼를 지어 와 뒤뜰을 다 파헤쳤습니다. 아내가 편지를 보냈습니다.

"여보, 경찰관들이 와서 뒤뜰을 다 파헤쳤습니다."

남편의 답장이 왔습니다.

"이제 감자를 심으시오."

남편은 자기가 보내는 모든 편지를 경찰관이 검열한다는 것을 알았습니다. 그래서 연약한 아내가 힘들게 일하지 않도록, 경찰들이 땅을 파도록 유도한 것입니다.

우리가 하나님의 말씀을 받을 때 그 말씀이 달콤하여 '맞아, 맞아!'라고 합니다. 그러나 때로는 부담이 되는 말씀도 있습니다. '아! 저 말씀은 아닌데……' 하는 말씀도 있습니다. 그러나 하나님께서 주시는 말씀은 다 우리를 복 주시기 위함입니다.

신명기 10장 13절에 "내가 오늘 네 행복을 위하여(for your happiness) 네게 명하는 여호와의 명령과 규례를 지킬 것이 아니냐"라고 말씀합니다.

하나님의 모든 말씀은 여러분과 저를 사랑해서 잘되라고 주시는 말씀입니다. 그러니 모든 말씀을 잘 받아들여서 하나님의 뜻대로 잘되시기를 축원합니다.

처칠이 말했습니다.

"최고의 승리(the best victory)는 전쟁을 피하는 것이다. 차선의 승리(the second victory)는 전쟁을 하면 이기는 것이다."

전쟁이 발발했을 때 처칠은 국민들에게 이렇게 연설했습니다.

"그 어떤 대가를 지불하더라도 전쟁은 이겨야 한다. 그 어떤 공포를 무릅쓰고라도 전쟁은 이겨야 한다. 그 길이 아무리 멀고 험해도 반드시 전쟁에 이겨야 한다. 왜? 이기지 않으면 살아남지 못하기 때문이다."

전쟁은 이겨야 합니다. 세계에서 전쟁 발발의 우려가 높은 곳으로 우리 한국을 꼽습니다. 우리 주변을 보십시오. 세계가 염려하고 불안하게 보는 북한을 제쳐두고라도 일본이 있습니다.

일본은 우리를 공격할 수 있는 강한 나라입니다. 독도를 자기 나라 땅이라고 주장하는 일본의 지도에는 독도가 일본 땅으로 되어 있습니다. 만일 내일이라도 일본이 "독도는 우리 땅이다"라며 군사 행동을 취하면, 우리와 일본이 접전하게 됩니다. 일본의 군사력은 우리 군사력의 30여 배에 달합니다. 그러니 우리는 주님께서 재림하실 때까지 이 땅에 전쟁이 없도록 날마다 하나님 앞에 구하고 구해야 합니다.

그러나 이런 국가간의 전쟁은 혹 피할 수 있을지라도 우리 개인은 전쟁을 피할 수 없습니다. 지금도 우리 몸 안에서는 전쟁이 계속되고 있습니다. 날마다 음식과 물과 공기를 통해 바이러스와 병원균이 수없이 우리 몸속으로 들어오고, 암세포도 수없이 생깁니다. 그런데 우리 안의 흰피톨이 바이러스와 병원균, 암세포를 꺾어서 우리가 이렇게 사는 것입니다. 만일 병원균이나 암세포가 우리를 꺾으면 우리는 쓰러지게 되는 것입니다.

영적인 전쟁도 피할 수 없습니다. 마귀는 우는 사자같이 삼킬 자를 찾아 두루 다닐 뿐 아니라 모든 사람에게 활동합니다. 교회에 가지 못하게, 기도하지 못하게, 충성하지 못하게, 전도하지 못하게, 거룩하지 못하게, 부부가 이혼하게, 직장이 아닌 딴 곳에 가게, 학교에 가지 않고 극장에 가게 합니다. 마귀는 항상 사람들을 타락시키는 일을 합니다. 그래서 우리는 어쩔 수 없이 끝까지 영적인 전투를 해야 하는 것입니다.

그런데 이보다 더 무서운 적이 우리 안에 있습니다. 그것은 우리의 정욕(passion)입니다. 어거스틴이 말했습니다.

"사람의 심층에는 정욕이 있다."

얼마 전 사법고시에 합격하여 연수원에서 연수를 받고 있는, 장래가 촉망되는 한 청년이 이웃집 여인을 보고 욕심이 생겨 성폭행을 했다가 구속되었습니다. 내일모레 판검사가 될 사람이 잠시의 정욕을 제어하지 못해 인생을 망친 것입니다. 날마다 치러야 하는 자기와의 싸움이 보통 일이 아닙니다.

학생들에게는 시험이 전쟁입니다. 입학 시험이 전쟁입니다. 직장인에게는 진급 시험이 전쟁입니다. 경영주에게는 회사 경영도 전쟁입니다. 치열한 생존 경쟁을 피할 수가 없습니다. 이기면 신바람이 나서 휘파람을 불며 웃고 살 수 있는데, 지면 힘을 잃고 초라하게 되는 것입니다. 모든 전쟁에 언제나 승리할 수 있기를 축원합니다.

그런데 우리의 힘으로는 모든 전쟁에서 계속 이길 수가 없습니다.

경마장에서는 흰 말이 이겼다 검은 말이 이겼다 합니다. 흰 말도 가까스로 이기고, 검은 말도 가까스로 이깁니다. 그러나 사육사가 흰 말은 잘 먹이고, 검은 말은 굶기면 잘 먹은 흰 말이 쉽게 이기게 됩니다.

미국 대통령 선거 때 오바마라는 유능한 흑인이 후보로 나왔지만 힐러리에게 뒤지고 있었습니다. 그런데 미국에 강한 영향력을 끼치는 오프라 윈프리가 "오바마를 돕겠다" 하며 나선 후 오바마가 앞섰습니다. 부시 대통령도 라이벌인 민주당 고어 후보에게 뒤졌는데 윈프리가 도와주어서 이겼습니다. 능력 있는 사람이 도와주어도 달라집니다.

하나님께서 도와주시면 늘 이길 수 있습니다. 하나님께서 도와주셔야 합니다.

제가 어릴 때 낚시를 해보았는데, 그때는 잘 몰라서 낚싯바늘의 날카로운 부분을 지렁이 안에 끼워 넣느라고 고생했습니다. 물고기가 낚싯바늘을 보면 낚싯밥을 먹지 않을까 봐 날카로운 부분을 숨기기 위해서였습니다. 나중에 낚시 전문가를 만나 이야기를 듣고서야 낚싯바늘이 보여도 아무 상관이 없다는 것을 알았습니다.

낚시 전문가들은 낚싯바늘을 지렁이의 옆구리에 끼운답니다. 낚싯바늘 하나에 지렁이를 너덧 마리씩 꿰어서 막 춤추게 한답니다. 그래야 물고기들이 그 지렁이를 팍 문답니다. 낚싯바늘에 새우를 끼울 때도 낚싯바늘이 나오도록 허리에 끼운답니다. 물고기들이 반짝거리는 새우에 반해 낚싯바늘에는 신경도 쓰지 않고 새우를 덥석 물기 때문이랍니다.

제가 만났던 그 낚시 전문가가 사용하는 낚싯대는 하나에 120만 원 정도 하는데, 그런 낚싯대를 열두 개 정도 가지고 있답니다. 그리고 강에서 낚시할 때와 바다에서 낚시할 때 다른 먹이를 준비한답니다. 그래도 낚시를 해보면 어떤 때는 물고기가 잡히고, 어떤 때는 한 마리도 잡히지 않는답니다.

사람은 부족합니다. 사람의 힘으로는 늘 이길 수 없습니다.

로마의 영웅 시저는 가는 곳마다 승리했습니다. 그래서 그는

"내가 왔노라. 보았노라. 이겼노라"라고 했습니다. 그러나 그는 친구의 칼에 죽었습니다. 영원한 승리는 없습니다.

알렉산더는 더 정복할 땅이 없어 산꼭대기에 올라가 통곡했습니다. 그리고 외쳤습니다.

"하늘에 두 개의 태양이 필요없는 것처럼, 이 땅에는 두 왕이 필요없다. 나 알렉산더 하나로 족하다."

대단한 사람입니다. 그러나 며칠 뒤 그는 죽습니다. 원숭이를 데리고 놀다가 원숭이에게 깨물렸는데 그 독이 온몸에 퍼져 죽었다고도 합니다.

영웅이라도 영원히 이길 수가 없습니다.

그런데 다윗은 계속 이깁니다. 블레셋을 쳐서 이깁니다. 소바를 쳐서 이깁니다. 암몬을 쳐서 이깁니다. 아말렉을 쳐서 이깁니다. 에돔을 쳐서 이깁니다. 계속 이깁니다.

왜입니까? 하나님께서 이기게 하셨기 때문입니다. 다윗이 이기는 것이 아닙니다.

 "다윗이 어디로 가든지 여호와께서 이기게 하시니라"(대상 18:6).
"다윗이 어디로 가든지 여호와께서 이기게 하셨더라(The Lord gave David victory everywhere he went)"(대상 18:13).

저는 이 말씀을 준비하다가 책상에 이렇게 썼습니다.
"지용수가 어디로 가든지 여호와께서 이기게 하시니라."
여기에 여러분의 이름을 넣어 보시기 바랍니다.
"○○○가 어디로 가든지 여호와께서 이기게 하시니라."
기분이 좋지요? 이렇게 되기를 축원합니다. 이 말씀은 여러분과 저를 위해 주시는 말씀입니다. 여러분과 제가 이기도록 주시는 말씀입니다. 어제까지는 졌어도 오늘부터는 이길 수 있기를 바랍니다.

우리가 이기려면 어떻게 해야 합니까?

부지런히 노력해야 합니다

엄마가 아이를 위해 그냥 젖을 주지만 빨아먹는 일은 아기가 해야 합니다. 먹지 않으면 아기는 죽는 것입니다.

하나님은 은혜를 그냥 주십니다. 승리를 그냥 주십니다. 그러나 우리도 할 일은 해야 하는 것입니다. 예배 시간에 은혜가 내려오지만, 예배는 우리가 드려야 하는 것입니다. 기도하면 응답을 주시지만, 기도는 우리가 해야 하는 것입니다. 마찬가지로 우리가 승리하려면 승리하는 길을 걸어가야 합니다.

그러면 다윗은 어떤 길을 걸었기에 승리했습니까? '그냥 앉아서' 하나님께서 주시는 승리를 받아먹지 않았습니다. 다윗이 블레셋을 치매 다윗이 암몬을 치매, 다윗이 에돔을 치매, 다윗이 아말렉을 치매, 이겼습니다. 다윗은 어린 시절 양을 칠 때도 가만히 있지 않았습니다. 양들을 먹이면서도 돌로 나뭇가지를 맞혀 보고, 새를 맞혀 보고, 바위를 맞혀 보고, 이것저것 맞혀 보며 연습을 했습니다.

그는 여덟째 중 막내였지만 그래서 장남을 능가하는 인물이 된 것입니다. 대개 장남이 머리가 좋고 뛰어납니다. 학자들이 조사한 결과도 그렇습니다. 부모님을 잘 모시라고 하나님께서 장남에게 좋은 머리와 힘을 주신 줄로 저는 믿습니다. 저도 장남인데 제 동생보다는 제가 일을 조금 더 잘합니다.

그러나 장남이라도 노력하지 않으면 동생보다 못하게 됩니다. 야곱은 차남이지만 노력해서 장자에서를 꺾었습니다. 다윗은 학교도 다니지 않았고 막내아들이었습니다. 그러나 계속해서 노력하니 하나님께서 그에게 승리를 주셨습니다.

미국 우리 교회 진 장로님에게 들은 이야기입니다. 골프 시합할 때 보면 다른 선수들과 달리 타이거 우즈는 잠시도 가만히 있지 않는답니다. 짬만 나면 퍼팅 연습하고, 스윙 연습하면서 몸을 풀지, 가만히 서 있지를 않는답니다. 다른 선수들이 쉬고 있을 때도 우즈는 계속해서 몸을 움직인답니다. 그래서 그를 보고 있으면 '저래서 황제가 되는구나!'라는 생각이 절로 든답니다.

천안에서 태어난 이철호 씨는 6·25때 파편에 맞아 다리를 크게 다쳤습니다. 수십 차례의 수술을 받았으나 회복되지 않아, 치료차 노르웨이로 갔습니다. 그곳에서 그는 불편한 다리를 끌고 화장실 청소부, 동물병원 잡역부, 호텔 벨보이 등 닥치는 대로 일하면서, 유효 기간이 지난 빵을 먹어가며 요리를 배웠습니다.

나중에 호텔 주방 보조가 되었는데, 주방장이 6개월간 감자 껍질만 깎게 하고 아무런 기술도 가르쳐 주지 않았습니다. 그러나 그는 그냥 있지 않았습니다. 다음날의 메뉴를 보고는 미리 재료를 다 준비해 놓고 감자도 주방장이 원하는 대로 다 잘라 놓았습니다. 그의 태도에 감동을 받은 주방장이 그를 점찍어 요리 기술을 가르쳐 주었습니다. 마침내 그는 노르웨이 최고 요리사가 되었고, 거기에서 더 전진해 식품계로 나아가 지금은 노르웨이 라면 업계의 80%를 장악하는 재벌이 되었습니다.

불편한 몸으로 외국에서 살아도 노력하니 길이 열리는 것입니다. 저는 유행가를 잘 모르지만, 좋아하는 노래가 하나 있습니다.

안 되는 일 없단다 노력하며는
쨍하고 해뜰 날 돌아온단다.

얼마나 희망을 심어주는 노래입니까? 우리는 노력해야 합니다. 부지런히 하나님을 섬겨야 하지만, 자기 일도 부지런히 해야 하는 것입니다.

 "부지런하여 게으르지 말고 열심을 품고 주를 섬기라"(롬 12:11).

하나님의 전략을 따라야 합니다

다윗은 자기가 전략을 세우지 않고 하나님께 전략을 받았습니다.

역대상 14장을 보면, 블레셋이 쳐들어오니 다윗이 하나님께 묻습니다.

"하나님! 어떻게 할까요? 쳐들어갈까요? 하나님! 저희가 이길 수 있습니까?"

"그래, 공격해라. 내가 너에게 승리를 주겠다."

그래서 다윗이 블레셋을 공격하니 하나님께서 블레셋 사람들을 물을 흩듯이 흩으셨습니다. 이것은 데모를 진압할 때 소방 호스로 물을 뿌리면 데모대가 다 흩어지는 것과 같은 상황입니다. 하나님께서 천사를 보내어 그들을 흩어버리시니, 다윗의 군사들이 이삭 줍듯이 그들을 죽였습니다.

그런데 그후 블레셋이 다시 전세를 가다듬어 더 많은 군사들을 몰고 왔습니다. 다윗은 그때도 하나님께 묻습니다.

"하나님, 어떻게 할까요?"

"이번에는 앞으로 공격하지 말고 뒤로 돌아 뽕나무 수풀 맞은편에 숨어 있다가, 뽕나무 꼭대기에서 발자국 소리가 들리거든 그 때 엄습하라."

뽕나무 위로 걸을 수 있는 존재는 천사입니다. 우리 성도들이 싸울 때 천사들이 개입하는 줄로 믿습니다. 다윗이 하나님 말씀대로 숨어 있다가 뽕나무 위에서 발자국 소리가 들릴 때 "와!" 하고 진격하니 쉽게 이겼습니다.

다윗이 간증하기를 "그들이 등을 돌렸다"라고 했습니다. 맞서 싸워야 할 적이 등을 돌렸으니 그것은 '날 죽여라' 하는 것과 같습니다. 그러니 적을 쉽게 죽인 것입니다.

내 전략은 실패할 수 있습니다. 하나님의 전략을 따라야 합니다. 잠언 3장 5-6절에 말씀합니다.

"너는 마음을 다하여 여호와를 신뢰하고 네 명철을 의지하지 말라 너는 범사에 그를 인정하라 그리하면 네 길을 지도하시리라."

제 아내가 다른 것은 다 잘하지만 운동 신경은 참 둔해서 8명이 뛰면 8등 합니다. 그렇게 운동 신경이 둔한 아내가 운전면허 시험을 보러 갔을 때의 일입니다. 그렇지 않아도 둔한 사람이 시험장에 가니, 너무나 떨려 처음부터 제 코스대로 가지 않고 잘못 들어갔답니다. 그때 제 아내가 "주여! 주여!"라고 했답니다. 시험관이 그런 제 아내를 불쌍히 여겼는지 "핸들을 이리 돌리시오. 저리 돌리시오" 하며 도와주더랍니다. 그래서 제 아내가 운전면허 시험에 합격했는데, 지금은 저렇게 운전을 잘하고 다닙니다.

우리가 큰 일에만 하나님의 도움을 받으면 안 됩니다. 작은 일에도 하나님의 도움을 받아야 합니다. 우리가 하나님의 도움을 받기 위해 아무리 하나님께 의지해도 하나님은 피곤해 하지 않으시고 기쁘게 도와주십니다.

서울대학교 의과대학을 수석으로 졸업하고 전국 의사 고시에도 수석으로 합격한 원종수 박사님은 지금 미국 최고의 암 전문가입니다. 그런데 그분은 본업이 의사가 아니라 전도랍니다. 그분이 녹내장 권위자인 S박사님을 찾아가 전도를 했습니다.

"박사님, 예수 믿으세요. 예수 믿어야 구원받아요. 꼭 믿으세요."

"원 박사, 너무 지나치시군요. 배울 만큼 배운 사람이 어찌 그래요? 나도 예수에 대해서, 교회에 대해서 좀 알아요. 다시는 내 앞에서 교회 이야기하지 마세요."

그래서 원 박사님이 아주 무안했답니다. 그런데 그로부터 6개월 후 S박사님이 원 박사님을 찾아왔습니다.

"원 박사, 나 좀 도와줘요. 나는 당신의 도움이 필요해요. 내가 암에 걸렸어요. 나를 도와줘요."

원 박사님은 교회 중보 기도팀에 연락해서 S박사님의 영혼 구원을 위해, 또 암이 치료되기를 위해 기도해 달라고 했습니다. 원 박사님에게 전도를 받은 S박사님이 회개하고 예수님을 믿은 다음, 다시 검사를 하니 암세포가 사라졌더랍니다. 지금 그 S박사님은 교회에서 그 누구보다 선교에 앞장서며 충성하고 있답니다.

의사라도 자기 몸에 암이 생기면 꺾이게 됩니다. 그러나 하나님께서 도와주시면 이기게 됩니다. 하나님의 전략은 이기게 하는 것입니다.

오늘 여러분 중에 혹 병이 있는 분이 계십니까?

'아! 내가 병이 들었네. 6개월 후에 죽겠네' 하면 죽습니다. 물론 성도는 죽으면 천국에 가지만 '나는 죽을 거야'라고 생각하면 죽습니다. 그러나 내 몸에 암세포가 생겨도 "베드로전서 2장 24절에 '저가 채찍에 맞음으로 너희는 나음을 얻었나니'라고 말씀하셨지. 아멘! 예수님께서 채찍에 맞으신 것은 내 병 때문이야. 그러니 내가 그 공로를 의지하면 내 병이 나을 수 있어" 하며 그 전략을 받아들이면 병이 치료되는 것입니다.

마가복음 16장 17-18절에 "믿는 자들에게는 이런 표적이 따르리니……병든 사람에게 손을 얹은즉 나으리라"라고 말씀합니다.

내 몸에 병이 있으면 그곳에 내 손을 얹고 "하나님! 믿음으로 제 손을 얹었습니다. 치료해 주세요" 하면 낫는 것입니다. 그것이 주님의 전략입니다. 엘리사의 병처럼 하나님께서 데려가실 병이나, 바울의 병처럼 겸손하게 만들려고 주신 병은 기도해도 낫지 않을 수 있지만, 대개의 병은 하나님의 방법대로 하면 낫는 것입니다.

그리고 하나님의 전략대로 하면 어디에서도 이길 수밖에 없습니다.

욥이 아들 일곱과 딸 셋, 재산과 건강을 다 잃으니 그의 아내는 "하나님을 저주하고 죽어라" 하고 그를 떠났지만, 그는 하나님의 방법을 생각했습니다.

"나는 빈손으로 왔다. 이제까지 하나님께서 나에게 아주 많은 것을 주셨다가 이제 가져가셨으니 나는 본전이다. 주신 이도 여호와시요 취하신 이도 여호와시니 여호와의 이름이 찬송 받을지어다."

그러니 욥이 그 어려움을 이기고 갑절의 축복을 받았습니다. 할렐루야!

열 개였던 내 회사가 다 없어지고 하나만 남았어도 스트레스 받을 필요가 없습니다. 나의 전략대로 하면 스트레스가 되지만, 하나님의 전략은 '너, 빈손으로 왔잖아. 아직 하나 있으니 감사해라' 입니다.

내 아들이 두 살에 죽었다면 얼마나 가슴이 아픕니까? 그러나 하나님의 방법은 '그 아들, 내가 준 아들이잖니? 그 아들과 2년간 잘살았잖아. 그것으로 감사해라' 입니다.

1억 원이었던 내 수입이 70만 원으로 줄었어도 '회장으로 살던 내가 이게 뭐야' 라고 하면 그것은 나의 방법입니다. 하나님의 방법은 '너, 빈손으로 왔잖아. 지금 70만 원의 수입이 있는 것도 감사한 일이 아니냐' 입니다.

70평 아파트에 살다가 19평 아파트에 살아도 '70평에 살던 내가 19평이 뭐야' 라고 하면 스트레스가 되지만, 하나님 방법은 '아직도 네게는 19평이 있지 않느냐? 빈손으로 온 네게 19평이 있지 않느냐' 라는 것입니다.

하나님의 전략대로 하면 이기게 됩니다. 그 어떤 경우에도 승리하게 되는 것입니다. 하나님께 큰 박수를 올려 드립시다. 할렐루야!

어떤 일이 일어났을 때 '아이쿠! 큰일났네' 하면 더 두렵습니다. 그러나 '모든 것이 합력하여 선이 된다' 하며 하나님의 전략을 생각하면 용기와 힘이 솟아납니다. 그리고 결국은 잘됩니다.

저의 아들 성찬이가 대학 입학 시험을 치르고 난 후의 일입니다. 제가 꿈을 꾸었는데, 성찬이가 시험에 합격해서 제가 합격증을 받았습니다. 그래서 저는 가족들에게 성찬이가 합격할 것이라고 말했습니다. 그런데 발표를 보니 떨어졌습니다. 창피했습니다.

'아이고, 개꿈을 꾸었나 보구나. 전에는 꿈대로 되더니……'

그래도 교회에서 그 말을 하지 않은 것이 다행이라 생각되었습니다. 저는 그 꿈 때문에 창피했지만, 그러나 그 일로 아들이 겸손해졌습니다. 그리고 아들이 "아빠, 작년에는 주일에도 공부했어요. 이제는 대학에 또 떨어져도 주일에는 공부하지 않을 거예요" 하더니, 마음을 가다듬어 믿음을 지키고 월, 화, 수, 목, 금, 토요일에 열심히 공부해서 다음해 서울대학교 상위권 학과에 수석으로 합격했습니다. 이것이 하나님의 전략입니다.

따라 합시다.

"모든 것이 합력하여 선이 된다." 할렐루야!

하나님의 전략대로 하면 힘이 생깁니다.

영국 격언에 "용기는 불행한 운명을 꺾는다(Good courage break ill luck)"라는 말이 있습니다. 이 말은 '내 앞에 아무리 불안하고 불행한 일이 있어도 용기 있게 나아가면 이긴다' 라는 뜻입니다. 할렐루야!

우리에게 솟아나는 용기는 만용이 아니라 하나님 전략이 담긴 말씀이 주는 용기입니다.

따라 합시다.

"나는 잘된다. 내 집은 잘된다. 결국은 잘된다. 하나님께서 일하신다."

이것은 굉장한 것입니다. 이것이 하나님의 전략입니다. 다윗은 하나님의 전략을 따르니 이기고 또 이기는 것입니다.

이김의 열매를 기쁨으로 바쳐야 합니다

다윗은 이김의 열매를, 이김의 이익을 자기가 챙기지 않았습니다. 다 하나님께 드렸습니다

본문 11절을 보면, 다윗이 전쟁에서 빼앗은 것과 하맛 왕 도우의 아들 하도람이 갖고 온 금, 은, 놋 모든 것을 다 하나님께 바칩니다.

그뿐 아닙니다. 그는 늘 하나님께 바쳤습니다. 역대상 16장 40절을 보면, 아침저녁으로 예배합니다. 역대상 29장 1-5절을 보면, 그가 여호와의 전을 위해 힘을 다하여, 금은보화 등 그의 모든 사유재산을 여호와께 다 바쳤다고 고백합니다. 그러니 모든 신하들과 백성들도 다윗을 따라 성전을 위해 금은보배를 다 쏟아냅니다.

그렇게 자기의 모든 재산을 하나님께 다 바치고도 다윗은 아까워하는 것이 아니라, 기뻐서 어쩔 줄 모릅니다. 역대상 29장 9절에 "다윗 왕도 심히 기뻐하니라"라고 말씀합니다.

역대상 29장 28절을 보면, 하나님은 그런 다윗을 늙도록 부하고 존귀하게 하십니다. 그런 다윗에게는 제가 하나님이라도 쏟아 부어주지 않을 수 없을 것입니다.

12-13년 전 집회를 인도하러 부산에 갔을 때, 제 가슴을 뜨겁게 한 장로님 한 분을 만난 적이 있습니다. 그런 귀한 장로님을 이번 인천 집회 때에도 만났습니다. 그분과 식사를 함께 했는데, 식사 시간에는 말씀을 아끼시던 목사님께서 나중에 저를 차에 태워 주시면서 그분에 대해 이야기를 해주셨습니다.

종업원이 200명인 중소기업을 경영하는 분이신데, 그 가정에서 여덟 분의 선교사를 파송하고 있답니다. 그리고 그 교회는 해마다 개척 교회를 세우는데 그분이 매년 3억, 5억씩 헌금하고 있답니다. 그렇게 헌금을 하시면서도, 3년 후에 교회를 다시 짓는다고 광고

했더니 얼마 전에는 건축 헌금으로 50억 원을 하셨답니다. 목사님께서 "3년 후에 교회를 짓는데 왜 이렇게 미리 헌금을 합니까?" 하고 여쭈었더니, 혹시 그 해에 사업이 어려워지면 헌금하기 힘들지 모르니 미리 하는 것이라고 하더랍니다.

그런데 그분의 부인도 그렇게 믿음이 좋고 빼어난 미인인데, 새벽 기도는 물론이고 철야 기도도 한답니다. 이번 집회 때도 첫날부터 3시간 전에 와서 집회를 위해 기도했답니다. 그분의 기도 때문인지 첫 시간부터 평소보다 두 배로 많이 모였고, 모두가 넘치는 은혜를 받았습니다.

또 그 교회 부목사님의 가정도 정말 구김살 없는 가정이라면서, 그분의 두 자녀가 세계적인 명문 예일대 출신이라는 말씀을 전해 주셨습니다. 할렐루야!

부부가 다 그렇게 사니 하나님께서 그런 가정에 복을 주지 않으시고 어떤 가정에 복을 주시겠습니까?

다윗의 하나님은 여러분과 저의 하나님이십니다. 할렐루야!
오늘의 우리도 다윗처럼 살면 우리가 어디로 가든지 하나님께서 이기게 하십니다.

여호와는 나의 빛이요 나의 구원이시니 내가 누구를 두려워하리요 여호와는 내 생명의 능력이시니 내가 누구를 무서워하리요 악인들이 내 살을 먹으려고 내게로 왔으나 나의 대적들, 나의 원수들인 그들은 실족하여 넘어졌도다 군대가 나를 대적하여 진 칠지라도 내 마음이 두렵지 아니하며 전쟁이 일어나 나를 치려 할지라도 나는 여전히 태연하리로다 내가 여호와께 바라는 한 가지 일 그것을 구하리니 곧 내가 내 평생에 여호와의 집에 살면서 여호와의 아름다움을 바라보며 그의 성전에서 사모하는 그것이라

시편 27편 1-4절

주께 청하였던 한 가지 일

지혜로운 학생, 머리가 뛰어난 학생은 선생님의 취향과 마음을 잘 읽습니다. 그래서 선생님의 강의를 들으면 '선생님이 강조하시는 것을 보니 이것은 시험에 나오겠구나' 하고 노트에 체크합니다. 그리고 시험을 칠 때는 '이 선생님은 논리적인 분이니 논문식으로 써야지. 이 선생님은 간단명료한 것을 좋아하시니 짧게 써야지' 하고 시험 답안을 잘

씁니다. 그러나 둔한 학생은 선생님의 마음도 모르고, 시험 문제에 대한 감도 없습니다.

선생님이 한 학생에게 "눈이 얼마나 되니?" 하고 물으니, "저는 눈 안 파는데요"라고 대답합니다. 시력이 얼마냐고 묻는 것인데, 눈을 팔지 않는다고 대답한 것입니다. 둔한 학생은 선생님의 마음을 읽을 수 없어도, 지혜로운 학생은 선생님의 마음을 읽을 수 있습니다.

이처럼 지혜로운 아내는 남편의 마음을 잘 압니다. 그래서 남편이 싫어하는 말이나 일을 하지 않고, 남편이 기뻐하는 일만 하고 남편에게 용기를 줍니다. 그러니 남편의 사랑을 받습니다.

신앙생활도 마찬가지입니다. 신앙생활을 특별히 지혜롭게 하는 사람이 있습니다. 신앙생활에 천재적인 사람이 있습니다. 그런 사람은 하나님의 마음을 잘 읽어서 하나님의 마음을 아프게 하지 않습니다. 하나님께 걱정을 끼쳐드리지 않습니다.

한 아이가 아빠의 흰머리를 보았습니다.

"아빠, 왜 흰머리가 생겨?"

"야, 인마! 네 놈이 아빠 속을 썩여서 그런 거야."

"그래? 휴, 다행이다."

"뭐가 다행이야?"

"그래도 아빠의 흰머리는 몇 개 안 되잖아. 할아버지와 할머니 머리는 온통 하얗던데……."

아버지가 당했습니다.

지혜로운 교인은 하나님께 걱정을 끼치지 않고 하나님께서 좋아하시는 것만 합니다. 할렐루야!

록펠러의 어머니는 신앙의 천재였습니다. 비록 일생 가난하게 살았지만, 영적 천재여서 '하나님께서 이런 것을 좋아하시는구나' 하고 깨달은 것, 열 가지를 아들에게 가르쳤습니다.

1. 하나님을 친아버지로 섬겨라.
2. 목사님을 하나님 다음으로 섬겨라.
3. 네 오른쪽 호주머니는 십일조 호주머니가 되게 하라.
4. 주일은 반드시 본 교회에서 지켜라.
5. 어떤 일로도 원수 맺지 말아라.
6. 반드시 아침에 하루 일을 하나님께 기도로 아뢰어 부탁하라.
7. 하루 일을 마치거든 소상히 하나님께 기도로 보고드려라.
8. 신문을 읽기 전에 성경부터 읽어라.
9. 선한 일을 할 기회가 있을 때 적게 하지 말고 크게 하라.
10. 예배 시간에는 맨 앞자리에 앉아라.

우리도 이렇게 하면 다 복을 누릴 줄 믿습니다. 다윗도 신앙의 천재입니다. 어릴 때 양을 치면서도 껑충껑충 뛰며 하나님께서 좋아하시는 찬송을 불렀습니다. "하나님이 너무 좋아요" 하고 늘 하나님께 고백했습니다. 참 기가 막히지 않습니까? 그러니 하나님도 다윗을 사랑하지 않으실 수 없었습니다.

오늘 본문의 이 짤막한 네 절에도 찬송과 기도가 나옵니다. 물론 하나님께서 깨닫게 해주셔서 다윗이 신앙의 천재가 되었지만, 오늘의 본문을 준비하고 묵상하면서 느낀 것은 제가 하나님이라도 다윗을 품지 않을 수가 없다는 것입니다.

다윗은 시편 29편 1-2절에서도 이렇게 찬양합니다.

"너희 권능 있는 자들아 영광과 능력을 여호와께 돌리고 돌릴지어다 여호와께 그의 이름에 합당한 영광을 돌리며 거룩한 옷을 입고 여호와께 예배할지어다."

우리는 대통령이 오시면 대통령에 걸맞은 예우를 해드려야 하고, 시장님이 오시면 시장님에게 걸맞은 예우를 해드려야 합니다. 그 손님에 따라 걸맞은 예우를 해야 합니다.

하나님께는 만왕의 왕 하나님께 꼭 맞는 영광을 돌려 드려야 하는 것입니다. 다윗은 하나님께 맞는 영광을 돌립니다.

다윗은 "여호와는 나의 빛이요"라고 찬송합니다

하나님은 빛이십니다. 하나님이 제일 먼저 창조하신 것이 무엇입니까?

창세기 1장 3-4절을 보면, 빛입니다.

"하나님이 이르시되 빛이 있으라 하시니 빛이 있었고 빛이 하나님이 보시기에 좋았더라." 할렐루야!

빛을 창조하신 하나님께서 또한 빛이심을 다윗은 알기 때문에 "여호와는 나의 빛이요"라고 한 것입니다. 실제로 하나님은 다윗의 앞길을 환히 비춰 주시는 빛이었습니다.

빛이 얼마나 중한지, 만일 지금 교회의 등을 다 끄게 되면 여러분도 저를 보실 수 없고, 저도 여러분을 볼 수 없습니다. 눈이 있어도 빛이 없으면 삼손처럼 됩니다. 삼손이 들릴라에게 깊이 빠졌다가 하나님 사람으로서의 본분을 잊어버려 두 눈이 뽑힙니다. 하나님을 섬기면서도 죄를 계속 지으면 우리의 영안이 뽑힙니다. 삼손, 그 대장군도 눈이 뽑히니 앞이 캄캄해져 걸음도 못 걷고 아무것도 볼 수 없었습니다.

우리가 눈이 있어도 빛이 없으면 장님과 똑같습니다.

라반은 7년간 라헬을 위해 일한 야곱에게 달빛 하나 없는 칠흑 같은 그믐날에 맞추어 라헬과 결혼식을 시키고, 신방에는 레아를 밀어 넣었습니다. 야곱은 레아가 라헬인 줄 알고 떨리는 가슴으로 밤을 지냈습니다. 그런데 야곱이 깨어 보니 환한 아침 햇살을 받고 누워 자는 신부는 라헬이 아니라 레아입니다. 그 밤이 얼마나 후회스러웠겠습니까?

야곱이 어찌 그렇게 속았습니까? 빛이 없어서입니다. 빛이 없으면 속습니다. 빛이 없으면 넘어집니다. 자동차에 전조등이 없으면 달릴 수가 없습니다. 아무리 성능이 좋은 자동차라도 빛이 없으면 갈 수 없습니다.

오늘 이 세상에 하나님이 없는 사람은 빛이 없는 장님 같은 삶을 삽니다. 어떻게 살아야 될지, 인생이 어디로 가는지 모릅니다. 그래서 "인생은 나그넷길 어디서 왔다가 어디로 가는가 구름이 흘러가듯" 하는 노래를 부르는 것입니다. 어떻게 사는 것이 잘 사는 것인지, 왜 이렇게 바빠 사는지, 왜 돈을 벌고 공부를 해야 하는지도 모르고 가는 것입니다.

그러나 우리에게는 하나님의 빛이 있습니다. 하나님께서 우리에게 빛을 비춰 주십니다. 다윗에게 빛 되신 하나님께서 여러분과 저에게도 빛이 되시는 것입니다.

예수께서 요한복음 8장 12절에 "나는 세상의 빛이니"라고 말씀하셨습니다.

하나님은 우리의 빛이십니다. 말씀도 빛이십니다.

시편 119편 105절에 "주의 말씀은 내 발에 등이요 내 길에 빛이니이다"라고 말씀합니다.

하나님은 우리의 빛이십니다. 그러니 우리는 항상 환한 길을 가는 것입니다. '이것이 남편의 길이고, 아내의 길이고, 자녀의 길이고, 사람의 길이구나' 하고 알고 가는 것입니다. 할렐루야!

이 세상에는 부모를 죽이기도 하고, 아내나 남편에게 독약을 먹여 죽이고 보험금을 타 먹기도 하는 사람들이 있습니다. 그것은 길을 모르고 살기 때문입니다.

빛 되신 하나님을 따라 빛의 복을 먹고 사는 여러분과 저는 늘 감사하며 찬송해야 합니다. 그리고 이 빛의 길을 모르는 사람들에게 우리가 알려야 하는 것입니다.

예수님은 빛이시고 하나님도 빛이십니다.

D.L. 무디가 늦은 밤에 길을 가다가 술에 취해 가로등에 기대어 서 있는 사람을 보았습니다. 무디는 그의 어깨에 손을 얹고 말했습니다.

"형제여, 그리스도를 믿습니까?"

그가 무디를 확 밀어제치며 말했습니다.

"쓸데없는 소리 하지 말고 네 일이나 해. 내 일에 신경 쓰지 말고 네 일이나 잘해."

"이게 내 일이오. 나는 무디요. 예수 믿고 전도하는 것이 내 직업이오."

그러자 그가 무디를 시궁창에 밀어 넣으려고 했습니다. 그런데 3개월 후, 그가 무디의 집을 찾아왔습니다.

"어찌 왔소?"

"당신이 내게 그리스도를 믿느냐고 물었던 그 말이 내 머리에서 떠나지 않아요. 내가 예수를 믿지 않고는 못 살 것 같아요."

그래서 그가 예수님을 영접하고 빛 가운데 거하게 되었다고 합니다. 우리에게는 어두움에 처한 사람을 빛으로 인도할 사명이 있습니다.

그리고 우리도 빛입니다. 예수님께서 "너희는 세상의 빛이다"라고 말씀하셨습니다. 우리가 그들에게 작은 빛이 되어서 그들을 인도할 수 있기를 바랍니다.

다윗은 "나의 구원이시니"라고 찬송합니다

이 말뜻은 '내가 어려움에 처할 때마다 나를 구해 주시고 나를 방패로 보호하신다' 라는 것입니다.

다윗은 목동 시절에 이리나 사자의 공격을 많이 받았는데, 그때마다 물맷돌로 이리와 사자를 쳐 죽였습니다. 어린 그가 어떻게 물맷돌로 이리와 사자를 쳐 죽일 수 있었겠습니까? 알고 보니 그것은 하나님의 은혜였다는 말입니다. 그리고 골리앗과 싸워 이긴 것도 하나님의 은혜였습니다. 그가 어떻게 골리앗을 이길 수 있습니까? 그것도 하나님께서 그를 구원하고 보호하셨다는 말입니다.

사무엘하 21장을 보면, 다윗이 나이가 많이 들어도 마음은 젊어서 전쟁에 나갑니다. 블레셋 군대와 싸우다가 이스비브놉이라는 유명한 명장과 맞붙게 됩니다. 명장이었던 다윗인지라 처음에는 이스비브놉의 칼을 척척 막지만, 나이가 많으니 결국 힘에 부쳐 죽을 지경에 이릅니다.

그때 마침 아비새 장군이 옆에서 보고 이스비브놉을 쳐서 다윗이 살았습니다. 그때도 역시 하나님께서 아비새를 통해 은혜로 자신을 살려 주셨다는 것입니다. 그래서 다윗은 "나의 일생에 모든 것이 하나님의 은혜구나"라고 고백하는 것입니다.

그런데 사무엘하 21장에서 우리가 깨달아야 할 교훈이 하나 더 있습니다. 17절을 보면, 모든 신하들이 다윗에게 "왕이여, 이제는 몸소 전장에 나오시면 안 되겠습니다. 자칫하다가는 이스라엘의 등불이 꺼지겠습니다"라고 합니다. 하나님의 빛 가운데 사는 다윗을 이스라엘의 등불이라고 했습니다. 저도 여러분도 다윗처럼 한국의 등불이 되기를 바랍니다.

여러분, 다시 말씀드립니다. 하나님은 여러분과 저의 구원자이심을 믿으시기 바랍니다. 하나님께서 우리의 영혼을 구원하여 영생을 얻게 하셨고, 이 세상에 사는 동안에도 우리를 도우십니다.

저는 TV를 보지 않습니다만, 20여 년 전에는 간혹 TV를 본 적이 있습니다. 그때 "암행어사 박문수"라는 연속극을 재미있게 보았습니다. 의롭고 바른 암행어사가 썩어가는 관리들을 찾아가 벌을 주니, 그들이 자객을 사서 암행어사를 죽이려 합니다. 하루는 암행어사가 숲 속을 지나가다 죽게 되었는데, 그때 대검객이 천사처럼 나타나서 암행어사를 구하고 적을 죽입니다. 그런데 그 후로 그 검객은 암행어사가 위기에 처할 때마다 나타나서 도와줍니다.

하나님은 평소에도 우리의 보호자이시지만, 우리가 어려움을 당할 때는 더 가까이에서 우리를 보호해 주심을 믿으시기 바랍니다.

다윗은 사망의 음침한 골짜기를 많이 지났습니다. 사울 왕이 삼천 명 특공대를 풀어서 10년 넘도록 다윗을 죽이려 했습니다. 여러분, 몇 사람이 "너를 죽인다" 해도 우리는 두렵습니다. 어떤 사람이 여러분에게 전화해서 "오늘밤에 내가 너를 죽이겠다" 해도 잠자기 어렵습니다. 한 30명이 서명해서 "우리 30명이 너를 죽일 거야" 하면 얼마나 힘들겠습니까?

그런데 다윗을 죽이려고 삼천 명 특공대가, 아니 전 나라 군대가 10년 넘도록 따라다녔으니 다윗이 얼마나 두려웠겠습니까? 다윗은 금방 잡혀 죽을 것만 같아서 때로는 '내가 새라면 날아서 도망갈 건데……' 라고 했습니다.

그럼에도 그는 건재했습니다. 다윗이 위험에 처할 때마다 하나님께서 블레셋 대군을 보내어 사울의 군대가 다윗을 추격하지 못하게 막으셨기 때문입니다. 그러니 다윗은 "하나님은 나의 구원자! 내가 어려움에 처할 때마다 나를 구원하셨네"라고 고백하는 것입니다.

하나님은 우리를 위험한 처지에서도 구원해 주시지만, 우리가 아무것도 모르고 자는 동안에 스쳐가는 위험에서도 우리를 보호해 주십니다.

하나님께서 아브라함에게 말씀하셨습니다.

"아브람아 두려워하지 말라 나는 네 방패요 너의 지극히 큰 상급이니라" (창 15:1).

하나님은 언제나 "내 자녀들아, 두려워하라. 무서워하라"고 말씀하지 않으십니다. "두려워하지 마라. 내가 너와 함께한다. 놀라지 마라. 나는 네 하나님이다. 내가 너를 굳세게 하겠다. 너를 도와주겠다. 내 의로운 오른손으로 너를 붙들어 주겠다"라고 말씀하십니다.

히브리서 13장 6절에도 "주는 나를 돕는 이시니 내가 무서워하지 아니하겠노라 사람이 내게 어찌하리요"라고 말씀합니다.

따라 합시다.

"주는 나를 돕는 이시니 내가 무서워하지 아니하겠노라. 사람이 내게 어찌하리요."

"너 그냥 안 둬! 너 그냥 안 둬!"라고 하는 사람이 많아도 우리는 두려워하지 않아야 합니다. 하나님께서 우리의 보호자가 되십니다. 그래서 다니엘이 사자 굴에 들어가면서도 두려워하지 않습니다. 사드락, 메삭, 아벳느고가 풀무불에 들어가도 두려워하지 않습니다. 왜입니까? 하나님이 우리의 구원자이시기 때문입니다.

우리의 양식이 다 떨어져 '이제 굶었구나' 싶어도, 하나님은 또 먹여 주십니다. 극심한 가뭄으로 '이제는 다 죽겠구나' 싶어도 하나님은 우리에게 또 단비를 내려주셔서 살게 하시는 것입니다.

1853년 미국의 오블린이라는 지역에서 있었던 일입니다. 극심한 가뭄이 들어 풀과 곡식이 다 타 죽고, 짐승은 물론 심지어 사람들까지 죽게 되었습니다. 그때 찰스틴 목사님이 오셔서 집회를 하는데 인산인해를 이루었습니다. 죽을 지경이 되니 그 많은 사람들이 하나님을 바라보며 찰스틴 목사님과 함께 기도했습니다.

"하나님, 비를 주십시오. 비를 주십시오."

그때 찰스틴 목사님에게 하나님의 감동이 왔습니다. 미국 사람들이 처음 사랑, 처음에 하나님을 사랑하던 그 열정을 잃었다는 것입니다. 목사님이 요한계시록 2장 4절 말씀대로 "너희의 처음 사랑을 버렸구나" 하며 계속 책망하니, 사람들이 "하나님, 처음 사랑을 잃은 것을 용서하세요" 하며 회개하고 기도했습니다.

그때 하늘에서 비가 쏟아져 그 지역이 다 살게 되었습니다. 할

헬루야!

오래 전, 제가 보스턴에서 연합 집회를 인도할 때 있었던 일입니다. 그곳에 가뭄이 심하여 잔디가 바싹바싹 타들어가고 사람들은 고통을 받고 있었습니다. 어떤 부잣집에서는 잔디에 물을 주느라 물세를 3천 달러씩이나 냈다고 합니다. 집회 때 우리가 통성으로 부르짖으며 기도했더니, 비가 쏟아져서 보스턴이 해갈되었습니다.

하나님은 지금도 우리를 구원해 주십니다. 경제적인 위험이나 어떤 어려움에서도 우리를 구원해 주시는 하나님이심을 감사하시기 바랍니다.

따라 합시다.

"하나님은 나의 구원자."

얼마나 감사합니까? 우리의 일생 동안 어디를 가든지 하나님은 우리와 함께하십니다.

그래서 다윗은 "내가 사망의 음침한 골짜기로 다닐지라도 해를 두려워하지 않을 것은 주께서 나와 함께하심이라 주의 지팡이와 막대기가 나를 안위하시나이다"(시 23:4)라고 고백합니다.

다윗의 하나님께서 여러분의 하나님, 나의 하나님이심을 감사합시다.

다윗은 "여호와는 내 생명의 능력이시니 내가 누구를 무서워하리요 군대가 나를 대적하여 진 칠지라도 내 마음이 두렵지 아니하며 전쟁이 일어나 나를 치려 할지라도 나는 여전히 태연하리로다"라고 찬송합니다 여러분, 몇 사람이 대적해도 힘이 드는데, 군대가 와도 다윗은 두려워하지 않는다고 했습니다. 한 나라를 치려고 군대가 동원된 것이 아니라, 다윗을 죽이려고 실제로 군대가 몇 번이나 왔습니다. 자신 한 사람을 죽이려는 그 와중에서도 다윗은 하나님께서 자기 생명의 능력이시니 두려워하지 않는다고 했습니다.

'여호와는 내 생명의 능력' 이시라는 말은 '내 생명이 내 생명으로 있는 것이 아니고, 하나님께서 내 속에 생명으로 들어와 계신다. 하나님의 생명의 능력이 내 안에 계신다' 라는 뜻입니다.

이 말씀은 굉장히 어렵지만, 한편으로는 쉽습니다. 대장간에서 쇳덩어리를 풀무에 발갛게 달구어 놓았을 때 그 쇠에 종이를 대면 종이가 확 타버립니다. 천을 대면 천이 확 타버립니다. 쇠에 닿은 종이나 천이 왜 탑니까? 그 쇠 안에 불이 들어갔기 때문입니다.

다윗의 생명에는 하나님의 능력이 들어가 있으니 두려워할 필요가 없는 것입니다. 오늘 저와 여러분에게도 성령의 능력이 들어와 있습니다. 우리 안에 성령의 능력이 들어와 있는 것입니다.

예수님은 "내가 문 밖에 서서 두드리노니 누구든지 내 음성을 듣고 문을 열면 내가 그에게로 들어가 그와 더불어 먹고 그는 나와 더불어 먹으리라"(계 3:20)고 말씀하셨습니다.

무섭고도 놀라운 말씀입니다. 우리가 마음 문을 열고 예수님을 모시면, 예수님이 우리 안에 쑥 들어오셔서 우리 안에 거하시겠다는 것입니다. 그러니 쇠 안에 불이 들어왔듯이, 우리 영혼의 생명에 주의 성령이 들어와 계시는 것입니다.

그런데 쇠 안의 불은 쇠가 식으면 나갑니다. 하지만 우리에게 오신 성령님은 항상 우리와 함께하십니다. 그러니 다윗이 '여호와는 내 생명인 능력' 이라고 한 것입니다. 이 말은 '내가 살고 죽는 것은 적이나 병이나 원수에게 있는 것이 아니라, 하나님께 달렸다. 하나님께서 내 생명의 능력이시니 하나님께서 허락하신 만큼 이 땅에서 산다' 라는 것입니다. 할렐루야!

여러분, 이런 배짱을 가지시기 바랍니다. 우리가 조심하고 운동도 하고 살아야 하지만, 결국 우리의 생명은 하나님께서 잡고 계십니다. 사람들은 건강 검진을 받을 때도 의사 선생님이 고개를 갸웃거리거나 조금 오랫동안 진찰하면 '혹시나' 하고 덜덜 떱니다. 그러다 결과가 '건강' 으로 나오면 "와!" 하고 좋아합니다.

다들 이렇게 두려워하는데 사실은 두려워할 이유가 하나도 없습니다. 참새 한 마리의 생명도 하나님께서 간섭하는데, 하물며 우리의 생명이겠습니까?

요한복음 10장 28절에 예수님은 말씀하셨습니다.

> "내가 그들에게 영생을 주노니 영원히 멸망하지 아니할 것이요 또 그들을 내 손에서 빼앗을 자가 없느니라."

다윗의 하나님은 여러분의 하나님, 저의 하나님이십니다.

우리는 하나님의 능력으로 살아가니 이 세상의 전쟁이나 천재지변이나 병을 너무 두려워하지 말고 "하나님이 나의 생명의 능력이시니 내가 무엇을 두려워하리요" 하는 담대함으로 살게 되기를 축원합니다.

실제로 의사 선생님이 "당신은 ○○병이요, 곧 죽을 거요"라고 해도 '아하, 의사 선생님은 곧 죽을 것이라고 하지만 하나님께서 살리시면 나는 살 것이다' 라고 생각하는 사람은 오래 삽니다. 믿음의 배짱이 얼마나 중한지 모릅니다.

다윗은 "하나님은 나의 빛이십니다. 하나님은 나의 구원이십니다. 하나님은 나의 생명의 능력이십니다"라고 찬송한 다음 이제 기도하면서 한 가지 소원을 구합니다

다윗은 "내가 여호와께 바라는(청하였던) 한 가지 일 그것을 구하리니 곧 내가 내 평생에 여호와의 집에 살면서……"라고 기도합니다

이 기도는 하나님께서 그냥 좋아서 못 견뎌 다윗을 끌어안아 뽀뽀해 줄 수밖에 없는 것입니다. 부귀를 달라, 무엇을 달라는 것이 아니라, "내가 여호와의 집에 살면서"라고 합니다. 기가 막힌 기도입니다. 여러분, 하나님의 입장에서 한번 생각해 보십시오. 기가 막히지 않습니까?

퀴리 부인은 자기가 입고 싶어하던 가죽옷을 남편이 생일 선물로 사주어서 너무 기뻤지만, "여보, 이런 옷은 사주지 않아도 돼요. 나는 당신만 있으면 그저 기쁘답니다. 당신의 존재가 내게 가장 큰 선물이에요"라고 했답니다.

"당신이 내게 가장 귀한 존재입니다"라는 이 말에 그 남편이 얼마나 기뻐했겠습니까?

다윗은 "여호와의 집에 살면서 여호와의 아름다움을 바라보며 그의 성전에서 사모하는 그것이라"고 합니다.

다윗은 하나님의 집에 살면서 하나님의 아름다움을 바라보며 좋아하겠다고, 그 전에서 하나님을 사모하겠다고 하는 것입니다. 다윗은 정말 하나님을 사랑해서 주의 전에 오래 거하고 주님과 함께 있고 싶어했습니다. 다른 소원이 없었습니다. 아내가 귀하면 처

갓집 말뚝도 귀해 보인다고, 다윗은 하나님께서 귀하시니 하나님의 집도 귀하게 보는 것입니다. 그래서 다윗의 평생소원이 여호와의 집에 사는 것이라고 합니다.

시편 23편 1-6절의 고백이 바로 그것입니다.

"여호와는 나의 목자시니 내게 부족함이 없으리로다 그가 나를 푸른 풀밭에 누이시며 쉴 만한 물가로 인도하시는도다 내 영혼을 소생시키시고 자기 이름을 위하여 의의 길로 인도하시는도다 내가 사망의 음침한 골짜기로 다닐지라도 해를 두려워하지 않을 것은 주께서 나와 함께하심이라 주의 지팡이와 막대기가 나를 안위하시나이다 주께서 내 원수의 목전에서 내게 상을 차려 주시고 기름을 내 머리에 부으셨으니 내 잔이 넘치나이다 나의 평생에 선하심과 인자하심이 반드시 나를 따르리니 내가 여호와의 집에 영원히 살리로다."

"하나님, 저는 다른 소원이 없습니다. 오직 한 가지 소원은 하나님의 집에 영원히 사는 것입니다."

하나님께서 얼마나 기뻐하시는 소원이었겠습니까?

또 시편 122편 1절에는 "사람이 내게 말하기를 여호와의 집에 올라가자 할 때에 내가 기뻐하였도다"라는 다윗의 고백이 있습니다.

여러분도 주일 낮이나 밤이나 삼일에 교회에 올 때마다 기뻐하시기를 바랍니다. 그러면 하나님께서 기뻐하실 줄로 믿습니다.

시편 16편 3절에도 "땅에 있는 성도들은 존귀한 자들이니 나의 모든 즐거움이 그들에게 있도다"라는 다윗의 고백이 있습니다.

하나님이 귀하니 하나님을 섬기는 성도들도 귀하게 생각했던 것입니다. 그래서 그의 즐거움이 왕궁에, 왕의 자리에 있지 않고 교회에 있다고 하는 것입니다. 하나님께서 이런 다윗을 사랑하실 수밖에 없습니다.

그런데 다윗이 나중에 깨달은 것이 있습니다. 사무엘하 7장을 보면 그가 나단 선지자에게 이렇게 말합니다.

"선지자님, 아무것도 아닌 나는 백향목 궁에 거하는데, 내 하나님의 법궤는 휘장 가운데 있습니다. 내가 이것을 너무 늦게 깨달았습니다. 하나님의 성전을 지어야겠습니다."

"왕이시여, 좋은 생각을 했습니다. 그렇게 하십시오."

그러나 하나님은 나단 선지자에게 이렇게 말씀하셨습니다.

"나단, 다윗은 전쟁에서 피를 많이 흘린 군인이라 내 집을 지을 수가 없다. 그의 아들, 평화의 사람 솔로몬이 내 집을 짓는다. 그러나 내가 다윗의 마음은 받았다."

그리고 다윗에게 "네가 어디를 가든지 내가 함께하며 너를 존귀케 해주겠다. 네 집이 영원히 내 앞에 있게 하고 네 집이 끊어지지 않게 하겠다"라고 말씀하셨습니다. 하나님께서 하나님의 전을 사랑하는 다윗을 얼마나 사랑하셨겠습니까?

다윗은 자기가 성전을 짓지 못하게 된 것을 알자, 아들이 지을 수 있게 자기 보물과 모든 것을 다 쏟아 준비했습니다. 모든 것을 다 바치고도 아까워하지 않고 기뻐서 어쩔 줄 몰랐습니다.

하나님께서 그런 다윗을 사랑하셔서 얼마나 큰 복을 주셨는지, 역대상 29장 28절을 보면 "그가 나이 많아 늙도록 부하고 존귀를 누리다가 죽으매 그의 아들 솔로몬이 대신하여 왕이 되니라"라고 말씀합니다.

따라 합시다.

"나이 많아 늙도록 부하고 존귀를 누리다가."

다윗은 부귀와 영화와 존귀를 다 누렸습니다. 찬송을 해도 하나님께서 기뻐하시는 것을 하고, 기도를 해도 하나님께서 기뻐하시는 것을 하니 하나님께서 그렇게 해주실 수밖에 없는 것입니다.

하나님은 살아 계십니다. 우리의 모든 행동과 마음을 보십니다. 우리의 찬송을 들으시고 우리의 기도를 들으십니다.

오늘 하나님께서 "네 소원이 뭐냐? 한 가지만 말해라"라고 하실 때, 여러분은 무어라 하겠습니까?

"우리 아들이 대학에 붙게 해주세요. ○○도 해주세요. 한 가지 소원만으로는 충분하지 않아요"라고 할 분들이 계실 것입니다.

그런데 다윗은 "저의 한 가지 기도 제목, 저의 한 가지 소원은 하나님의 집에 살면서 하나님의 아름다움을 앙망하고 하나님을 사모하며 있는 것입니다"라고 했습니다.

그 귀한 것을 구한 그에게 하나님은 그가 구하지 않은 천 가지, 만 가지 선물을 다 주셨습니다.

시편 37편 4절에 "여호와를 기뻐하라 그가 네 마음의 소원을 네게 이루어 주시리로다"라고 말씀합니다.

야고보서 4장 2절에는 "너희가 얻지 못함은 구하지 아니하기 때문이요 구하여도 받지 못함은 정욕으로 쓰려고 잘못 구하기 때문이라"라고 말씀합니다.

우리도 다윗처럼 "저의 한 가지 소원은 교회 사랑입니다. 저의 한 가지 소원은 교회에서 사는 것입니다"라고 할 수 있기를 바랍니다. 이 얼마나 귀한 소원입니까?

우리도 다윗처럼 찬송하고, 다윗처럼 하나님께서 기뻐하시는 기도를 드려서, 다윗처럼 늙도록 부하고 존귀하며, 나라의 등불, 이 세상의 등불이 되기를 주님의 이름으로 축원합니다.

여호와의 종 모세가 죽은 후에 여호와께서 모세의 수종자 눈의 아들 여호수아에게 말씀하여 이르시되 내 종 모세가 죽었으니 이제 너는 이 모든 백성과 더불어 일어나 이 요단을 건너 내가 그들 곧 이스라엘 자손에게 주는 그 땅으로 가라 내가 모세에게 말한 바와 같이 너희 발바닥으로 밟는 곳은 모두 내가 너희에게 주었노니 곧 광야와 이 레바논에서부터 큰 강 곧 유브라데 강까지 헷 족속의 온 땅과 또 해 지는 쪽 대해까지 너희의 영토가 되리라 네 평생에 너를 능히 대적할 자가 없으리니 내가 모세와 함께 있었던 것같이 너와 함께 있을 것임이니라 내가 너를 떠나지 아니하며 버리지 아니하리니 강하고 담대하라 너는 내가 그들의 조상에게 맹세하여 그들에게 주리라 한 땅을 이 백성에게 차지하게 하리라 오직 강하고 극히 담대하여 나의 종 모세가 네게 명령한 그 율법을 다 지켜 행하고 우로나 좌로나 치우치지 말라 그리하면 어디로 가든지 형통하리니 이 율법책을 네 입에서 떠나지 말게 하며 주야로 그것을 묵상하여 그 안에 기록된 대로 다 지켜 행하라 그리하면 네 길이 평탄하게 될 것이며 네가 형통하리라 내가 네게 명령한 것이 아니냐 강하고 담대하라 두려워하지 말며 놀라지 말라 네가 어디로 가든지 네 하나님 여호와가 너와 함께 하느니라 하시니라

여호수아 1장 1-9절

주님의 일과 우리의 일

 갑자기 이 찬송을 부르고 싶습니다.

나는 주의 화원에 어린 백합꽃이니
은혜 비를 머금고 고이 자라납니다.

우리의 얼굴은 은혜로 마냥 행복해야 합니다. 그래야 정상적인 크리스천입니다. 은혜를 받은 크리스천의 모습은 백합꽃처럼 아름답습니다. 우리 모두 함께 불러 봅시다.

나는 주의 화원에 어린 백합꽃이니
은혜 비를 머금고 고이 자라납니다
주의 은혜 감사해 나는 무엇 드리리
사랑하는 예수님 나의 향기 받으소서.

꽃이 사람들의 눈에 아름답듯이, 은혜를 받은 성도는 하나님께는 물론 사람들에게도 아름답게 보입니다. 또 꽃에 그윽한 향기가 있듯이, 은혜를 받은 사람도 향기롭습니다. 하나님께는 물론 사람들에게도 걱정을 끼치지 않습니다. 우리 모두 은혜의 비를 머금고 자라는 백합꽃처럼 아름답고 향기를 날리는, 주의 화원의 꽃들이 될 수 있기를 바랍니다.

예레미야애가 3장 33절에 "주께서 인생으로 고생하게 하시며 근심하게 하심은 본심이 아니시로다" 라고 말씀합니다.

하나님은 우리를 사랑하셔서 민수기 6장 24-26절 말씀대로 우리에게 복 주시기를 원하십니다. 지켜 주시기를 원하십니다. 은혜 주시기를 원하십니다. 평강 주시기를 원하십니다. 또 우리의 방패가 되어 주시기를 원하시고, 우리를 도와주시기를 원하시고, 우리를 굳세게 해주시기를 원하시고, 우리를 높여 주시기를 원하십니다.

하지만 우리가 해야 할 일도 있습니다. 등록금은 부모님이 대주어도 공부는 자녀가 해야 됩니다. 공부는 부모님이 대신 해줄 수가 없습니다. 자녀가 해야 합니다. 하나님께서 우리에게 은혜를 주시고 복을 주시고 우리를 평탄케 해주시기를 원하시지만, 우리가 해야 할 일은 우리가 해야 하는 것입니다.

하나님께서 만나는 내려주십니다. 그러나 그 만나를 쌀독이나 뜰에 내려주신 것이 아니라, 먼 곳 빈 들에 새벽이슬과 함께 내려주셨습니다. 그 만나를 돈을 받고 파신 것이 아니라 그냥 주셨습니다. 그런데 그 만나는 해가 뜨면 없어지니 매일 새벽에 일어나 들에 나가 만나를 쓸어 모아야 했습니다. 들에 만나가 가득해도 늦잠을 자면 그날 모든 식구가 굶어야 했습니다. 가족 중 누군가 들에 나가 "주여, 감사합니다" 하고 만나를 쓸어 모아야 그날 먹을 수 있었습니다.

만나를 내려주시는 일은 하나님께서 하시지만, 만나를 쓸어 모으는 일은 사람이 해야 하는 것입니다. 오늘 낮 예배 때에도 하나님께서 엄청나게 큰 은혜를 주셨습니다. 그러나 교회에 나와서 쓸어 모은 사람만 그 은혜를 받고 기뻐하는 것입니다. 하나님께서 아무리 큰 은혜를 주셔도 나오지 않은 사람은 은혜를 받을 수 없는 것입니다.

하나님은 예배 시간마다 은혜를 주십니다. 그러나 예배드리러 교회에 나와서 은혜를 받는 일은 우리가 해야 하는 것입니다.

고린도전서 6장 20절에 "너희 몸으로 하나님께 영광을 돌리라"라고 말씀합니다.

우리 몸이 교회에 나와서 예배를 드려야 합니다. 텔레비전이나 라디오를 통해 집에서 예배하는 것은 예배가 아닙니다. 그것은 하나님을 멸시하는 것입니다. 하나님의 눈과 마음이 있는 교회에 나와서 예배를 드려야 예배입니다. 헌금을 매달 3억씩 보내도 주일에 집에서 예배하는 것은 예배가 아닙니다. 하나님을 노하게 하는 것입니다. 우리 몸이 교회에 나와서 예배를 드려야 예배가 되는 것입니다. 하나님께서 예배 시간마다 은혜를 주시지만 교회에 나와서 은혜를 받는 일은 내가 해야 하는 것입니다.

이사야 44장 3절에 "나는 목마른 자에게 물을 주며 마른 땅에 시내가 흐르게 하며 나의 영을 네 자손에게, 나의 복을 네 후손에게 부어 주리니"라고 말씀합니다.

은혜를 받아도 살고, 받지 않아도 산다는 사람에게는 은혜를 주시지 않습니다. 은혜를 받지 않아도 대통령이 되고, 사장이 되고, 고등고시에 합격합니다. 그러나 은혜를 받지 않으면 기쁨이 없습니다. 은혜를 받은 사람만 살맛이 나는 것입니다. 할렐루야!

"나를 사랑하는 주님", 저는 오늘 오후에 기뻐서 이 찬송을 많이 불렀습니다. 은혜를 받으면 왠지 기쁘고 찬송이 나옵니다. 그러나 은혜가 없으면 백악관에 앉아 있어도, 청와대에 앉아 있어도 괴롭습니다. 은혜는 하나님께서 주시지만, 교회에 나와서 받는 것은 우리가 해야 합니다.

요한복음 11장을 보면, 예수님이 나사로를 살리십니다. 그런데 나사로를 살리러 오신 예수님께서 "돌을 옮겨라"라고 말씀하십니다. 나사로를 살리시는 일은 예수님께서 하십니다. 그러나 무덤을 막은 돌은 사람이 옮겨야 합니다. 예수님께서 무덤 앞의 돌을 굴리실 수 있지만 굴리지 않으십니다. 왜입니까? 우리가 해야 할 일은 우리가 해야 하기 때문입니다.

요한복음 9장을 보면, 예수님께서 길을 가시다가 나면서부터 소경 된 거지를 보십니다. 예수님께서 침을 뱉어 진흙을 이겨 그 소경의 눈에 바르시고 "실로암에 가서 씻으라"고 말씀하십니다. 소경이 실로암에 가서 씻으니 보게 되었습니다.

눈을 뜨게 하시는 분은 예수님이지만, 실로암에 가서 씻은 사람은 소경 자신입니다. 만일 소경이 예수님의 말씀을 듣고 "싫어요!"라고 했다면 그냥 소경으로 있었을 것입니다.

우리가 해야 할 일은 우리가 해야 합니다.

누가복음 17장을 보면, 예수님께서 사마리아와 갈릴리 사이로 지나가시는 것을 보고 열 명의 나병환자가 소리 높여 말했습니다.

"예수 선생님이여, 우리를 긍휼히 여기소서! 불쌍히 여기소서!"

"가서 제사장들에게 너희 몸을 보여라."

그들이 믿음으로 제사장들에게 가는 사이에 병이 나았습니다. 예수님께서 능력을 행하시지만 "우리를 긍휼히 여기소서" 하는 기도는 그들이 해야 했고, 제사장들에게 가는 것도 그들이 해야 했습니다.

손뼉도 마주쳐야 소리가 납니다. 오른손으로만 손뼉을 쳐보십시오. 한 손으로는 손뼉을 칠 수 없습니다. 두 손바닥을 마주쳐야 손뼉이 됩니다.

하나님의 일이 있고, 우리가 해야 할 일이 있습니다. 구원은 하나님께서 해주시지만, 믿는 것은 우리가 해야 합니다. 우리가 해야 할 일을 하지 않고 하나님께 다 해달라고 하면 안 되는 것입니다.

오늘 본문은 우리가 무슨 일을 하든지, 어디로 가든지 형통하게 되는 비결을 알려 줍니다.

"네가 어디로 가든지, 무엇을 하든지 형통하리라."

이 얼마나 좋은 복입니까? 여러분과 저도 이런 복을 받게 되기를 축원합니다.

모세의 후계자 여호수아는 학력도 없고 가문도 별로 좋지 않았고, 더구나 모세의 하인이었습니다. 모세의 사촌형 고라는 영향력이 대단하고 똑똑한 사람이었습니다. 그 당시에 고라 같은 똑똑하고 쟁쟁한 인물이 많았지만, 하나님은 모세의 하인 여호수아를 택하셨습니다.

오늘날도 마찬가지입니다. 교회에 대학총장, 박사, 회사 사장 등등 쟁쟁한 인물이 많아도 하나님은 그런 사람을 일꾼으로 세우시지 않습니다. 지위가 낮고 형편이 어려워도 겸손하고 깨끗하고 맑은 사람을 세우십니다. 하나님의 마음에 드는 사람을 세우십니다. 하나님의 눈은 사람의 눈과 다릅니다. 여호수아는 하나님의 마음에 들었습니다.

하나님의 마음에 드는 사람이 되시기를 바랍니다. 사람의 눈에 들려고 하지 마십시오.

삼손은 들릴라의 마음에 들려고 하나님과 자기와의 비밀까지 양보했습니다. 들릴라의 사랑을 얻으려고, 들릴라의 마음에 드는 남자가 되려고 힘의 근원인 자신의 머리카락까지 싹둑 잘랐습니다. 그러나 그 여자에게 버림을 받고, 눈도 뽑히고, 조롱거리가 되었습니다.

오늘날 우리의 머리카락은 주일 성수입니다. 주일 성수하면 능력이 옵니다. 하늘의 힘이 옵니다. 주일 성수하는 사람을 마귀가 꺾을 수 없습니다. 월, 화, 수, 목, 금, 토 죄를 짓고 약해져도 주일 예배를 드리는 중에 우리가 강해집니다. 용서함을 받습니다. 목숨을 걸고 주일을 지키면 마귀를 이깁니다. 마귀에게 질 수가 없습니다.

그러나 세상 사람들의 눈에 들려고, 직장 상사의 눈에 들려고 주일 성수를 흐지부지하면 머리카락이 잘려서 힘이 빠져 주저앉게 되고, 마귀의 밥이 됩니다. "저 사람이 옛날에 양곡교회 집사였대. 양곡교회 찬양대원이었대" 하는 조롱거리가 됩니다.

그러나 우리가 하나님과의 비밀인 주일을 잘 지키면 능력을 받습니다.

하나님께서 여호수아가 마음에 드니 그를 세우시고 "네가 어디로 가든지 형통하게 하겠다. 너를 꺾을 자가 없게 해주겠다. 너를 당할 자가 없게 해주겠다"라고 말씀하셨습니다. 그 말씀대로 여호수아는 이기고 또 이기고 이겨서 31개국을 정복했습니다. 여호수아를 당할 자가 없었습니다.

여러분과 제가 오늘의 여호수아가 될 수 있기를 바랍니다.

하나님의 일은 형통하게 하시고 승리하게 하시는 것입니다. 그리고 여호수아의 일은 하나님께서 명하신 일을 잘 감당하는 것입니다.

그러면 여호수아가 할 일은 무엇입니까?

여호수아가 할 일은 마음을 강하게 하고 담대하게 하는 것입니다

6절에도 "강하고 담대하라"고 말씀하시고, 7절에도 "오직 강하고 극히 담대하여"라고 말씀하시고, 9절에도 "마음을 강하게 하고 담대히 하라"고 말씀하십니다.

예수님을 믿는 우리는 마음이 강하고 담대해야 합니다. 그래야 승리할 수 있는 것입니다.

오스트리아에 데얼린이라는 왕이 있었습니다. 30년간 나라를 다스리면서 선정을 베풀었는데, 어떤 일로 두 신복을 죽였습니다.

그런데 나중에서야 그들이 신복을 죽인 것이 실수라는 것을 알았습니다. 왕은 '내가 실수로 사람을 죽였다' 는 죄책감 때문에 마음이 약해졌습니다.

며칠 후, 밥상에 올라온 생선을 먹으려 하는데, 그 생선 눈알이 얼마 전 목매어 죽인 신하의 눈 같고 생선 이빨은 죽은 신하의 이처럼 보였습니다. 그 모습이 마치 "복수하겠다" 하는 신하의 모습처럼 느껴졌습니다. 왕은 겁이 나서 도저히 밥을 먹을 수 없었습니다. 그래서 "오늘은 몸이 불편해서 밥을 못 먹겠구나" 하며 자리에 누웠는데, 계속해서 생선의 눈과 이빨이 자꾸만 눈앞에 어른거렸습니다. 그러다 3일 후에 그 왕이 죽고 말았습니다.

마음이 이렇게 중합니다. 마음이 약해지면 안 됩니다.

잠언 4장 23절에 말씀합니다.

"모든 지킬 만한 것 중에 더욱 네 마음을 지키라 생명의 근원이 이에서 남이니라."

우리 마음이 약해지고 마음에 두려움이 있으면 벌써 지는 것입니다. 다윗은 골리앗 앞에 나아갈 때 담대했습니다. 다윗이 덜덜덜 떨었으면 돌로 골리앗을 명중시키지 못했습니다. 담대하게 던지니 골리앗의 이마에 딱 맞은 것입니다.

이스라엘 한 동네에 조그마한 가게를 경영하는 사람이 있었습니다. 그런데 그 가게 옆에 큰 슈퍼마켓이 들어섰습니다. 가게 주인이 랍비를 찾아가서 말했습니다.

"랍비님, 나는 망했어요. 옆에 큰 슈퍼마켓이 들어섰으니 나는 어떻게 하면 좋아요?"

"그게 너와 무슨 상관이냐? 너는 네 장사만 잘하면 된다."

"우리 가게 옆에 큰 슈퍼마켓이 들어왔는데 왜 상관이 없습니까? 우리 가게에 손님들이 오겠습니까?"

"어허, 괜찮아. 오히려 넓은 마음으로 매일 그 슈퍼마켓을 위해 기도해라. 네 가게도 잘되고 그 슈퍼마켓도 잘되게 해 달라고 기도해라."

구멍가게 주인이 랍비의 말대로 담대히 손님을 맞이하며 장사를 했더니, 구멍가게가 잘되어 일 년 후에는 구멍가게의 주인이 슈퍼마켓의 주인이 되었다고 합니다.

언제나 담대해야 합니다. 내가 구멍가게를 하는데, 옆에 큰 슈퍼마켓이 있어도 담대해야 합니다. '아이고, 저 큰 슈퍼마켓이 있으니 이제 우리 가게는 망하겠네' 하고 덜덜 떨면 정말 망하게 됩니다. 내 구멍가게 옆에 아무리 큰 슈퍼마켓이 있어도 최선을 다하며 "하나님, 도와주세요" 하면 하나님께서 도와주십니다.

마음이 얼마나 중한지 모릅니다.

죄송한 말씀이지만, 저는 작은 교회에서 목회해도 큰 교회에서 목회하는 목사님들을 부러워하지 않습니다. 몇 년 후에는 우리 교회가 더 커질 것이라 마음먹고 있기 때문입니다.

하나님은 우리의 기도도 들어주시지만, 우리의 생각에도 응답해 주십니다. 우리가 구하는 것과 우리의 생각까지도 들어주시는 하나님이십니다.

여러분의 자녀가 학교에 갈 때 덜덜 떨면서 가면 기분이 좋습니까? 여러분의 남편이 직장에 갈 때 덜덜 떨면서 가면 좋습니까? 직장인은 담대하게 직장 생활을 하고, 학생들은 담대하게 공부를 하면 얼마나 좋습니까?

왕자나 공주는 벼슬이 없어도 열 정승을 부러워하지 않습니다. 정승의 눈치를 보지 않습니다. 우리는 하나님의 자녀입니다. 우리가 하나님의 자녀인 것을 성령께서 친히 증거하십니다.

 "성령이 친히 우리 영과 더불어 우리가 하나님의 자녀인 것을 증언하시나니"(롬 8:16). 할렐루야!

우리는 하나님의 왕자이고 공주입니다. 그러니 어떤 사람 앞에서도 기죽을 일이 없습니다. 지난 주일에 말씀드렸듯이, 점이 있어도 그 점을 다 떼어 내고 떳떳하고 담대하게 사시기를 바랍니다.

예수님은 재판정에서도 담대하셨습니다. 빌라도 총독에게 재판을 받는데, 아주 담대하시니 오히려 재판을 하는 빌라도 총독이 덜덜 떨었다고 기록되어 있습니다. 이런 담대함이 우리 신앙의 힘인 줄로 믿습니다.

또 우리는 하늘의 시민권자들입니다. 빌립보서 3장 20절 말씀대로, 우리의 시민권은 하늘에 있습니다. 미국 시민권자들은 얼마나 당당한지 모릅니다. 미국 시민권자만 되어도 그토록 당당한데, 하물며 우리는 천국 시민권자입니다. 언제나 당당하시기를 바랍니다. 학생들은 학교에 갈 때도 당당하고, 시험을 칠 때도 당당해야 합니다. 시험에 실패한다고 인생에 실패하는 것이 아닙니다. 믿음에 실패할 때 실패하는 것이지, 대학 시험에 실패했다고 실패하는 것이 아닙니다. 믿음에 승리하면 대학 시험에 실패해도 승리하게 되는 것입니다.

여호수아가 할 일은 말씀을 입에서 떼지 않고, 그 말씀을 주야로 묵상하며 말씀대로 행하여 지키는 것입니다

7절에도 "네게 명령한 그 율법을 다 지켜 행하고 우로나 좌로나 치우치지 말라"라고 말씀하시고, 8절에도 "이 율법책을 네 입에서 떠나지 말게 하며 주야로 그것을 묵상하여 그 안에 기록된 대로 다 지켜 행하라"라고 말씀하십니다.

우리가 아무리 담대해도 하나님 말씀을 떠나서 죄를 짓고 막 살면 어떻게 되겠습니까? 그런데도 하나님께서 우리와 함께하시겠습니까?

우리가 하나님 말씀대로 반듯하게 주일을 지키고, 십일조를 드리며, 정직하게 살고 성실하게 일할 때, 좌로나 우로나 치우치지 않고 반듯하게 나아갈 때 담대하게 되고 또 어디로 가든지 형통하게 될 줄로 믿습니다.

하나님 말씀을 입에서 떠나지 않게 하고 계속 묵상해야 합니다. 그래서 늘 '하나님 말씀대로' 살아야 합니다. 부모님을 공경할 때에도 '내가' 부모님 생신을 어떻게 해드릴까 고민할 것이 아닙니다. '하나님 말씀대로' 어떻게 하면 부모님을 기쁘게 해드리며 잘 섬길지를 생각하고 공경해야 합니다.

잠언 23장 25절에 "네 부모를 즐겁게 하며 너를 낳은 어미를 기쁘게 하라(May your father and mother be glad; may she who gave you birth rejoice!)"라고 말씀합니다.

그냥 생신 잔치를 하는 것이 아니라, '어떻게 하면 아버지, 어머니를 즐겁게 해드릴까?'를 생각해야 합니다.

주일을 지킬 때도 그냥 교회에 왔다 가면 안 됩니다.

이사야 58장 13-14절에 "안식일을 일컬어 즐거운 날이라, 여호와의 성일을 존귀한 날이라 하여 이를 존귀하게 여기고"라고 말씀합니다.

주일을 즐거운 날, 기쁜 날, 존귀한 날이라 하여 존귀하게 여기고 설레는 가슴으로 기다려야 합니다. 주일에 가장 좋은 옷을 입고, 가장 좋은 구두를 신고, 가장 좋은 음식을 먹으며, 기뻐하고 찬송하며, 하나님 앞에 하루를 드려야 합니다. 주일 때문에 살아야 하는 것입니다.

주일 낮에 교회에 와서 한 시간 예배만 드리고 가는 것은 주일을 지키는 것이 아닙니다. 주일 밤 예배에 참석하지 않는 사람이 천국에 갈지 못 갈지 저는 잘 모르겠습니다. 성령을 받은 사람이 어떻게 주일 밤 예배에 참석하지 않겠습니까? 성령을 받은 사람이라면 주일 밤에도 예배드리러 교회에 올 것이라 저는 믿습니다. 성령의 사람이 어찌 주일 밤에 예배를 드리러 교회에 오지 않고 집에서 편하게 TV나 볼 수 있겠습니까?

주일 뿐만이 아닙니다. 회사 일을 할 때도 사람 눈치를 보지 말고 하나님의 눈치를 보시기 바랍니다. 우리가 회사에서 월급을 받지만, 복은 하나님께서 주십니다. 회사에서 좀 억울한 대접을 받아도 괜찮습니다. 하나님께서 반드시 채워 주십니다. 그러니 말씀대로 '무슨 일을 하든 주께 하듯 하고 사람에게 하듯 하지 않기를' 바랍니다. 하나님께서 반드시 유업의 상을 주십니다.

언제 어디서든 말씀을 생각해야 합니다.

잠언 16장 20절에 말씀합니다.

"삼가 말씀에 주의하는 자는 좋은 것을 얻나니." 할렐루야!

말씀은 그대로 되는 것입니다. 하나님의 말씀은 전능하시니 말씀대로 나아가는 것입니다.

미국의 인구는 전 세계 인구의 6%밖에 되지 않습니다. 하지만 미국의 경제력은 막강합니다. 전 세계 인구의 6%밖에 되지 않는 미국이 세계 부의 50%를 누리고 있는 것입니다. 미국의 큰 부자는 우리가 상상도 못할 정도로 잘삽니다.

미국이 그렇게 잘사는 데는 이유가 있습니다. 미국 대통령의 집무실에는 백악관을 처음 지었을 때 쓴 존 애덤스 대통령의 글이 지금도 걸려 있습니다.

"이 집에 거하는 사람은 하나님 앞에 정직하고 지혜로워야 한다."

미국인들은 정직합니다. 대통령들도 거의 기도하는 사람으로 의롭습니다. 부시 대통령을 욕하는 사람들도 있지만 그를 아는 사람은 욕하지 않습니다. 부시 대통령 때 국무장관이 된 콘돌리자 라이스도 의롭습니다. 목사님의 딸인 그는 "나는 하나님과 결혼했다"라고 말할 정도로 신앙이 좋습니다. 그는 젊은 나이에 스탠퍼드 대학의 교수가 되었는데, 기도하고 또 기도하며 하나님 앞에서 흔들리지 않고 살았습니다. 그러니 국무장관이 된 것입니다.

대통령이 기도하고, 국무장관이 기도하고, 국무회의 할 때도 기도하는 나라를 하나님께서 복 주시지 않겠습니까?

하나님은 온 땅을 두루 감찰하십니다.

역대하 16장 9절에 "여호와의 눈은 온 땅을 두루 감찰하사 전심으로 자기에게 향하는 자들을 위하여 능력을 베푸시나니"라고 말씀합니다.

하나님은 '누가 나를 의지하고, 누가 내 뜻에 따라 사는가?'를 살펴보시고, 그런 사람에게는 형통함을 주시는 것입니다. 어디로 가든지 승리하게 하시는 것입니다. 내가 억만장자라도 내 아들이 술이나 마시고 마약이나 하고 도박이나 하고 다닌다면 그 아들에게 10억, 20억을 주겠습니까?

여호수아서를 보면, 아픈 일 한 가지가 있습니다. 여호수아 6장을 보면, 이스라엘 백성이 대승리를 합니다. 여리고 성을 하루에 한 바퀴씩 엿새 동안 돌고, 일곱째 날에는 일곱 바퀴를 돕니다. 그리고 백성이 외칠 때 여리고 성이 와르르 무너져 대승리를 거둡니다.

그런데 여호수아 7장을 보십시오. 이스라엘 백성이 아이 성에 들어갈 때 여호수아가 정탐꾼을 보냅니다. 정탐꾼이 돌아와서 "여호수아 대장님, 아이 성은 아주 약한 성이라 우리 군대가 다 갈 필요가 없겠습니다. 3천 명 정도만 가도 되겠습니다"라고 보고합니다.

그런데 이스라엘 백성이 아이 성에서 밀리고 밀려 36명이 죽고 패배합니다. 여호수아가 하나님 앞에 엎드립니다.

"하나님, 우리가 이 작은 성에 왜 패배했습니까?"

하나님께서 여호수아에게 '죄 때문'이라고 말씀하십니다. 아간의 죄 때문에, 아간이 금과 은과 외투를 훔쳤기 때문입니다. 하나님께서 아간의 죄를 다 보셨습니다. 그래서 승리를 주지 않으신 것입니다.

여러분, 우리 한 사람의 죄가 우리 한 사람만 잘못되게 하는 것이 아닙니다. 우리 한 사람의 죄로 우리 교회 전체가 잘못된다는 것을 늘 생각해야 합니다. 아간 한 사람의 죄 때문에 여호수아 군대가 실패했듯이, 우리 중에서 한 사람이 죄를 지으면 그 죄 때문에 교회가 전진하다가 주춤하게 되는 것입니다.

따라 합시다.

"나 하나가 참 중하다."

'나 하나쯤이야' 라고 생각하는 분이 계실지 몰라도 아닙니다. 한 사람이 중합니다. 우리 한 사람이 귀하게 살면 모두가 그 영향을 받아 귀하게 됩니다. 우리 한 사람이 헤매면 모두가 헤매는 것입니다. 한 사람이 새벽기도회에 나오면 모두가 새벽기도회에 나오는 것이고, 한 사람이 나오지 않으면 모두가 나오지 않는 것입니다. 한 사람이 귀합니다. 한 사람이 의로우면 모두가 의로워지고, 한 사람이 죄를 지으면 그것이 누룩이 되어 퍼지게 되는 것입니다.

그래서 하나님께서 아간을 돌에 맞아 돌무더기에서 죽게 하셨습니다. 아간의 죄가 누룩처럼 퍼질까 봐 그를 죽이신 다음에 승리를 주신 것입니다.

이사야 59장 1-2절에 말씀합니다.

"여호와의 손이 짧아 구원하지 못하심도 아니요 귀가 둔하여 듣지 못하심도 아니라 오직 너희 죄악이 너희와 너희 하나님 사이를 갈라놓았고 너희 죄가 그의 얼굴을 가리어서 너희에게서 듣지 않으시게 함이니라."

우리는 결단코 죄를 지으면 안 됩니다. 죄를 지으면 형통할 수 없습니다. 말씀에 순종하고 좌우로 치우치지 아니하여 반듯하고 의롭게 살면, 어디로 가든지 무엇을 하든지 하나님께서 형통하게 해주시는 것입니다.

하나님의 법칙은 간단합니다. 우리가 언제 어디에서든지 마음을 강하고 담대하게 하고, '하나님께서 나와 함께하신다'는 것을 믿으며 말씀을 붙잡고 나아가면, 어디로 가든지 무엇을 하든지 반드시 승리하고 형통하게 되는 것입니다.

    우리의 할 일을 잘하는 여러분과 제가 될 수 있기를 축원합니다.

모르드개가 이 모든 일을 알고 자기의 옷을 찢고 굵은 베 옷을 입고 재를 뒤집어쓰고 성중에 나가서 대성 통곡하며 대궐 문 앞까지 이르렀으니 굵은 베 옷을 입은 자는 대궐 문에 들어가지 못함이라 왕의 명령과 조서가 각 지방에 이르매 유다인이 크게 애통하여 금식하며 울며 부르짖고 굵은 베 옷을 입고 재에 누운 자가 무수하더라 모르드개가 그를 시켜 에스더에게 회답하되 이 때에 네가 만일 잠잠하여 말이 없으면 유다인은 다른 데로 말미암아 놓임과 구원을 얻으려니와 너와 네 아버지 집은 멸망하리라 네가 왕후의 자리를 얻은 것이 이 때를 위함이 아닌지 누가 알겠느냐 하니 에스더가 모르드개에게 회답하여 이르되 당신은 가서 수산에 있는 유다인을 다 모으고 나를 위하여 금식하되 밤낮 삼 일을 먹지도 말고 마시지도 마소서 나도 나의 시녀와 더불어 이렇게 금식한 후에 규례를 어기고 왕에게 나아가리니 죽으면 죽으리이다 하니라 모르드개가 가서 에스더가 명령한 대로 다 행하니라

에스더 4장 1-3절, 13-17절

죽으면 죽으리다

모르드개는 전쟁 포로였습니다. 느부갓네살 왕이 예루살렘을 치고 유다 왕과 유대 사람들을 포로로 끌고 갈 때 함께 끌려간 그는, 사촌동생 에스더도 데리고 갔습니다. 에스더는 어린 여자아이여서 포로로 가지 않아도 되었을 것입니다. 하지만 에스더는 어머니가 세상을 일찍 떠나 돌보아 줄 사람이 없는 고아라 모르드개가 데리고 간 것 같습니다.

전쟁 포로는 비참합니다. 그래서 '하나님께서 살아 계신다면, 하나님을 섬기고 기도하는 백성을 왜 포로로 만드실까?'라고 생각할 수도 있겠지만, 모르드개는 포로로 끌려가도 삶을 포기하여 막 살지 않고, 품위를 지키며 열심히 성실하게 살았습니다. 그래서 그가 대궐문에서 일하는 공직자가 됩니다.

에스더도 함부로 살지 않습니다. 오빠의 교육을 잘 받으며 품위 있는 여자로 자랍니다. 또 아름답게 자랍니다. 여자는 아름다워야 합니다. 여자는 할머니라도 아름답게 가꾸어야 합니다. 하나님께서 그렇게 지으셨습니다.

잠언 11장 22절에 "아름다운 여인이 삼가지 아니하는 것은 마치 돼지 코에 금고리 같으니라"라고 말씀합니다.

아무리 아름답고 기품 있어 보이는 사람도 막 살면 돼지 코에 금고리같이 멸시를 당합니다. 그러나 포로 신세이고 조건이 좋지 않아도 자신을 세워 나가면 큰 인물이 될 수 있습니다.

유다서 1장 20절에도 말씀합니다.

📖 "사랑하는 자들아 너희는 너희의 지극히 거룩한 믿음 위에 자신을 세우며(Dear friends, build yourselves up in your most holy faith……)."

집을 세우듯이 거룩한 믿음 위에 자기를 세우라고 말씀합니다. 다니엘과 사드락, 메삭, 아벳느고는 전쟁 포로지만 자기를 세워서 공부하니, 그 나라 총리가 되고 도지사가 됩니다. 요셉은 남의 집에 종으로 팔려갔어도, 막 살지 않고 자기를 세우니 그 가정의 총무가 되고 나중에는 나라의 총리가 됩니다.

자기를 세워야 합니다. 아무리 밑바닥에 있어도 자기를 세우면 앞길이 자꾸 열리지만, 아무리 좋은 조건, 좋은 출신이라도 자기를 세우지 않고 막 살면 허물어지게 됩니다.

룻은 시어머니를 모시고 사는 가난한 여인입니다. 시아버지도 없고, 남편도 없습니다. 땅 한 평 없어 남의 밀밭에 가서 이삭을 주웠습니다. 그래도 그는 신세 한탄을 하지 않았습니다. 만일 신세 한탄이나 하고 코나 핑핑 풀며 이삭을 주웠다면 룻이 보아스의 마음에 들었겠습니까? 룻은 비록 이삭을 줍는 가난한 여인이었지만, 옷을 다소곳이 입고 머리를 단정히 하고 예쁘고 품위 있게 이삭을 주웠습니다. 그러니 부자 보아스의 마음에 들어 그의 아내가 된 것입니다.

한국 교계와 한국 사회를 이끌어 가시는 목사님 한 분이 계십니다. 그분이 청년 시절에 지금도 우리나라에서 열 손가락 안에 드는 큰 부잣집에서 머슴살이를 했습니다. 비록 그가 가난하여 남의 집에서 머슴살이를 했지만, 몸도 단정히 하고 품위 있게 살았습니다. 마당을 쓸 때도 아무렇게나 함부로 쓸지 않았고 도끼질도 정성껏 잘했습니다. 주인이 시키는 일은 무엇이든 잘했습니다.

그러니 주인마님의 마음에 쏙 들었습니다. 주인마님이 보니 그가 초등학교밖에 나오지 않은 머슴이지만 너무나 성실하고 품위가 있습니다. 마님은 자기 무남독녀를 그와 결혼시켰습니다. 그는 그 큰 부잣집의 사위가 되어 미국으로 유학 가서 박사 학위를 받아 왔습니다. 그리고 지금 한국 교회와 우리나라를 위해 얼마나 큰일을 하고 있는지 모릅니다.

아무리 조건이 좋지 않고 상황이 좋지 않아도 희망을 포기하면 안 됩니다.

포로로 끌려가기를 원하는 사람이 누가 있겠습니까? 모르드개도 포로로 끌려가는 것을 꿈에도 원하지 않았습니다. 그러나 포로로 끌려갔습니다. 그래도 그는 희망을 버리지 않았습니다. 왜입니까? 하나님께서 계시기 때문입니다.

우리나라 청년들이 우리 한국은 희망이 없다고 말하는데, 저는 그런 말을 들으면 슬픕니다. 우리나라에 희망이 있습니다. 하나님께서 버리시지 않는 한 우리나라에 희망이 있습니다.

그리고 크리스천인 우리는 희망이 없다는 말을 하면 안 됩니다. 내가 큰 회사를 경영하다가 영업용 택시를 운전하게 되어도 희망이 없다는 말을 하면 안 됩니다. 우리에게는 항상 희망이 있습니다. 예수님이 우리의 소망이시고 희망이십니다.

이런 말씀을 드리기가 죄송합니다만, 20여 년 전 저는 철거 지역의 교회에서 아무도 알아주지 않는 목사로 일했습니다. 그러나 큰 꿈을 가졌습니다. 그 당시 우리나라에서 가장 촉망받는 교회가 서울 영락교회였습니다. 그때 저는 이렇게 기도했습니다.

"하나님, 우리 교회가 영락교회보다 더 크게 빛을 발하는 교회가 되게 해주십시오. 그리고 제가 영락교회의 한경직 목사님처럼 우리나라의 등불 같은 귀한 종이 되게 해주십시오."

그리고 그때부터 저를 세워 나갔습니다. 운동하고 잠자는 시간 외에는 공부하고 저를 세워 나가는 데 모든 노력을 다 쏟았습니다. 앞으로 우리 교회에 700만 명이 모여도 능히 감당할 수 있는 목사가 되기를 저는 원합니다.

여러분, 자기를 세워 나가야 합니다. 오늘 현재 내가 어떤 자리에 있든지 자신을 세워 나가면 하나님께서 복 주실 줄로 믿습니다. 모르드개와 에스더는 자신들을 세워 나가서 공무원이 되고 왕비가 되었습니다.

그러나 우리가 믿음을 지키며 바로 산다고 항상 형통한 것만은 아닙니다. 우리가 낮에만 살지 않고 어두운 밤에도 살아야 하듯이, 하나님의 사랑과 축복을 아무리 많이 받아도 항상 밝은 일만 있는 것은 아닙니다. 하나님은 우리에게 어두운 일도 주십니다. 그 어두운 터널을 잘 지나가면 다시 밝아지듯이, 어두운 일을 만날 때 잘 이겨내야 새 세계를 보게 되는 것입니다.

겨울에 찬바람을 이기지 못하면 새봄에 싹을 틔우는 나무가 될 수 없습니다. 겨울의 찬바람을 견디고 이긴 나무가 봄에 싹을 틔우고 새 잎을 피우게 되는 것입니다.

모르드개는 믿음을 지키고 신앙의 절개를 지키다가 캄캄한 터널을 만납니다. 그 당시 왕이 특별히 높이 세운 총리가 하만인데, 그는 훌륭해서 총리가 된 것이 아닙니다. 뇌물을 써서 악한 방법으로 총리가 되었습니다. 그리고 그는 하나님을 대적했던 아말렉 자손의 후예입니다. 그래서 언제나 우상의 부적을 가슴에 달고 다녔습니다. 또한 아주 교만하고 거만했습니다.

신앙의 절개를 지키는 모르드개는 가슴에 우상을 달고 다니는 총리에게 엎드릴 수가 없었습니다. 그래서 그는 다른 사람에게는 엎드려도 하만에게는 허리를 굽히지 않았습니다.

이것을 알게 된 하만은 모르드개뿐 아니라 모르드개의 동족인 모든 유다 백성을 다 죽이기로 마음을 정한 후, 왕에게 엄청난 뇌물을 주고 허락을 받았습니다. 그래서 12월 13일에 온 유다 백성을 다 잡아 죽이기로 하고, 유다 백성을 죽이는 자가 그 재산을 탈취하도록 법을 만들었습니다.

누가 사람 죽이기를 좋아하겠습니까? 그러나 그 재산을 탈취하게 하니 많은 사람들이 유대인을 죽이려고 13일을 기다렸습니다. 그때나 지금이나 유대인은 대개 부자입니다. 그러니 더 많은 사람들이 유다 백성을 죽이려고 13일을 기다렸습니다.

저는 예수님께서 재림하실 때까지 우리나라에 전쟁이 없기를 기도하고 있습니다. 이 땅에 죄가 많아도 주님이 용서하시고 전쟁이 없게 해주시기를 원합니다. 그러나 만일 중국이나 일본이나 북한이 우리나라에 선전 포고를 하고 다음달 13일에 쳐 내려오겠다고 하면, 우리는 공포 속에서 살 것입니다. 전쟁이 일어나면 많은 사람이 죽습니다. 그러나 전쟁을 한다고 다 죽는 것은 아닙니다. 총탄이 빗발치듯 쏟아져도 살 사람은 삽니다. 히로시마에 원자탄이 터졌어도 살 사람은 살았습니다.

그러나 하만이 유대인을 죽이기로 한 12월 13일이 되면 유대인은 한 사람도 살지 못하고 죽게 됩니다. 그야말로 공포의 시간입니다. 그들은 굵은 베옷을 입고, 재를 덮어쓰고 금식하며 부르짖어 기도했습니다. 모르드개도 금식하며 하나님 앞에 부르짖어 기도했습니다.

토마스 칼라일이 말했습니다.

"기도는 우리 영혼의 깊은 곳에서 울리는 사이렌 소리이다."

우리가 위기를 당할 때 기도의 사이렌을 울리면 하나님께서 들으신다는 것입니다. 사이렌이 울리면 '무슨 소리일까?' 하며 귀 기울이는 것처럼, 우리가 기도하면 하나님께서 귀를 기울여 주시는 것입니다.

시편 50편 15절에 말씀합니다.

"환난 날에 나를 부르라 내가 너를 건지리니 네가 나를 영화롭게 하리로다."

예레미야 33장 3절에도 "너는 내게 부르짖으라 내가 네게 응답하겠고 네가 알지 못하는 크고 은밀한 일을 네게 보이리라"라고 말씀합니다.

10년 전, 미국 우리 교회의 한 권사님이 부인병으로 수술을 받았는데 그 후유증으로 피가 계속 흘렀습니다. 의사가 "예민한 부분이라 어쩔 수 없습니다"라며 미안하다고만 했습니다. 피가 멈추지 않고 계속 흘렀습니다. 그런데 어느 주일 밤 예배 후 그 권사님의 머리에 손을 얹고 제가 간절히 기도했습니다. 그 시간에 피가 멈추었습니다. 지금도 그 권사님이 건강합니다.

이번에 미국에 갔을 때도 몸이 많이 아픈 한 자매님을 만났습니다. 몸이 너무 아파 밥을 제대로 먹지 못할 지경인데도, 병원에서는 어떻게 해볼 방법이 없다고 했답니다. 그 자매님을 볼 때 서울에 계신 한 목사님의 간증이 생각났습니다.

그 목사님 교회의 한 아이가 대머리로 태어났답니다. 나이가 들어 대머리가 되면 괜찮습니다. 지성미가 있어 보이고, 우스개지만 "머리털보다 더 많은 내 죄"라는 찬송 가사에 따르면 머리털이 적으니 죄도 적을 것입니다. 그리고 어느 목사님은, 하나님께서 하도 사랑하시니 머리를 계속 쓰다듬어 주셔서 대머리가 되었다고 하셨습니다. 그러니 대머리도 좋습니다.

그러나 태어나면서부터 대머리는 걱정이 됩니다. 그 아이의 어머니가 새벽마다 아이를 데리고 교회에 나와서 기도를 받았습니다. 그러나 머리카락 한 올 나지 않았습니다. 초등학교를 졸업해도 머리카락이 하나도 나지 않았습니다. 그런데도 아이의 어머니는 매일 아이를 데리고 새벽기도회에 나와서 목사님께 안수 기도를 받았습니다. 그 목사님께서 아마 스트레스를 무척 받았을 것입니다. 그 아이가 중학교 2학년이 될 때까지도 머리카락 하나 나지 않았는데, 중학교 3학년이 되니 머리카락이 다 났습니다. 그 어머니도 끈질기고, 목사님도 끈질깁니다. 어떻게 그토록 끈질기게 기도를 합니까?

그 자매님을 볼 때 그 목사님의 간증이 생각나서, 매일 새벽에 안수 기도를 해주어야겠다고 생각했는데, 그 자매님이 매일 새벽 기도회에 나왔습니다. 매일 기도해 드렸습니다. 기도한 지 15일이 되는 날, 그 자매님의 얼굴에 혈색이 돌았습니다. 자매님이 제게 말했습니다.

"목사님, 다 나았습니다. 할렐루야!"

밥도 잘 먹고 있다면서 너무 기뻐했습니다. 그래도 제가 미국에서 떠나오는 날까지 안수 기도를 해주었습니다.

지금도 기도는 기적을 부릅니다. 예수님은 마태복음 7장 7절에 친히 말씀하셨습니다.

"구하라 그리하면 너희에게 주실 것이요 찾으라 그리하면 찾아낼 것이요 문을 두드리라 그리하면 너희에게 열릴 것이니(Ask and it will be given to you; seek and you will find; knock and the door will be opened to you)."

우리가 하나님 앞에서 구하고 찾고 두드리면 하나님께서 들어주신다고 약속하셨습니다.

모르드개와 백성들이 하나님 앞에 부르짖어 기도했습니다. 모르드개는 공무원이지만 궁궐 안에 들어가지 못합니다. 베옷을 입고 머리에 재를 덮어쓴 사람은 궁궐에 들어갈 수가 없습니다. 그래서 궁궐 문 앞에서 울고 있습니다. 모르드개가 왕비 에스더의 오빠인 것을 왕은 몰랐지만 시녀들은 알았습니다. 궁궐 문 앞에서 울고 있는 모르드개를 본 시녀들이 왕비에게 가서 말했습니다.

"왕비 마마, 오빠 모르드개께서 굵은 베옷을 입고 통곡하고 계십니다."

"왜 우리 오빠가 굵은 베옷을 입고 통곡하고 계시느냐?"

에스더는 착합니다. 에스더 2장 20절을 보면, 에스더는 왕비가 된 후에도 양육받을 때처럼 오빠의 명을 잘 좇았습니다. 그렇게 겸손했습니다. 착한 에스더는 심히 근심하며 오빠에게 의복을 보냈습니다. 그러나 모르드개는 그 옷을 거절하고 자기 백성이 12월 13일에 죽게 된 공문의 사본을 보내면서 "네가 왕에게 나아가 간절히 구하여 우리 민족을 살려라"라는 말을 전하게 했습니다.

그러자 에스더가 하닥을 통해 말했습니다.

"오빠도 아시다시피, 왕이 부르지 않는데 왕 앞에 나아가는 자는 누구라도 왕을 암살하는 자로 오해받아 사형당하게 되어 있지 않습니까? 왕께서 금홀을 내밀면 살지만, 그렇지 않으면 누구라도 죽습니다. 그리고 요즘에는 왕께서 제게 관심이 없습니다. 한 달간 저를 찾지 않으셨습니다. 제가 왕에게 사랑받을 때라도 그런 말은 조심스러운데, 제게 관심도 없는 이때에 어떻게 그런 말을 하겠습니까?"

모르드개가 다시 하닥을 통해 메시지를 보냈습니다.

"유다 백성들은 다 죽는데 너는 궁궐에 있다고 해서 살 것이라 착각하느냐? 이 어려운 때에 네가 잠잠하면 하나님께서는 다른 방법을 통해서 우리 백성을 구원하실 것이지만, 너와 네 아비 집은 망하리라. 네가 왕비가 된 것은 이때를 위함인지 누가 아느냐? 이

때 우리 백성을 구하라고 하나님께서 시골 처녀인 너를 왕비로 만드시어 궁궐로 보내셨는지 누가 아느냐?"

요셉은 형들에 의해 애굽 땅에 팔려갔습니다. 그러나 그가 노예로 팔려갔다가 나중에 애굽의 총리가 되었을 때, '아하! 하나님께서 우리 가족 70명을 살리시려고 나를 이곳에 먼저 보내셨구나' 하는 것을 깨달았습니다. 그래서 그의 형들을 품고 용서할 수 있었습니다. 요셉을 판 그의 형들이 그의 앞에 엎드려 살려달라고 빌 때 그는 이렇게 말합니다.

"형님들이여, 나를 판 것 때문에 근심하지 마소서. 한탄하지 마소서. 형님들이 나를 이곳에 판 것은 하나님께서 우리 가족을 살리시려고 나를 먼저 보내신 것입니다. 하나님께서 형님들을 통해 나를 이곳에 보내신 것이니 상심하지 마소서. 근심하지 마소서. 내가 하나님을 대신하리이까?"

에스더도 모르드개의 말을 듣고 깨달았습니다.

'그래, 왕족도 아니고 귀족도 아닌, 또 어느 나라 공주도 아닌 내가 대제국의 왕비가 된 것은 이때 쓰임 받기 위해서구나. 하나님께서 이때 나를 쓰시려고 왕비로 세우셨구나.' 할렐루야!

그는 비장한 결심을 합니다.

'그래, 죽으면 죽으리라(If I perish, I perish).'

에스더는 모르드개에게 메시지를 보냅니다.

'오빠, 수산 성에 있는 모든 유다인들을 모으고 나를 위해 3일 동안 먹지도 말고 마시지도 말고 금식하소서. 나도 시녀들과 함께 금식하고 왕께 나아가겠습니다. 죽으면 죽겠습니다.'

그는 금식한 후 목숨을 걸고 왕 앞에 나아갔습니다. 금식한 후라 힘들었지만, 그는 흐트러진 상태로 가지 않았습니다. 왕비의 옷을 입고 아름답게 단장하고 나아갔습니다. 우리가 짐작하기로 에스더는 날씬했을 것입니다. 그런데 3일간 굶었으니 얼마나 애처로워 보였겠습니까?

애처로운 왕비가 덜덜 떨면서 왕 앞에 섰습니다. 왕이 에스더를 보았습니다. 예쁜 모습에 반해 왕비로 삼았지만, 에스더를 보는 순간 얼마나 아름다운지 그 아름다움에 다시 푹 빠졌습니다. 그래서 "오, 에스더!" 하며 금홀을 내밀었습니다. 가냘픈 에스더가 왕 앞으로 나아와 금홀의 끝을 만졌습니다.

여러분도 에스더에게 배우십시오. 여자는 애처로워 보일 때 사랑을 받습니다. 남편이 보는 데서 쌀 한 가마니를 번쩍 들어 쌀통에 붓고, 바퀴벌레를 잡아 비틀고, 그러면 남편의 사랑을 받기 어렵습니다. 가냘프고 애처로워 보일 때 남편이 도와주고 보호해 주고 싶은 마음이 생기는 것입니다. 남편이 없을 때는 바퀴벌레도 잡고 쌀가마니도 들어야 하지만, 남편이 있는 곳에서는 그렇게 하지 마시기 바랍니다.

금홀의 끝을 만지는 에스더의 아름다운 모습에 왕이 다시 사랑을 회복했습니다. 그래서 말합니다.

"에스더여, 그대의 소원이 무엇이뇨? 내 나라의 절반까지라도 주리이다."

"왕이여, 내 백성, 내 동족을 죽이려는 원수가 있나이다. 나를 기뻐하시면 내 동족의 원수를 갚아주소서."

"아니, 그 원수가 누구인고?"

"하만입니다."

왕은 유대인을 죽이려 했던 하만과 그 일당을 다 치고 모르드개를 총리로 세웠습니다. 그리고 에스더를 더 사랑하게 되었습니다. 자기의 사명을 깨닫고 '죽으면 죽으리이다' 하니 깜짝 놀랄 일이 일어난 것입니다.

'죽으면 죽으리이다. 하나님께서 이때를 위해 나를 왕비로 만드셨으니 내가 하나님의 경륜을 행하리이다' 하니 자기가 사는 것은 물론, 왕의 사랑을 회복하고, 오빠를 총리로 만들고, 자기 백성을 살리고, 하나님께 영광을 돌렸습니다. 이스라엘 백성은 지금도 에스더를 보배로 여깁니다. 그리고 우리도 에스더 때문에 은혜를 받습니다.

만일 에스더가 왕비로 있으면서 하나님의 경륜을 깨닫지 못하여 자기 백성이 다 죽고, 아버지 같은 모르드개가 죽게 되었을 때 아무 말도 하지 않고 가만히 있었으면 어떻게 되었겠습니까? 왕의 사랑을 회복했겠습니까? 왕의 사랑도 회복하지 못하고 자기 민족의 배신자가 되어 그 아픔을 견디지 못했을 것입니다.

또 에스더가 유대인인 것을 아는 하닥과 시녀들이 그 비밀을 왕께 알리면 에스더는 끝이 나니 하닥과 시녀들의 종으로 살아가야 합니다. 더구나 하만이 그 정보를 알면 그냥 있겠습니까? 결국 에스더도 망하는 것입니다.

그러나 하나님의 경륜을 깨달으니 자기도 살고 자기 동족도 살고, 하나님은 영광을 받으시고 우리는 은혜를 받는 것입니다.

영국의 유명한 역사 철학자 아놀드 토인비가 말했습니다.

"이 시대 사람들의 기술과 과학은 신의 경지까지 발전했는데, 삶은 원숭이와 같다."

많이 배워서 아는 것은 많은데, 삶의 모습은 원숭이처럼 나약하다는 것입니다.

프랑스의 문인 몽테뉴는 "전 세계를 알면서도 자기를 모르는 사람이 이 세상에는 많다"라고 말했습니다. 아는 것은 많은데 '내가 누구인가(Who am I?), 나는 어떤 사람인가?'는 모르고 산다는 것입니다. 자기를 모르고 산다는 것입니다.

빌리 선데이는 말했습니다.

"오늘날 많은 사람들이 인생에 실패하는 것은 기술이 없어서가 아니라, 실력이 없어서가 아니라, 인생의 목적이 없어서이다."

배가 고프니 먹고, 피곤하니 자고, 나이가 들어 결혼해서 아이가 생기니 아이를 교육시키고, 먹고살자니 돈을 벌고, 그러다 늙어 죽는 것이 인생입니까? 그런 것은 돼지도 소도 다 합니다. 먹고살고, 자식을 낳는 것은 짐승도 다 합니다.

사람은 그렇게 살아서는 안 됩니다.

'왜 사는가? 무엇 때문에 사는가? 하나님께서 내게 주신 경륜이 무엇인가?'를 깨달아야 하는 것입니다. 사람의 생일은 두 번이라고 합니다. 엄마에게서 태어나는 그날이 생일이지만, 더 큰 생일은 '내가 이것 때문에 사는구나' 라는 것을 깨닫는 날이라고 합니다.

마리아 앤더슨은 백 년에 한 사람 날까 말까 한 위대한 가수입니다. 그의 노래를 들으면 사람들이 은혜에 젖습니다. 루스벨트 대통령이 영국 여왕을 맞이할 때 마리아 앤더슨을 초청하여 노래를 부르게 했습니다. 워싱턴에 7만 5천 명의 정계, 법조계 인사들이 모였을 때 마리아 앤더슨을 청하여 노래하게 한 것입니다.

토스카니니는 "마리아 앤더슨의 음성은 금세기 최고의 아름다운 음성이다"라고 칭찬했습니다. 그런 마리아 앤더슨에게 한 기자가 "당신의 인생 중 가장 위대한 순간, 감동적인 순간이 언제였습니까?"라고 물었습니다. 그는 대통령 앞에서, 영국 여왕 앞에서, 7만 5천 명 앞에서 노래할 때라고 하지 않았습니다. 그는 이렇게 대답했습니다.

"내가 어머니에게 '엄마, 나 다시는 목욕하지 않을 거야' 라고 말할 때가 가장 감동적인 순간이었습니다."

이 말이 무슨 뜻입니까? 앞으로 다시는 목욕하지 않겠다는 말이 아닙니다. 그는 자기의 검은 피부가 싫어서, 백인의 하얀 피부가 부러워서 목욕할 때마다 씻고 또 씻으면서 '내 피부는 왜 이렇게 검지?' 하며 원망했는데, 그날 '아! 하나님께서 뜻이 있어서 나를 백인으로 태어나지 않게 하시고 흑인으로 태어나게 하셨구나' 라는 것을 깨달은 것입니다.

사명을 깨달은 것입니다. 그래서 '이제 나는 당당한 흑인으로 살아야겠다. 흑인을 빛내는 흑인이 되어야겠다. 백인도, 흑인도 부러워하고 존경하는 흑인이 되어야겠다' 라고 결단했는데, 그날이 그에게 가장 감동적인 순간이었다는 것입니다.

그때부터 그는 긍지를 가지고 노래하며 공부해서, 흑인들의 자랑일 뿐 아니라 백인들도 존경하는 귀한 보배가 된 줄로 믿습니다.

우리의 사명을 깨달아야 합니다

스펄전 목사님에게 제자들이 물었습니다.

"목사님, 사람의 사명, 하나님의 경륜이 무엇인지 어떻게 알 수 있습니까?"

그때 스펄전 목사님이 세 가지로 대답했습니다.

"첫째는, 그 일이 귀하게 보인다."

의사가 귀해 보이면 의사의 사명, 변호사가 귀해 보이면 변호사의 사명, 사업가가 귀해 보이면 사업가의 사명, 군인이 귀해 보이면 군인의 사명을 받은 것입니다. 사명을 받으면 그것이 귀해 보이는 것입니다.

"둘째는, 자신이 할 수 있는 것이다."

아무리 귀해 보여도 자신이 못하는 것은 하나님께서 주신 사명이 아니라는 것입니다.

"셋째는, 기쁘고 즐겁게 할 수 있는 것이다."

음식 만드는 것을 싫어하는 사람이 식당을 하면 망합니다. 음식하는 것을 즐거워하고 재미있어 하는 사람이 식당을 해야 성공합니다. 책상에 앉아서 책을 읽는데 30분도 안 되어 졸리고 머리가 아픈 사람이 교수가 되면 안 됩니다. 하루종일 책을 보아도 지겨운 줄 모르고 좋기만 한 사람이 교수가 되어야 하는 것입니다.

저는 설교 준비하는 것이 즐겁습니다. 오늘 설교는 미국에서 준비해 왔습니다. 그러나 오늘 새벽 2시에 일어나 다시 다듬었습니다. 다듬고 또 다듬고 기도하면서 다시 준비했습니다. 그래도 기쁘기만 합니다. 설교하면서도 기쁘고, 설교하고 나서도 기쁩니다. 그러니 하나님께서 제게 주신 사명은 바로 목사의 일인 줄로 믿습니다.

며칠 전, 제가 미국에서 아내에게 "여보, 나는 다시 태어나도 목사가 될 거요"라고 했더니, 아내도 "저도 다시 태어나도 목사의 아내가 될 거예요"라고 했습니다.

록펠러의 사명은 돈 버는 일입니다. 돈을 벌어서 교회를 짓고, 돈을 벌어서 뉴욕 시민들의 수도 요금을 다 내주었습니다. 우리 양곡교회도 경제력이 있어서 우리 경남의 수도세를 다 낼 수 있으면 얼마나 좋겠습니까? 그런 날이 오기를 바랍니다.

우리 모두 이 시간에 자신의 사명을 깨닫게 되기를 바랍니다. 하나님께서 주신 사명을 깨달으면 우리의 마음과 자세가 달라집니다. 자신의 존귀함을 깨달으면 걸음걸이도 달라집니다.

지금으로부터 100년 전, 어느 추운 겨울날 영국 런던의 한 악기점에 남루한 옷차림의 한 부인이 낡은 바이올린을 갖고 들어왔습니다.

"제가 몹시 배가 고파서 그러니 이것이라도 받으시고 돈 좀 주세요."

선한 주인은 바이올린은 쳐다보지도 않고 그 부인에게 5달러를 주었습니다.

"감사합니다. 감사합니다."

그리고 부인이 악기점에서 나갔습니다. 그 당시 5달러는 큰돈이었습니다. 악기점 주인은 부인이 나간 후 낡은 바이올린이지만 먼지를 털고 한번 켜보았습니다. 깜짝 놀랄 정도로 좋은 소리가 났습니다.

"아니, 이렇게 좋은 소리가 나다니! 이건 보통 바이올린이 아니구나."

바이올린의 먼지를 털고 안에 쓰여진 글씨를 본 악기점 주인은 기절할 뻔했습니다.

'안토니오 스트라디바리 1704.'

200년간 행방불명이 되어서 세계의 음악인들이 찾고 있던 것으로 10만 달러 이상의 값이 나가는 바이올린이었습니다. 그때 10만 달러는 지금의 100만 달러보다 더 가치가 있었습니다. 10억 원이 더 나가는 그 귀한 바이올린을 부인이 단돈 5달러에 넘긴 것입니다. 악기점 주인이 바로 밖으로 뛰어나갔지만 부인은 어디론가 사라지고 보이지 않았습니다.

얼마나 안타깝습니까? 악기점 주인은 횡재했지만, 그 부인은 여전히 거지로 살았을 것입니다. 그 바이올린이 얼마나 귀한 것인가를 부인이 알았다면 부자로 살았을 텐데, 몰라서 그런 것입니다.

오늘 이 시간에, 하나님께서 여러분과 저의 먼지를 털어 주시기를 바랍니다. 우리를 깨닫게 해주시기를 바랍니다.

마태복음 17장 27절을 보면, 바다의 물고기에게도 사명이 있습니다. 물고기가 동전 한 세겔을 물고 있습니다. 베드로의 낚시에 그 물고기가 걸렸습니다. 베드로는 그 동전으로 예수님과 자기의 성전세를 냈습니다. 바다의 물고기 한 마리에게도 사명이 있는데, 하물며 우리이겠습니까?

창세 전에 하나님께서 예수 안에서 우리를 택하셨습니다. 우리에게 성령님을 부어 주셨습니다. 예수님을 믿어 하나님의 자녀가 되게 하셨습니다. 우리에게는 사명이 있습니다. 초등학교밖에 다니지 못했어도 하나님께서 주신 사명이 있습니다. 아무리 어렵고 힘든 환경과 처지에 있어도, 기품 있게 살고 노력하면 모든 사람이 부러워하는 하나님의 아들딸이 될 수 있습니다.

초등학교밖에 다니지 못한 사람이라도 '대학을 졸업한 사람이 부러워하는 하나님의 아들딸이 되리라', 회사원이라면 '회사 사장님이 깜짝 놀랄, 회사의 보배가 되리라. 회사의 밀알이 되리라. 회사를 위해 희생하리라', 회사 사장이라면 '우리 사원들이 깜짝 놀랄, 우리 사원들이 감동을 받을, 선한 경영주가 되리라' 등의 자세로 사명을 감당해야 합니다.

사명을 깨달으면 삶이 달라집니다

저와 가까이 지내는 목사님의 조카가 한국이 낳은 세계적인 첼리스트 장한나입니다. 세계 곳곳에서 장한나를 초청하는데, 1년에 20회만 그 초청에 응한답니다. 1년에 20회 이상 연주회를 하면 천재성이 무너지기 때문이랍니다.

그는 지금 하버드 대학에 다니고 있습니다. 그런데 장한나가 연주회를 열기 위해 런던에 가든, 파리에 가든, 에이전트 회사에서는 일등석 비행기표 석 장을 준비한답니다. 일등석 비행기표가 얼마나 비싼지 아십니까? 그 비싼 비행기표를 석 장씩이나 준비하는데, 하나는 장한나를 위해, 또 하나는 장한나의 어머니를 위해, 나머지 하나는 장한나의 첼로를 위해서랍니다.

장한나가 연주하는 악기가 귀하니, 여러분과 저도 앉아 보지 못하는 일등석에 악기를 앉히는 것입니다. 혹 첼로가 다칠까 봐 그 비싼 일등석에 앉히는 것입니다. 어쩌면 여러분과 저는 첼로보다 못한지도 모르겠습니다.

따라 합시다.

"각성하자."

저는 "목사는 가난해야 된다"라고 말하는 사람을 보면 조심스럽습니다. 주의 종은 가난해야 한다고 성경 어디에 기록되어 있습니까? 첼로도 귀하니 일등석에 실리는데, 복음을 전하는 목사가 늘 작은 차나 싼 비행기만 타고 다니면서 시달리는 것이 하나님의 뜻이겠습니까? 이리저리 시달리다가 설교하는 것이 하나님의 뜻이겠습니까?

복음을 전하러 다닐 때 넓은 의자에 앉아 피곤하지 않도록 하여 생기 있게 복음을 전하는 것이 좋지 않습니까? 하나님의 종들은 힘있게 일해야 합니다. 그렇다고 모든 목사님들이 당장 비행기 일등석을 타고 다니라는 말은 아닙니다. 분수에 맞지 않게 행하면 망합니다. 분수를 지켜야 합니다.

그러나 우리가 귀한 존재라는 것은 깨달아야 한다는 것입니다.

저는 4.5와 5의 이야기는 매달 한 번씩 하고 싶습니다. 4.5와 5는 친하게 지냈지만, 4.5는 언제나 5에게 고개를 숙이고 살았습니다. 4.5보다는 5가 더 높았기 때문입니다. 그런데 하루는 4.5가 5에게 고개를 숙이지 않고 당당하게 내려다보았습니다. 그 모습에 충격을 받은 5가 말했습니다.

"야, 너 갑자기 왜 그래?"

"나 점 뗐다."

4.5가 점을 떼니 45가 된 것입니다. 그러니 이제 5가 고개를 숙이게 되었습니다.

오늘 하나님께서 여러분의 점을 떼 주시기를 축원합니다.

저는 정말 열등의식이 많은 사람이었습니다. 그런데 하나님께서 제 점을 떼 주셨습니다. 그 후로 지금까지 저는 부러운 사람이 없습니다. 저는 미국 대통령도 부럽지 않습니다. 왜입니까? 대통령의 연설을 듣고는 사람들이 구원받지 못하지만, 제가 설교를 하면 많은 사람이 은혜를 받고 구원받기 때문입니다.

하나님께서 점을 떼 주시면, 하나님의 뜻을 깨닫게 되면, 세상의 그 누구도 부럽지 않습니다. 저는 점을 뗐습니다. 여러분의 점도 하나님께서 떼 주시기를 축원합니다. 점을 떼면 머슴이라도, 전쟁 포로라도 괜찮습니다. 바울은 점을 떼니 감옥에 있어도 기뻐하며 누구도 부러워하지 않았습니다.

하나님의 뜻을 깨닫고 결단하여 기품 있게 살아가는 여러분과 제가 될 수 있기를 축원합니다.

예수께서 빌립보 가이사랴 지방에 이르러 제자들에게 물어 이르시되 사람들이 인자를 누구라 하느냐 더러는 세례 요한, 더러는 엘리야, 어떤 이는 예레미야나 선지자 중의 하나라 하나이다 이르시되 너희는 나를 누구라 하느냐 시몬 베드로가 대답하여 이르되 주는 그리스도시요 살아 계신 하나님의 아들이시니이다 예수께서 대답하여 이르시되 바요나 시몬아 네가 복이 있도다 이를 네게 알게 한 이는 혈육이 아니요 하늘에 계신 내 아버지시니라 또 내가 네게 이르노니 너는 베드로라 내가 이 반석 위에 내 교회를 세우리니 음부의 권세가 이기지 못하리라 내가 천국 열쇠를 네게 주리니 네가 땅에서 무엇이든지 매면 하늘에서도 매일 것이요 네가 땅에서 무엇이든지 풀면 하늘에서도 풀리리라 하시고

마태복음 16장 13-19절

천국의 열쇠

 사도행전 10장을 보면, 로마 장교 백부장이 가족과 친척, 가까운 친구들을 한자리에 모아 놓고, 베드로 목사님을 자기 집에 청하여 가정 예배를 드립니다. 베드로 목사님이 설교를 하는 중에 이미 모든 사람들의 가슴이 뜨거워지고, 예수님을 사랑하게 되고, 하나님을 높이게 되었습니다. 그들은 구원을 받았습니다. 왜입니까? 성령님께서 그 자리에 임

하시고 역사하셨기 때문입니다.

예수님을 믿고 싶은 사람은 많은데 아무나 믿는 것이 아닙니다. 믿게 해 주셔야 믿게 되는 것입니다.

한 잠수부가 잠수복을 입고 바다 깊숙이 들어갔습니다. 그런데 저 건너편에서 환한 빛이 비쳐왔습니다. 호기심이 발동해서 가보니 큰 조개가 빛을 발하는데 그 조개 밑에서 종이가 나붓거렸습니다. 그 종이는 전도지였습니다. 전도지를 받은 사람이 던져 버린 것이 바람에 날려 바닷속까지 들어가 나붓거리고 있었나 봅니다.

"하나님은 당신을 사랑하십니다"라는 글을 읽는 순간 그 잠수부는 가슴이 뜨거워졌습니다. '하나님께서 나 같은 못난 것을 구원하시려고 이 바다 깊숙이까지 찾아오셨구나' 라고 깨닫고는, 회개하고 예수님을 믿게 되었습니다. 그 자리에 성령께서 임하셨고 역사하셨기 때문입니다.

한번은 제가 버스를 타고 가다가 찬송이 막 터져나와 견디지 못하고 찬송을 했습니다. 크게 찬송하면 운전기사 분에게 혼이 나니 조용하게 불렀습니다.

> 어서 돌아오오 어서 돌아만 오오
> 지은 죄가 아무리 무겁고 크기로
> 주 어찌 못 담당하고 못 받으시리요
> 우리 주의 넓은 가슴은 하늘보다 넓고 넓어.

그런데 제 옆에 있던 한 아주머니가 눈물을 뚝뚝 떨어뜨리며 우셨습니다. 터미널에 도착하자 그분이 제게 와서 말했습니다.

"총각, 나도 예수 믿겠어요."

그분이 지금 큰 교회의 권사님이신 것으로 알고 있습니다. 할렐루야! 제가 찬양할 때 성령께서 역사하신 것입니다.

유럽의 한 소년이 산기슭에서 양을 치고 있는데, 한바탕 부는 세찬 바람에 날려 신문 한 장이 날아왔습니다. 심심해서 읽어보니 스펄전 목사님의 설교가 게재되어 있었습니다. 그 설교를 읽다가 감격하여 회개하고 예수님을 믿었습니다. 그 자리에 성령께서 임하시고 역사하셨기 때문입니다.

제가 어제 하루종일, 밤늦도록 엎드려 영혼 구원을 위해 긴장해서 말씀을 준비했습니다. 준비하고 준비하여 지금 말씀을 전하지만, 그래도 성령께서 임하시고 역사하셔야 구원을 받습니다. 할렐루야!

"하나님이여, 성령으로 강림하여 주옵소서."

　　푸른 하늘 은하수 하얀 쪽배에
　　계수나무 한 나무 토끼 한 마리
　　돛대도 아니 달고 삿대도 없이
　　가기도 잘도 간다 서쪽 나라로.

지금 제가 부른 정도면 초등학교에서 90점을 받을 것입니다. 우리 옛 어른들은 '저 달나라에도 계수나무가 있겠지. 토끼가 살고 있겠지'라고 생각했습니다. 하지만 과학이 발달해서 인공위성을 타고 달나라에 가보니 토끼가 살지 않았습니다. 계수나무가 없었습니다. 물이 흐르지 않았습니다. 꽃과 벌과 나비가 없었습니다.

꽃이 피고, 새가 지저귀고, 냇물이 흐르고, 사람이 사는 곳은 지구별뿐입니다. 하나님께서 광활한 이 우주를 지으셨지만, 셀 수 없는 저 별들을 지으셨지만, 사람이 사는 곳은 이 지구뿐입니다.

그래서 이 지구가 가장 중요합니다. 지구에 산소가 만일 지금보다 조금만 많아지면 성냥불을 켜기만 해도 이 세상은 불바다가 됩니다. 산소가 조금만 적어져도 불이 켜지지 않아서 우리는 밥도 해 먹을 수 없습니다. 누가 이렇게 조종하십니까?

수증기가 끝없이 올라가지 못하고, 어떻게 이렇게 대기권 안에서 딱 멈춥니까? 구름 낀 캄캄한 날이라도 비행기를 타고 하늘로 올라가면 구름은 비행기 밑에 있고 하늘은 맑습니다. 만일 구름이 둥실둥실 끝없이 우주로 흘러간다면 바다도 강도 사막이 되어 우리는 모두 죽게 됩니다. 그런데 하나님께서 수증기를 더 이상 올라가지 못하게 차단하셨습니다. 할렐루야!

땅에 씨를 뿌리는데 어떻게 해서 백 배, 백이십 배의 열매를 맺습니까? 어떻게 저 바다에 물고기가 그렇게 우글거립니까? 여러분, 어떻게 이런 일들이 있을 수 있습니까?

사람들은 "우연히 이 지구가 있었다, 우연히 태양이 있었다, 우연히 사람이 되었다"라고 하는데, 한번 물어봅시다. 쇳덩어리를 억만 년 두면 마이크가 됩니까? 산의 나무를 억만 년 세워 두면 어느 날 우연히 바이올린이 됩니까? 바다의 모래가 억만 년 동안 바람에 날리면 어느 날 우연히 아크릴 강대상이 됩니까? 들의 풀이 억만 년 굴러다니면 저절로 책이 됩니까?

책 한 권도 저절로 되지 않고 만들어야 되는데, 이 광활한 우주가 저절로 되었겠습니까? 어떻게 큰 가스가 태양이 되고, 작은 가스가 지구가 됩니까?

이 우주를 보면 너무너무 놀랍습니다. 우주에는 교통사고가 없습니다. 교통경찰이 없어도 별들이 부딪치지도 않습니다. 만일 별

하나가 지구와 박치기를 하면 이 세상은 끝납니다. 그런데 별들이 부딪치지 않도록 이렇게 잡아 주시는 분이 계십니다.

그분은 하나님입니다. 우리 하나님께 영광의 박수를 올려 드립시다. 할렐루야!

"주 하나님 지으신 모든 세계~." 할렐루야!

얼마나 고맙습니까?

믿음이 좋은 한 천문학 교수가 자기가 사랑하는 제자에게 복음을 전했습니다.

"애야, 이 세상을 하나님이 지으셨단다. 예수님이 구세주시다."

아무리 전도해도 제자가 믿지 않았습니다. 이 세상은 우연히 이렇게 되었다는 것입니다. 그래서 교수가 제자를 위해 돈과 시간을 많이 들여 소우주를 만들었습니다. 태양, 수성, 금성, 지구, 화성, 목성, 토성, 천왕성, 해왕성, 명왕성을 만들었습니다. 태양을 중심으로 지구가 척척 돌아가게 만들고, 달은 지구를 중심으로 돌아가게 만들었습니다. 버튼을 누르면 척척척 돌아가는 것이 대단했습니다. 그것을 만드느라 얼마나 힘이 들고 돈이 많이 들었겠습니까?

어느 날 교수가 제자를 불렀습니다. 연구실에 들어온 제자가 깜짝 놀랐습니다.

"야! 이거 굉장하네요. 태양 궤도인가 보지요? 굉장하네요. 교수님, 이것을 만드신다고 고생을 많이 하셨겠네요."

"아니야, 나도 지금 놀라서 흥분해 있다. 오늘 수업을 하고 오니 연구실에 이런 것이 우연히 생겨 있었다."

"거짓말하지 마세요. 어떻게 이런 게 우연히 생깁니까? 교수님이 만드셨지요?"

"맞다. 너를 위해 만들었다. 이 장난감 같은 소우주도 만들어야 하는데, 하물며 이 놀라운 우주, 질서 있는 우주가 우연히 되었겠니?"

그때 그 학생이 충격적으로 깨닫고 하나님을 믿게 되었다고 합니다.

하나님께서 이 우주를 지으셨다는 것을 믿으시기 바랍니다. 그리고 하나님께서 지으신 세상 중에 이 지구촌이 가장 귀하고 중한 것을 믿으시기 바랍니다.

그런데 이 세상보다 더 아름다운 세계가 하나 더 있습니다.

그곳도 하나님께서 지으셨습니다. 그곳은 하나님께서 친히 다스리시고, 하나님의 보좌 우편에는 아들 예수님께서 앉아 계십니다. 천군 천사가 수종 들고 있고, 베드로와 모세, 바울과 먼저 간 성도들, 저의 할머니와 아버지가 거기에 계십니다.

거기가 어디입니까? 천국입니다.

여기 이 세상에서는 사람이 늙는데, 거기서는 늙지 않습니다. 여기서는 사람들이 늙지 않으려고 별짓을 다 하는데도 늙습니다. 아무리 옷을 세련되게 입어도 늙습니다. 교통사고로 죽고, 병으로 죽고, 부부 싸움이 있고, 배신이 있고, 상처가 있습니다. 아무리 화목하게 살고 싶어도 빗나가는 형제가 있습니다. 아픔이 있습니다.

그러나 그곳은 평화뿐입니다. 기쁨뿐입니다. 병이 없습니다. 죄 짓고 싶어도 죄 지을 기회가 없습니다. 최상의 상태에서, 최고의 환경에서, 최고의 기쁨을 누리며 영원히 죽지 않고 사는 그 나라가 분명히 있습니다. 내일 아침에 태양이 다시 떠오르는 것처럼, 천국은 분명히 확실하게 있습니다.

결코 거짓말 못하시는 하나님의 성경에 "천국은 있다. 천국은

있다. 천국은 있다"라고 말씀합니다. 할렐루야!

천국에는 누가 들어갑니까?

그 나라에는 1천억을 갖고 있어도 못 갑니다. 아무리 공부를 많이 해서 지성인이 되어도 가지 못합니다. 내가 100억 재산 중에 99억을 팔아 가난한 자를 구제해도, 그 선한 일로도 절대 못 갑니다. 도지사가 되고, 장관이 되고, 설사 대통령이 되어도 그 권세로도 가지 못합니다. 잘생겨서 미스 코리아가 되고 미스터 코리아가 되어도 그 미로써도 못 갑니다.

오직 하나, 예수님을 믿어야 그 나라에 갑니다. 그 길밖에 없습니다.

오늘 본문이 그것을 잘 말해 줍니다. 우리 예수님은 사람이 아니셨습니다. 하나님과 똑같은 신이시고, 하나님의 아들이시고, 이 우주가 창조되기 전에 하나님과 같이 계셨고, 이 우주를 하나님과 같이 지으셨습니다. 믿으시기 바랍니다.

그런데 사람들은 죄를 짓게 됩니다. 그래서 영원히 영원히 처참하게 멸망하고 지옥에 들어가니 하나님께서 아들을 보내셨습니다. 사람들을 구원하기 위해서입니다. 신비롭게도 처녀 몸에서 탄생하신 예수님은 30년간 나사렛에서 고요히 계시다가, 30세가 되어서 때가 되니 천국 복음을 전하셨습니다.

"회개하라. 천국이 가까이 왔다. 나를 믿으면 영원히 산다. 심판 받지 않는다. 네 죄 사함을 받았다."

또 말씀하셨습니다.

"나를 본 자는 하나님을 보았다. 수고하고 무거운 짐 진 자들아,

다 내게로 오라. 내가 너희를 쉬게 하겠다." 할렐루야!

그리고 물로 포도주를 만드셨습니다. 죽은 자를 살리셨습니다. 문둥병자에게 손을 대니 깨끗하게 나았습니다. 할렐루야! 떡 다섯 개를 놓고 기도하고 먹으니, 5천 명이 배불리 먹었습니다.

어떻게 그렇게 놀라운 일을 하십니까? 사람이 못하는 일, 하나님만이 하시는 일을 예수님께서 하셨습니다. 그래서 니고데모가 이렇게 고백했습니다.

"랍비여, 랍비께서는 하나님께로부터 오신 분인 줄로 아나이다. 하나님께서 같이하지 않으시면 아무도 랍비께서 하신 것처럼 그런 일을 하지 못합니다." 할렐루야!

예수님께서 3년간의 사역을 마치고 이제 십자가를 지게 되셨는데 바로 그 직전에, 3년간의 사역을 총결산하는 시간에 가이사랴 빌립보에서 제자들에게 물으셨습니다. 가이사랴 빌립보는 헐몬산 중턱에 있는 곳으로, 이스라엘에서 가장 아름다운 곳입니다. 그곳에서 예수님께서 열두 제자를 향해 물으셨습니다.

"얘들아, 세상 사람들이 나를 누구라 하느냐?"

그때 제자들이 "예, 어떤 사람은 세례 요한이라, 어떤 사람은 엘리야라, 어떤 사람은 예레미야나 선지자 중에 하나라고 하더이다"라고 대답했습니다.

예수님은 섭섭하셨습니다. 왜입니까?

엘리야도 예레미야도 세례 요한도 굉장한 사람들이지만, 그들은 사람이고, 예수님은 하나님의 아들이십니다. 대통령을 머슴 취급하면 섭섭하지 않겠습니까? 록펠러 같은 부자를 거지로 알면 마음 상하는 일이 아니겠습니까? 어떻게 하나님을, 하나님과 똑같은 신이신 예수님을 엘리야나 세례 요한과 같이 취급합니까?

주님은 섭섭하셨습니다. 그래서 "얘들아, 너희들은 나를 누구라 하느냐?"라고 물으셨습니다.

그때 베드로가 대답했습니다.

"주는 그리스도시요 살아 계신 하나님의 아들이시니이다."

이는 "주님은 성경에 예언한 대로 오신 메시아요, 우리의 구세주요, 하나님과 똑같은 하나님의 아들이십니다"라는 뜻입니다. 우리 주님은 기뻐하시며 말씀하셨습니다.

"바요나 시몬아, 네가 복이 있구나. 네가 행복하구나. 네가 하늘의 복을 받았구나. 사람으로서는 그것을 깨닫지 못한다. 그것을 깨닫게 하고 알게 하신 분은 하늘의 내 아버지시니라. 너는 복되도다. 내가 네게 천국의 열쇠를 주겠다." 할렐루야!

여기서 깨닫게 되는 것은, 예수님을 위대한 성자로 알아서는 구원받지 못한다는 것입니다.

'야! 예수님은 참 위대한 영웅이시다' 라는 것 가지고는 구원을 받지 못합니다. 예수님은 그리스도시요 하나님의 아들이시요 내 구세주인 것을 믿을 때 구원받고, 또 그런 사람에게 천국 열쇠를 주시는 것입니다. 믿으시기 바랍니다.

저는 오늘 이 말씀을 읽다가 놀라운 것을 발견하고 흥분했습니다. 전에 성경을 읽을 때는 '주님이 베드로에게 천국 열쇠를 주셨구나' 하고 그냥 지나갔는데, 헬라어 성경을 보니까 '클레이다스'로 나와 있었습니다. 이것은 복수입니다. 즉 천국 열쇠는 하나뿐이 아니라는 말입니다.

하나뿐인 천국 열쇠를 베드로에게 주셔서 베드로가 천국 문 앞에 서 있다가 마음에 드는 사람이 들어오면 문을 열고 "천국에 들어가 살아라" 하고, 또 문을 닫고 있다가 미운 사람이 오면 "너는 안 돼. 너는 지옥으로 가" 하며 문을 열어주지 않는 것이 아닙니다.

천국의 문은 하나이지만, 열쇠는 얼마나 많은지 모릅니다. 누구든지 베드로처럼 예수님을 믿으면 그 즉시 천국 열쇠를 주시는 것을 믿으시기 바랍니다. 아파트의 현관문은 하나이지만, 식구 수대로 열쇠를 만들어서 씁니다. 식구가 다섯 명이면 다섯 개의 열쇠를 만들어서 씁니다. 항상 엄마가 문을 지키고 있다가 식구가 오면 문을 열어주고, 도둑이 오면 열어주지 않고, 그러는 것이 아닙니다.

제가 미국에서 우리 양곡교회를 섬길 때, 6개월 동안 교회 사무실에 침대를 놓고 저희 가족이 살았습니다. 교회 청소도 하고 교회도 지키면서 교회를 섬겼습니다. 그러다가 늦여름에 사정이 생겨 월세로 작은 아파트에 들어가 살았습니다.

거기에 짐 메이줌이라는 체육관이 있었습니다. 시설이 아주 잘 되어 있는데, 문이 딱 잠겨 있어서 아무나 들어가지 못했습니다. 하지만 아파트 주민들에게는 열쇠를 주기 때문에 언제든지 열고 들어갈 수 있습니다. 그 체육관의 문은 하나이지만, 열쇠는 수백 개입니다. 아파트 주민들은 한 개씩 다 갖고 있습니다. 그러니 아파트 주민들은 마음대로 들어가서 운동을 하고 나올 수 있습니다.

이처럼 천국은 하나입니다. 문은 하나이지만, 열쇠는 수없이 많습니다. 믿는 자에게 주시는 것입니다. 그것이 믿음이고 성령입니다. 아무리 피곤하고 밖의 날씨가 추워도 열쇠 없이는 아파트에 들어가지 못하는 것처럼, 이 세상이 힘들고 지옥은 불바다이고 천국은 너무나 좋지만, 열쇠 없이는 천국에 들어가지 못합니다.

그 열쇠를 누구에게 주십니까?

'주는 그리스도시요 살아 계신 하나님의 아들' 이심을 믿는 자에게 주십니다. 할렐루야!

여러분, 오해하시면 안 됩니다.

'오늘 처음 믿어도 주실까? 한 3년은 믿어야 주시지 않을까? 초등학교도 6학년이 되어야 졸업하는데 예수를 6년은 믿어야 주시지 않을까?'

아닙니다. 그런 것, 없습니다. 집사님이라고 열쇠를 주시고, 아니라고 주시지 않는 것이 아닙니다.

누가복음 23장 41-43절을 보면 나옵니다. 주님이 달리신 십자가 옆에 강도가 있지 않습니까? 무서운 강도, 일생 악하게 산 흉악한 강도가 달려 죽지 않습니까? 그런데 그 강도가 죽으면서 예수님을 보니 얼굴이 다릅니다. 빛이 납니다. 거룩합니다.

또 예수님이 저주의 말은 한마디도 안 하시고 "아버지여, 저들의 죄를 사하소서. 저들이 하는 것을 알지 못하나이다"라고 말씀하십니다. 뿐만 아니라 "엘리 엘리 라마 사박다니", "아버지여, 나의 영혼을 받으소서", "다 이루었다"라고 말씀하십니다.

그 강도는 그런 예수님을 보고 '아! 저분은 성경에 예언된 대로 우리 죄를 대신 지시고 돌아가시는 메시아 하나님의 아들이시다'라고 믿었습니다. 예수님이 천국의 주인이심을, 천국 열쇠를 갖고 계심을 믿은 것입니다. 천국 열쇠를 베드로가 나누어 주지 않습니다. 예수님께서 나누어 주십니다.

이것을 믿은 강도가 죽어가면서 말했습니다.

"예수여, 당신의 나라에 천국이 임할 때 나를 기억해 주세요."

그때 주님은 "야, 이 사람아, 자네 양심이 없나? 아니, 한두 달이라도 나를 따라다녔으면 몰라도 일평생 악하게 살던 자네가 죽는 순간에 무슨 염치로 천국에 들어가려고 하나?"라고 하지 않으셨습니다.

우리 주님은 그 새까만 죄인이 회개하며 "당신이 메시아이심을 믿습니다"라고 할 때, 그의 일생의 죄를 이미 다 용서하시고 "그래, 내가 진실로 네게 말한다. 네가 오늘 나와 함께 낙원에 있으리라. 네가 나와 함께 천국에 들어가리라"라고 하셨습니다.

그에게도 천국 열쇠를 주신 줄로 믿습니다. 오늘 여기에 계신 분 중에서 복잡한 죄가 있는 분도 계실 것입니다. 남편에게도, 아내에게도 말 못할 죄를 지은 분이 계실지 모르겠습니다.

그러나 주님은 묻지 않으십니다. 지금 "주님, 나는 죄인입니다. 나는 주님을 믿습니다"라고 하는 순간, 모든 죄를 사해 주시고 천국 열쇠를 주시는 것입니다. 할렐루야!

그러면 저 아름다운 세계에 들어가게 됩니다. 막을 자가 없습니다. 음부의 권세가 막지 못합니다.

> 저 건너편 강 언덕에 아름다운 낙원 있네
> 믿는 이만 그곳으로 가겠네
> 저 황금 문 들어가서 주님 함께 살리로다
> 너와 날 위해 황금 종 울린다
> 은빛 바다 저 너머로 잠시 후에 천국 가서
> 우리 죄와 모든 슬픔 잊겠네
> 주 예수의 사랑 속에 영원토록 살리로다
> 너와 날 위해 황금 종 울린다. 할렐루야!

이 세상에서는 예수님을 믿은 다음에도 죄를 짓고, 예수님을 믿은 다음에도 슬픔이 있을 수 있습니다. 그래서 아파하며 교회에 와서 울고 또 씻음 받고 살지만, 그날에 천국에 가면, 은빛 바다 저 너머로 가면, 죄와 슬픔과 허물은 다 벗어버리고 희희낙락할 줄로 믿습니다.

누가 그 세계에 들어갑니까? 천국의 열쇠, 예수님을 믿는 믿음을 가진 자가 들어갑니다. 할렐루야!

예수님은 천국 열쇠를 가진 자에게 무엇을 해주셨습니까?

십자가 옆에 있는 강도는 그날, 세상을 떠나기 때문에 그날 죽어서 천국에 갔지만, 베드로는 그날 죽지 않았습니다. 천국의 열쇠, 믿음을 얻은 다음에 몇십 년 더 살았습니다.

그럴 때 천국의 열쇠를 가진, 천국의 시민권자인 그를 위해 예수님께서 무엇을 해주셨습니까?

"주여, 주는 그리스도시요 살아 계신 하나님의 아들이시니이다"라고 대답할 때, 예수님은 기뻐하시며 "내가 반석 위에, 네가 고백한 그 믿음의 반석 위에 내 교회를 세우리라"라고 말씀하셨습니다.

"I will build my church, on this rock." 할렐루야!

왜입니까? 예수님을 믿은 다음에는 교회 안에서 살아야 그 믿음이 죽죽 자라기 때문입니다. 할렐루야!

그래서 베드로는 일생 교회를 떠나지 않고 교회에서 살았습니다. 아기가 세상에 태어나도 그냥 버려두면 죽습니다. 엄마가 안고 젖을 먹여주고, 오줌을 싸면 씻겨주고, 벌거벗고 있으면 옷도 입혀주고, 또 죽도 먹이고 밥도 먹여서 장성하게 되는 것입니다.

우리 영혼도 마찬가지입니다. 예수님을 처음 믿은 사람은 믿음이 있어도 어떻게 기도할지, 어떻게 예배를 드릴지, 어떻게 살지를 모릅니다. 그러나 칼빈이 "우리 영혼의 아버지는 하나님이시듯이 영혼의 어머니는 교회이다"라고 말한 대로, 영혼의 어머니인 교회 품에서 교회를 통해 설교의 신령한 젖을 먹고, 성령의 생수를 마시며 자라는 것입니다.

또 아기가 오줌을 싸듯 우리가 죄를 짓게 되는데, 교회에서 그 죄를 씻음 받는 것입니다. 어릴 때는 벗은 수치도 모르다가, 철이 들면 그 수치를 알고 자꾸 거룩한 옷으로 갈아입게 되는 것입니다.

그러다가 죄를 지으면 또 씻음 받고, 이렇게 교회에서 다독거림을 받아 새사람이 되는 것입니다. 마귀는 사람을 죽이지만, 하나님은 살리십니다.

춘천의 한 중학생이 지하상가에서 450원짜리 과자를 훔쳐 갖고 나오다가 주인에게 들켰습니다. 주인이 반성문을 쓰라고 해서 반성문을 쓴 뒤 집으로 왔습니다. 그런데도 겁이 났습니다.

'분명히 그 주인이 아버지에게 이를 텐데, 그러면 아버지에게 얼마나 혼이 날까?'

겁이 난 이 학생은 13m 높이의 아파트에서 떨어져 죽었습니다. 450원짜리 과자 훔쳐 먹은 것 가지고 왜 죽습니까? 마귀의 밥이 된 것입니다. 교회의 품에서 살았다면 과자를 훔치는 짓도 하지 않았겠지만, 혹 그랬다 할지라도 '하나님, 과자가 먹고 싶어서 실수했습니다. 용서해 주세요' 하고 용서받고 새출발하는 것입니다.

교회에 있으면 살게 됩니다. 복을 받게 됩니다. 행복하게 됩니다. 할렐루야!

이것이 얼마나 중요한지 모릅니다. 교회를 떠나서는 절대로 홀

륭한 성도가 될 수 없습니다.

미국에 전해 내려오는 재미있는 이야기가 있습니다.
한 농부가 산 속에서 농사를 지으며 젖소도 길렀는데, 젖소가 얼마나 많은 우유를 내는지 행복하게 우유를 마시며 살았습니다. 그런데 하루는 아무리 젖을 짜도 우유가 나오지 않았습니다. 이튿날에도 나오지 않았고 3일이 지나도 마찬가지였습니다.

'누가 우유를 도둑질해 가는구나' 하고 밤에 숨어서 지켜보았습니다. 하늘의 별들이 찬란하게 빛을 뿌리고 있는 새벽에 한 줄기 빛이 쫙 비치더니, 아름다운 천사가 큰 그릇을 갖고 내려왔습니다. 그러고는 노래를 부르며 주르륵주르륵 젖을 짜는 것이었습니다. 우유를 다 짜더니 콧노래를 부르며 그 우유를 갖고 하늘로 날아가 버렸습니다. 천사가 올라간 자리에는 빛이 뿌려졌습니다.

'아! 신비하다.'

이튿날에도 지켜보았더니, 똑같은 시간에 그 천사가 내려와서 젖을 짜 가지고 가는 것이었습니다. 사흘째에는 숨어 있다가 그 천사가 젖을 짜고 있을 때 달려가 천사의 손을 꽉 붙잡았습니다.

"천사가 왜 남의 우유를 도둑질합니까?"

"아이고, 잘못했습니다. 제발 용서해 주세요. 한 번만 용서해 주시면 농부님의 소원은 무엇이든 들어드릴게요."

"용서해 줄 테니 나와 결혼해 주시오."

농부는 노총각이고, 아름다운 천사는 여자였습니다.

총각 여러분, 마음에 드는 아가씨가 있으면 고백을 해야 합니다. 그래야 일이 이루어지지, 내성적인 성격이어서 말을 못하고 있으면 그냥 날아가 버립니다.

천사가 농부에게 "말도 안 되는 말은 하지 마세요"라고 하지 않고 "예, 그러지요. 그런데 제가 당신의 아내가 되려면 천국에 가서 무얼 가지고 와야 하니 3일만 기다려 주세요"라고 했습니다. 그리고 천사가 하늘로 올라갔습니다. 3일 후 천사가 아름답게 단장한 모습으로 이상한 상자를 하나 가지고 내려왔습니다.

"농부님, 약속대로 왔습니다. 저를 아내로 맞이하세요. 그런데 한 가지 부탁이 있습니다. 이 상자 뚜껑을 절대로 열어서는 안 됩니다. 이 상자 뚜껑을 열면 저는 농부의 아내로, 당신의 아내로 살 수 없습니다. 뚜껑을 열면 제가 천국으로 가야 하니 절대로 열지 마세요."

그 상자를 창고에 보관했습니다.

농부가 천사 아내를 데리고 사니 얼마나 좋았겠니까? 착한 여자를 데리고 살아도 행복한데, 천사와 함께 사니 얼마나 좋았겠습니까? 깨가 쏟아지도록 재미있게 살았습니다. 그런데 자꾸 상자 생각이 났습니다. 그 속에 무엇이 들어 있을까 궁금해서 미칠 지경이었습니다.

어느 날, 아내가 밖으로 나간 사이에 이 어리석은 농부는 아내가 그렇게도 열지 말라고 당부한 상자의 뚜껑을 열어 보았습니다. 상자를 열어 보고 빨리 닫으면 괜찮을 거라는 생각으로 뚜껑을 열었습니다. 빈 상자였습니다.

'어! 아무것도 없네.'

그는 상자 뚜껑을 얼른 닫고 태연하게 있었습니다. 그때 천사 아내가 울면서 왔습니다.

"당신, 왜 그걸 열었어요? 열지 말라고 그렇게 당부했는데 왜 열었어요?"

"아무것도 없던데?"

"당신 눈에는 보이지 않아도 그 상자 안에는 천국 산소와 천국 향기가 있었어요. 나는 하늘나라에서 살아야 하는 천사지만, 그 상자 안에 하늘나라 산소가 있고 하늘나라 향기가 있어서 그것을 마시며 여기서 살았는데, 당신이 상자를 여는 바람에 다 날아가 버려서 이제는 여기서 살 수 없어요."

그러고는 슬피 울면서 하늘로 날아가 버렸습니다.

이것은 전해 내려오는 이야기이지만, 여기에 큰 교훈이 있습니다. 예수님을 믿지 않는 사람들이 보기에는 교회가 빈 상자 같습니다. 아무것도 아닌 것 같습니다.

그러나 교회 상자 안에는 천국의 향기가 있습니다.

천국의 산소가 있습니다. 하늘의 능력이 있습니다.

우리 모두가 죄 많은 세상, 음란한 세상, 스트레스가 많은 이 세상에서 삽니다. 하지만 천국 열쇠를 가지고 있는 여러분과 저는 천국의 산소, 천국의 향기, 천국의 능력이 있는 교회에 와서 다시 은혜를 받고, 이 산소를 마시고, 이 향기를 마시고, 이 능력을 받으며 사는 것입니다.

천사가 그 상자 없이 살 수 없듯이, 우리는 교회 없이 살 수 없습니다. 오늘 처음 나오신 분도 하나님의 은혜로 예수님을 믿게 되고 교회 품에서 늘 복되게 사시다가, 세상 끝날 때 혹은 우리가 세상 떠날 때 저 은빛 바다 건너 주님의 나라로 들어가는 축복이 있기를 축원합니다.

그들이 말하기를 가령 사람이 그의 아내를 버리므로 그가 그에게서 떠나 타인의 아내가 된다 하자 남편이 그를 다시 받겠느냐 그리하면 그 땅이 크게 더러워지지 아니하겠느냐 네가 많은 무리와 행음하고서도 내게로 돌아오려느냐 여호와의 말씀이니라 네 눈을 들어 헐벗은 산을 보라 네가 행음하지 아니한 곳이 어디 있느냐 네가 길가에 앉아 사람들을 기다린 것이 광야에 있는 아라바 사람 같아서 음란과 행악으로 이 땅을 더럽혔도다 그러므로 단비가 그쳤고 늦은 비가 없어졌느니라 그럴지라도 네가 창녀의 낯을 가졌으므로 수치를 알지 못하느니라 네가 이제부터는 내게 부르짖기를 나의 아버지여 아버지는 나의 청년 시절의 보호자이시오니 노여움을 한없이 계속하시겠으며 끝까지 품으시겠나이까 하지 아니하겠느냐 보라 네가 이같이 말하여도 악을 행하여 네 욕심을 이루었느니라 하시니라

예레미야 3장 1-5절

축복의 단비

 예수님을 믿는 한 청년이 마음에 드는 여자를 만나 결혼을 했습니다. 그런데 깨가 쏟아지는 신혼생활을 하던 중 그만 교통사고로 세상을 떠났습니다. 천국에 와 보니 모든 것이 좋아서 편한데, 땅에 남아 있는 아내를 생각하면 마음이 아팠습니다. 능력이나 기술도 없는 아내가 어찌 살까 걱정이 되어 도저히 견딜 수 없어 천사에게 말했습니다.

"천사님, 저를 좀 세상에 보내 주세요. 아내가 걱정이 되어서 못 견디겠습니다."

"가지 않는 것이 좋네."

"보내 주세요."

"가지 않는 것이 좋대도."

"제발 보내 주세요."

"그러면 눈만 가게."

그래서 두 눈만 자기 집으로 갔는데, 아내가 집에 없었습니다.

"어디 갔지?"

아내를 찾아다니다가 꽃이 만발한 한 큰 집에서 나무에 물을 주고 있는 한 여인을 발견하고 보니, 자기 아내였습니다. '아, 아내가 이 집에 식모로 취직했구나'라고 생각했습니다. 그런데 옷을 너무 잘 입고 있었습니다. "여보!" 하고 부르려 해도 입이 없어 부르지 못하고 반갑게 바라만 보고 있는데, '빵빵' 하는 클랙슨 소리가 울리더니 아내가 달려가 대문을 열어 주면서 "서방님, 어서 오세요" 했습니다.

그 사이에 아내가 재혼했던 것입니다. 너무 화가 나서 발로 차려 하니 발을 가지고 오지 않았습니다. 주먹으로 때리려 하니 손도 가지고 오지 않았습니다. 그래서 눈물만 뚝뚝 흘리고 다시 천국으로 올라갔더니, 천사가 말했습니다.

"그래, 내가 뭐라더냐? 가지 말라고 하지 않더냐?"

당신 없이는 못산다던 사람도 변합니다. 어릴 때부터 같이 자란 친구도 어떤 이유가 있으면 떠납니다.

그러나 하나님은 영원히 나와 함께하십니다. 하나님의 그 사랑, 그 진실하심, 그 인자하심은 영원히 불변합니다.

제가 고향에서 살 때 금요일에는 뒷산에 가서 기도했고, 주일 오후에는 저수지 옆에 있는 앞산에 가서 1시간 동안 기도와 찬송을 하고 내려와서 아이들을 가르쳤습니다.

이번에 제가 고향에 가서 그곳에 가 보았습니다. 그때는 산이었던 곳이 지금은 과일 밭이 되어 있었습니다. 그리고 제가 밟고 다녔던 바윗길도 지금은 흙길이 되어 있었습니다. 십 년이면 강산도 변한다고, 산은 밭이 되었고 바위는 흙이 되었습니다.

하지만 우리 하나님은 변함이 없으십니다. 하나님 말씀도 변함이 없으십니다.

사도행전 2장 21절에 "누구든지 주의 이름을 부르는 자는 구원을 받으리라(Everyone who calls on the name of the Lord will be saved)"라고 말씀합니다.

말씀은 변함이 없습니다. 십 년, 백 년, 천 년이 지나도 변함이 없습니다.

 "내 말을 듣고 또 나 보내신 이를 믿는 자는 영생을 얻었고 심판에 이르지 아니하나니 사망에서 생명으로 옮겼느니라"(요 5:24).

이 말씀도 변함이 없습니다. 누구든지, 누구든지 예수님을 믿으면 구원을 받습니다.

누가복음 23장 41-43절을 보면, 십자가에 달리신 예수님의 우편에 있던 강도가 구원을 받습니다. 그는 강도, 행악자입니다. 그러나 죽기 전에 그가 '아! 이분이 메시아네. 하나님 아들이네' 라고 깨닫습니다.

"아버지, 저들의 죄를 사하소서. 저들이 나를 이렇게 한 것은 내가 누구인지 몰라서입니다. 그러니 저들의 죄를 사하소서"라는 예수님의 기도를 듣고, 예수님이 하나님의 아들이시고 구세주시라는 것을 알았습니다. 그래서 "예수여, 당신의 나라에 임하실 때 나를 기억해 주세요(Jesus, remember me when you come into your kingdom)"라고 합니다.

그때 예수님은 "내가 진실로 네게 이르노니 오늘 네가 나와 함께 낙원에 있으리라(I tell you the truth, today you will be with me in paradise)"고 말씀합니다.

이 일은 놀라운 것입니다. 예수님을 일주일 믿어야 구원받는 것이 아닙니다. 1분을 믿어도 구원받습니다. 믿는 순간 구원을 받습니다. 아무리 고상하고 점잖게 산 사람이라도 예수님을 믿지 않으면 지옥에 갑니다.

누가복음 16장 19절 이하에 나오는 나사로는 사람대접을 받지 못하는, 멸시받고 천대받는 천덕꾸러기입니다. 거지에다, 몸에는 종기가 나서 피부가 헐었고, 거기에서 고름이 흐릅니다. 그것을 개들이 핥아먹습니다. 그러니 그 가까이에는 아무도 가지 않습니다. 그는 그저 부잣집 대문 앞에 누워 있다 그 부자의 상에서 떨어지는 부스러기를 먹고살았습니다.

그러나 그는 하나님을 믿었습니다. 그래서 영원히 사는 천국에 들어갔습니다. 아무리 악한 행악자이고 막 살았어도, 예수님을 믿으면 구원을 받습니다. 그리고 이 구원은 변함이 없습니다.

그런데 이렇게 믿으면 하나님을 위해 큰일을 하지 못합니다. 우리의 목적은 천국에 가는 것만이 아닙니다. 우리가 천국에 가는 것은 벌써 이루어진 사실입니다. 그러니 우리가 천국에 가기 위해서 전도하거나 십일조를 하거나 봉사할 이유가 하나도 없습니다.

따라 합시다.

"천국은 믿음으로 얻은 것이다."

내가 예수님을 믿은 날, 천국은 우리의 것이 되었습니다. 내가 미국으로 가는 비행기에 앉아 있으면 나는 미국으로 갑니다. 내가 미국으로 가기 위해 달음질할 필요가 없습니다. 내가 광주로 가는 버스를 탔으면 '광주에 가야 하는데……. 광주로 가야 하는데……' 라고 할 필요가 없습니다. 그냥 광주로 갑니다.

우리가 예수님을 믿어서 믿음의 열차를 탔으면 우리는 천국으로 가게 되어 있으니 '주여, 나를 천국으로 보내 주소서' 라는 기도를 할 필요가 없습니다. 천국은 우리에게 이미 보장되어 있는 것입니다. 누구든지 예수님을 믿으면 구원을 받았습니다. 이것은 하나님께서 약속하신 것으로 벌써 이루어졌습니다.

우리의 사명은 천국에 가는 것이 아니라, 이 땅에 살면서 하나님을 위해, 하나님께서 영광을 받으시도록 많은 열매를 맺는 일임을 기억하시기 바랍니다.

요한복음 15장 16절에 "너희가 나를 택한 것이 아니요 내가 너희를 택하여 세웠나니 이는 너희로 가서 열매를 맺게 하고……"라고 말씀합니다.

요한복음 15장 8절에도 "너희가 열매를 많이 맺으면 내 아버지께서 영광을 받으실 것이요"라고 말씀합니다.

과실을 많이 맺어야 합니다. 그리고 선한 일을 많이 해야 합니다.

마태복음 5장 16절에 "이같이 너희 빛이 사람 앞에 비치게 하여 그들로 너희 착한 행실을 보고 하늘에 계신 너희 아버지께 영광을 돌리게 하라"고 말씀합니다.

우리가 하나님께 영광 돌리도록 많은 열매를 맺어야 합니다. 예배 열매도 많이 맺고, 전도 열매도 많이 맺고, 봉사 열매도 많이 맺어야 합니다. 구역 지도자, 교사, 찬양대원, 오케스트라 단원, 차량 안내 위원, 헌금 위원으로 일해야 하고, 교회 청소도 하고, 식당 봉사도 하고, 새 가족들의 이름을 부르며 기도도 해야 합니다. 무언가 일을 해야 하나님께서 기뻐하십니다. 사과나무를 심어 놓았는데 사과가 제대로 열리지 않으면 주인의 가슴이 아픕니다. 좋은 사과가 많이 맺힐 때 주인의 마음이 흐뭇합니다.

예수님을 믿어 구원받은 우리가 하나님을 위해 하는 일이 아무 것도 없으면 하나님께서 마음 아파하십니다. 우리가 열매를 많이 맺어야 하나님께서 기뻐하십니다.

어느 바보가 길을 가다 여관에서 자게 되었습니다. 한 곳에서 너무 많은 사람이 자니 아침에 일어나서 자기를 찾을 수 있을까 걱정되었습니다. 그래서 고민하다 조롱박 하나를 자기 다리에 매어 놓았습니다.

"아침에 일어나서 다리에 조롱박이 매여 있는 사람이 나다."

그런데 그 모습을 본 한 짓궂은 사람이 바보가 잠든 사이에 조롱박을 풀어서 자기 다리에 매었습니다. 아침에 일어난 바보가 조롱박을 찾으니 저쪽에 있습니다. 그것을 보며 바보가 말합니다.

"맙소사! 네가 나라면 나는 누구냐?"

우리가 누구입니까? 저는 누구입니까? 저는 김분선 권사님의 아들이고, 김영숙의 남편이고, 성, 경, 성찬이의 아버지이고, 여러분의 목사입니다.

그러나 이보다 더 중요한 것은 저는 하나님의 아들인 것입니다. 여러분에게도 하나님의 아들딸이라는 것이 가장 귀하고 중합니다. 하나님의 아들딸이 되어서 하나님을 기쁘시게 해드려야 하는 것, 이것이 우리의 사명이고 우리의 목적입니다.

이 사명을 감당하려면 열매를 많이 맺고 선한 일을 많이 해야 하는데, 그렇게 하려면 힘이 있어야 합니다. 돈이 없어 결혼하지 못하는 조카를 도와주려면 경제적인 힘이 있어야 합니다. 선한 일을 하고 싶어도 힘이 없으면 할 수 없습니다. 그러니 힘을 길러야 합니다. 육체의 힘도 기르고, 실력도 쌓아야 합니다. 사업가는 비즈니스를 잘해서 부자가 되어야 합니다. 그래서 리더가 되어야 합니다.

우리 교회의 한 권사님이 반상회에 참석했더니, 반상회가 끝난 다음에 노래방에 가자고 하더랍니다. 그래서 권사님이 그 다음 반상회에 가서 자청하여 반장이 되어, 수요일이나 주일에는 반상회나 모임을 갖지 않고 모일 때마다 교회 이야기를 자꾸 했답니다. 그랬더니 나중에는 아파트 사람들이 권사님에게 "부활절이 언제입니까?"라고 묻더랍니다.

예수님을 믿는 우리가 학교의 반장도 되어야 하고, 마을의 반장, 통장, 동장도 되어야 합니다. 시장, 도지사, 대통령도 다 할 수 있기를 바랍니다. 그래서 열매를 많이 맺고, 빛을 비추어야 하는 것입니다.

리더가 되기 위해서 우리가 어떻게 해야 합니까?

열심히 살아야 합니다. 게으른 자가 잘되는 법은 없습니다. 열심히 일하는 자가 대성하게 되는 것입니다.

잠언 22장 29절에 "네가 자기의 일에 능숙한 사람을 보았느냐 이러한 사람은 왕 앞에 설 것이요 천한 자 앞에 서지 아니하리라"라고 말씀합니다.

저는 하루에 13시간 이상 공부하고 목회합니다. 집에 있으나 교회에 있으나 하루 13시간 동안은 하나님 앞에서 저를 발전시킬 일을 합니다. 노력하지 않으면 처지기 때문입니다. 우리는 하나님의 은혜로 살지만, 우리가 할 일은 해야 하는 것입니다.

디모데전서 4장 15절에 "이 모든 일에 전심전력하여 너의 성숙함을 모든 사람에게 나타나게 하라"라고 말씀합니다.

성숙해야 하고, 진보해야 하는 것입니다.

조선시대 8대 명창 중의 한 사람인 권삼득 씨의 추모비가 남원의 구룡계곡에 있다고 합니다. 그는 익산에서 안동 권씨 집안의 아들로 태어났는데, 그때는 노래하는 사람은 광대라고 천대받던 시절입니다. 그런데 그가 노래를 하니 집안 어른들이 "우리 양반 가문에 어찌 이런 놈이 태어났느냐?"하며 호통을 쳤습니다. 그래도 그가 노래를 계속하니, 집안 어른들이 그를 멍석에 말아 죽이기로 했습니다.

그가 죽기 직전에 "내가 죽기 전에 한 번만 노래하게 해주세요"하며 애원했습니다. 그래서 허락했더니, 얼마나 처량하게 잘 부르는지 집안 어른들이 "이런 놈을 죽여서 무엇하나? 이놈을 호적에서 파버리고 내쫓아라"라고 했습니다.

쫓겨난 그는 콩 서 말을 지고 구룡계곡에 가서 노래 연습을 했습니다. 한 곡을 부를 때마다 콩 한 알을 계곡에 던져 넣었는데, 마지막 콩을 던져 넣고 나니 득음을 했다고 합니다. 콩 서 말을 다 던져 넣었다면 연습을 얼마나 했겠습니까? 피나는 노력 끝에 명창이 된 것입니다.

의사는 의사의 길을, 사업가는 사업가의 길을 부지런히 가야 합니다. 빈둥빈둥 노는 것은 좋지 않습니다. 게으른 것은 악입니다. 열심히 노력해서 자기 분야에서 탁월한 존재가 되고 리더가 되어,

주님을 위해 큰일을 할 수 있게 되기를 바랍니다.

그러나 오늘 말씀을 보면, 사람의 노력만으로는 안 된다는 것입니다. 사람이 아무리 노력해도 하늘에서 축복의 단비가 내리지 않으면 안 되는 것입니다. 농부가 아무리 밭을 깊숙이 갈고 흙을 부드럽게 깨뜨려 씨앗을 뿌린 후 거름을 주고 김을 매며 그 밭에서 산다 할지라도, 하늘에서 단비가 내리지 않으면 안 된다는 것입니다. 단비는 적절한 때 내리는 이른 비와 늦은 비를 말합니다.

이스라엘은 땅이 기름지고 옥토이지만, 강과 내가 거의 없어 비가 와야만 농사를 지을 수 있습니다. 그래서 하늘을 쳐다보도록 되어 있는 나라입니다. 애굽에는 나일 강이 흘러 비가 오지 않아도 농사를 지을 수 있는데, 이스라엘은 비가 오지 않으면 농사를 지을 수 없습니다.

따라 합시다.

"우리도 오늘의 이스라엘이다."

예수님을 믿지 않는 사람에게는 나일 강이 있습니다. 그들은 죄 짓고 막 살아도 판검사도 되고 대통령도 되고 사장도 되고, 무엇이든 합니다.

그러나 예수님을 믿는 우리는 죄를 지으면 안 되게 되어 있습니다. 우리가 죄를 지으면 하나님께서 단비를 주시지 않습니다. 왜입니까? 우리는 하나님만 바라보고 살아야 하는 이스라엘이기 때문입니다. 이것을 늘 기억하시기 바랍니다.

하나님을 믿지 않는 사람, 이스라엘이 아닌 사람도 다 삽니다. 그들은 어차피 망할 사람들이기 때문에 하나님께서 일일이 다 간섭하지 않으십니다. 그러나 우리는 하나님께서 특별히 사랑하시는 하나님의 아들딸이니, 우리가 잘못하면 하나님께서 단비를 주시지 않는 것입니다.

본문을 보면, 이스라엘 백성이 음란했습니다. 아라바 사람처럼 음란하고 행음했다고 했습니다. 아라바 사람은 아라비아 사람을 말하는데, 그들은 길에 숨어 있다가 나그네를 겁탈하곤 했습니다. 그들은 우상을 섬기니 못할 일이 없었습니다. 그런데 이스라엘 사람들이 아라비아 사람들과 똑같이 행음했습니다. 이 산, 저 산, 자산(赭山), 하나님 앞에서 행음하지 않은 곳이 없다고 했습니다. 자산이란 나무가 없는 민둥산입니다. 벌써 비가 내리지 않아 나무가 없는 민둥산이 된 것입니다.

하나님께서 이스라엘 백성에게 말씀하십니다.

"한 남자가 자기 아내에게 이혼 증서를 주어 내보냈는데, 그 여자가 다른 남자를 만나서 살다가 그 남자가 싫어졌다고 본남편을 찾아오면, 본남편이 그 여자를 다시 아내로 맞이하겠느냐? 그러면 땅이 더러워지지 않겠느냐? 너희가 그렇게 악을 행하고도 내게 돌아오려 하느냐?"

이 말씀은 '그래도 나는 너희를 용서해 주겠다' 라는 말씀입니다.

 "오라 우리가 서로 변론하자 너희의 죄가 주홍 같을지라도 눈과 같이 희어질 것이요 진홍같이 붉을지라도 양털같이 희게 되리라"(사 1:18).

남편은 행음한 아내를 받아주지 못해도, 하나님은 받아주십니다. 그러나 그들이 돌아오지 않고 계속 죄를 지으니 그 더러운 땅에 단비를 주실 수 없다는 것입니다.

따라 합시다.

"사람이 행음하면 그 땅이, 그 집이 더러워진다."

우리가 죄를 지어 더러워진 땅에는 하나님께서 단비를 주실 수가 없는 것입니다. 하나님께서는 여러분과 저를 사랑하셔서 축복의 단비를 내려주시고 잘되게 하시기를 원하십니다. 내 집에 하나님의 단비가 내리면 내 집이 잘됩니다. 내 아들딸에게 하나님께서 단비를 주시면 아들딸이 잘됩니다. 우리의 사업장에 하나님께서 단비를 내려주시면 사업장이 잘됩니다.

그러나 그 조건은 우리가 만들어야 합니다. 내 집에 벌과 나비들이 오게 하려면 어떻게 해야 합니까? 향기로운 꽃나무를 많이 심어 놓으면 벌과 나비들이 모입니다. 그러나 내 집에 썩은 거름을 묻어 놓아 악취가 풍기게 해놓고 "나비야, 벌아, 오너라" 하면 벌과 나비는 오지 않고 파리만 모여듭니다.

우리가 음란을 행하면서 "하나님 아버지, 복을 주세요" 하면, 하나님께서 복을 주시겠습니까? 하나님께서 "이놈아, 정신 차려라" 하시는 것입니다.

여기서 말씀하시는 음란은 육체적인 음란만을 의미하지 않습니다. 영적인 음란도 포함됩니다. 하나님을 섬기면서도 다른 종교에 가치를 부여하고, 하나님을 섬기면서 하나님보다 자신이 경영하는 병원이나 회사, 직장, 자녀를 더 좋아하거나 귀히 여기면 그것이 우상이 되는 것입니다. 영적인 음란이 되는 것입니다.

우리는 오직 하나님만 존귀히 섬기고 사랑하는 절개를 지킬 수 있기를 바랍니다.

우리나라의 한 여론 조사 기관에서 신년 초에 '당신의 새해 소망이 무엇입니까?' 하고 물었더니, 첫째가 돈이고, 둘째가 건강이라는 대답이 나왔답니다. 여러분, 순서가 바뀌면 망합니다. 돈을 너무 좋아하면 돌아버린다고 합니다.

황해도에 사는 한 사람이 금광을 발견하여 큰 재벌이 되었습니다. 한번은 금광에서 금을 캐어 가지고 돌아오다 풍랑을 만나 배가 침몰하게 되었습니다. 바로 옆에 섬이 있어 모두 배에서 뛰어내려 섬으로 헤엄쳐 갔습니다. 그러나 그 부자는 금이 아까워 금을 허리에 매고 뛰어내렸다가 바다에 빠져 죽고 말았다고 합니다. 금보다 생명이 먼저입니다.

 "너희는 먼저 그의 나라와 그의 의를 구하라 그리하면 이 모든 것을 너희에게 더하시리라"(마 6:33).

우리가 먼저 하나님을 구하면 내게 생명도 있고, 건강도 있고, 금도 있고, 모든 것이 다 있는 것입니다. 그러나 금 먼저, 세상 먼저 구하면 하나님께서 단비를 내려주지 않는 것입니다.

그리고 육체적인 음란은 하나님께서 가장 싫어하십니다. 고린도전서 6장 18절에 "음행을 피하라 사람이 범하는 죄마다 몸 밖에 있거니와 음행하는 자는 자기 몸에게 죄를 범하느니라"라고 말씀합니다. 음란의 죄는 몸으로 죄를 범하는 것입니다. 그래서 복 받을 사람이라도 음란하면 하나님께서 단비를 내려주시지 않는 것입니다.

야곱의 큰아들 르우벤은 인품이 좋고 기품이 있었습니다. 창세기 49장 3절을 보면, 르우벤은 기품과 인격과 리더십을 갖춘 사람이어서 부족장인 야곱이 세상을 떠나면 부족의 장이 될 왕 같은 사람입니다.

"르우벤아 너는 내 장자요 내 능력이요 내 기력의 시작이라 위풍이 월등하고 권능이 탁월하다."

위풍이 월등하다는 말은 리더십이 있고 굉장히 존경받는 인물이라는 뜻입니다. 르우벤의 모든 동생이 순종할 정도로 그는 기품과 인격과 리더십과 모든 것을 갖춘 사람이었습니다.

그런데 그가 실수를 합니다. 그는 야곱이 가장 사랑하는 아내 라헬의 여종이면서 또 야곱의 다른 아내이기도 한 빌하, 자기에게는 서모인 빌하와 간음을 합니다. 그 소문을 아버지 야곱이 들었습니다. 르우벤은 몰래 죄를 지었지만, 창세기 35장 22절에 "르우벤이 가서 그 아버지의 첩 빌하와 동침하매"라고 나와 있습니다.

사람들이 죄를 지을 때 '내가 짓는 죄를 사람들이 모를 것이다'라고 생각하는데, 아닙니다. 감추어진 것이 다 드러난다는 사실을 기억하시기 바랍니다. 르우벤이 서모와 간음한 것이 성경에까지 기록되어 있습니다.

"르우벤아 너는 내 장자요 내 능력이요 내 기력의 시작이라 위풍이 월등하고 권능이 탁월하다마는 물의 끓음 같았은즉 너는 탁월하지 못하리니 네가 아버지의 침상에 올라 더럽혔음이로다 그가 내 침상에 올랐었도다" (창 49:3-4).

그래서 르우벤은 장자의 축복을 다 잃어버렸습니다. 르우벤의 자손에서 왕들이 나오고 예수님이 나오셔야 하는데, 그 축복을 다 잃어버렸습니다.

오늘날 굉장히 잘될 많은 사람이, 빛이 될 많은 사람이, 모든 조건을 갖춘 많은 사람이 음란 때문에 축복을 잃어버리고 있습니다.

그러나 요셉은 음란의 유혹을 받았지만 딱 거절하여 하나님의 축복을 받았습니다. 만일 우리나라 대통령이 나이가 서른밖에 되지 않는 사람을 총리로 세운다면 여당도 반대할 것입니다. 그러나 나이 서른의 요셉을 총리로 세울 때, 거기에 반대한 사람이 아무도 없었습니다. 나이 서른에 총리가 된 요셉이 세상을 떠날 때까지 80년간 총리직을 형통하게 수행한 것은, 하나님께서 은혜의 단비를 내려주셨기 때문인 줄로 믿습니다.

만일 요셉이 보디발 장군 부인의 유혹에 빠졌다면 어떻게 되었겠습니까? 장군 부인의 사랑을 받아 처음에는 좋은 음식을 대접받고 좋은 옷을 입게 되었을지 모르지만, 곧 보디발에게 들켜 감옥에 가는 정도가 아니라 한칼에 목이 잘려 죽었을 것입니다. 간음하지 않았기 때문에 축복의 단비가 내린 것입니다.

오늘날에도 별 같은 사람이 간음하다 그만 떨어진 별똥이 되는 경우가 많습니다. 이상합니다. 같은 돌인데 하늘에 있으면 빛을 발하는 별이 되고, 떨어지면 돌멩이가 됩니다. 지용수가 하나님의 은혜로 일어서면 별같이 빛나게 됩니다. 그러나 죄를 지으면 별똥이 됩니다. 여러분도 마찬가지입니다.

그러면 이 험한 세상에서, 자산 골골마다 행음하는 창기 창남의 얼굴로 사는 이 세상에서, 우리가 어떻게 해야 거룩하고 귀하게 살 수 있습니까?

과거에 지은 죄가 있으면 빨리 회개하고 하나님께 용서받아야 합니다

왜입니까? 죄 지은 사람은 죄의 종이 되기 때문입니다. 과거의 죄가 우리를 끌어내어 자꾸 죄 짓게 하기 때문에 그것을 잘라 버려야 하는 것입니다.

그 죄를 잘라 버리는 것이 무엇입니까? 칼이 아닙니다. 회개입니다.

시편 32편 1절에 "허물의 사함을 얻고 자신의 죄가 가려진 자는 복이 있도다"라고 말씀합니다. 3-4절에는 "내가 입을 열지 아니할 때에 종일 신음하므로 내 뼈가 쇠하였도다"라고 말씀합니다. 입을 열지 아니한 것은 회개하지 아니한 것을 말합니다.

그런데 5절에는 "내가 이르기를 내 허물을 여호와께 자복하리라 하고 주께 내 죄를 아뢰고 내 죄악을 숨기지 아니하였더니 곧 주께서 내 죄악을 사하셨나이다"라고 말씀합니다.

하나님은 우리의 죄를 심판하지 않으십니다. 회개한 죄는 용서해 주신 것을 믿으시기 바랍니다.

요한복음 8장을 보면, 간음하다가 현장에서 붙들린 여자에게 예수님께서 "나도 너를 정죄하지 아니하노니 가서 다시 죄를 범하지 말라"고 말씀하십니다.

우리 가운데 실수한 분이 계십니까? 오늘 회개하고 오늘 용서받게 되시기를 바랍니다.

음행을 피해야 합니다

고린도전서 6장 18절에 "음행을 피하라"라고 말씀합니다.

마귀는 피하면 안 됩니다. 길 가다 귀신 들린 사람을 보고 도망가면, 귀신 들린 사람이 따라와서 덮칩니다. 귀신 들린 사람을 만나면 "예수 이름으로 명하노니, 귀신아, 물러가라! 사탄아, 물러가라!" 하고 대적해야 귀신이 피합니다.

그러나 음란은 대적하면 안 됩니다. 피해야 합니다. 음란한 장소를 피해야 합니다. 선악과가 있는 장소에는 가지 않아야 되듯이, 음란한 마귀가 있고 음란한 뱀이 있는 곳, 음란할 수 있는 자리에는 가지 않아야 합니다. 사람은 약한지라, 음란한 곳에 가서 "음란아, 물러가라! 음란아, 물러가라!" 하면 안 됩니다. 그런 자리는 아예 피해야 합니다.

요셉은 유혹에 빠지지 않기 위해 옷을 벗어 던지고 피했습니다.

김유신 장군도 말의 목을 자르고 피했습니다. 피하지 않고는 음란의 유혹을 이길 장사가 없습니다.

따라 합시다.

"피하자."

어떤 사람을 만날 때 마음이 막 진동하면 그 사람을 만나지 않아야 합니다.

성생활은 불과 같습니다. 성생활은 남편과 아내 사이에 주신 사랑의 불입니다. 불은 아궁이에서 타야 밥도 해먹을 수 있고 국도 끓일 수 있지, 아궁이 밖으로 나오면 화재가 발생해 생명이 타고 재산이 탑니다. 성생활은 하나님께서 남편과 아내 사이에 허락하신 축복이고 은총입니다. 그것이 가정의 밖으로 나오면 그 불에 결국 자신의 몸과 명예가 타고, 자식이 타고, 가정이 타고, 세상이 타는 것입니다.

그래서 음란은 피해야 하는 것입니다.

그 결국을 생각해야 합니다

예레미야애가 1장 9절에 "그의 더러운 것이 그의 옷깃에 묻어 있으나 그의 나중을 생각하지 아니함이여"라고 말씀합니다.

음란하면 치마가, 옷이 더러워집니다. 더러움이 그 옷깃에 있으나 나중을, 결국을 생각하지 아니한다고 말씀합니다.

삼손이 '내가 이 여자와 놀다가는 내 눈이 뽑히고 망한다' 라는 것을 생각했더라면 들릴라에게 유혹당하지 않았을 것입니다.

민수기 25장을 보면, 모압 여자들이 이스라엘 남자들을 유혹합니다. 하나님을 믿는 이스라엘 여자들은 순박하고 깨끗하고 고결한데, 모압 여자들은 음란한 창녀들입니다. 신전에서 제사하고 음란을 행하는 창녀들입니다. 착하고 고결한 아내만 보다가 그런 매혹적인 여자들을 보니 이스라엘 남자들이 무너지는 것입니다.

제가 술집에 가 보지 않았지만, 상상만 해도 알 것 같습니다. 아가씨들이 몸이 다 드러난 옷을 입고 인조 눈썹을 붙인 눈을 껌뻑껌뻑하며 "사장님, 오장님……" 하고 온갖 애교를 다 부릴 것입니다. 집에 가면 아내는 잔소리만 늘어놓는데, 술집에 가면 아가씨들이 그렇게 유혹하니 남자들이 거기에 빠지지 않겠습니까?

모압 여자들이 이스라엘 남자들을 그렇게 유혹하여 끌고 가서 죄를 짓게 했습니다. 이스라엘 남자들은 모압 여자들의 유혹에 빠져 그 여자들이 시키는 대로 우상 앞에서 절하고 먹고 마셨습니다.

하나님께서 진노하셔서 이스라엘 백성 2만 4천 명을 전염병으로 죽이셨습니다. 그러고는 백성의 두령들을 나무에 목매달아 죽이게 하셨습니다.

그런 와중에 시므리라는 이스라엘 남자가 고스비라는 매력적인 미디안 여자를 보고 눈이 뒤집혔습니다. 하나님의 진노로 지금 2만 4천 명이 죽어 그 부모와 형제들이 하나님의 성전 앞에서 통곡하고 있고, 나무에 달린 족장들의 시체가 썩어 그 냄새가 코를 찌르는데, 시므리는 고스비를 데리고 자기 장막으로 들어가 음행

합니다. 그것을 보고 제사장 아론의 손자 엘르아살의 아들 비느하스가 의분이 나서, 창을 갖고 장막에 들어가 죄를 짓고 있는 남자와 여자의 배를 한 창으로 찔러 죽였습니다.

만일 시므리가 그렇게 창에 찔려 죽을 것을 알았다면 그런 일을 했겠습니까?

따라 합시다.

"유혹받을 때 그 결국을 생각하자."

아이들이 피눈물을 흘리고 아내가 상처받고 자기는 초라한 별똥, 떨어진 별똥이 되는 것을 생각하라는 것입니다. 사람들에게 손가락질 받고 하나님의 단비가 멈추어서 망하게 될 것을 생각하라는 것입니다.

이 모든 것 가운데 가장 중요한 것은 성령의 도움을 받는 것입니다

피하는 것과 결국을 생각하는 것은 우리의 노력입니다. 그러나 우리의 노력에는 한계가 있습니다. 아무리 조심해도 한계가 있습니다. 쥐가 고양이를 만나면 꼼짝 못하듯이, 어떤 매혹적인 사람을 만나면 꼼짝 못할 수 있습니다. 그러니 하나님께 의지해야 하는 것입니다. 성령님의 도움을 받아야 합니다.

우리의 몸은 전쟁터입니다.

갈라디아서 5장 17절에 "육체의 소욕은 성령을 거스르고 성령의 소욕은 육체를 거스르나니"라고 말씀합니다.

무슨 말입니까? 우리가 예수님을 믿어 구원을 받았고, 우리의 이름이 천국에 기록되어 있고 거듭났지만, 육체는 예수님을 믿지 않는 사람과 똑같습니다. 그래서 누구나 예쁜 사람을 보면 '아! 예쁘다', 늘씬한 사람을 보면 '야! 늘씬하다' 하는 느낌을 받습니다. 그래서 육체의 소욕은 예수님을 믿는 사람에게도 '세상으로 나가 봐라. 너도 한번 그렇게 해 봐라' 하는 마음을 일으킵니다.

그러나 성령께서는 '너는 하나님의 아들이고 딸인데 거룩해야지'라고 하십니다. 그래서 서로 전쟁을 하게 됩니다. 그런데 성령님을 따라 살면 우리는 주님처럼, 천사처럼 살게 되는 것입니다. 내게 죄성이 있음에도 불구하고 성령님을 좇아 살면 그렇게 되는 것입니다.

갈라디아서 5장 16절에 말씀합니다.

"너희는 성령을 따라 행하라 그리하면 육체의 욕심을 이루지 아니하리라."

그러나 육체를 따라 살면, 내가 예수님을 믿어도 성령의 소욕을 막고 육체를 따라가서, 예수님을 믿지 않는 사람과 똑같이 음란하게 됩니다. 그러면 단비가 그치고 비참하게 되는 것입니다.

오늘 이 말씀은 흘러간 역사의 한 토막이 아닙니다. 하나님께서 오늘 여러분과 제게 주시는 말씀입니다. 우리 주변에는 음행할 일이 많습니다. 저는 휴대폰을 거의 사용하지 않습니다. 그래서 제 휴대폰 번호를 아는 분이 별로 없는데, 한번은 휴대폰 벨이 막 울려서 받으니 "지금 모델 지망생 몸짱 아가씨들이 기다리고 있습니다. 전화 주세요"라는 음성이 들렸습니다. 기가 막혔습니다.

또 제가 집회를 인도하러 갔을 때의 일입니다. 차를 호텔 앞에 주차해 놓고 집회를 마치고 나와 보니, 자동차 창문에 발가벗은 아가씨 사진이 넉 장이나 꽂혀 있었습니다. 거기에는 "방을 정하시고 전화만 주세요"라는 글귀가 적혀 있었습니다.

우리가 죄를 찾을 필요도 없습니다. 가만히 있어도 죄 지으러 오라고 합니다. 그러니 믿음 없는 사람들이 어떻게 깨끗하게 살겠습니까?

그러나 우리는 성령님께서 늘 '너는 하나님의 거룩한 사람이다' 하며 우리를 도와주시니 거룩한 길을 가게 되는 것입니다.

우리가 음행을 피하고 결국을 생각해야 하지만, 성령님께서 도와주셔야 거룩한 길을 가게 되는 것입니다.

우리는 약하고 우리의 노력에는 한계가 있지만, 전지전능하신 성령님께서 도와주시면 죄성이 있음에도 불구하고 천사처럼 살 수 있는 것입니다.

우리가 성령님의 인도를 따라 거룩하게 삶으로써 축복의 단비를 주룩주룩 계속 맞아 영혼이 잘되기를 바랍니다. 가정도 잘되기를 바랍니다. 자녀도 잘되기를 바랍니다. 사업도 잘되기를 바랍니다.

그래서 하나님을 위해 큰 열매를 많이 맺고, 선한 일을 많이 하는 사명을 잘 감당하다가, 훗날 천국으로 이사 가는 여러분과 제가 될 수 있기를 축원합니다.

> 예수께서 와서 보시니 나사로가 무덤에 있은 지 이미 나흘이라 베다니는 예루살렘에서 가깝기가 한 오 리쯤 되매 많은 유대인이 마르다와 마리아에게 그 오라비의 일로 위문하러 왔더니 마르다는 예수께서 오신다는 말을 듣고 곧 나가 맞이하되 마리아는 집에 앉았더라 마르다가 예수께 여짜오되 주께서 여기 계셨더라면 내 오라버니가 죽지 아니하였겠나이다 그러나 나는 이제라도 주께서 무엇이든지 하나님께 구하시는 것을 하나님이 주실 줄을 아나이다 예수께서 이르시되 네 오라비가 다시 살아나리라 마르다가 이르되 마지막 날 부활 때에는 다시 살아날 줄을 내가 아나이다 예수께서 이르시되 나는 부활이요 생명이니 나를 믿는 자는 죽어도 살겠고 무릇 살아서 나를 믿는 자는 영원히 죽지 아니하리니 이것을 네가 믿느냐 이르되 주여 그러하외다 주는 그리스도시요 세상에 오시는 하나님의 아들이신 줄 내가 믿나이다
>
> 예수께서 이르시되 돌을 옮겨 놓으라 하시니 그 죽은 자의 누이 마르다가 이르되 주여 죽은 지가 나흘이 되었으매 벌써 냄새가 나나이다 예수께서 이르시되 내 말이 네가 믿으면 하나님의 영광을 보리라 하지 아니하였느냐 하시니 돌을 옮겨 놓으니 예수께서 눈을 들어 우러러 보시고 이르시되 아버지여 내 말을 들으신 것을 감사하나이다 항상 내 말을 들으시는 줄 내가 알았나이다 그러나 이 말씀 하옵는 것은 둘러선 무리를 위함이니 곧 아버지께서 나를 보내신 것을 그들로 믿게 하려 함이니이다 이 말씀을 하시고 큰 소리로 나사로야 나오라 부르시니 죽은 자가 수족을 베로 동인 채로 나오는데 그 얼굴은 수건에 싸였더라 예수께서 이르시되 풀어 놓아 다니게 하라 하시니라
>
> 요한복음 11장 17-27절, 39-44절

풀어 놓아 다니게 하라

 이 세상에 참 신은 한 분뿐입니다.

이사야 43장 11절에 "나 곧 나는 여호와라 나 외에 구원자가 없느니라"라고 말씀하셨습니다.

이사야 45장 22절에도 "땅의 모든 끝이여 내게로 돌이켜 구원을 받으라 나는 하나님이라 다른 이가 없느니라"라고 말씀하셨습

니다.

세상의 많은 사람들이 절하며 섬기는 신들은 있는 것 같아도 없습니다. 세계를 다스리시는 신은 오직 창조주, 심판주, 구세주이신 하나님 한 분뿐이십니다. 악한 귀신, 마귀, 사탄은 있어도 영광의 주, 존귀하신 하나님은 한 분뿐이십니다.

하나님은 삼위로 계십니다. 성부 하나님, 성자 예수님, 성령 하나님, 이렇게 삼위가, 세 인격이 하나로 계십니다. 예수 그리스도께서는 하나님의 외아들로서 창세 전부터, 만세 전부터 계셨습니다.

"태초에 말씀이 계시니라 이 말씀이 하나님과 함께 계셨으니 이 말씀은 곧 하나님이시니라"(요 1:1).

따라 합시다.
"예수님은 말씀이시고 하나님이시다."
천지를 창조하셨고 하나님과 함께 역사를 주관하시는 예수님이십니다. 그러나 예수님의 피 흘림 없이는 이 억조창생, 모든 죄인들을 구원하는 길이 없기 때문에 예수님이 결단하시고 성부 하나님의 뜻을 따라 처녀 마리아의 몸에 성령으로 잉태되어 아기로 탄생하시고, 십자가에 달려 피 흘려 돌아가셨습니다. 그래서 여러분과 저를 구원해 주신 것입니다.

예수님께서 십자가를 지실 때까지 공생애 3년 동안 유대, 갈릴리, 가버나움 등 여러 곳에 다니시면서 복음을 전하셨습니다. 하나님의 친아들께서 복음을 전하셨습니다. 제가 복음을 전해도 놀라운 일이 일어나고, 여러분이 전도해도 가정이, 개인이 사는 역사가 나타나는데, 하물며 하나님의 아들 예수님께서 직접 다니시면서 복음을 전하실 때 얼마나 놀라운 일들이 일어났겠습니까?

예수님께서 가시는 곳에 천국이 임했습니다. 회개의 역사가 나타났습니다. 예수님을 영접하고 구원을 받았습니다. 기적이 일어났습니다. 아마도 지금처럼 매스컴이 발달되었다면 모든 TV, 라디오, 신문, 잡지의 기자들이 예수님께서 행하신 일들을 날마다 톱뉴스로 전했을 것입니다.

그렇게 하나님의 나라가 임하고 구원의 역사가 나타나는 가운데도 불구하고, 색안경을 끼고 예수님을 비난하고 예수님을 고발하려는 사람들이 있었습니다. 얼마나 어리석은 사람들인지 모릅니다.

그들은 정말 불행한 사람들입니다. 지금도 우리 주님은 피로 값 주시고 교회를 세우시며 주의 종들을 붙들어 천국 복음을 증거하십니다. 목사님들이 예수님은 아니지만 예수님의 성령으로 예수님께서 하신 일을 하고, 그보다 더 큰일도 하는 것입니다. 예수님께서 "나를 믿는 자는 내가 하는 일을 그도 할 것이요 또한 그보다 큰일도 하리니"라고 약속하신 대로, 할 수 있는 것입니다. 할렐루야!

그리고 요한계시록 1장을 보면, 예수님이 주의 종들을 오른손에 잡고 계십니다. 발에 끌리는 옷을 입으시고, 가슴에 금띠를 띠시고, 일곱 금 촛대 사이로 다니시는 예수님의 오른손에 일곱 별이 있다고 하셨습니다. 일곱 금 촛대와 일곱 별은 무엇입니까?

 "일곱 별은 일곱 교회의 사자요 일곱 촛대는 일곱 교회니라"(계 1:20).

일곱 금 촛대는 일곱 교회이고, 일곱 별은 일곱 교회의 사자(지

도자)들입니다. 일곱 별을 천사들이라고 하는 사람들도 있는데, 천사는 붙잡아 주지 않아도 일할 수 있습니다. 사람은 연약하여 주님이 잡아주시지 않으면 일할 수 없기 때문에, 주님이 붙잡아 주셔서 역사하시는 줄로 믿습니다. 그런데 주님이 주의 종들을 오른손에 붙잡고 역사를 일으키셔도 다 믿는 것이 아닙니다. 주님께서 복을 주셔야, 은혜를 주셔야 믿게 되는 것입니다.

자기 스스로 열심히 배우고 노력해서 얻어지는 것이 있습니다. 예수님을 믿지 않아도 열심히 노력하고 공부하면 어느 정도 누리는 것이 있습니다. 그러나 그것은 지상에서 끝납니다. 세상 떠날 때 그것도 다 끝나는 것입니다.

사람이 노력하거나 배운 것이 아닌데도 하나님께서 주셔서 받아 누리는 것이 있습니다. 그것은 하늘의 복이고, 죄 사함이고, 구원이고, 천국이고, 영원히 사는 것입니다. 그리고 이것은 영원히 우리의 것이 되는 것입니다.

아브라함은 하나님께 받아서 잘되었습니다. 그래서 육신이 강건하고 가정이 강건하고 범사가 잘되고 잘살았을 뿐 아니라, 누가복음 16장을 보면 죽어서도 낙원에서 천국의 주인처럼 누리고 있습니다. 아브라함이 낙원에서 누리고 있는 것입니다.

여러분과 저는 열심히 노력하고 배워서 얻는 것도 얻어야 하겠지만, 하나님께서 주시는 복을 받아 누리는 오늘의 아브라함이 될 수 있기를 축원합니다.

본문의 나사로와 마리아, 마르다 가정은 노력하고 배워서가 아니라, 하나님께 거저 받아서 구원을 받고 은혜를 받았습니다. 그래서 남달리 예수님을 사랑하고 섬깁니다. 마리아는 자신의 전 재산

같은 옥합을 깨뜨려 그 비싼 향유를 아낌없이 통째로 예수님께 부어 드립니다. 그저 조금만 부어 드려도 될 것을 그렇게 헌신한 것입니다.

예수님을 사랑하면 예수님께 바치는 것이 아깝지 않고, 예수님께 다 바쳐도 더 바치고 싶습니다. 이것이 예수님을 사랑하는 자의 가슴입니다. 원래 사랑의 마음이 커서가 아니라 받은 은혜 때문에 이렇게 되는 것입니다.

예수님도 나사로, 마리아, 마르다 삼남매를 매우 사랑하시니 시간이 날 때마다 그 집에 가서 쉬곤 하셨습니다. 예루살렘에서 그들의 집이 있는 베다니까지는 2.5km나 되는데, 십자가를 지시기 전에도 그 집에 가서 쉬시고, 아침에는 다시 예루살렘에서 사역하셨습니다. 많은 가정이 있었지만 그 당시 예수님께 가장 사랑을 많이 받은 가정이 그 가정이었습니다.

이 세상에 많은 가정이 있지만 여러분 가정이 예수님의 사랑을 가장 많이 받는 나사로, 마리아, 마르다 같은 가정이 되시기를 축원합니다.

주님을 뜨겁게 섬기며 주님을 위해 봉사하고, 또 주님의 특별한 사랑을 받으면 그 가정이 피어나고 잘되는 것이 성경의 뜻입니다.

그런데 나사로의 가정에서는 오히려 나사로가 병들어 죽게 됩니다. 이런 일도 있는 것입니다.

우리가 교회 일을 하면 축복을 받습니다.

고린도전서 15장 58절에 말씀합니다.

"그러므로 내 사랑하는 형제들아 견실하며 흔들리지 말고 항상 주의 일에 더욱 힘쓰는 자들이 되라 이는 너희의 수고가 주 안에 헛되지 않은 줄 앎이라."

'수고'는 아무나 할 수 있는 일이 아닙니다. '아! 정말 힘드네' 하는 일이 '수고'인 것입니다. 주 안에서는 보통으로 하는 일에도 상이 있지만 무거운 일에는 더 큰 축복이 있음을 믿으시기 바랍니다.

미국의 우리 양곡교회 장로님 한 분은 새벽 3시 40분이 되면 교회에 오셔서 5시까지 1시간 20분 동안 교회 안팎을 깨끗하게 청소하십니다. 그리고 5시부터 30분 동안은 길에 나가서 교회로 오시는 할머니들과 여자들을 안내해 주십니다. 우리 한국과 달리 미국에서는 새벽에 다니는 것이 위험합니다. 그러니 그렇게 지켜주시는 것입니다. 지난주에는 제가 그 장로님 부부를 한 식당에 모시고 가 대접을 해드렸습니다.

"장로님, 고맙습니다. 4년을 하루같이 새벽마다 그렇게 청소해주시고, 교인들을 지켜주시니 너무 감사합니다."

"다 목사님께 배운 대로 하는 것입니다. 목사님께서 교회 청소하시는 것을 보고 제가 감동을 받아 그렇게 하는 것입니다. 사실 제가 이렇게 교회 청소를 한 뒤부터 복을 받았습니다. 예전에는 혈압이 높아서 혈압 약을 아무리 먹어도 혈압은 내리지 않고 가슴이 두근거려 아주 힘들었습니다. 그런데 이제는 혈압이 정상으로 되고 온몸이 건강해졌습니다."

장로님께서 기쁨이 가득한 얼굴로 간증을 하셨습니다. 교회 일은 하는 만큼 은혜와 복을 누리게 됩니다.

그런데 주님을 섬기고 교회를 섬기고 충성을 하고 십일조를 하고 봉사를 해도, 집안에 재앙이 오고 어려움이 오고 사고가 날 때가 있습니다. 마르다, 마리아, 나사로처럼 주님을 사랑하고 주님의 사랑을 받아도 병들어 죽게 될 때가 있습니다. 그럴 때에도 우리의 믿음이 흔들려서는 안 되는 것입니다. 우리가 바라고 예상한 대로 되어도 믿음을 지키고 겸손히 주님을 섬겨야 하지만, 원하지 않는 재앙이나 어려운 일들이 다가와도 우리 믿음이 흔들려서는 안 되는 것입니다.

욥은 하나님을 믿고 성공하여 그 당시 최고로 큰 자가 되었습니다. 동방에서 가장 큰 자가 되었습니다. 그러나 죄를 짓지도 않았는데 하루아침에 아들 일곱과 딸 셋이 다 죽고, 재산은 다 없어지고, 아내는 가출했습니다. 게다가 몸은 병들었는데 피부병이 날로 더 심해져 기왓장으로 자기 몸을 긁으며 괴로워했습니다. 또한 그는 친구들에게 왕따 당하고 세상 사람들에게 조롱받는 사람이 되었습니다. 하나님을 믿다가 쫄딱 망한 사람이 되었습니다.

그래도 그는 "주신 이도 여호와시요 거두신 이도 여호와시오니 여호와의 이름이 찬송을 받으실지니이다"(욥 1:21) 하며 하나님을 버리지 않습니다. 그렇게 고통스러운 가운데서도 욥기 13장 15절을 보면 "그가 나를 죽이시리니 내가 희망이 없노라 그러나 그의 앞에서 내 행위를 아뢰리라"라고 고백합니다. 영어 성경에는 "I've lost all hope, so what if God kills me?(**하나님께서 나를 죽이셔서 내가 모든 희망을 잃어버린다**) I am going to state my case to him(**내 삶의 자리를 주님께 두겠습니다-나는 죽어도 넘어져도 주님 가슴으로 넘어집니다**)"라고 되어 있습니다.

하나님께서 그 자세를 귀히 보셔서 갑절의 축복을 허락해 주신 것입니다. 이전보다 더 귀한 아들딸과 아내, 또 갑절의 재산을 허락해 주신 것입니다.

우리가 예수님을 믿을 때 대개는 잘되어서 감사하지만, 안 될 때, 어려운 일이 있을 때도 있습니다. 그때 그 어려움을 이길 수 있기를 바랍니다. 터널을 지날 때 캄캄하지만, 터널을 지나고 나면 다시 환한 세계가 오는 것처럼, 우리가 예수님을 믿고 나아갈 때 잠시 어려움이 있어도 인내하면 하나님께서 더 좋은 세계를 허락해 주십니다.

아브라함이 하나님의 약속을 받고 하나님을 따라갔습니다. 모든 것을 버리고 하나님 말씀대로 순종했지만, 24년간 그 약속이 이루어지지 않았습니다. 아브라함이 99세가 되도록 하나님은 아들을 주신다는 약속을 지켜주지 않으셨습니다. 아브라함과 사라가 남자와 여자로서의 기능을 잃어버렸는데도 아브라함은 그 믿음이 흔들리지 않습니다. 하나님만 바라봅니다.

하나님은 아브라함의 나이 100세에 아들을 주셔서 더 크게 영광을 받으시고, 아브라함을 세계의 간증거리가 되게 하셨습니다. 만일 아브라함이 76세에 아들을 얻었다면 뭐 그리 큰 자랑거리가 되겠습니까? 80세가 넘어도 아이를 낳는 사람들이 요즘 있으니 말입니다. 100세가 되어 아들을 낳으니 두고두고 하나님께서 영광을 받으시고 우리에게 은혜가 되는 것입니다.

하나님의 길, 하나님의 생각, 하나님의 시간표가 제일임을 믿으시기 바랍니다.

예수님은 나사로의 소식을 바로 이웃 마을에서 들으셨습니다. 그런데 장례식에도 가지 않으시고, 장사한 지(**무덤에 있은 지**) 나흘이 되어서야 무덤으로 가셨습니다.

왜입니까? 나사로가 병들었을 때 치료해 주시면 큰 영광이 되지 않기 때문입니다. 장례식 날 살려 주시면 "죽은 것이 아니라 혼수

상태에 있다가 깨어났겠지" 하며 믿지 않을 사람들이 많을 것이기 때문입니다. 그런데 죽어서 무덤에 들어가 나흘이 지난 사람을 살리시니, 아무도 부인하지 못하고 오직 하나님께만 영광을 돌리게 되는 것입니다.

이사야 55장 8-9절에 말씀합니다.

"이는 내 생각이 너희의 생각과 다르며 내 길은 너희의 길과 다름이니라 여호와의 말씀이니라 이는 하늘이 땅보다 높음같이 내 길은 너희의 길보다 높으며 내 생각은 너희의 생각보다 높음이니라."

내 생각에는 아들이 대학에 합격하면 좋은데 하나님께서는 떨어지게 하십니다. 대학에 떨어짐으로 아들이 더 겸손해지고 하나님을 의지하게 되고 크게 될 수 있는 것입니다. 그러므로 우리가 원하는 대로 되지 않아도 믿음이 흔들려서는 안 됩니다. 하나님께서 더 좋게 해주심을 믿으시기 바랍니다.

"하나님을 사랑하는 자 곧 그의 뜻대로 부르심을 입은 자들에게는 모든 것이 합력하여 선을 이루느니라"(롬 8:28).

오늘 여러분 가정의 모든 일이 선이 될 줄 믿습니다. 여러분의 모든 상황이 선이 될 줄 믿습니다. 하나님께서 계시면 항상 선하게 결말을 맺는 것입니다.

예수님께서 무덤에 오셔서 무덤이 돌로 막혀 있는 것을 보시고 "돌을 옮겨 놓으라"고 말씀하셨습니다. 사람들이 예수님 말씀에 순종해서 그 돌을 옮겼습니다.

　우리 주님은 막는 분이 아니라, 막힌 것을 옮겨 주시는 분입니다.
　여러분 집안을 가로막는 장애물을 우리 주님께서 오늘 옮겨 주실 줄 믿습니다. 여러분 앞길을 가로막는 장애물을 주님께서 옮겨 주실 줄 믿습니다. 우리 교회 장애물을 주님께서 옮겨 주실 줄 믿습니다. 하나님은 돌을 옮겨 주시는 분입니다.
　저는 제 아들딸을 사랑하기 때문에 아들딸 앞에 있는 장애물을 제거해 줄 수 있는 것은 다 제거해 줍니다. 여러분 앞길의, 부부 생활의, 자녀 교육의 모든 장애물을 오늘 주님께서 옮겨 주시기를 원합니다.
　"돌을 옮겨 놓으라."
　주님께서 말씀하시면 그대로 되는 줄 믿습니다.
　막힌 것은 뚫어야 합니다.
　지난번 티베트에서 한 목사님의 사모님께 들은 이야기입니다. 서울에서 미국행 비행기를 탔는데, 서울을 떠난 비행기가 일본 상공을 지나갈 때 스테이크를 드시던 한 할아버지가 갑자기 '캑캑' 거리시며 어쩔 줄 몰라하시더랍니다. 고기가 맛있으니 급하게 드셨는지 고깃덩어리가 기도로 들어가는 바람에 기도가 막힌 것입니다. 비행기에서 안내 방송을 했습니다.
　"지금 급한 일이 생겼으니 의사 선생님이 계시면 어서 와 주세요."
　마침 그 비행기에 의사가 있었습니다. 의사 선생님이 달려와서 보니, 할아버지가 기도가 막혀 숨을 쉬지 못하여 죽어가고 있습니다. 아무리 등을 두드려도 고기가 나오지 않았습니다. 그러니 의사 선생님이 음식을 잘라먹는 칼로 목을 뚫은 다음 빨대를 끼워 숨통을 틔웠습니다. 우선 응급조치는 취했지만, 그래도 빨리 수술을 해야 하니 비행기가 착륙해야만 할 상황이었습니다.

그래서 그 비행기의 기름을 태평양에 버렸습니다. 기름이 가득한 채로 착륙하면 비행기 파손이나 사고로 이어지기 때문입니다. 바다에 기름을 버린 비행기가 나리타공항에 착륙했습니다. 그때 파일럿의 마음이 아주 급했던지 착륙이 원활하게 되지 못했습니다. 비행기가 '터덕' 하고 심하게 흔들리는 바람에 고깃덩어리가 쑥 내려가서 할아버지가 살았다고 합니다.

그러나 할아버지 때문에 많은 사람들이 얼마나 엄청난 손해를 입었는지 모릅니다. 미국에 가서 해야 할 일들이 망쳐졌고, 그 많은 기름이 다 버려졌습니다. 그래도 비행기를 나리타공항에 착륙시킨 것은 생명이 귀하기 때문입니다.

고깃덩어리 하나로 막혀 죽게 된 할아버지가 그것이 뚫리니 산 것입니다. 그처럼 고깃덩어리 같은 그것 하나, 여러분이 그것을 좋아해서 먹지만 그것 때문에 망하는 경우가 많습니다. 하나님께서 그것을 뚫어 주시기를 원합니다. 여러분이 버리지 못하는 그것을 하나님께서 제거하셔서 탁 트이게 해주시기를 바랍니다.

그리고 주님께서 "나사로야, 나오라!"라고 큰소리로 말씀하셨습니다. 그러니 나사로가 일어났습니다.

요한복음 5장 25절에 예수님께서 말씀하셨습니다.

 "죽은 자들이 하나님의 아들의 음성을 들을 때가 오나니 곧 이때라 듣는 자는 살아나리라."

나인 성 과부의 아들도 살아났습니다.

오늘 이 세상에 많은 사람들이 영적으로 죽었습니다. 그러나 하나님의 아들 예수 그리스도의 말씀을 받으면 살게 되는 것입니다. 예수님의 음성을 들으면 살게 되는 것입니다. 영원히 살게 되는 것입니다. 육신도 살게 되는 것입니다.

나사로가 생명을 얻어서 나왔지만 얼굴은 수건으로 싸여 있고, 온몸은 베로 감겨 있습니다. 이것이 죽음의 옷입니다. 영어 성경을 보면 'the grave clothes' (**죽음의 옷, 무덤의 옷**)입니다. 그것에 감겨 있으니 나사로가 어떻게 걷겠습니까? 얼굴이 수건으로 싸여 있으니 앞을 볼 수 있겠습니까? 뒤뚱거리며 더듬거립니다. 고통을 당합니다.

여러분, 오늘도 이와 같은 사람들이 있습니다. 예수님을 믿어 구원은 받고, 생명은 얻었는데, 눈은 가려졌고 수족은 베로 동여맨 것처럼 불편하게 교회에 오고 불편하게 예배하고 불편하게 충성하는 사람들이 있습니다.

우리 주님께서 그런 나사로를 보시고 말씀하셨습니다.

"풀어 놓아 다니게 하라!"

수건이 벗겨지고 베가 풀리니 이제 나사로는 볼 수 있게 되었고 자유롭게 되었습니다. 그는 하나님께 영광을 돌리며 기뻐서 껑충껑충 뜁니다. 마리아와 마르다도 "오빠! 오빠!" 하며 좋아합니다. 친구들과 마을 사람들도 함께 기뻐하며 하나님을 믿고 하나님께 영광을 돌렸습니다.

예수님을 믿어 생명을 얻었지만 눈이 가려져 있고 팔다리가 베로 동여매인 것처럼 어렵게 믿음 생활을 하는 사람은, 자신도 답답하겠지만 가족들이 보기에도 답답합니다. 그를 보는 모든 사람들이 답답합니다. 그런데 나사로처럼 풀려나면 자신만 좋은 것이 아닙니다. 그를 보는 사람들이 다 좋습니다. 내가 자유를 얻으면 나도 기쁘고 내 가족도 기쁘고 나를 보는 모든 사람들이 은혜를 받게 되는 것입니다.

주님은 우리를 감고 있는 베옷을 풀어 주십니다

오늘 주님께서 우리를 감고 있는 베옷을 풀어주시기를 원합니다. 우리의 눈을 가린 수건을 열어 주시기를 원합니다.
따라 합시다.
"풀어 놓아 다니게 하라. 풀어 놓아 다니게 하라."
마귀는 우리를 얽어매어 꼼짝 못하게 하고 불편하게 만들지만, 하나님은 우리에게 자유를 주십니다.

 "진리를 알지니 진리가 너희를 자유롭게 하리라"(요 8:32).

누가복음 5장 17절 이하에 중풍병자가 고침 받는 사건이 나옵니다. 중풍병으로 꼼짝 못하는 한 사람을 그의 친구들이 침상째 메고 예수님께로 옵니다. 그런데 사람들이 너무 많아 들어갈 수 없으니 지붕을 뚫고 그를 달아 내립니다. 예수님은 그가 죄에 매여 꼼짝 못하는 것을, 죄 때문에 중풍병이 왔다는 것을 아셨습니다. 그래서 "이 사람아, 네 죄 사함을 받았느니라"라고 말씀하셨습니다. 그때 사람들이 충격을 받았습니다.
'죄 사함은 하나님만 하실 수 있는데, 예수님이 어찌 저런 말씀을 하시나?'
예수님은 사람들의 생각을 아시고 이렇게 말씀하셨습니다.

"너희 마음에 무슨 생각을 하느냐? 중풍병자에게 일어나 걸어가라고 하는 말과 네 죄 사함을 받았느니라 하는 말 중 어느 말이 쉽겠느냐? 그러나 인자가 죄를 사하는 권세가 있는 하나님의 아들인 것을 너희로 알게 하려 함이라."

그리고 그 중풍병자에게 "일어나 네 침상을 가지고 집으로 가라"라고 말씀하셨습니다.

그러니 그가 힘을 얻어 일어나서 침상을 가지고 하나님께 감사와 영광을 돌리며 집으로 갔습니다. 하나님은 그렇게 풀어 주셨습니다. 할렐루야!

우리 주님은 오늘도 죄에 매여 죄의 짐 때문에 자유롭지 못한 사람의 죄 짐을 풀어주실 줄로 믿습니다.

마태복음 8장 14절 이하를 보면, 예수님께서 베드로 집에 가셔서 그의 장모를 치유하시는 이적이 나옵니다. 베드로의 장모가 열병으로 죽어가고 있습니다. 예수님께서 그 여인의 손을 만지시니 열병이 떠나가고, 여인이 일어나 금방 예수님께 수종 듭니다. 우리가 병원에서 치료받을 때는 치료 기간이 필요하지만, 예수님께서 치료하시면 순식간에 치료됩니다.

오늘 제가 감히 믿음으로 여러분에게 선포합니다. 주님께서 여러분의 손을 잡아 주시기를 바랍니다. 여러분의 크고 작은 병이 깨끗하게 되기를 바랍니다. 이 말씀을 TV와 라디오로 듣는 사람들의 손도 잡아 주셔서 깨끗하게 되기를 바랍니다.

모든 병에서 풀어 주시기를 바랍니다.

가난의 결박도 풀어 주십니다

가난도 우리를 얽어맵니다. 부모님께 효도하고 싶어도, 더운 여름에 에어컨 하나 사드리고 싶어도, 돈이 없으면 사드릴 수 없습니다. 부모님 회갑 때 친구들을 모셔서 잘 대접해 드리고 싶어도 돈이 없으면 할 수 없습니다. 하나님을 위해 큰일을 하고 싶어도 돈이 없으면 하지 못합니다. 가난은 죄가 아니지만, 가난하면 불편한 일이 많습니다. 가난한 사람이 존경받고 귀히 여김 받는 경우는 적습니다.

그런데 마귀는 우리를 가난하게 만듭니다. 도박해서 망하게 하고, 잘못 투자해서 망하게 하고, 마약과 술로 망하게 하고, 죄 짓는 데 돈을 써서 망하게 하고, 사기 당해서 망하게 합니다.

하지만 주님은 우리를 부요하게 해주십니다.

고린도후서 8장 9절에 "우리 주 예수 그리스도의 은혜를 너희가 알거니와 부요하신 이로서 너희를 위하여 가난하게 되심은 그의 가난함으로 말미암아 너희를 부요하게 하려 하심이라"라고 말씀합니다. 할렐루야!

따라 합시다.

"예수를 바로 믿으면 가난의 결박이 풀리고 부요 속에 들어간다."

누구든지 예수님을 믿고 주일을 잘 지키고, 십일조를 온전히 드리고, 열심히 살면 부하게 될 줄 믿습니다. 가난한 것은 우리의 책임이지 하나님의 책임이 아닙니다.

톨스토이의 글에 이런 내용이 있습니다. 그의 동생이 아버지를 졸라 값진 도자기를 얻었습니다. 그는 너무 기뻐 그것을 보여주려고 "오빠!" 하며 톨스토이에게 급히 뛰어오다가 문지방에 걸려 넘어졌습니다. 그 바람에 그 비싼 도자기가 깨졌습니다. 그러자 동생이 "누가 이 집을 이렇게 지었어? 왜 이렇게 문지방이 튀어나오게 지었어?"라며 불평했습니다.

그가 넘어진 것이 어찌 그 집을 지은 사람의 잘못입니까? 조심하지 않아서 넘어진 것입니다.

우리가 가난한 것은 우리의 잘못입니다. 주일을 바로 지키고, 십일조를 온전히 드리고, 바르게 열심히 살면 하나님께서 반드시 부요하게 해주실 줄 믿습니다.

하나님께서 야곱을 가난하게 하신 것은 특별한 하나님의 섭리 때문이었습니다. 2년간 야곱의 양식이 떨어지게 하신 것은 요셉이 있는 고센 땅으로 보내 그곳에서 귀족으로 살도록 인도하시기 위함이었습니다. 이처럼 하나님의 특별한 섭리로 가난하게 되는 경우가 가끔 있지만, 대개는 예수님을 바로 믿으면 부요하게 되는 것입니다.

복음이 들어간 나라는 다 잘삽니다. 부강합니다. 그러나 예수님을 막는, 예수님을 받아들이지 않는 북한과 여러 공산권 나라들은 가난합니다. 예수님은 가난의 결박을 풀어 주십니다. 우리 한국의 모든 크리스천들이 부요하게 되기를 바랍니다. 예수님을 믿지 않는 사람들이 부러워하는 부요한 자들이 되기를 바랍니다.

우리 마음의 결박도 풀어 주십니다

우리 마음 안에 있는 안 된다는 생각, 긍정적이지 못하고 부정적인 것, 공허한 것도 우리 주님은 다 풀어 주십니다.

한 일본인이 회사에서 퇴직을 당하자 보험회사 설계사로 취직했습니다. 한 달간 매일 12시간씩 일했지만 한 건의 실적도 올리지 못했습니다. 하루는 그가 아내에게 눈물을 보이고 말았습니다.

"여보, 미안해. 나는 안 되나 봐. 내가 노력하지 않는 것도 아니고 남보다 말을 못하는 것도 아닌데 안 돼. 나는 안 되나 봐."

그때 그의 아내가 이렇게 말했습니다.

"여보, 아직 연말까지 20일 남았어요. 좀더 힘써 보세요. 한 건이라도 하게 되면 용기를 얻게 될 것이니 조금만 더 힘써 보세요. 당신은 할 수 있을 거예요. 20일이 남았으니 한번 더 해봅시다."

그가 아내의 말에 용기를 얻어 다시 나갔습니다. 첫 번째 집에 가서 문을 두드리니 "왜 피곤하게 이러는 거예요. 다시는 오지 마세요" 하고 문을 닫아버렸습니다. 두 번째 집도, 세 번째 집도, 네 번째 집도 마찬가지였습니다. 그런데 다섯 번째 집에서 환영을 받았습니다.

"어서 오세요. 당신에게 보험을 들려고 기다렸습니다."

한 건을 하게 되자 아내의 말대로 힘이 생겼습니다. 1년 후 그는 그 보험회사의 왕이 되었고, 10년 후에는 일본에서 가장 큰 보험회사의 회장이 되었습니다.

아내들이여, 남편에게 용기를 줄 수 있기를 바랍니다.

따라 합시다.

"당신은 할 수 있어요. 당신은 해낼 수 있어요."

아내들은 남편에게 그렇게 말해야 합니다.

얼마 전, 미국에서 아내와 이야기를 나누던 중 아내가 "목사님은 적어도 이렇게 살아야 돼요"라며 이런저런 사항을 말하는데, 얼마나 수준이 높은지 제가 "여보, 목사님도 사람인데 당신이 말한 대로 그렇게 살 사람이 누가 있겠소"라고 했습니다.

그러자 아내가 "당신이 있잖아요"라고 했습니다. 그때 '아내가 내게 잔소리만 하는 것이 아니구나. 나를 인정해 주는구나' 라는 생각에 제가 행복했습니다. 아내가 남편에게 용기를 주어도 힘을 얻고 성공하는데, 하물며 하나님께서 우리에게 용기를 주시는데 얼마나 놀라운 일이 일어나겠습니까? 하나님은 언제나 우리에게 용기를 주십니다.

 "두려워하지 말라 내가 너와 함께함이라 놀라지 말라 나는 네 하나님이 됨이라 내가 너를 굳세게 하리라 참으로 너를 도와주리라 참으로 나의 의로운 오른손으로 너를 붙들리라"(사 41:10).

따라 합시다.
"나는 '할 수 있는 사람' 이다. 나는 할 수 있는 사람이다."

"할 수 있거든이 무슨 말이냐 믿는 자에게는 능히 하지 못할 일이 없느니라"(막 9:23).

지용수는 할 수 있습니다. 여러분도 할 수 있습니다. 하나님께서 하게 하시는 것입니다. 우리가 2010년까지 10만 명 제단을 위해 기도하지만, 하나님께서 하시면 20만 명도 될 수 있습니다. 100만 명도 될 수 있습니다. 하나님께서 해주시면 우리가 못할 일이 없는 것입니다. 하나님께서는 못한다는 우리의 생각, 결박을 다 풀어 주시고 "할 수 있다. 해 봐라"라고 하십니다. 얼마나 감사합니까?

어두움의 결박도 풀어 주십니다

우리는 때로 어두움에 묶여 있을 때가 있습니다. 주위가, 상황이 캄캄하고 공허할 때가 있습니다. 우리 주님은 그 어두움의 결박도 벗겨 주시고 빛으로 비추어 주십니다.

"그 안에 생명이 있었으니 이 생명은 사람들의 빛이라"(요 1:4).
"예수께서 또 말씀하여 이르시되 나는 세상의 빛이니 나를 따르는 자는 어둠에 다니지 아니하고 생명의 빛을 얻으리라"(요 8:12).

따라 합시다.
"예수님을 따라가면 어둠에 있지 않고 빛 가운데 거하리라."
태양 빛이 세계 만물을 살리는 것처럼, 예수님은 인생의 빛으로 우리 생명을 살리실 뿐 아니라 우리의 앞길에 빛을 비추어 주십니다. 캄캄하면 노란 꽃인지 빨간 꽃인지 장미꽃인지 모릅니다. 그래서 장미의 가시에 찔리기도 합니다. 그러나 빛이 있으면 볼 수 있으니 가시에 찔리지 않습니다. 이처럼 세상이 어두우면 실패하고 실수하고 후회할 일을 많이 하게 되지만, 밝으면 감사하고 복된 길로 나가게 되는 것입니다.

많은 사람들이 '부모 노릇을 어떻게 할까? 남편 노릇을 어떻게 할까? 어떻게 해야 아내 노릇을 잘할까?' 하고 걱정하고 고민하지만, 우리는 고민할 것이 없습니다. 아내는 남편을 왕으로 섬기며 남편에게 복종하면 되고, 남편은 아내를 자기 몸처럼 사랑하면 되고, 자녀는 효도하면 되고, 부모는 자녀를 위해 기도하고 주의 말씀과 교훈으로 기르면 되는 것입니다.

제가 오늘 아침에 큰아들에게 전화를 했습니다.
"아들아, 고맙다."
"아빠, 뭐가 고마워요?"

"그 짧은 휴가를 할머니를 위해 써주니 고맙다."

공무원인 아들이 3일의 짧은 휴가 동안 하고 싶은 일이 얼마나 많겠습니까? 그런 것을 다 접어두고 시골 할머니 댁에 가서 할머니와 지내면 얼마나 답답하겠습니까? 그런데도 휴가를 할머니 댁에서 보냈습니다. 얼마나 고맙습니까?

세상 사람들은 자기 멋대로 삽니다. 그러나 우리는 말씀이 환한 길을 보여주시니 그대로 살면 됩니다. 제 아들이 말씀이 보여주시는 길을 따라 휴가를 보내니 자신도 좋고, 할머니도 좋고, 저도 좋고, 다 좋은 것입니다.

하나님은 개인과 가정의 결박만 풀어 주시는 것이 아니라, 겨레의 결박도 풀어 주십니다

하나님은 바로의 쇠사슬에 매여 고통당하는 이스라엘 백성들을 풀어 주시어 가나안 땅에서 자유롭게 살도록 하셨습니다. 또 바벨론의 포로로 붙들려 사는 그들을 예루살렘으로 귀환시켜 주시는, 꿈같은 일을 이루어 주셨습니다.

우리도 일본의 압제 속에서 서러움을 받으며 살 때 길이 없었습니다. 우리말도 못하고, 우리 이름도 부르지 못하고, 대한민국 사람이 대한민국 사람으로 살지 못했습니다. 그런데 우리 하나님의 종들과 선교사님들의 눈물 어린 기도에 응답하셔서 우리나라를 해방시켜 주셨습니다. 붉은 사상의 결박에 매여 있는 북한은 아직도 제대로 먹지도 마시지도 못합니다. 그러나 하나님은 북한의 결박도 풀어 주실 수 있습니다.

마귀는 우리를 계속해서 얽어맵니다. 경제적인 어려움으로, 죄악으로, 나쁜 전략으로 얽어맵니다. 악한 사상이 뿌리를 내리면 나라가 망하는데, 마귀는 자꾸 악한 사상을 심어줍니다. 우리나라에 아직도 어두움의 구름이 있습니다. 이 지구촌에서 전쟁 위험이 가장 높은 나라 중 하나가 한국이라고 합니다.

이것을 누가 풀어 줄 수 있습니까? 미국이, 중국이, 러시아가 풀어 주겠습니까? 이것을 풀어 주실 분은 주님뿐이십니다.

그래서 우리가 기도해야 하는 것입니다. 주님이 삼천리금수강산의 결박을 풀어 주시기를 원합니다. 붉은 사상의 결박, 가난의 결박, 죄악의 결박을 풀어주시기를 원합니다. 그래서 은혜로운 금수강산이 되기를 바랍니다.

결박이 풀려 자유롭게 살기 위해서는 우리가 해야 할 일이 있습니다

첫째, 주님 앞에 나와야 합니다.

중풍병자의 친구들이 그를 주님께 데리고 왔듯이, 베드로의 장모가 예수님을 만났듯이, 나사로가 병들었을 때 주님을 청했듯이, 주님 앞으로 나와서 주님을 만나야 합니다.

성경의 역사를 보면, 주님을 만나지 않고 풀리는 자가 없습니다. 주님께서 계신 곳은 교회입니다. 교회보다 더 귀한 집은 없습니다. 교회보다 더 귀한 것은 없습니다. 교회에 와야 죄 사함을 받고, 교회에 와야 예수님을 만납니다.

그러니 우리도 교회에 와서 주님을 만나서 풀어 놓임을 받아야 하고, 우리 가족과 이웃은 물론 결박당하여 고통당하는 사람들을 교회 앞으로, 예수님 앞으로 인도해야 합니다.

둘째, 말씀을 들어야 합니다.

"돌을 옮겨 놓으라. 풀어 놓아 가게 하라."

예수님의 말씀이 떨어질 때 자유를 얻습니다.

요한복음 8장 32절에 "진리를 알지니 진리가 너희를 자유롭게 하리라(You will know the truth, and the truth will set you free)"라고 말씀합니다.

우리가 배를 타거나 비행기를 타면 파도에 휩쓸릴 수 있고 공중에 떨어져 박살나 죽을 수 있어 불안하지만, 진리의 말씀을 읽으면 마음이 편안합니다.

 "너희는 마음에 근심하지 말라 하나님을 믿으니 또 나를 믿으라"(요 14:1).

"너희에게는 머리털까지 다 세신 바 되었나니"(마 10:30).

"너희와 항상 함께 있으리라"(마 28:20).

우리가 진리의 말씀을 먹으면 마음이 평안해집니다. 자유를 얻게 됩니다. 우리나라 지도자들이, 김정일 씨가 하나님 말씀을 받기를 원합니다. 그들에게서 결박이 풀어지기를 원합니다.

셋째, 기도해야 합니다.

사도행전 12장을 보면 베드로가 구속되어 있습니다. 성도들이 교회에서 기도할 때 천사가 찬란한 빛 가운데서 나타나 베드로의 결박을 다 풀어버리고, 쇠로 된 문을 열어버리고 자유를 주셨습니다. 할렐루야!

한 부인은 남편이 직장을 잃는 바람에 구멍가게를 하며 겨우 먹고살았습니다. 늘 서글프고 외롭고 힘들었습니다. 그러던 중 부흥회에 참석했습니다. 돈을 빌려서 시간마다 헌금하며 "하나님! 하나님께 매달립니다. 제 남편의 직장을 위해 매달립니다. 제 남편에게 일자리를 주세요"라고 바짝바짝 기도했습니다. 부흥회가 끝나고 나서 남편이 일본 회사에 취직되었는데, 봉급이 그전 회사보다 두 배로 많았습니다.

하나님께서는 아기처럼 믿고 구하는 자에게 응답해 주십니다.
"구하라, 주시리라. 부르짖으라, 응답하리라."

한 군종병의 간증입니다. 신학대학을 다니다 군에 입대하여 군종병이 되었지만, 하나님을 체험하지 못했습니다. 그래서 '내 팔자가 좋아서 군종병으로 생활한다' 라고만 생각했습니다. 그러니 휴가를 나가도 20일 동안 성경 한 장 읽지 않고 영화만 40편을 보았답니다. 영화를 두세 편 상영하는 싸구려 극장에 들어가 계속 보면 그렇게 볼 수 있답니다.

그런데 귀대하는 날 집에서 너무 일찍 나왔는데 이웃 교회에서 집회를 하고 있어서 구경삼아 들어가 보았습니다. 입추의 여지없이 가득 찬 사람들이 불같이 기도하고 있었습니다.

'이단 교회인가? 별나네.'

그런데 자기도 모르게 가슴이 뜨거워지고 기도하고 싶은 마음이 생겼습니다. 설교를 끝낸 목사님이 내려오셔서 안수 기도를 했습니다. 그 순간 불이 임하여 방언이 터지고, 온몸이 진동했습니다. 그는 소리쳐 기도했습니다. 얼마나 기도에 몰입했는지 기도를 마치고 나니 그 교회에 자기 혼자만 남았습니다. 그때 오래된 그의 위장병도 깨끗하게 나았습니다.

그는 너무 좋아서 버스를 타고 귀대하면서 미친 사람처럼 방언으로 중얼중얼했습니다. 부대에 들어가서도 방언으로 중얼중얼했습니다. 그는 모든 것이 감사하고 기뻐서 군대도 천국 같았습니다.

여러분 중에 방언 은사를 받지 못한 분은 방언 은사 받기를 축원합니다. 방언 기도를 하면 영이 강해집니다.

하루는 그가 보고할 것이 있어 연대장에게 갔더니 연대장이 죽을 먹고 있었습니다.

"연대장님, 왜 밥을 안 드시고 죽을 드십니까?"

"위장이 좋지 않아 죽을 먹고 산다."

"연대장님, 저도 그랬는데 기도해서 하나님의 은혜로 깨끗하게 나았습니다. 지금 제가 안수 기도를 해 드리면 연대장님께서 나을 건데 기도를 받으시겠습니까?"

"그러지."

연대장이 그의 앞에 무릎을 꿇었습니다.

"연대장님, 안수 받을 때는 모자를 벗어야 합니다."

그가 안수 기도를 할 때 연대장에게 성령의 불이 임해 연대장이 은혜를 받았습니다. 병도 깨끗하게 나았습니다.

그때부터 연대장 부부가 수십 명이 모이는 작은 군인 교회에서 뜨겁게 찬송하고 기도하며 예배를 드렸습니다. 그리고 교회에 나오는 모든 사병들의 손을 잡아 주었습니다. 그러니 장교들은 물론 거의 모든 군인들이 교회에 나와 수백 명 교회가 되었다고 합니다.

하나님은 살아 계십니다. 기도하는 곳에 맺힌 것이 풀어지고 기적이 일어납니다. 오늘 우리 교회가 이만큼 된 것은 기도했기 때문입니다. 우리가 갑절, 칠 갑절로 기도하면 갑절, 칠 갑절로 교회가 크게 역사할 줄로 믿습니다.

아무쪼록 날마다 주님께 나아가 말씀 받고, 기도해서 날마다 주님께 풀림 받아 자유를 만끽하시기를 바랍니다. 날마다 승리의 깃발을 흔들며 하나님의 아들딸답게 존엄하고 존귀하게 나아가 믿음 생활을 하는 여러분과 제가 될 수 있기를 축원합니다.

여호와께로부터 예레미야에게 임한 말씀에 이르시되 너는 일어나 토기장이의 집으로 내려가라 내가 거기에서 내 말을 네게 들려 주리라 하시기로 내가 토기장이의 집으로 내려가서 본즉 그가 녹로로 일을 하는데 진흙으로 만든 그릇이 토기장이의 손에서 터지매 그가 그것으로 자기 의견에 좋은 대로 다른 그릇을 만들더라 그 때에 여호와의 말씀이 내게 임하니라 이르시되 여호와의 말씀이니라 이스라엘 족속아 이 토기장이가 하는 것같이 내가 능히 너희에게 행하지 못하겠느냐 이스라엘 족속아 진흙이 토기장이의 손에 있음같이 너희가 내 손에 있느니라 내가 어느 민족이나 국가를 뽑거나 부수거나 멸하려 할 때에 만일 내가 말한 그 민족이 그의 악에서 돌이키면 내가 그에게 내리기로 생각하였던 재앙에 대하여 뜻을 돌이키겠고 내가 어느 민족이나 국가를 건설하거나 심으려 할 때에 만일 그들이 나 보기에 악한 것을 행하여 내 목소리를 청종하지 아니하면 내가 그에게 유익하게 하리라고 한 복에 대하여 뜻을 돌이키리라 그러므로 이제 너는 유다 사람들과 예루살렘 주민들에게 말하여 이르기를 여호와의 말씀에 보라 내가 너희에게 재앙을 내리며 계책을 세워 너희를 치려 하노니 너희는 각기 악한 길에서 돌이키며 너희의 길과 행위를 아름답게 하라 하셨다 하라 그러나 그들이 말하기를 이는 헛되니 우리는 우리의 계획대로 행하며 우리는 각기 악한 마음이 완악한 대로 행하리라 하느니라

예레미야 18장 1-12절

하나님의 손

예레미야는 제사장 힐기야의 아들로 유다 나라 마지막 다섯 왕 요시야, 여호아하스, 여호야김, 여호야긴, 시드기야가 통치할 때 활동한 선지자입니다. 하나님의 백성 이스라엘이 하나님의 말씀을 거역해서 패망하게 될 때, 예레미야가 "그 길로 가면 패망하니 회개하라. 돌이키라"고 했습니다.

그래도 백성들이 "헛된 말 하지 마라. 우리는 우리 고집대로 한다"라며 고집을 부리고 살다가 망하니, 그는 눈물로, 눈물로 기도합니다. 그래서 그는 '눈물의 선지자'라는 별명을 갖기도 했습니다.

하루는 하나님께서 예레미야에게 "얘야, 토기장이 집에 가보아라. 거기서 내가 네게 말을 하겠다"라고 말씀하셨습니다.

예레미야가 토기장이 집에 가니, 토기장이가 녹로로 그릇을 만들고 있었습니다. 녹로는 물레라고도 하는데, 두 개의 판으로 되어 있어 그 위판에 진흙을 놓고, 아래에 고정된 원판을 발로 밟아 돌리면서 토기장이가 원하는 대로 그릇을 만듭니다. 그런데 예레미야가 보니, 토기장이가 그릇을 만들다가 이지러지고 잘못된 것은 다시 빚어서 다른 그릇을 만듭니다.

그때 하나님께서 예레미야에게 말씀하십니다.

"이스라엘아, 토기장이가 하는 것처럼 내가 너희에게 행하지 못하겠느냐? 이스라엘아, 진흙이 토기장이의 손에 있는 것처럼 너희가 내 손에 있느니라."

여기에서 토기장이는 하나님으로, 진흙은 이스라엘 백성, 여러분과 저, 이 세상의 사람들로 비유됩니다.

"너는 흙이니 흙으로 돌아갈지니라"라는 말씀대로 우리는 흙으로 지어진, 흙덩어리입니다. 조금 더 잘났다고, 조금 더 배웠다고 고개를 들면 안 됩니다. 우리는 아무리 잘나보았자 흙덩어리에 불과합니다. 겸손해야 합니다.

토기장이가 흙으로 큰 그릇, 작은 그릇, 귀한 그릇, 천한 그릇을 마음대로 만들 수 있는 것처럼, 하나님은 우리를 마음대로 하실 수 있습니다.

본문 6절에 "이스라엘 족속아 진흙이 토기장이의 손에 있음같이 너희가 내 손에 있느니라" 라고 말씀합니다.

예레미야 10장 23절에도 "사람의 길이 자신에게 있지 아니하니 걸음을 지도함이 걷는 자에게 있지 아니하니이다" 라고 말씀합니다.

사람마다 계획을 갖고 살지만 그 계획대로 되지 않습니다. 인생살이가 자기 뜻대로 된다면 성공하지 않을 사람이 누가 있겠습니까?

2년 전 독일에 집회를 인도하러 갔을 때 칼 마르크스의 집에 가 보았는데, 그 집이 참 쓸쓸해 보였습니다. 그 집에 와서 저주를 퍼붓고 간 사람들도 있다고 합니다. 칼 마르크스의 사상이 퍼져 20세기에 이르러 지구의 절반이 빨갛게 공산화되었습니다. 사유재산을 없애고 모든 것을 공동 소유로 해서 온 세계를 천국으로 만들겠다며 전쟁과 숙청을 거듭하던 그 공산당들이 지금은 다 망했습니다. 러시아도 공산주의를 내동댕이쳤고, 중국은 자본주의 국가들보다 더 철저하게 장사하고 있습니다.

아직도 공산주의를 지키고 있는 나라, 북한은 제대로 먹지 못해 자본주의 국가들의 도움을 받고 있습니다. 칼 마르크스는 자기 사상대로 하면 세계가 행복해질 줄 알았겠지만, 그대로 하니 지옥이 된 것입니다. 사람의 생각대로 되지 않습니다.

하나님의 생각대로, 하나님의 뜻대로 됩니다.

이사야 45장 5-7절에 말씀합니다.

"나는 여호와라 나 외에 다른 이가 없나니 나 밖에 신이 없느니라 너는 나를 알지 못하였을지라도 나는 네 띠를 동일 것이요 해 뜨는 곳에서든지 지는 곳에서든지 나 밖에 다른 이가 없는 줄을 알게 하리라 나는 여호와라 다른 이가 없느니라 나는 빛도 짓고 어둠도 창조하며 나는 평안도 짓고 환난도 창조하나니 나는 여호와라 이 모든 일을 행하는 자니라."

여러분의 집이 밝고 환하고 잘됩니까? 하나님께서 하시는 일입니다. 여러분의 집이 어둡고 깜깜합니까? 그것도 하나님께서 하시는 일입니다. 하나님께서 뜻대로 하시는 것입니다. 뜻대로 하실 수 있는 분은 하나님뿐이십니다.

하나님께서 "나 외에 다른 이가 없나니 나밖에 신이 없느니라"고 말씀하신 것은, "신들이 많은데 나는 그 신들과는 조금 다르다"라는 뜻이 아닙니다. 마귀, 귀신은 있을지라도 창조주, 우주의 주인, 구원의 주, 심판의 주는 오직 한 분 하나님뿐이시라는 뜻입니다. 이 세상을 창조하시고 다스리시는 신은 오직 한 분 하나님뿐이십니다. 할렐루야!

하나님의 독특한 작품인 사람도 똑같은 사람은 없습니다. 여러분은 하나뿐입니다. 쌍둥이도 다릅니다. 하늘에서 내리는 눈들도 그 결정이 똑같지 않고 다 다릅니다.

저는 이번에 강릉에서 역사적인 만남을 가졌습니다. 그곳 노회장님과 인사를 하면서 제가 "지용수입니다"라고 했더니 그분이 "제가 지용수입니다"라고 하셨습니다. 그곳 노회장님이 지용수 장로님이라는 말씀을 들었지만, 막상 그분이 지용수인 제게 "제가 지용수입니다"라고 하시니 기분이 이상했습니다. 충청도에도 지용수 장로님이 계십니다. 바야흐로 용수 시대가 펼쳐지나 봅니다. 그러나 이름은 같을지라도 얼굴도 다르고, 생각도 다르고, 다 다릅니다.

토기장이의 손에 있는 진흙과 하나님의 손에 있는 진흙인 우리는 전혀 다릅니다. 토기장이 손에 있는 진흙은 생각도, 반응도 없지만 하나님의 손에 있는 우리는 생각을 하고 반응을 합니다. 하나님은 우리를 잘 지으시고 귀하게 만드시기를 원하십니다. 하지만 우리가 하나님께 맞추어 반응해야 합니다.

민수기 6장 24-26절에 "여호와는 네게 복을 주시고 너를 지키시기를 원하며 여호와는 그의 얼굴을 네게 비추사 은혜 베푸시기를 원하며 여호와는 그 얼굴을 네게로 향하여 드사 평강 주시기를 원하노라"라고 말씀합니다.

하나님은 우리가 잘되기를 원하십니다.

예레미야애가 3장 33절에도 "주께서 인생으로 고생하게 하시며 근심하게 하심은 본심이 아니시로다"라고 말씀합니다.

예수님도 마태복음 7장 9-11절에 "너희 중에 누가 아들이 떡을 달라 하는데 돌을 주며 생선을 달라 하는데 뱀을 줄 사람이 있겠느냐 너희가 악한 자라도 좋은 것으로 자식에게 줄 줄 알거든 하물며 하늘에 계신 너희 아버지께서 구하는 자에게 좋은 것으로 주시지 않겠느냐"라고 말씀합니다.

하나님은 우리에게 좋은 것을 해주기를 원하십니다. 그런데 우리가 좋은 반응을 보여야 우리에게 하나님의 뜻이 이루어집니다.

오늘 본문 9-10절에 "내가 어느 민족이나 국가를 건설하거나 심으려 할 때에 만일 그들이 나 보기에 악한 것을 행하여 내 목소리를 청종하지 아니하면 내가 그에게 유익하게 하리라고 한 복에 대하여 뜻을 돌이키리라"라고 말씀합니다.

하나님께서 어떤 사람을, 어떤 가정을, 어떤 나라를 높이 세워 축복하시려는 계획을 세우셨지만, 그들이 악을 행하면 그 계획을 바꾸신다는 것입니다.

"너희 하나님 여호와께서 너희에게 명령하신 모든 도를 행하라 그리하면 너희가 살 것이요 복이 너희에게 있을 것이며 너희가 차지한 땅에서 너희의 날이 길리라"(신 5:33).
"네가 만일 네 하나님 여호와의 말씀만 듣고 내가 오늘 네게 내리는 그 명령을 다 지켜 행하면 네 하나님 여호와께서 네게 유업으로 주신 땅에서 네가 반드시 복을 받으리니 너희 중에 가난한 자가 없으리라"(신 15:4-5).
"네가 네 하나님 여호와의 말씀을 삼가 듣고 내가 오늘날 네게 명령하는 그의 모든 명령을 지켜 행하면 네 하나님 여호와께서 너를 세계 모든 민족 위에 뛰어나게 하실 것이라"(신 28:1).

저와 우리 장로님들, 그리고 우리 부교역자님들과 여러분이 하나님께 순종하면 하나님께서 우리 교회를 온 세계 위에 뛰어나게 세워 주실 것입니다. 여러분이 하나님께 순종하여 바르게 나가면 하나님께서 여러분의 회사, 여러분의 병원, 여러분의 사업체를 세계 모든 민족 위에 뛰어나게 하실 것입니다.

이번에 미국에서 김영식 집사님께서 경영하는 사업체가 아주 신실하고 건실하며 장래성 있는 회사라고 미국 신문에 보도된 것을 보고 얼마나 기뻤는지 모릅니다. 신실하고 바르게 나가면 하나님께서 세워 주시는 것입니다.

대부호였던 깁슨은 고아원에서 자랐지만, 하나님을 섬기며 정직하고 성실하게 살아서 아주 넓은 땅과 450km의 철도를 소유한 사람이 되었습니다. 그런데 고아원에서 함께 자란, 그의 사랑하는 친구는 거지처럼 가난했습니다. 하루는 그 친구가 와서 물었습니다.

"깁슨, 우리는 한 고아원에서 함께 자랐는데 왜 자네는 재벌이 되고, 나는 아직도 거지 같은가?"

"자네, 부자가 되고 싶나?"

"당연하지."

"그러면 내가 알려주는 대로 하게. 10년 동안만 이대로 하면 반드시 부자가 되네. 만일 이대로 했는데도 부자가 되지 않으면 내 재산의 절반을 자네에게 주겠네."

그리고 깁슨이 계약서를 쓰고 사인을 했습니다.

> 다음 세 가지 사항을 지키며 살았는데 10년 뒤에 부자가 되지 않으면 깁슨 재산의 절반을 주노라.
> 첫째, 하나님을 잘 섬기고 주일을 철저하게 지키라.
> 둘째, 술을 마시지 마라.
> 셋째, 무슨 일을 맡았든지 성실히, 열심히 끝까지 하라.

첫째는 주일을 철저히 지키라는 것, 다시 말하면 주일에 일하지 말라는 것이었습니다. 대개 주일을 지키지 않고 주일에도 일하는 사람을 보면 자신이 건강을 잃게 되든지, 자식이 잘못되어 피해를 보는 일이 일어납니다.

둘째가 술을 마시지 말라는 것이었습니다. 처음에는 사람이 술을 마시지만, 자꾸 술을 마시다 보면 술이 술을 먹고 나중에는 술이 사람을 잡아먹게 됩니다. 그러니 깁슨이 술을 마시지 말라고 한 것입니다.

셋째는 끝까지 성실히 일하라는 것이었습니다. 깁슨의 친구가 보니, 깁슨이 지키라고 한 것이 별로 어려운 일이 아닙니다.

그는 "됐다! 이 세 가지라면 충분히 지킬 수 있다" 하고 철물공장에 취직했습니다. 전 같으면 두세 달도 안 되어 월급을 올려 달라고 데모를 하던 그가 휘파람을 불면서 열심히 일했습니다. 이제 월급을 몇 푼 더 받는 것은 그와 상관없는 일이었습니다. 10년만 지나면 깁슨 재산의 절반이 자기 것이 되니 말입니다. 월급을 많이 주든 적게 주든 상관없이 그는 노래를 부르며 성실히 일했습니다.

그 회사 사장이 보니 한 청년이 항상 열심히 즐겁게 일을 합니다. 그래서 그에게 지점장 일을 맡겼습니다. 그는 '나는 재벌이 될 사람인데……' 하며 여전히 변함없이 즐겁게, 성실히 일했습니다. 거기에 감동을 받은 사장이 그를 자기의 무남독녀와 결혼시켜 사위로 삼았습니다. 그래서 그가 나중에 그 회사의 사장이 되었습니다.

10년 뒤, 그가 깁슨에게 말했습니다.

"자네 재산을 나에게 줄 필요가 없네. 나도 이제 부자가 되었네."

하나님은 신실하고 바르게 살아가는 사람을 세워 주십니다.

하나님은 어제나 오늘이나 영원토록 동일하십니다.

히브리서 13장 8절에 "예수 그리스도는 어제나 오늘이나 영원토록 동일하시니라(Jesus Christ is the same yesterday and today and forever)"라고 말씀합니다.

예수 그리스도는 어제나 오늘이나 영원토록 동일하십니다. 아브라함 때나 지금이나 물은 100도에 끓고 0도에 얼듯이, 하나님은 지금도 말씀에 순종하고 하나님 앞에 반응을 좋게 보이는 자를 높여 주십니다. 내가 어느 자리에 있든지 상관없습니다.

함경도에 배를 40척이나 갖고 있는 큰 재벌이 있었습니다. 그런데 그 40척의 배가 폭풍에 다 침몰되었습니다.

따라 합시다.

"부자 망하기는 잠깐이다."

부자들, 교만하지 마세요. 하나님께서 '후' 하고 부시면 하루아침에 끝납니다. 부자도 별것 아닙니다.

배 40척이 하루에 다 침몰당하니 그 재벌이 알거지나 다름없이 되었습니다. 그는 조금 남아 있는 재산을 자기 때문에 피해 본 사람에게 나누어 주고, 무작정 고향을 떠났습니다. 그 재벌의 손자는 캐나다 선교사님 집의 머슴이 되었습니다. 사랑과 귀여움을 받으며 귀하게 자란 재벌의 손자가 어린 나이에 장작을 패고, 청소를 하며, 집안일을 하느라 손이 터졌습니다. 그 아이는 울면서도 참고 착실하게 일했습니다.

선교사는 이 어린아이가 아주 믿을 만했지만, 그래도 아이를 확실히 알아보기 위해 시험해 보았습니다. 일부러 집안에 돈을 떨어뜨려 놓았더니 아이가 돈을 주워서 가지고 왔습니다.

그래서 선교사가 그 아이를 점찍어 공부를 시켰습니다. 나중에 미국에 유학도 보냈습니다. 아이는 열심히 공부하여 미국에서 박사 학위까지 받았습니다. 그 아이가 바로 대한신학대학을 세운, 한국 교계의 별이 된 남대문교회의 김치선 목사님이십니다.

내가 어느 구석에 처박혀 있어도 하나님의 눈에 들면 하나님께서 세워 주십니다.

다니엘은 전쟁 포로지만 하나님의 눈에 드니 그 나라의 총리가 되었습니다. 하나님의 눈에 드시기를 바랍니다. 회사 상사의 눈에 드는 것도 중하지만 나를 세워 주는 분은 회사의 상사가 아니라, 하나님이십니다.

그리고 오늘 본문에 아주 중요한 말씀이 있습니다. 토기장이가 그릇을 만들었는데, 그릇의 모양이 좋지 않으니 그 흙덩이를 다시 빚어 새 그릇으로 만듭니다.

여기에서 얻게 되는 교훈은 무엇입니까?

본문 7-8절 말씀을 보십시오.

"내가 어느 민족이나 국가를 뽑거나 부수거나 멸하려 할 때에 만일 내가 말한 그 민족이 그의 악에서 돌이키면 내가 그에게 내리기로 생각하였던 재앙에 대하여 뜻을 돌이키겠고" 할렐루야!

이 말씀은, 내가 과거에 잘못 살아서 내 가정이 이지러지고 내 회사가 이지러지고 내 인격이 이지러져 못 쓸 그릇이 되고, 거기에 더하여 하나님의 재앙으로 내가 망하게 되어 있어도, 내가 돌이켜 회개하고 악을 떠나면 하나님께서 나를 다시 만들어 주신다는 뜻입니다.

진흙을 빚어 마음대로 그릇을 만들 수 있는 토기장이라도 진흙으로 만든 그 그릇이 마르기 전에 그것을 마음대로 다시 만들 수 있지, 그것이 불을 통과해 완제품이 된 다음에는 어떻게 할 수 없습니다. 완제품이 깨어져 조각났을 때는 다시 만들 수가 없습니다.

하지만 하나님은 전능하셔서 우리가 깨어진 그릇, 조각난 그릇이 되어도 다시 만드실 수 있습니다.

신문에서 본 사건입니다. 어떤 사람이 술집에서 술을 마시고 술값이 50만 원이 나와서 팁으로 5만 원을 주다가 종업원들에게 몰매를 맞아 3일간 병원에 입원했습니다. 그런데 그 사람이 왜 종업원들에게 맞았는지 아십니까? 팁을 적게 주었기 때문이랍니다. 술값이 50만 원이니 팁을 5만 원 주면 충분하지 않습니까? 종업원들의 말에 의하면, 그 사람이 아가씨의 엉덩이를 만졌기 때문에 5만 원으로는 안 된답니다. 그 글을 쓴 사람은, 술집에서 그런 짓을 하다 얻어터진 그 남자가 참 안타깝다고 했습니다.

그러나 그런 사람들도 예수님을 믿고 회개하면 새사람이 되는 것입니다. 성자 같은 사람이 되는 것입니다.

시편 34편 18절에 "여호와는 마음이 상한 자를 가까이하시고 충심으로 통회하는 자를 구원하시는도다"라고 말씀합니다.

하나님은 마음이 상한 자에게 가까이하시고 충심으로 통회하는 자의 기도를 들어주십니다. 아무리 더럽고 추하고 악한 죄를 많이 지어도 "내가 잘못했어요. 내가 잘못했어요" 하면 주님은 용서하시고 새 그릇으로 만들어 주십니다.

다윗 같은 하나님의 사람도 심히 아리따운 여자가 나신으로 목욕하는 것을 보고 마음이 흔들려 그 여자를 취했습니다. 그러고는 그 여자의 남편을 최전방에 보내어 죽였습니다. 하나님은 간음하고, 남의 가정을 파괴하고, 사람을 죽인 나쁜 다윗을 그냥 두려 하지 않으셨습니다. 그러나 다윗이 "제가 죄를 범했습니다. 제가 잘못했습니다"라며 회개하니, 하나님은 그 다윗을 다시 새롭게 하셔서 왕으로서 나라를 잘 다스리게 하셨습니다. 할렐루야!

아무리 큰 죄, 죽어 마땅할 죄를 지어도 회개하면 살려 주시고 새 그릇으로 만들어 주시는 하나님이십니다. 우리가 회개하면 용서 받고 다시 새롭게 됩니다. 그러나 아무리 작은 죄를 지었어도 회개하지 않으면 망합니다.

나폴리의 총독 오스나 공작은 뱃놀이를 즐겼습니다. 당시에는 모터가 없으니 종신 죄수들을 족쇄에 묶어 놓고 노를 젓게 했습니다. 그러다 죽는 죄수들이 있으면 바다에 던져 넣었습니다. 하루는 오스나 공작이 그 죄수들을 돌아보았습니다.

"자네는 무슨 죄를 지어서 여기에 왔나?"

"억울합니다. 이것은 오해입니다."

그 죄수들 모두가 자기는 죄를 지은 것이 없는데 억울하게 잡혀 왔다고 했습니다. 마지막 한 사람이 남았습니다. 공작이 그에게 물었습니다.

"자네도 억울한가? 자네도 지은 죄가 없나?"

"저는 여기에서 이렇게 벌을 받는 것이 마땅합니다. 저는 남의 지갑을 훔쳤습니다."

그때 공작이 말했습니다.

"이 사람을 풀어 주어라. 여기에는 죄 없는 사람들만 있는데 이 사람만 죄가 있구나."

사람도 정직하게 회개하면 손을 들어 줍니다. 하물며 하나님이시겠습니까? 하나님은 모든 것을 다 아십니다. 시편 139편을 보면, 우리가 어디에 누웠다가 일어나는지, 어디에 앉았다가 일어나는지, 어디로 가는지, 무슨 말을 했는지 하나님은 다 아신다고 말씀합니다. 하나님을 속일 수 없습니다. 그러니 우리가 잘못했으면 회개해야 합니다.

하나님은 이지러진 내 가정, 이지러진 내 회사, 이지러진 내 인격, 모든 것을 바로잡아 주실 수 있습니다.

하나님이 원하시면 여러분의 병든 몸을 지금 치료해 주실 수 있습니다. 하나님이 원하시면 지금 여기에서 여러분의 병든 가정을 치료해 주실 수 있습니다. 하나님이 원하시면 지금 여기에서 여러분의 병든 비즈니스를 치료하실 수 있습니다.

하나님은 사막에도 강이 흐르게 하십니다.

하나님은 황무지에도 장미꽃을 피우십니다.

하나님은 죽은 나사로도 살리셨습니다.

하나님은 모든 것을 다 하실 수 있습니다.

'천부여, 의지 없어서 주께 왔습니다' 하고 회개하면 됩니다.

'천부여 의지 없어서' 하니 생각나는 일이 있습니다. 제가 어릴 때 부흥회에 참석했는데, 목사님이 두 손을 들고 "천부여 의지 없어서"라는 이 찬송을 스무 번 정도 부르게 하셨습니다. 그때 저는 팔이 너무 아파서 울었습니다. 저처럼 팔이 아파서 우는 것이 아니라, 마음이 아파 울며 회개할 때 주님께서 우리를 용서해 주시고 새 그릇으로 만들어 주십니다.

지난번 강릉노회 노회원 세미나를 주도하신 목사님께서 제게 큰 사랑을 베풀어 주셨습니다. 나중에 알고 보니, 미국 우리 양곡 교회의 부목사님이 그 목사님의 아드님이었습니다. 목사님께서 차를 마시면서 그 아드님의 이야기를 해주셨습니다.

목사님께 따님만 둘 있었답니다. 요즘에는 딸이 권세를 다 갖고 있어서 "같은 값에 딸을 낳지, 무엇 때문에 아들 낳나?"라고 하지만, 그 당시만 해도 그렇지 않았습니다. 같은 값이면 아들을 낳으려 했습니다. 그러니 사모님께서 "하나님, 아들 하나만 주시면 목사 시키겠습니다. 아들을 주세요"라고 서원을 하셨답니다.

그리고 얼마 되지 않아 잉태하여 아들을 낳았답니다. 그런데 그 아들이 장성해서 목회를 하지 않겠다고 하더랍니다. 목사님께서 "얘야, 네 엄마가 서원해서 너를 낳았다. 아들을 주시면 목사로 바친다고 서원했기 때문에 너는 목사가 되어야 해" 하고 타일러도, "싫어요. 나는 싫어. 목사 안 해" 하더랍니다. 그래도 자꾸 "너는 목회를 해야 돼"라고 했더니, "안 해요" 하고는 집을 나갔답니다.

그 아들이 설악산으로 가서 눈이 쏟아지는 눈길을 걷다 미끄러져 절벽으로 떨어졌는데, 한참 떨어지다 무언가에 걸렸습니다. 정신을 차리고 보니, 자신이 소나무에 걸려 있는 것입니다. 아래는 낭떠러지이고, 소나무 가지 하나에 자기 몸이 달랑 걸려 있는데, 그 주변에 사람이라고는 그림자도 찾아볼 수 없으니 올라갈 수도 내려갈 수도 없는 상황이었습니다. 그는 그 나무를 붙잡고 울며 기도했습니다.

"하나님, 저를 살려만 주시면 목사 하겠습니다. 살려만 주시면 목사 하겠습니다."

혼자서는 그 나무에서 내려올 수도 없고 살려 줄 사람도 없으니, 그는 "하나님! 저를 살려만 주시면 목사 하겠습니다" 하고 소리쳐 기도했던 것입니다. 마침 등반대가 지나가다가 멀리서 그 소리를 들었습니다. 그곳으로 찾아와 그를 발견한 그들이 로프를 던져 구해 주었습니다.

발목이 부러져 병원으로 실려 간 그 아들이 병원으로 찾아온 목사님께 "아빠, 나 목사 할 거예요"라고 했습니다. 그 아들이 바로 우리 미국 양곡교회 부목사님입니다.

하나님은 회개하는 사람을 새 그릇으로 만들어 주십니다.

저는 어릴 때부터 목사가 되려고 마음먹었지만, 신학교에 가서 목사님들이 너무 가난하게 사는 것을 보고 학교를 그만두었습니다. 저는 가난이 싫었습니다. 사업을 해서 큰돈을 벌어 목사님들을 도와주려고 신학교를 그만두었는데, 어느 날 왼쪽 다리를 개에게 물렸습니다. 그때 개에게 물렸던 자국이 아직도 있습니다. 그런데 개에게 물렸을 때 하나님께서 제게 '너, 고집 부리면 죽는다' 라고 말씀하시는 것 같았습니다. 그래서 다시 신학교로 돌아가 목사가 된 것입니다.

하나님은 이렇게 우리를 만들어 가십니다. 앞으로 우리 양곡교회가 어떻게 부흥될지 모릅니다. 새 성전이 지어지면 놀랍게, 놀랍게 영혼을 구원하게 될 줄 믿습니다. 새 성전을 짓고 나서 5년 뒤에는 또 새 성전을 지을지 모릅니다.

우리가 주님 앞에 가서 무슨 말을 하겠습니까?

세상의 일은 다 바벨탑입니다. 성전을 짓지 않고 바벨탑을 지어서 무엇 하겠습니까? 노아는 120년간 방주를 만들었으니 하나님 앞에 할 말이 있는 것입니다. 성전을 짓는 것은 방주를 만드는 것입니다.

하나님께서 우리를 어떻게 빚어 가실지 모릅니다. 여러분의 가정과 여러분의 자녀를, 또 저의 자녀를 어떻게 빚어 가실지 모릅니다. 우리가 하나님 앞에 좋은 반응을 보일 때 하나님께서 우리를 위대하게 빚어 가십니다. 혹 우리가 잘못된 길로 가서 망하게 되어도 지금 돌이키면 하나님은 우리를 바로 세워 주십니다.

시편 68편 3절에 "의인은 기뻐하여 하나님 앞에서 뛰놀며 기뻐하고 즐거워할지어다"라고 말씀합니다. 할렐루야!

우리가 항상 의롭게만 나가면 하나님은 우리를 잘 빚어 주십니다. 그래서 우리가 기뻐하고 뛰면서 주님을 섬기며 살아갈 수 있는 것입니다. 하나님은 토기장이시고 나는 그 손의 흙인 것을 기억하고, 하나님의 뜻에 귀하게 반응해서 귀한 그릇, 큰 그릇, 복된 그릇이 되어 세상에서 축복의 근원이 되고, 하나님께 영광이 되시기를 축원합니다.

```
판 권
소 유
```

꿈꾸는 것 같았도다

2009년 9월 21일 인쇄
2009년 9월 25일 발행

지은이 | 지용수
발행인 | 이형규
발행처 | 쿰란출판사

주소 | 서울 종로구 이화동 184-3
TEL | 02-745-1007, 745-1301~2, 747-1212, 743-1300
영업부 | 02-747-1004, FAX / 02-745-8490
본사평생전화번호 | 0502-756-1004
홈페이지 | http://www.qumran.co.kr
E-mail | qumran@hitel.net
　　　　　　 qumran@paran.com
한글인터넷주소 | 쿰란, 쿰란출판사

등록 | 제1-670호(1988.2.27)

책임교열 | 송은주 · 오완

값 12,000원

ISBN 978-89-5922-798-3 93230

* 이 출판물은 저작권법에 의해 보호를 받는 저작물이므로 무단 복제할 수 없습니다.
　잘못된 책은 교환해 드립니다.